聊城市历史文化遗存概览

聊城市地方史志办公室
聊城市地方史研究会　编

中国文史出版社

图书在版编目（CIP）数据

聊城市历史文化遗存概览 / 聊城市地方史志办公室，
聊城市地方史研究会编. — 北京：中国文史出版社，
2016.7

ISBN 978-7-5034-7948-9

Ⅰ. ①聊… Ⅱ. ①聊… ②聊… Ⅲ. ①文化遗址—介
绍—聊城市 Ⅳ. ①K878

中国版本图书馆 CIP 数据核字（2016）第 172762 号

责任编辑： 蔡晓欧
封面设计： 张美杰

出版发行：**中国文史出版社**
网　　址：www.chinawenshi.net
社　　址：北京市西城区太平桥大街 23 号　　邮编：100811
电　　话：010-66173572　66168268　66192736（发行部）
传　　真：010-66192703
印　　装：济南黄氏印务有限公司印刷（0531-88711234）
经　　销：全国新华书店
开　　本：1/16
印　　张：28.25　字数：504 千字
版　　次：2016 年 7 月第 1 版
印　　次：2016 年 7 月第 1 次印刷
定　　价：360.00 元

《聊城市历史文化遗存概览》编委会

尚庄遗址出土红陶鬶（茌平县）

尚庄遗址出土灰陶四袋足盉（茌平县）

尚庄遗址出土红陶彩绘罐（茌平县）

邓庙遗址出土灰陶罐（东阿县）

曹植墓（东阿县）

魏庄石牌坊节孝坊（东阿县）

张庄古墓（原太子冢）（莘县）

堂邑文庙
（东昌府区）

仰山书院（茌平县）

隆兴寺铁塔（东昌府区）

迎旭门（高唐县）

清平文庙影璧（高唐县）

兴国寺塔（高唐县）

光岳楼（东昌府区）

海源阁（东昌府区）

山陕会馆（东昌府区）

刘邓大军渡河处遗址（冠县）

孔繁森同志纪念馆（东昌府区）

鲁西北烈士陵园纪念塔（莘县）

鳌头矶（临清市）

运河钞关仪门（临清市）

盐运司大殿（阳谷县）

盐运司正厅檐柱柱础（阳谷县）

临清段运河河道
(临清市)

崇武驿大码头全貌
(东昌府区)

荆门下闸 (阳谷县)

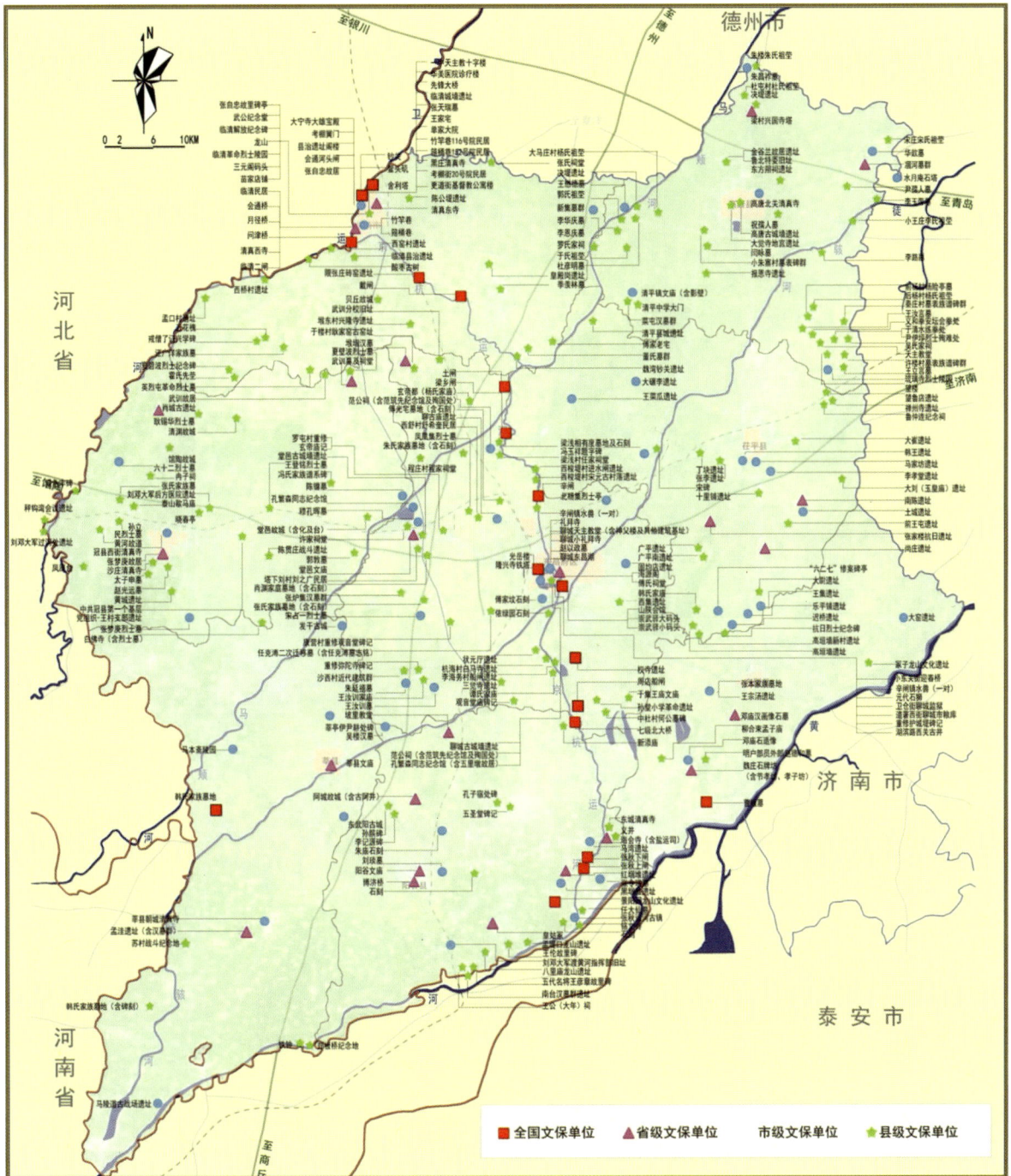

聊城市文物保护单位等级分类图
（摘自：《聊城历史文化名城保护规划》）

聊城市古建筑年代分布图
(摘自：《聊城历史文化名城保护规划》)

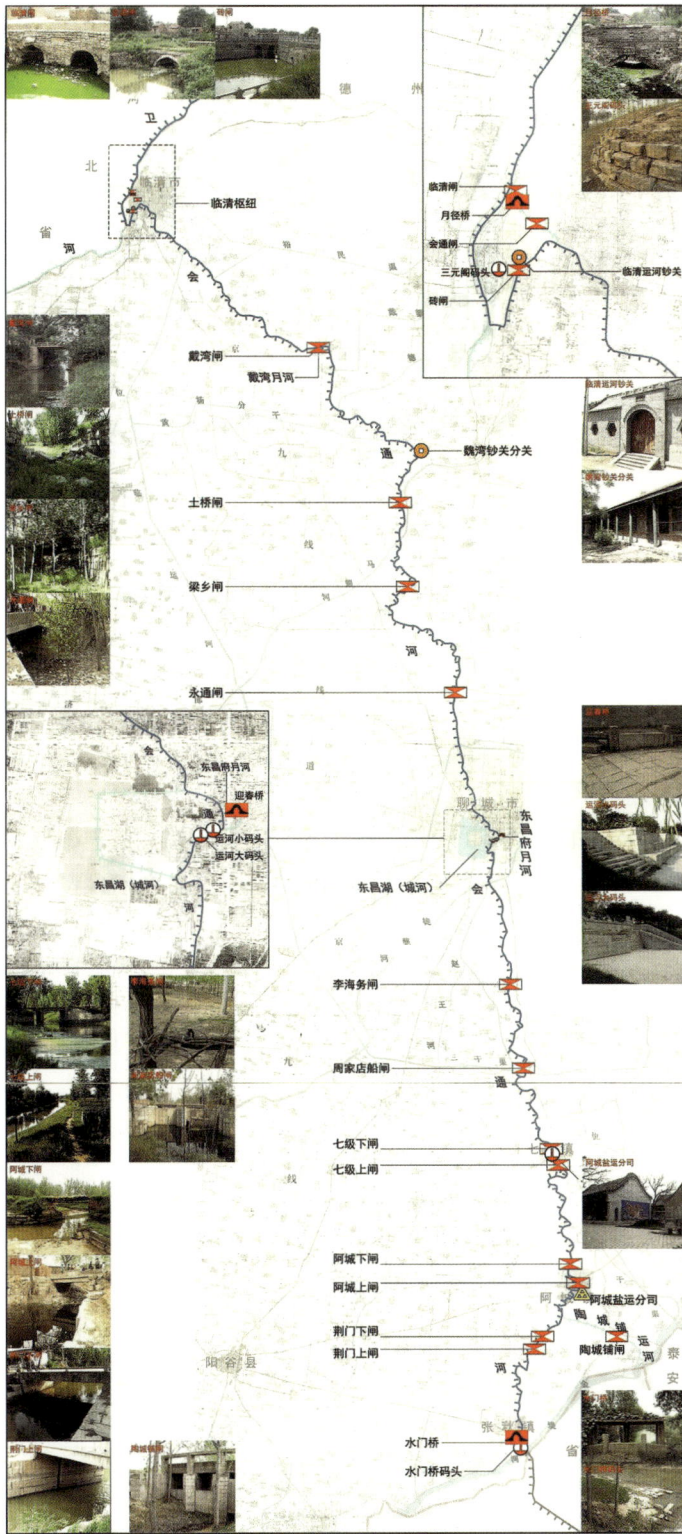

聊城段运河遗产点分布图
(摘自:《聊城历史文化名城保护规划》)

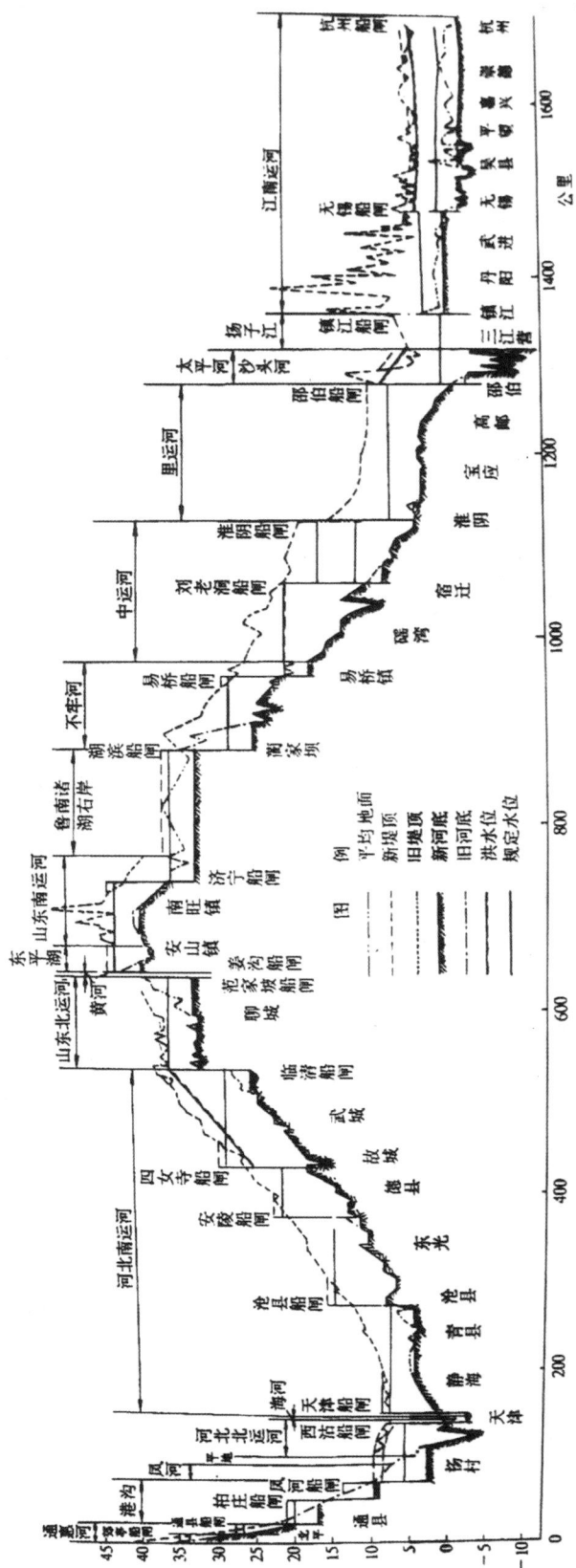

明清运河纵剖面图

（摘自：《京杭运河史》·中国水利电力出版社）

前　言

　　历史文化是一个城市的灵魂，历史遗存是地域文化的根脉。聊城是国家历史文化名城，是中华文明较早的发祥地之一，历史悠久、文化灿烂，文物古迹众多。6000多年前，聊城先民们就建造了大汶口文化古城，在后来漫长艰苦的岁月里，他们又创造了具有浓厚地域特色的史前文化、运河文化、红色文化等。这些文化以不同的形式被保留至今，如浩如烟海的图籍文献、繁杂多样的传统习俗和遍布聊城大地的文物遗存等多种形式。它们是聊城悠久传统文化的重要载体，饱含着历史和文化的双重印记。该书以文物遗存这一重要的、可见的实物文化载体为切入点，认真梳理各类遗存的历史演变和文化内涵，力求以小见大彰显出聊城的地域文化特色，弘扬传承好聊城地域文化，并进一步增强聊城文化软实力、扩大聊城文化影响力。

　　第一，远古先民创造了举世瞩目的史前文化。聊城古代先民逐济水而居，在今荏平县、东阿县、东昌府区一带靠渔猎和原始农业为生。这些人以制造弓箭、图腾鸟类著称，被称为"东夷人"。他们在聊城这片土地上繁衍生息，修建房屋城池、制作石器陶器骨器，留下了数量可观的文化遗存。迄今为止考古工作者先后在聊城境内发现了150余处史前文化遗址。

　　聊城境内发现的大汶口文化遗址约有18处，阳谷王庄遗址、荏平尚庄遗址是境内最具有代表性的大汶口文化遗址，其中王庄遗址距今有6000年历史，是我国迄今为止发现最早、时代最早的古城。

　　聊城境内发现的龙山文化遗址约有45处，其中龙山文化古城址9座，占山东省龙山文化古城数量的一半。龙山文化古城又分为三个级别：都、邑、聚。《左传·庄公二十八年》记载："凡邑，有宗庙先君之主曰都，无者为邑。"而聚落则是围绕在都、邑周边的一些更小的城池聚落建筑。聊城境内的9座古城中，景阳冈城和教场铺城中都发现了祭祀的台基，是一级城"都"。景阳冈城的二级城"邑"有皇姑冢和王家庄2个，教场铺城的二级城"邑"有大尉、乐平铺、尚庄、前赵、王

1

集 5 个。据考古界分析，景阳冈附近应该还有不少二级城，可能被古黄河淹没或冲走了。山东龙山文化是国内龙山文化的主要分布地区，而聊城龙山文化数量之多、规模之大、分布之密，在省内首屈一指。

聊城境内除了数量较大的东夷龙山文化遗址外，还有 15 处岳石文化（夏文化）遗址，其密集程度相对于龙山文化（东夷文化）遗址来说明显要低。夷夏部落经过漫长的斗争，夏中期以后东夷部落基本臣服于夏，夷夏之间出现文化大融合，聊城的岳石文化成为夏文化的一个重要组成部分。

夏商周时期，聊城处于夏文化的边缘地带，有韦、顾两国。周文王时期，又将其弟分封于聊城境内，国名为"郭"。春秋战国时期，聊城境内主要归齐国管辖，仅有小部分区域分属卫国和晋国（魏国和赵国），有桃丘、黄、北杏、柯、薛、夷仪、聂、清、重丘、高唐、聊、辕、冠氏、堂、牡丘、贝丘、博陵、灵丘、马陵、阳狐等城邑。北杏之盟、柯之盟、马陵之战、齐燕大战都发生于此，孙膑、鲁仲连、淳于髡等历史人物的主要功绩大都成就于此。这些遗址的存在有力地证明了聊城在华夏文明的形成过程中发挥了巨大作用，占据着重要地位。《聊城市历史文化遗存概览》一书单列"古遗址"一章，详细介绍了先民遗留下来的生存痕迹，再现了先民面对恶劣自然的勇气、改变生存环境的智慧。

第二，黄运交汇生成了辉煌灿烂的运河文化。整个封建社会中，政治中心逐渐北移，后定于黄河流域中原地带，而经济中心却逐渐南移，鱼米富庶之乡首数江南一带，为沟通两个南北分离的政治、经济中心，古代先民人工开挖了大运河。元世祖忽必烈时，运河从聊城腹地穿过，进而贯通南北，聊城的区位优势全面提升，社会发展进入古代史上的最辉煌时期。

京杭运河全长 1794 千米，聊城段运河长 97.5 千米，从《京杭运河纵剖面图》上可以看到，聊城段运河地势较高，接近整个河道的最高点，为保证水源充足、运输正常，元明两代在聊城段运河上修建了大量闸坝码头等河道工程建筑。据考古发现，大运河沿线遗产分布丰富，包括航运工程设施 24 项，有水门桥码头、七级码头、运河大码头、运河小码头、三元阁码头、水门桥、迎春桥、月径桥、荆门上闸、荆门下闸、陶城铺闸、阿城上闸、阿城下闸、七级上闸、七级下闸、周家店船闸、李海务闸、永通闸、梁乡闸、土桥闸、戴湾闸、临清闸、会通闸、砖闸等。

明清政府在聊城设置了大量的管河与漕运机构：工部管河分司设在张秋镇，管理运河、船厂等事务；户部督储分司设在临清，管理广积仓、临清仓、常盈仓三大粮仓，明成化年间临清仓成为运河沿岸第一大仓。运河沿岸还有曹州、曹县、定陶、郓城、寿张、范县、濮州、朝城、观城、东阿、阳谷、平阴、肥城、莘县等十余处水次仓。明政府还在运河沿岸重要关口设置收税机构——钞关，临清钞关存在了近500年时间，共有5处分关和16处大小口岸，明万历年间临清钞关税收总额居全国七大钞关之首，年税额占全国总税额的四分之一。现存相关遗存主要有临清钞关、魏湾钞关分关、阿城盐运司3项。

运河使聊城地区水陆交通拓展、商品经济活跃、城镇规模扩大，运河沿岸一带的城镇和村落深受运河文化辐射，形成了独特的运河风土人情带，山陕会馆、清真寺、鳌头矶等因运河而建。明清两代文学家多次以运河城镇临清、阳谷、聊城为背景进行文学创作，在《水浒传》《金瓶梅》《聊斋》等作品中对当时的社会现象、风土人情进行了详细的描写和叙述。保存至今的运河城镇有张秋、阿城、七级等镇，古村落有东蛤蜊村、张窑、河隈张庄、丁马庄、土闸、季屯、西梭堤、东梭堤、辛闸村、大柳张、周店、周堂、下闸村、上闸村、北海子村、陶城铺等。

1855年，黄河在铜瓦厢决口改道北流，借黄济运的聊城段运河逐渐淤塞，漕运基本终止，这是京杭运河历史上的一个转折点，也是聊城由繁荣走向衰败的转折点。运河给聊城带来了数百年的辉煌，也给聊城留下了可圈可点的运河文化，编者特意将与运河相关的遗址遗迹收集成章，在全面展现聊城历史文化的同时，用第六章着重体现了聊城辉煌的运河文化。

第三，襟带三省塑造了悠久光荣的红色文化。 晚清的聊城陷入不可避免的动荡中，1861年，聊城爆发了宋景诗领导的黑旗军起义，给清王朝以沉重的打击。1898年，冠县发生梨园屯教案，成为义和团运动的导火线，聊城因此成为义和团反帝爱国运动的故乡。

新民主主义革命时期，设于聊城县的省立第三师范、省立第二中学成为鲁西传播马列主义的阵地。1926年秋，阳谷县九都杨村人杨耕心在山东大学附中读书时加入中国共产党，同年回乡发展党员，建立了聊城境内第一个中共党组织——中共阳谷九都杨支部。1927年10月，中共东昌县委成立，领导当时聊城、阳谷、博平、临清、东阿、莘县、东平等县的革命工作。1927年—1928年，聊城地方党组织在中共山东省委的领导下，先后发动阳谷县坡里农民暴动和高唐县谷官屯农民暴动，成为华北地区最早的农民暴动之一，在鲁西土地上播下了革命的火种，对鲁西乃至整个山东的革命产生了深远影响。1933年7月，山东省委遭到严重破坏，省内地方党组织处于群龙无首的状态，中共济南市委书记赵健民（冠县人）骑自行车到莘县古云镇徐庄村找到中共河北省委代表、冀鲁豫边特委黎玉，使中共山东省委正式恢复了与党中央的联系。

抗日战争爆发后，中共聊城地方党组织与国民党山东省第六区专员范筑先密切合作，创立了鲁西北抗日游击根据地，建立起抗日武装6万余人，与日军作战80余次，保卫收复了大片国土，为抗日战争胜利做出了巨大的贡献和牺牲，成为共产党人和爱国人士合作抗日的光辉典范。聊城位于冀鲁豫三省交界地带，鲁西北抗日根据地成为晋冀鲁豫抗日根据地向东发展的重要区域，成为联系华中抗日根据地和华北抗日根据地的重要通道。

解放战争时期，聊城是山东最早的解放区之一，富有革命传统的聊城人民较早进行了土地改革，有17万翻身农民参加了解放战争。聊城是人民解放军稳固的后方基地，广大民兵、民工配合主力部队先后参加了20多次战役，人民群众出动200多万人次、40多万辆小车、10万多副担架支援共军，运往前线的粮食、布匹、鞋袜等物资难以计数。聊城有3000余名干部随军北上南下，支援新区建设，在赢得解放战争胜利的过程中发挥了重大作用。

该书第五章为近现代史迹及代表性建筑，主要收录了聊城境内的战斗、惨案、指挥所、纪念地遗迹，并以烈士陵园墓葬为线索记述了革命烈士们的英雄事迹。

第四，兼容并蓄汇集了贯通中西的宗教文化。位于冀鲁豫三省交界处的聊城自古以来就是民间秘密宗教盛传的地方，元代以后的白莲教、八卦教在此存在数百年。明清运河的开通加强了各种文化间的交流，聊城宗教文化体现出多元化的特点，包括佛教、道教、伊斯兰教、天主教和基督教。

两汉之际，佛教开始传入中国，至于何时传入聊城尚未见确切的文字记载，在阳谷、高唐境内先后出土了多座残缺佛像，根据佛像上的文字可知，最迟在北魏中晚期佛教已经传入聊城境内。隋唐时期佛教更为兴盛，地下出土物数量增多，范围较广，地上建筑（佛寺和佛塔）也逐步出现。高唐大觉寺是唐代所建寺院，寺内的塔、佛及石棺皆为唐初遗物，元明之间大觉寺最为兴盛，明成祖、仁宗都曾驻跸大觉寺。宋元之际开始出现儒、佛、道三教合一的现象，明清时期出现"三教寺"，在阳谷县内发现了1处"三教寺"，其中一尊为儒学创始人孔子，一尊为道教创始人老子，一尊为佛教始祖释迦牟尼。据明嘉靖年间的《山东通志》记载，明初至嘉靖年间，聊城有较著名的佛教寺院55处，其中宋代所建5处，明代所建18处。据清宣统年间的《山东通志》记载，当时东昌府有佛教寺院51处，临清直隶州有18处。

由于历史原因，这些寺院庙宇大都不复存在。建于唐末的隆兴寺位于东昌府区古运河西岸，寺院东南角有宋代铁塔，寺内僧侣擅习武事，师宗少林，民国年间败落。保存较好的首数阳谷阿城镇的海会寺，它位于阳谷古运河东岸，是典型的清代古建筑群，原有殿堂、僧房、楼阁200余间，各种佛像500余尊。除寺院外，各地还营建了一些佛塔等建筑，对佛教的传播及佛教文化的流传起到了积极作用。聊城比较有名的佛塔有聊城铁塔、临清舍利塔、莘县燕塔、高唐兴国寺古塔等。

道教正式创立于东汉末年，三国时期道教已传入聊城境内。隋代佛道并重，唐宋尊崇道教，宋真宗时将崇道政策推向高潮，金元时期道教盛行，聊城各地都有新建或重修的道观，如高唐的三清观，东阿的灵应观、南天观、天平观、碧霞观等。明朝继续优崇道教，嘉靖年间达到高潮，清朝统治者推崇佛教，道教活动受抑制而由上层转入民间，道教对民间社会产生了很大影响，出现了像关帝、八仙、城隍、土地、东岳大帝、碧霞元君、财神、火神、门神、灶神、药王等等的神灵。聊城境内，几乎县县有城隍庙，社社有关帝庙，寸寸有土地庙，户户有财神、火神、灶神、门神等。据清嘉庆《东昌府志》记载，当时登记在册的道观有34处。

聊城的道观中，最著名的要数今东昌府区的万寿观，规模宏大，中间三清殿后墙上书有"良院瀛洲"四个大字，字大一丈有余，每逢雾霭天气，人们就能在雾里看到四个大字熠熠放光，清咸丰年间倾废。

聊城的伊斯兰教可以追溯到唐代，当时唐朝和大食国（即阿拉伯帝国，信封伊斯兰教）交好，大食国将领查元义、滑宗歧留居冠县传授查拳，冠县便有了伊斯兰教。元代，中亚的伊斯兰教徒进贡而来，先定居济南，又移至临清。运河开通后，聊城段运河商机无限，擅长经营的回族人便顺水迁居到此处，如临清马氏家族、高唐唐氏家族、张秋马氏家族分别来自金陵（今南京）、甘肃、泰安。回族人民经常"围寺而居"，寺即清真寺。聊城地区在历史上有70余处清真寺，其中明确建于明清时期的约有20余处，比较著名的是临清清真北寺、张秋清真寺，它们都位于古运河沿岸，规模宏大，具有重要文物价值。

天主教是在明代传入聊城，确切的文字记载见于《莘县志》。清顺治十六年（1659），西班牙方济各会派传教士赴临清等地传教，康熙二十九年（1690）设主教公署于临清，并以临清为中心，向东昌、堂邑、茌平、莘县、东阿、阳谷等地发展势力，他们在各地兴办教堂、创建医院、学校、孤儿院等。当时，来聊城一带的多为意大利籍传教士。从总体上看，当时聊城地区的宗教活动还是比较稀疏的，天主教到了近现代才真正发展起来，有了一定的规模。鸦片战争以后教禁被取消，基督教教士也开始来聊城传教，他们不断兴建教堂、创办社团、设立学校、发展信徒，扩大基督教的影响。

该书第三章为古建筑，分门别类介绍了文庙书院、佛寺佛塔、道观、清真寺、教堂、祠堂、民居等，这些古代建筑是先人们生活学习、祭祀礼拜的地方，也凝结着古代工匠们的智慧和心血，具有重要的历史价值。

第五，文教昌盛培育了宽容正直的品格文化。原始社会末期，聊城地处东夷与夏的交界地带，东夷文化与中原文化在此渗透融合；春秋战国时期，聊城是齐国西部边邑，处于齐、化、晋、燕、赵冲突融合地带，以"仁"为核心的鲁文化、"重工商利物"的齐文化、"慷慨悲歌"的燕赵文化在此不断碰撞消长；南北朝时期，聊城是南北政权争夺的战略要地，北魏孝文帝推行改革，使南北方文化在此融合发展；元明清时期，会通河的开通，使京津、江浙、燕赵、秦晋、荆楚、东北等各种文化纷纷传入聊城，在此融汇成为一种以齐鲁文化为根基的本土运河文化。在多种文化冲突碰撞、交融渗透的经历体验中，聊城人形成了一种宽容的品格，社会出现了讲礼仪、重和谐的风尚。清康熙帝南巡时，专门在老师傅以渐的老宅题写了"仁义胡同"的匾牌。

聊城自古以来非常重视文教事业，多层次办学、多形式兴教是聊城教育的一个显著特点。聊城官学兴办于西汉时期，以后府学、州学、县学逐渐兴起。各代地方官学基本是庙学（文庙和学宫）合一形式，庙学一般都建有大成殿、东西庑、棂星门、泮池、明伦堂、尊经阁、乡贤祠等建筑，大成殿、东西庑是供奉先师先儒（孔子、孟子、曾子、颜回、子思等人）的。如今，聊城境内莘县、阳谷、高唐、清平、堂邑等5处文庙被公布为省级文物保护单位。书院是我国特有的一种教育形式，具有校舍、藏书、教学、供祀和常设经费等特点。元至元年间，元政府在高唐县建立了静轩书院，稍后又在东阿县建立了野斋书院。明代心学在北方广泛传播，大大刺激了书院的发展，新建书院13所，几乎占全省新建书院的五分之一。清代书院出现官学化现象，聊城有书院23所，其中乾隆年间建于博平县的仰山书院得以保留至今，成为一处全市唯一的书院式省级文物保护单位。明清时期，聊城因运河而文运大开，著名的东林书院、阳平书院、龙湾书院、启文书院、光岳书院、摄西书院、平阴书院大都创建于运河畅通时期。聊城的官学和书院，培养了大批优秀人才，以才思敏捷、刚正不阿、清正廉明闻名于世的聊城人数不胜数，仅明清时期就涌现出状元3人、进士71人。在这些人的故乡至今还保留着他们的墓葬，流传着他们勤奋向学、清正廉明的故事，甚至仍沿用他们的名字为村庄名。

该书第二章为古墓葬，集中介绍了迄今为止考古发现的墓葬群、家族墓或名人墓葬，并以此为线索，理清了这些家族的发展脉络、名人的生平事迹，全面展现了聊城人勤奋向学、宽容正直的文化品格。可以说，无论是历史悠久的史前文化，还是流传至今的运河文化、红色文化、宗教文化，无不渗透着聊城人坚韧不拔、宽容正直的品格印记。

当今时代，文化与政治、经济相互交融，越来越成为推动社会发展的重要驱动力。作者本着实事求是、不妄信、不讹传的精神，编纂《聊城市历史文化遗存概览》一书，详细记述境内的一座座古城、一道道水闸、一通通碑刻、一尊尊佛塔、一处处寺院、一家家书院，用文物遗存展现出聊城从古至今的辉煌文脉，力求让文物说话，把历史智慧告诉人们，激发全市人民的自豪感和自信心，推动聊城经济社会更好更快发展！

当前，恰逢聊城市委、市政府提出打造运河文化旅游产业带，编纂此书希望能为全市文化旅游业发展贡献自己的一份力量！

编　者
2016 年 6 月

编　辑　说　明

一、本书以马列主义、毛泽东思想、邓小平理论、"三个代表"重要思想、科学发展观为指导，坚持辩证唯物主义和历史唯物主义的观点，遵循存真求实的原则，全面客观记述聊城市境内的历史文化遗存情况。

二、本书共分为彩图、前言、编辑说明、正文（插图）、附录、参考文献和后记7部分。

三、本书收录条目原则上仅包括聊城市现行行政区划内的遗存，部分条目涉及到外省、市的进行了简单记述。

四、本书收录条目主要是2015年12月31日前公布的国家级、省级、市级、县级文物保护单位，部分遗址已经消失或内容较少没有进行详述，仅在附录中记录了遗址的主要信息。另有部分遗址遗迹或重要建筑不在文保单位之列，但其历史文化内涵非常丰富，对当今社会仍有比较重要的影响，书中将其列为条目进行了详述。

五、本书采用章、节、目结构，共设6章、17节、370个条目。章主要按照文保单位类别进行分类，依次是古遗址、古墓葬、古建筑、石刻碑记、近现代史迹及代表性建筑、运河遗存。节主要按照条目类别再次进行细分，相同性质的条目作为一节，剩余难以归类的条目统一收入"其他遗存"节中。同一节中的条目按照时间顺序进行排列。

六、本书纪年一般采用公元纪年，古代帝王年号后括注公元纪年。本书地名一般采用现行行政区划地名，部分古代地名后括注现行行政区划地名。

七、本书文字资料和图片资料，主要由各供稿单位提供。供稿单位主要是各县（市、区）史志机构，同时得到市政协文史委、全市文物系统、全市档案系统、全市规划系统、中国运河文化博物馆和各乡（镇、街道）工作人员的大力协助。部分图片因不明确拍摄者信息，未能联系到拍摄者本人，如有发现请及时联系。

目　　录

第一章

古 遗 址

第一节 文化遗址

　　尚庄遗址　位于茌平县振兴街道尚庄村、西关村，新石器时代中晚期至汉代遗址，2013 年 5 月被国务院公布为全国重点文物保护单位。

　　尚庄遗址地势隆起，为缓坡土岗，高出周围约 3 米，表面散布着大量陶片，文化层厚度约 5 米，东西长 332 米，南北宽 240 米，总面积约 79680 平方米。1975 年秋、1976 年春，山东省博物馆曾进行两次发掘，出土了大汶口、龙山、西周及汉代的遗存，其中，大汶口文化墓葬随葬品 102 件，龙山文化生产工具 316 件、生活用具 947 件。四足盉、白陶鬶、彩绘鼎等一批珍贵文物存于省博物馆，并多次在海外展出，其丰富的文化内涵在海内外引起轰动。1994 年底通过调查，在遗址范围内发现了龙山时期古城址，经勘探城址大体呈圆角方形，东西约 240 米，南北约 160

■ 尚庄遗址地表及标志牌

3

米，面积约 38400 平方米。聊城市文物部门进行普查时，曾在地表采集有龙山文化的罐、鼎、豆等与商周时期的簋、盆等陶器残片。

尚庄遗址文化内涵极为丰富，为探讨大汶口文化与龙山文化的分布、类型、分期以及与邻近诸原始文化的关系提供了重要史料，为山东龙山文化类型的划分和分期提供了宝贵资料。

南陈遗址 位于茌平县杜郎口镇南陈村，新石器时代至汉代遗址，2006 年 12 月被山东省人民政府公布为省级文物保护单位。

南陈遗址原为高岗，由于农业生产平整土地，被夷为平地。遗址表面为灰土，南北长 300 米，东西宽 260 米，面积约 78000 平方米。文化层堆积厚约 2.5 米—3.2 米，延续时间较长，从龙山文化一直延续至汉代，其中以龙山文化最为典型。南陈遗址于 20 世纪 70 年代中期被发现，1980 年秋，山东大学历史系考古专业和聊城地区文化局、茌平县图书馆联合进行发掘，出土了一批文物精品，从龙山文化延至汉代，主要有石斧、石刀、骨凿、角锥、蚌镰等。陶器以夹砂灰陶居多，其次为泥质黑陶、灰陶，有少量红、褐陶，蛋壳陶偶有发现，厚度在 0.1 厘米左右。代表器物

■ 南陈遗址地表及标志牌

为深腹罐、瓮、大口罐、盆、碗、杯、器盖，另外还有商周、战国、汉代的遗存。

南陈遗址位于山东龙山文化与河南龙山文化的接触地带，是探索两文化间关系的重要地点，尤其是在遗址内同时出现了岳石文化、二里头文化类型的陶片，对研究东夷、夏两族关系提供了新线索。

前赵遗址　位于东阿县城鲁西化工厂东北侧（原前赵村属地），龙山文化古城址，2006 年 12 月被山东省人民政府公布为省级文物保护单位。

1996 年 12 月，由聊城地区文物管理委员会对此处进行了文物勘探，确定遗址平面呈舟形，中间宽两端窄，东北至西南走向，长约 119 米（化工厂占压的不包括在内），中间宽 140 米，西南端宽约 90 米，东北端宽约 80 米，总面积约在 5.3 万平方米。遗址的西南端由于被化工厂占压，其折角的形状尚不清楚。初步勘探发现遗址中部边缘部位均有 30 米左右的断口。遗址的东北角为弧角（或称圆角）。有围墙，墙外有濠沟，宽度均 8 米左右，墙土坚硬，上层用灰褐色遗址土夯筑而成，下层黄褐色，夹杂大灰土块，探知墙高 4.2 米，估计实际高度远超过 4.2 米。在遗址的西南部边墙 2.7 米下发现春秋时期的陶片，陶片下即是用小棍夯筑的坚硬墙土。说明前赵遗址中的围墙在龙山文化时期所建，一直沿续到春秋时期。

■ 前赵遗址地表

遗址中间文化堆积距地表较浅，0.5 米下见灰褐色土，并夹有草木灰和商周、龙山文化时期的陶片。0.9 米下见深灰色土，草木灰量大，质地松软，龙山文化时期的陶片较多，至 2.2 米见纯净的黄沙。遗址的四周文化层较深，距地表 2.3 米—3.7 米。上部被黄河淤积叠压，文化层厚 2 米—3.3 米，可分两大层，上层为商周层，文化堆积薄，包含物较少，并有极少量的岳石文化陶盆片。下层为龙山文化层，堆积较厚，包含物丰富，采集标本有石斧、石镞、陶鬶、陶罐、陶盆等器物陶片。

20 世纪 80 年代中期，当地村民曾从遗址中间挖沙取沙。发现许多叠压的墓葬，多数为石砌和砖砌。其中一个墓出土了铜磨光黑陶片，并发现春秋、战国到汉代的陶鬲足、榆荚钱币等。

东阿前赵龙山文化城址是鲁西北地区史前遗址之中较为重要的一处，从属关系明确，文化堆积较厚，内涵丰富，形状结构特殊，是探讨研究中国古代文明产生、发展以及"都""邑""居"社会形态的珍贵资料，具有十分重要的历史价值和科学研究价值。

迟桥遗址　位于高新技术产业开发区韩集乡迟桥村，新石器时代至汉代遗址，2013 年 10 月被山东省人民政府公布为省级文物保护单位。

迟桥遗址于 1973 年被发现，遗址大部分为平地，东西长 100 米，南北长 150 米，面积约 15000 平方米。东南部有一南北约 20 米、东西约 30 米、高约 3 米的方

■ 迟桥遗址局部

形高台。该遗址发现大量灰、黑陶片，大部分为夹砂陶和泥质陶，有少量细泥陶。器物大部分轮制，纹饰有方格纹、绳纹、附加堆纹。器形有豆、尊、罐、鬲、盆等，另有石、骨、铜器。

迟桥遗址主要是龙山文化遗存，其次为汉代文化遗存。遗址东北2.5公里处是教场铺遗址，西南2.5公里是高垣墙龙山文化遗址，迟桥遗址正处在两处遗址中间。经勘探和发掘教场铺遗址内有一大型龙山文化时期的城址，其出土的器物既有典型山东龙山文化特点，又有与河南龙山文化相近的地方。从迟桥遗址捡取的标本看，其遗址文化特征与教场铺遗址相似，与尚庄遗址的龙山器物有较大区别。

当地相传，战国时期齐国公子孟尝君落难时曾在此住过，因此迟桥遗址也称孟尝君遗址。遗址现为平地，其东南高台地之上原有一寺庙，合祀孟子和孟尝君，称"二孟庙"，为清代修建，茌平解放后被拆除。

迟桥遗址文化内涵丰富，延续时代长，从龙山时期一直延续到汉代，对研究鲁西地区新石器时代的文化面貌以及商周文化和中原地区的关系等，提供了丰富资料。

李孝堂遗址　位于茌平县振兴街道李孝堂村，新石器时代至商代遗址，2013年10月被山东省人民政府公布为省级文物保护单位。

遗址于1974年被发现，遗址中部略高于四周，东西长约96米，南北宽93米，

■ 李孝堂遗址地表

面积 8900 平方米，文化层厚约 3 米，表面散布大量龙山文化至汉代的陶片，文化遗存十分丰富。遗址的器形种类较多，有器盖、碗、罐、鬲、豆、骨凿、骨锥、蚌镰、打制石镞及黑陶口沿、器底等，其中不乏细泥磨光薄壁的黑陶杯、盆等陶器，陶质大部分为细泥黑陶，有少数夹砂陶，纹饰主要有绳纹、方格纹、篮纹及弦纹等，有较高的技术水平。根据器物形制和装饰风格分析，李孝堂遗址的龙山文化遗存属于龙山文化晚期。遗址中发现的岳石文化遗存较少，常见的陶器有罐和盆，商代文化相当丰富，时间从二里岗上层延续到殷墟晚期。

李孝堂遗址的发现，对研究鲁西地区新石器时代的文化面貌以及分析商周文化和中原地区的关系等，提供了丰富资料。

聊古庙遗址 位于东昌府区闫寺街道申李庄，龙山文化至商周遗址，2013 年 10 月被山东省人民政府公布为省级文物保护单位。

遗址为方形高台地，暴露面积约 500 平方米，文化层厚约 2 米。遗址表面散布着大量陶片，可识器型有龙山文化时期的罐、杯、豆、盆，殷代的鬲，周代的绳纹筒瓦等。

在遗址西北角有颛顼墓。原颛顼墓由三部分组成：一是颛顼庙，又名"聊古庙""聊王庙"，是祭祀颛顼的庙宇，该庙规模宏大，有钟楼、鼓楼、大殿、廊坊、

■ 聊古庙遗址远景

后楼等建筑。二是颛顼墓，在颛顼庙后（北），传说为颛顼帝之冢，为长方形高台地。三是圣水井，为一古井，直径80公分，井水甘洌清澈，"圣泉携雨"为聊城古八景之一。1945年庙毁，现仅存遗址，遗址上面种植大量树木。

据考证此处应为春秋时期聊城古城址，鲁仲连射书救聊城的故事即发生在这里。遗址对于研究聊城城市变迁史、聊城历史、史前文明有重要价值。

王集遗址　位于东阿县新城街道王集村，新石器时代至汉代遗址，2013年10月被山东省人民政府公布为省级文物保护单位。

王集遗址为隆起高地，顶部高出地面0.5米—1.8米，当地俗称"埚堆顶"或"金牛埚堆"。1994年12月，山东省考古所、聊城地区文物研究室、东阿县图书馆联合对该遗址进行调查和勘探，遗址南北长300米，东西宽250米，面积约75000平方米。遗址堆积可分三层：上层为灰褐土，厚0.35米—1米，出土商周时期的鬲、罐等陶器残片；中层为浅灰色土，厚0.1米—0.3米，为岳石文化层，出土有陶豆、罐等残片；下层为黑灰色土，厚1米—2米，出土有龙山文化的罐、鼎、盆等陶器残片，有夯土城墙存在。根据出土物及城墙遗迹分析，该遗址为一处龙山文化古城址，呈东北至西南走向，面积近40000平方米，距今4800年左右，为山东省发现的第七座龙山文化城址。

■ 王集遗址局部

王集遗址对于探讨黄河中下游地区龙山文化的社会性质、冀鲁豫地区的文化区系和古城、古国，研究山东地区新石器时期的延续等课题，具有十分重要的意义。

王宗汤遗址　位于东阿县铜城街道王宗汤村，新石器时代至汉代遗址，2013 年 10 月被山东省人民政府公布为省级文物保护单位。

遗址现为一微微隆起的高地，当地群众俗称"仓王坟"。2000 年 12 月，市、县文物考古工作者对此遗址进行了考古勘探。该遗址南北长 430 米，东西宽（中间最宽处）230 米，南北两端略尖，呈一舟形，文化堆积厚达 2.5 米，总面积约 98900 平方米。在遗址的中心探出古墓葬一座，南北长 35 米，东西宽 30 米，面积约 1050 平方米。同时，在墓周围捡到大量龙山文化至汉代时期的遗物，地表采集遗物多系陶片和瓷片，可识器形有盆、罐、瓦、青釉瓶和碗等。通过调查分析，除少部分为龙山文化遗存外，其余为汉代遗物。

据清道光九年《东阿县志》载：仓颉墓"在城（位于今平阴县东阿镇）北三十里。墓前有祠，久圮"。据调查发现，该地原有"仓颉墓"与"仓圣祠"（又称"仓王寺"），另有古碑 3 通。祠毁于抗日战争时期，墓毁于 20 世纪 70 年代，古碑下落不明。所存遗迹遗物有"仓圣桥"一座，"仓圣祠"部分石构件以及石香炉等。如

■ 王宗汤遗址上的仓颉墓

今，当地群众为纪念仓颉，按原样筑墓刻碑，形成一定规模。

此遗址的时代与传说中的仓颉所处时代比较接近，具有十分重要的考古研究价值。

辛庄遗址　位于冠县斜店乡辛庄村，新石器时代至东周遗址，2013年10月被山东省人民政府公布为省级文物保护单位。

遗址于2009年初在辛庄村窑厂一个土坑内发现，坑距地表6米，坑底文化堆积层深约2.5米，文化层暴露面积3500平方米。遗址周围平整开阔，为基本农田，紧靠黄河故道西岸，是一处从龙山文化到春秋战国的文化遗存，前后延续约2000余年。

市文物局、聊城大学等多名文化专家多次到此考察，一致认为遗存内涵比较丰富。从遗址出土的灰陶器物残片及石器看，可辨物有龙山文化时期的瓮、罐等，商周时期的罐、鬲等，春秋战国时期的瓦当、罐等；从暴露的文化堆积层断面看，有龙山文化时期的房址，距今4100年左右。

■ 辛庄遗址地表

该遗址的发现对研究史前人类文明、人类生存环境等方面提供了有力的实物证据，有重要科学研究价值，同时也填补了冠县没有史前文化这一空白。

冢子龙山文化遗址　位于东阿县姚寨镇东侯村，龙山文化至汉代遗址，1995年7月被东阿县人民政府公布为县级文物保护单位。

冢子遗址为隆起高地，高出地面约0.5米，南北宽约30米、东西长约50米，面积达1500平方米，被当地群众俗称"冢子"或"尧王坟"。其文化堆积厚达1米—1.8米，从采集的标本看，陶片多为泥质灰陶，有少量红陶和黑陶，还有磨光

■ 冢子龙山文化遗址地表

灰陶等，制法多为轮制。纹饰有绳纹、篮纹、弦纹、交错细绳纹、附加堆纹等。可识器形有罐、鬲、豆、盆等，该遗址延续时间较长，有龙山时期陶片、商周时期陶鬲、汉代陶罐等，根据采集的标本分析，此遗址为一处龙山文化至汉代的聚落遗址，有重要的考古研究价值。

大尉遗址　位于茌平县乐平铺镇大尉村，新石器文化至汉代遗址，1979 年 1 月被茌平县人民政府公布为县级文物保护单位。

大尉遗址为缓坡高地，南北长 330 米、东西宽 270 米，总面积近 90000 平方米，文化层堆积厚约 6 米。1980 年秋，山东大学历史系考古专业对该遗址北部进行试掘，出土了大量的龙山文化、商周文化遗存，并发现了战国时期、汉代多座墓葬。1994 年底，省、市、县多级文物工作者在高台地下层以及挖沙形成的鱼池剖面发现龙山文化时期的夯土层。因村民挖沙取土，现只剩约 400 平方米的高台地。

遗址中岳石文化和二里头文化陶片的发现，为研究东夷、夏二族的关系和茌平县的史前文明、历史分布、文化内涵提供了重要的考古资料。

■ 大尉遗址地表

丁块遗址　位于茌平县温陈街道丁块医院东，新石器文化遗址，1979 年 1 月被茌平县人民政府公布为县级文物保护单位。

丁块遗址一部分被民房占压，一部分被医院占压，只有东部一部分为平整土地。经钻探，遗址东西宽约 250 米，南北长约 300 米，面积约 75000 平方米。据传

■ 丁块遗址地表

此处为聊城第二座故城（王城）所在地。

广平遗址　位于经济技术开发区广平乡北街，新石器时代至汉代遗址，1979 年 1 月被茌平县人民政府公布为县级文物保护单位。

遗址地势较高，范围东西宽约 450 米，南北长约 380 米，面积约 171000 平方米。相传此地过去有高大沙丘，古称重丘，现因平整土地已不存在。《左传》记载："鲁襄公二十五年（前 548）会诸侯于重丘"。丘上原有"炳灵公祠""泰山行宫"等庙宇，可惜文革中庙宇毁坏殆尽，现仅存清康熙五十六年（1717）茌平县令吴陈琰手书的"重丘"拓片，存于广平北街村民家中。经文物工作者钻探，由于平整土地的影响，遗址文化堆积层厚度只剩 30 厘米—50 厘米，采集标本有新石器龙山文化陶片及东周陶片。

■ 广平遗址地表

十里铺遗址　位于茌平县振兴街道十里铺村，新石器时代遗址，1979 年 1 月被茌平县人民政府公布为县级文物保护单位。

遗址东西长约 160 米，南北宽约 159 米，面积约 26000 平方米，文化层堆积厚 1 米—3 米。因当地居民取土建房，平沙耕地，遗存破坏较为严重，现存遗址为一座大土堆，高出地面 4 米，四周有半径约 50 米的土坑，当地俗称"赵一坟"或

■ 十里铺遗址局部

"赵王坟"，曾被误认为是"石勒墓"。20 世纪 70 年代，中国社会科学院考古所及省、市文物工作者进行了试掘，采集的石器主要有 5 件，其中，磨光石斧、石凿各 1 件，另外还有砸石、石刀及其他石器；采集骨器 4 件，其中骨针 2 件；陶器有磨光红陶钵口沿、小口尖底瓶口沿、空心尖状鬲足、磨光灰褐色细硬陶、灰褐色尖沙陶片等，并有鹿角兽骨等发现。当时认定遗址为仰韶文化遗存，后据考察出土的器物和采集标本推断，遗址最早应为大汶口文化。

广平南遗址 位于经济技术开发区广平乡南街村，新石器时期遗址，1991 年 5 月被茌平县人民政府公布为县级文物保护单位。

广平南遗址面积约 10 万平方米，文化堆积厚 1 米—2 米，灰土堆积位于地表 1 米以下，地表散见龙山文化的陶片及汉砖，采集标本有盆、鬲腹片等。遗址南部有一个长宽均为 150 米的取土坑，现为鱼塘，坑边有汉砖瓦、新石器陶片等。因水位高，看不见坑壁下端的地层堆积。

■ 广平南遗址现状

大崔遗址　位于茌平县振兴街道大崔村，新石器时期至汉代遗址，1991 年 5 月被茌平县人民政府公布为县级文物保护单位。

大崔遗址东西宽约 60 米，南北长约 220 米，面积约 14000 平方米。遗址文化

■ 大崔遗址局部

层堆积厚度在 0.5 米—1.7 米左右，中心距地表 0.7 米，为灰土。在遗址北部坑沿发现汉墓，已超出新石器灰土范围。遗址时代确定为从新石器时期一直延续到汉代，文化内涵丰富。

辛戴张遗址　位于茌平县杜郎口镇辛戴张村，新石器时期遗址，1991 年 5 月被茌平县人民政府公布为县级文物保护单位。

辛戴张遗址于 20 世纪 80 年代早期挖水渠时被发现，据探测，遗址东西长约 300 米，南北宽约 120 米，面积约 30000 平方米。在地表以下可见黑土文化层，范围在水沟以北 30 米，水沟以南 90 米以内，距地表约 1.5 米处。采集器物多为新石器时期和商周时代的陶器片，采集标本有鬲口沿、瓮口沿、簋口沿。遗址埋藏较深，保存基本完好。

■ 辛戴张遗址地表

高垣墙遗址　位于高新技术产业开发区韩集乡高垣墙村，新石器文化遗址，1991 年 5 月被茌平县人民政府公布为县级文物保护单位。

高垣墙遗址于 1987 年调查时被发现，2008 年第三次全国文物普查时进行了复查。遗址南北长 208 米，东西 125 米，面积约 26000 平方米，范围略高于周围平地，中心部位距地表 1.5 米，堆积厚度（以探铲杆为准）1.3 米，为灰土堆积层。可辨器物有鬲、缸、豆黑陶片等，时代为新石器龙山文化时期。

■ 高垣墙遗址地表

望鲁店遗址　位于茌平县冯屯镇望鲁店村，新石器文化遗址，1991 年 5 月被茌平县人民政府公布为县级文物保护单位。

遗址于 1989 年第二次文物普查时被发现，东西长 100 米，南北宽 60 米，面积

■ 望鲁店遗址地表

6000平方米（以探铲为准）。遗址现为平地，中心地区稍高于四周，文化堆积厚约0.4米—2米。采集的标本有新石器的罐、盆、甗及商周的鬲、盆，遗址整体保存完好。

红堌堆遗址　位于阳谷县张秋镇刘楼村，大汶口、龙山文化遗址，1992年6月被山东省人民政府公布为省级文物保护单位。

遗址为缓起高台地，土呈暗红色，故名红堌堆。南北长250米，东西宽200米，中间部分高于地面1米左右，面积约5万平方米。遗址文化层厚约3米，经鉴定为大汶口文化。遗址表面散布灰土，灰土中有大量的陶片，并有红烧土块。陶器中泥质红陶占大多数，且多数为素面，有的红陶罐口沿处饰一圈黑彩。部分灰陶上有按压纹、附加堆纹、方格纹、绳纹等。出土器物主要有陶环、钵形鼎、缸、器盖、纺轮、石铲、石斧等。

■ 红堌堆遗址现状

皇姑冢（蚩尤冢遗址）　位于阳谷县十五里元镇叶街村，大汶口、龙山文化遗址，1992年6月被山东省人民政府公布为省级文物保护单位。

据当地传说，古代有一皇帝南巡，路经此地，匆忙间御马将一民间小姑娘践

■ 皇姑冢（蚩尤冢遗址）

踏而死，皇帝见状悲痛不已，下令将其谥封皇姑，并葬于此地，立碑修庙，以示纪念，故名"皇姑冢"。

1973 年，中国社会科学考古研究所吴汝祚先生发现该处为原始社会遗址，1979 年聊城地区博物馆对遗址进行了试掘，清理出 1 个龙山文化灰坑和大量龙山文化陶片。1995 年，山东省考古研究所与聊城地区文管会对该遗址进行了勘探，发现了龙山文化古城，南北长约 400 米，东西宽约 150 米，面积约 6 万平方米，城内有夯土台基，文化层厚约 4.5 米左右。考古专家认为此龙山文化古城是景阳冈龙山文化古城的附属小城，其文化特征与景阳冈龙山文化特征相似，基本属于城子崖龙山文化。在遗址地面上采集的标本有扁形红陶鼎腿、泥质红陶环、泥质灰陶环、夹砂红陶鬲口沿、夹砂灰陶鬲口沿、泥质灰陶罐口沿、泥质灰陶豆盘等，并采集了石铲、骨锥各 1 件。从遗址地面所散布的陶片看，其陶质可分为泥质陶和夹砂灰陶，泥质灰陶所占比例较少，陶片的纹饰有绳纹、弦纹、附加堆纹、菱形纹等，仅见鬲的口沿和鬲足残片之类。

2006 年，再次对皇姑冢进行了考古发掘，发现冢的高度为 7.6 米，其中地上部分高 4.1 米，地下部分高 3.5 米。最下层 2.1 米为大汶口文化（兼有少量仰韶文化），中间 4 米为龙山文化，最上层 1.5 米为汉代文化。冢外有一座东南西北方向宽 150

米、西南东北方向长 400 米，面积约 6 万平方米的龙山文化城。

近些年，据部分地方历史文化爱好者研究，皇姑冢应为蚩尤冢。现遗址上新建大型蚩尤冢纪念设施，有广场、牌坊、纪念碑等建筑。

乐平铺遗址 位于茌平县乐平铺镇北街村，新石器时期至战国时期遗址，1999年 4 月被聊城市人民政府公布为市级文物保护单位。

1973 年，茌平县文化馆对该遗址进行了调查；1978 年，聊城地区文化局和茌平县图书馆对遗址进行了复查。遗址保护基本完好，为缓坡高地，东高西低，中心部分略高于平地，东西长约 200 米，南北宽约 170 米，面积 34000 平方米。1995年，在遗址中发现龙山文化时期古城址，城址呈东西长方形，四周城墙清晰，东西长约 200 米，南北宽约 150 米，面积 3000 平方米。南城墙中间有缺口，估计应为城门。遗址文化层堆积厚大约 2.5 米，上层为耕地扰乱层，下层为战国至商周，最下层为龙山文化层。遗址主要为龙山文化遗存，文化内涵丰富，表面可见灰土中散布大量的龙山文化至战国时期的陶片，地表采集有龙山文化的盘、鼎、罐及商周文化的罐、鬲、盆等陶器残片。可辨器物有石锛、鼎足、碗、鬲、豆、盘、器底、把柄等；纹饰有绳纹、附加堆纹、弦纹等。

■ 乐平铺遗址地表

韩王遗址 位于茌平县振兴街道韩王村，新石器时代遗址，1999 年 4 月被聊城市人民政府公布为市级文物保护单位。

1986 年 5 月，聊城地区博物馆和茌平县图书馆对该遗址进行抢救性清理，确定遗址范围南北长约 200 米，东西宽约 150 米，面积约 3 万平方米。遗址主要为新石器时期的遗存，出土一批大汶口文化至汉代器物，采集的标本中有大汶口文化的鼎、钵、鬲，商周文化的鬲、罐和春秋战国时期的盆等陶器残片，另外还有石锛、骨器等。

■ 韩王遗址地表

香山遗址 位于东阿县铜城街道香山村，大汶口文化遗址，1999 年 4 月被聊城市人民政府公布为市级文物保护单位。

该遗址现为台状高地，高出地面约 1.2 米，南北长 110 米、东西宽 80 米，占地面积 8800 平方米。遗址紧邻黄河大堤，北部被黄河大堤所压。从断面看，文化层厚度为 1.4 米—2.3 米，内涵丰富，暴露面积广，陶片有磨光黑陶、红陶、灰陶，灰陶最多，可识器形有鬲、罐、鼎、石铲等物，纹饰有弦纹、绳纹等，陶质有细泥黑陶、灰陶及夹砂灰陶等。从采集的标本分析，应属于大汶口、龙山、商周不同时期的文化，其中大汶口文化遗物较为丰富。

遗址南部因修黄河大堤时用土较多，保护情况较差。

■ 香山遗址地表

景阳冈龙山文化遗址 位于阳谷县张秋镇景阳冈村，龙山文化古城址，2001年6月被国务院公布为全国重点文物保护单位。

1973年，中国社会科学院考古研究所吴汝祚先生发现该处为龙山文化遗址，1979年，聊城地区文物工作者对遗址进行试掘。在遗址北部清理出龙山文化灰坑1个，灰坑剖面有清晰的文化层，堆积厚约1.5米，上层为耕土，耕土层下为汉代、商周文化层，最下层为龙山文化堆积。灰坑出土大量龙山文化中晚期的遗物，多为生活器皿，还采集有小骨针、蚌刀、石刀、石斧等。灰坑底部发现一完整牛骨架，似为祭品。

1994年春，阳谷县为旅游开发的需要，决定扩建景阳冈文化游览区。1994年—1996年冬，山东省文物考古研究所与聊城地区文物管理委员会组织文物勘探队

■ 景阳岗遗址局部

对阳谷县景阳冈公园开发建设工程区域进行钻探、试掘工作，发现了景阳冈龙山文化城址。该城址平面近似椭圆形或舟形，东北—西南走向，两端较窄，中部弧形凸出，南北长约 1150 米，北端宽约 230 米，南端宽约 330 米，中部最宽处约 400 米，总面积 35 万平方米。城墙保存较好，高达数米，城的四门清晰可见，西北墙长1200 米，东南墙长 1160 米，西南墙宽 250 米，东南墙宽 300 米。城内有大、小两个台基。大台基位于城内南部，面积约 9 万平方米，小台基位于北部，面积约 1 万平方米，两台基形状、方向与遗址一致。大、小台基利用原自然冈丘经部分加工而成。台基的夯土分上、下两层，下层主要用纯净黄褐面沙土夯筑，上层为灰花土筑成；夯具分圆棍夯与石器夯，夯窝明显，夯面清楚。

出土遗物具有显著的地方特征。陶器以灰陶为主，黑陶较少，红褐陶占一定比例。纹饰以素面为主，有较多的篮纹、绳纹、方格纹。器型较大，主要有瓮、鼎、鬶、鬲、盆等。小台基上灰坑中发现一些羊、狗头骨及骨架，表明此处进行过祭祀活动。特别是在 1996 年春季发掘的一条灰沟中，发现刻文陶片 1 块，属小型泥质磨光黑陶罐的肩部，残存部分呈三角形，从刻划形式看，是在陶器成型之后，烧制之前刻上的，系龙山时期人们所为。从字的形体看，与甲骨文似有渊源关系。

该城址是鲁西北地区发现的最早的一座龙山文化时期的古城址，规模大、规格高，在全国亦属罕见，这一发现 1995 年荣获全国重大考古新发现提名荣誉奖。文化面貌以山东龙山文化为主，也有一定量的河南龙山文化的因素，为研究这一地区龙山文化的面貌、与中原龙山文化的关系乃至中国古代文明的起源等问题，提供了新线索。

教场铺遗址 位于茌平县乐平铺镇教场铺村，龙山文化遗址，2006 年 5 月被国务院公布为全国重点文物保护单位。

相传战国时孟尝君曾于此练兵，故名教场铺。1973 年，该遗址被发现为一处龙山文化遗址，自发现以来，国家、省、市、县文物工作者做了大量的考察工作。1994 年，省、市、县文物部门在该遗址发现了龙山文化时期的城址，在国内外学术界和媒体引起高度重视和关注，《中国文物报》《文物》《考古与文物》《华夏考古》《文物天地》等刊物先后进行报道，国内其它媒体也进行了大量报道和转载。2000 年—2004 年，由中国社会科学院山东考古队、山东省文物考古研究所、聊城市文物局联合组成"教场铺城址发掘与研究"课题组，在茌平县文物管理所的配合

■ 教场铺遗址地表及发掘现场局部图

下，对城址进行了 4 次大规模的发掘。

经勘探，教场铺遗址面积约 17 万平方米，属龙山文化中晚期。城址平面呈东西略长、南北略短的椭圆形，城圈内东西约 230 米、南北约 180 米，总面积近 5 万平方米。4 次考察共发掘遗址面积 2000 余平方米，城内出土房址 37 座、陶窑 7 座、祭祀坑 10 座、奠基坑 8 座、墓葬 4 座、灰坑 300 多座及城墙等大量龙山文化中晚期阶段的遗迹，并出土了大量陶器、石器、骨角器、蚌器等遗物，其中不乏精美的磨光蛋壳黑陶杯、磨光黑陶三足盘等陶质礼器，且出土了带有明显痕迹的卜骨。特别是经科学浮选，在浮选物中发现了小麦等种植物遗存，这一重大发现对探讨小麦传入中原地区的时间和传播路线提出了新的挑战，说明早在 4000 多年前小麦已经从西亚传入我国中原腹地，比人们原先认为的时间更早。同时，小麦的传入导致了北方地区灌溉系统的发展，加速了文明化的进程，同时还预示着中国北方旱作农业种植制度的一次根本性改革的到来，教场铺城址内小麦遗存的发现是中原地区迄今为止所见报道最早的发现。

教场铺遗址的发现与发掘，对中国古代社会复杂化进程的研究、中国早期国家起源与形成以及夷夏两大文化集团相互关系的研究具有较高的学术价值。

权寺遗址　位于江北水城旅游度假区凤凰街道权寺村，龙山文化至汉代遗址，1992 年 6 月被山东省人民政府公布为省级文物保护单位。

■ 权寺遗址地表及出土物

该遗址于 1981 年文物普查时发现，遗址面积约 1 万平方米。中部原有一圆形土堆，高出地面约 3 米，下为黄沙。20 世纪 70 年代当地群众大量挖沙卖沙，遗址中部现变为池塘约 3000 平方米，遗址南部为凤凰街道小学。遗址文化层可见厚度为 2 米，表面散布大量陶片，标本有石锛、石镞、鼎足、灰黑陶片等，陶质分夹砂、泥质两种，多为灰陶、黑陶，并有少量红陶和褐陶。纹饰有绳纹、弦纹、篮纹、方格纹和附加堆纹，以绳纹居多。陶器均为轮制，可识器形为鬶、鼎、鬲、罐、盆、碗、器盖、盘等。此外，遗址还出土数十个汉代陶罐、陶壶。

台子高遗址 位于茌平县杜郎口镇台子高村，龙山文化遗址，1977 年 12 月被山东省人民政府公布为省级文物保护单位。

台子高遗址古称牡丘。公元前 645 年，因楚伐徐，齐桓公召集鲁、宋、陈、郑、邢、曹等国，会盟于牡丘，谋救徐。

台子高遗址东西长 64 米，南北宽 56 米，面积约 3584 平方米，遗址北部有一高出地面约 2 米的高台，四周为平地。遗址表面散布着大量陶片，断崖上可见文化层，最深处达 7 米。20 世纪 70 年代，文物工作者曾在该遗址进行过试掘，出土了

■ 台子高遗址地表

百余件新石器时代龙山文化时期的各类器物，包括龙山文化的尊、壶、鬲及商周时期的瓮、罐、盆等陶器残片。遗存的陶器以泥质黑陶为多，灰陶、红陶次之，器形规整，多为轮制，可见器形有罐、甗、筒形杯等，纹饰以绳纹、篮纹、弦纹、方格纹及附加堆纹为多见。石器有柳叶状石镞和棒式双刃凿，遗址还发现了部分商及西周遗物。

腰庄遗址　位于茌平县杜郎口镇腰庄村，龙山文化遗址，2003 年 1 月被聊城市人民政府公布为市级文物保护单位。

遗址为缓起坡地，原高出地面 1 米—2 米，后被夷为平地，南北长 80 米，东西

■ 腰庄遗址地表

宽110米，面积约8800平方米，表面可见灰土。遗址文化内涵丰富，主要为龙山文化遗存，地表采集有龙山文化的黑陶片、商代鬲口沿、凿形鼎足及鬲沿、盆、罐等，陶质为夹砂陶和泥质陶，陶色有红、灰、黑，纹饰有绳纹及素面等。

东一甲遗址　位于茌平县振兴街道东一甲村，新石器至汉代遗址，1999年4月被聊城市人民政府公布为市级文物保护单位。

遗址南北长70米，东西宽120米，面积约8400平方米，原为缓坡土岗，后被夷为平地。中心部位略高于四周，土质松软，土色呈深灰色。遗址主要为龙山文化的遗存，文化堆积上层为汉代，下层为龙山文化。遗址范围内曾多次发现过完整器物，采集到的陶器标本包括龙山文化罐、商代鬲、罐及汉代的残瓦片，石器有石镰、石刀等。

■ 东一甲遗址地表

西路庄遗址　位于茌平县乐平铺镇西路庄村，龙山文化遗址，2014年10月被聊城市人民政府公布为市级文物保护单位。

西路庄遗址于1980年进行调查发掘，东西长约80米，南北宽约60米，面积约4800平方米。文化层为灰土堆积，厚度约为1米，捡取的标本可辨器形有盆、鬲、鬶、罐等，最早时代应为龙山时期，另有部分商周时期的遗物。其与附近区域的教场铺遗址、大尉遗址和乐平铺遗址的关系尚有待考证。

■ 西路庄遗址地表

大刘遗址 位于荏平县杜郎口镇西大刘村,龙山文化遗址,2014 年 10 月被聊城市人民政府公布为市级文物保护单位。

大刘遗址东西宽约 100 米,南北长约 280 米,面积约 28000 平方米,中央有高台,高度约为 2 米,高台南北约 55 米,东西约 40 米。经钻探实测,遗址文化层为灰土,采集器物有龙山文化时期的器盖、罐口沿、盆口沿以及商周时期的鬲口沿、

■ 大刘遗址地表

盆口沿等。陶色以灰黑陶为主，少量红陶，时代为新石器时期、夏至商周时期。据研究调查得知，遗址高台是人为堆积，原高台之上建有寺庙，称玉皇庙，因此遗址也称"玉皇庙遗址"。

大碾李遗址　位于高新技术产业开发区韩集乡大碾李村，龙山文化遗址，2003年1月被聊城市人民政府公布为市级文物保护单位。

遗址发现于1981年，为缓坡高地，西南部分微微高出四周平地，北部有鲁义姑祠。文化层厚3米，土呈深灰色，土质松软。遗址地表散布大量陶片，主要有夹砂陶、泥质陶等。器物多为轮制，可识器形有罐、盆、鬲、豆等器物，陶色以灰黑色为主，陶器纹饰主要有方格纹、篮纹、弦纹、瓦纹、绳纹等。

■ 大碾李遗址地表

梁庄遗址　位于经济技术开发区广平乡梁庄村，龙山文化至汉代遗址，2014年10月被聊城市人民政府公布为市级文物保护单位。

该遗址东西长约170米，南北约100米（水沟北约20米，水沟南80米），面积约1.7万平方米。遗址延续时间长，从龙山文化到商周一直延续到汉代，保存完好。从穿过的水渠断面看，整个遗址被3米厚的黄土层覆盖，可看到的文化层厚度约1米左右。文化层土色为深灰色，土质松软，含有大量陶片，由于水渠内积水，文化层堆积不详。从采集的部分标本看，陶质有夹砂陶和泥质陶，夹砂陶居多。陶色有磨光黑陶、灰陶、红陶。陶器纹饰除素面磨光外，还有附加堆纹、方格纹、弦

■ 梁庄遗址地表

纹、瓦纹、鸡冠耳和花边纹等。可识器形有高颈壶、竹节状陶器、压边花盆、鬲、瓮等。采集的高颈壶口沿的残片为素面磨光黑陶，制法为手制，具有大汶口文化的特点。遗址保存基本完好，是茌平县境内所知有岳石文化成分的较早遗址。

大窑遗址　位于东阿县姚寨镇大窑村，龙山文化遗址，2003 年 1 月被聊城市人民政府公布为市级文物保护单位。

■ 大窑遗址局部

该遗址现为高出周围地面1.2米—6米的堌堆状遗址，东西长58米，南北宽51米，面积约2958平方米，当地群众俗称"青冢子"。文化层堆积厚约2米—7米，土呈灰褐色，从陶片可识器形判断，有黑陶杯、黑陶罐、红陶鬲、灰陶罐、骨器等，陶器纹饰有方格纹、篮纹、弦纹及绳纹等。采集标本分属龙山文化和商、周不同时期，其中龙山文化时期的遗存最为丰富。

鱼山龙山文化夯土台址　位于东阿县鱼山镇鱼山西麓，龙山文化遗址，2014年10月被聊城市人民政府公布为市级文物保护单位。

鱼山为泰岱之余脉，海拔82.1米。山南、东环绕而过的黄河，为上古四渎之一的济水故道。台址依鱼山半坡而筑，分处曹植墓南北。曹植墓以北，现残存面积约500平方米，南北长150米，高度为1米—2米；曹植墓以南，现存面积300平方米左右。台址用生黄褐土夯筑，土质坚硬、纯净，难辨夯层。台上有龙山文化时期至东周、汉代的文化堆积。

曾在此地表采集到龙山时期的灰陶片、磨光黑陶片，并发现春秋、战国到汉代的陶鬲足、榆荚钱币等。考古专家推测，此台址向西延伸范围较大，现地表已无痕迹，地下极有可能存在台基，因未勘探，详情不知。此台址的发现，对于研究中国文明的起源，探讨上古先民的生活、祭祀习俗，具有较高的考古价值。

■ 鱼山龙山文化夯土台址局部

黑堌堆遗址　位于阳谷县张秋镇刘楼村，龙山文化遗址，1999 年 4 月被聊城市人民政府公布为市级文物保护单位。

遗址为东高西低的缓起高地，高出地面约 1.5 米，长约 200 米，宽约 150 米，面积达 30000 平方米。遗址文化层堆积厚度约 2.5 米，土为灰黑色，土质松软，地面散见各时期的陶片。陶质有夹砂陶和泥质陶两种，其中泥质陶居多。陶片纹饰除素面磨光陶外，还有方格纹、篮纹、附加堆纹、绳纹及圆涡纹等。从遗址表面看，可识别的器形有鼎、鬲、罐、盆等器物。

■ 黑堌堆遗址现状及出土物

黑土坑遗址　位于阳谷县阿城镇常楼村，龙山文化遗址，1999 年 4 月被聊城市人民政府公布为市级文物保护单位。

遗址为高出地面 1.5 米的缓冈高台地，长约 100 米，宽约 50 米，面积约 5000 平方米。从遗址南端沟渠断面可见，耕土层下 0.2 米处为文化层，文化层厚 1.5 米，土质松软，为灰褐色。出土的陶片有夹砂陶和泥质陶，泥质陶为主，陶色有红色和灰色，以灰色为主，制法为轮制。可视器形有折腹盆、豆、罐、鬲、瓮等龙山文化时期的器物，纹饰有方格纹、篮纹、附加堆纹和绳纹。这些器物不仅有山东龙山文化的特征，而且具有河南龙山文化特征。

■ 黑土坑遗址地表

八里庙龙山文化遗址　位于阳谷县寿张镇八里庙村，龙山文化遗址，2014 年10 月被聊城市人民政府公布为市级文物保护单位。

遗址东西长约 500 米，南北宽约 400 米，总面积约 20 万平方米，为隆起的高台地，高出四周约 1 米左右。南距金堤 100 米，一条南北向水渠从遗址中间穿过，

■ 八里庙龙山文化遗址地表

把遗址一分为二。从遗址中间沟渠断面上看，文化层堆积厚约 0.8 米—1 米左右，土质松软，土灰褐色。遗址除中间挖沟渠破坏外，其余部分保存完好。从捡到的陶片看，陶质可分为夹砂陶和泥质陶，泥质陶占大多数，陶色可分为红陶和灰陶，红陶多数为素面，灰陶有按压纹、附加堆纹、方格纹、绳纹等。捡到的陶器有钵、瓮、器盖、盆、鼎足等。

孟堤口龙山文化遗址　位于阳谷县十五里元镇孟堤口村，龙山文化遗址，2014年 10 月被聊城市人民政府公布为市级文物保护单位。

因附近居民大量取土，遗址比四周略低，整个遗址呈长方形，东西长约 200 米，南北宽约 100 米，总面积约 20000 平方米。遗址为沙质土壤，耕土层 0.2 米下可见文化层，土呈褐色。从遗址表面散落的陶片看，陶质可分为夹砂陶和泥质陶两种，泥质陶占大多数。陶色分为灰陶和红陶，红陶多为素面，灰陶有按压纹、附加堆纹、方格纹、绳纹等。捡到的陶器有钵、瓮、罐、器盖、器足、盆、鼎足等。

■ 孟堤口龙山文化遗址地表

白庄遗址　位于江北水城旅游度假区凤凰街道白庄村，龙山文化至汉代遗址，2014 年 10 月被聊城市人民政府公布为市级文物保护单位。

遗址南北长 40 米，东西宽 36 米，面积约 1440 平方米。遗址表面为灰土，从遗址西南角的土坑壁上看，文化层堆积厚度约 1.5 米，土质松软，土色深灰，另外还

■ 白庄遗址地表及出土物

有烧锅的草木灰。在文化层内含有大量的陶片，陶片陶质有泥质和夹砂两种。采集陶器有龙山文化泥质陶盆、泥质灰陶等。因土堆被平，破坏严重，保存情况较差。

马家坊遗址　位于茌平县振兴街道马家坊村，新石器至汉代遗址，1999 年 4 月

■ 马家坊遗址地表

被聊城市人民政府公布为市级文物保护单位。

遗址东西长为 230 米，南北宽 140 米，面积 32200 平方米，中心部分隆起，高出地面约 0.5 米，四周为平地。1980 年，茌平县文物普查小组曾对该遗址进行调查，暴露的文化层南北长约 40 米，主要内涵为新石器文化。地表采集有龙山文化的陶鬲及商周时期的盆、鬲等陶器残片。水渠断面暴露有龙山、商代和汉代文化层。

张李遗址 位于茌平县温陈街道张李村，商周时期遗址，1979 年 1 月被茌平县人民政府公布为县级文物保护单位。

遗址东距茌新河 150 米，距金牛湖 1.5 公里，西临一条南北向水渠，南北长约 150 米，东西宽约 100 米，面积约 15000 平方米。张李遗址地表及大棚墙上均见灰陶和红陶片，可辩器型有鬲口沿，鬲足、罐口沿等，多为商周时期器物。

■ 张李遗址地表

前王屯遗址 位于茌平县乐平铺镇前王屯村，商周时期遗址，1991 年 5 月被茌平县人民政府公布为县级文物保护单位。

遗址于 1980 年文物普查时发现，东西长约 70 米，南北宽约 90 米，面积 6300 平方米。经钻探，中心部位为方形高台地，边长约 20 米，高约 0.5 米，堆积厚度约

2米，为灰花土质。遗址采集标本多为瓦片，陶器标本较少，采集的标本有鬲口沿，纹饰为绳纹。

■ 前王屯遗址地表

西集遗址　位于高新技术产业开发区韩集乡西集村，商周时期遗址，1991 年 5

■ 西集遗址地表

月被茌平县人民政府公布为县级文物保护单位。

遗址于 1983 年文物普查时被发现，南北长约 140 米，东西宽约 120 米，面积 16800 平方米，现为农田。经钻探，遗址中心部位文化层距地表 1.5 米，南部排水沟中曾出土东周与汉代时期陶片，由于遗址埋藏较深，未能采集到地表散落标本。

禅州寺遗址　位于茌平县冯官屯镇小杨屯村，商周时期遗址，2014 年 10 月被聊城市人民政府公布为市级文物保护单位。

遗址于 1981 年文物普查时发现，2009 年第三次文物普查时对其进行复查。遗址原为高台地，现为平整土地，东西长约 70 米，南北宽约 50 米，面积约 3500 平方米，比原来略有缩小。因平整土地，文化层破坏严重，残存部分厚约 30 厘米—50 厘米，为灰土质，采集标本有鬲足、罐、盆等口沿，灰陶为主、红陶次之，纹饰以绳纹为主，其次是素面，另外还发现了东周时期的弦纹。该区域早期遗址发现较少，禅州寺遗址的发现对于研究茌平东部商周时期文化具有重要意义。

■ 禅州寺遗址地表

王菜瓜遗址　位于茌平县肖庄镇王菜瓜村，春秋战国至汉代遗址，也是博平古城遗址，2013 年 10 月被山东省人民政府公布为省级文物保护单位。

■ 王菜瓜遗址地表

遗址于1980年文物调查时发现，2008年7月第三次全国文物普查时进行了复查，遗址东西长约580米，南北宽280米，面积达162400平方米，原高出地面约5米，由于历年平整土地，现高3米左右，中东部偏高于四周，遗址上沙丘呈鱼鳞状分布。该遗址保护良好，文化层厚约2.5米，可清楚看到灰土以及被毁坏的汉墓，地面散布大量春秋战国时期至汉代的陶片砖瓦。地表采集有春秋战国时期的尊、盆、罐、砖等，另有碗、罐等瓷片。据考察发现，遗址还是春秋时期博平古城所在地。

马湾遗址　位于阳谷县阿城镇马湾村，春秋战国至汉代遗址，1999年4月被聊城市人民政府公布为市级文物保护单位。

遗址地势东高西低，总面积9000平方米，文化堆积厚度约为0.4米—1米左右，从穿过遗址东西向沟渠的断面上可看出该遗址上层为汉代墓群，下层为春秋战国时期文化层堆积。在沟渠坡岸上散布陶片甚多，陶质分为夹砂和泥质两种，泥质陶占大部分，夹砂红陶只有鬲口沿1件，陶片纹饰多用绳纹、弦纹。出土文物有陶罐、铜镜、彩绘陶壶、瓮、鬲、尊等。

■ 马湾遗址现状

南台汉墓群遗址　位于阳谷县寿张镇南台村，战国至汉代遗址，1983 年 3 月被阳谷县人民政府公布为县级文物保护单位。

根据当地群众传说，此遗址过去是个凤凰山，样子很像凤凰，故得名凤凰山，后因变化改名凤凰台。台前及南台的村名由此而得来。

遗址紧靠南台村，遗址的 3/4 被金堤覆盖，遗址西 100 米处是寿张至台前的公路，遗址南 100 米处有一条西南—东北流向的小河。遗址长 290 米，宽 50 米，总

■ 南台汉墓群遗址局部

面积约 10000 余平方米。文化层厚度约有 0.5 米—1.5 米不等，大部分是灰土层，比较单纯，由于当地群众用土所致，部分遗址遭到破坏，出土了部分器物。出土的器物有灰陶罐、红釉陶鼎、陶灶锅、铜剑，还有大量陶片，从这些标本及器物来看，遗址最早至战国时期，最晚至汉代。

孟洼遗址（含汉墓群） 位于莘县朝城镇孟庄村，汉唐遗址，2006 年 12 月被山东省人民政府公布为省级文物保护单位。

遗址比地面低约 1 米，占地约 1026 万平方米，遗址延续时间较长，遗址内随处可见灰坑痕迹，还有很多陶片、瓷片。陶片有灰、红两色，以灰色居多，器型以罐、盆为主；瓷片质地细腻、做工精良、釉彩艳丽，器型以盘、碗多见。1974 年在遗址中挖土填沟时，又出土数件陶罐，并发现了房屋、灶坑和街道遗址。孟洼遗址曾出土了国家三级文物唐代“三彩道士”、国家二级文物宋代“三彩枕”和汉、唐时期“陶罐”等珍贵文物。

遗址东北部为东汉东郡太守臧洪墓，遗址西南部有一个高约 5 米的土堌堆，被当地人称为“孟堌堆”，清《朝城县志》称此处为“齐桓公会盟台”。1958 年，孟庄大队组织开垦荒地时，发现这个堌堆周围有很多大小不一的石块和一些青砖，每块青砖长 40 多厘米、宽 20 余厘米、厚 10 多厘米，并在堌堆东侧发现一个“石门”。

■ 孟洼遗址局部

自此，此堌堆被确定为一大型汉墓（亦称孟洼汉墓）。汉墓边长75米，周长300米，高10米，占地面积5625平方米。

2004年5月，莘县文物所工作人员进行考察时，发现"孟洼汉墓"顶部有一个直径1米，深6米的盗洞。工作人员进一步考察发现，此墓为大型砖石结构壁画墓。墓底部为一条南北向回廊，中段东侧有门形石框，判断是入口墓门，回廊西侧应是主墓室，有封闭的墓门和入口墓门相对。回廊为穹隆顶，从淤土上测量高度为2.2米，宽3.1米，长14.7米，回廊内布满色彩艳丽的壁画。壁画以白灰抹墙为底，用朱砂、黑墨画图，色彩至今依然艳丽。画的大部分是青龙、白虎、朱雀、玄武等祥鸟瑞兽，壁画内容生动形象、场面宏大，绘画技艺娴熟，保存完整，为山东省仅见、全国少有的壁画遗存，在研究中国汉代绘画艺术以及政治、经济、文化等方面有着重要的学术价值。

2007年4月莘县文物所对其实施第一期保护工程，筑起高约70厘米的石质围墙。遗址北部现为东西走向水渠和人行道，西部为南北走向人行道，路西有砖窑厂。

相庄遗址 位于莘县东鲁街道相庄村，唐代遗址，2006年12月被山东省人民政府公布为省级文物保护单位。

相庄遗址东邻黄河村，西靠相庄村，北临蔡庄村，占地约36万平方米，是聊城市现存不多的唐代古文化遗址。

■ 相庄遗址局部

遗址文化堆积层厚 0.5 米—3 米，遗存埋藏较为丰富。遗址内有一处低于地面 2 米—4 米的洼地，此洼地南北长 100 米，东西宽 50 米，基本呈长方形，洼地内有两处废弃的枯井，洼地断崖上有明显的文化堆积层分布。经初步勘探，在地表 0.5 米以下发现唐代文化堆积。1998 年后，在相庄遗址陆续出土 60 余件有价值的文物，有铜佛、陶器、三彩器等，其中三级文物 6 件。铜佛，做工精细，人物造型生动、形象，充分反映了当时高超的手工艺技术。三彩器有陶狗、陶兔、彩釉饰珠，做工精细，动物造型栩栩如生，釉色纯正。彩釉饰珠虽小，但做工精美，几种釉色的搭配合理。该遗址为研究聊城市的唐代社会手工业发展情况提供了极有价值的史料。

段辛庄马固庄子遗址　位于冠县万善乡段辛庄村，宋代遗址，2014 年 10 月被聊城市人民政府公布为市级文物保护单位。

遗址现为耕地，遗址整体高出周边 2 米—3 米，南北长约 200 米，东西长约 200 米，面积约 40000 平方米。遗址上有大量残瓷片，从采集的标本分析，该遗址应属宋代。据段辛庄村民讲，遗址在解放前更高，有数口水井，曾经还出土过铜钱。

■ 段辛庄马固庄子遗址地表

临清县治遗址　位于临清市青年街道旧县村，1990 年 6 月被临清市人民政府公布为县级文物保护单位。

遗址文化层距地表约 10 厘米左右，占地 15 万平方米，出土遗物有泥质灰陶、瓦当、板瓦、罐。出土瓷器有白瓷罐、盆、碗瓷片，青釉、影青、豆青瓷片等。

■ 临清县治遗址局部

第二节　古城遗址

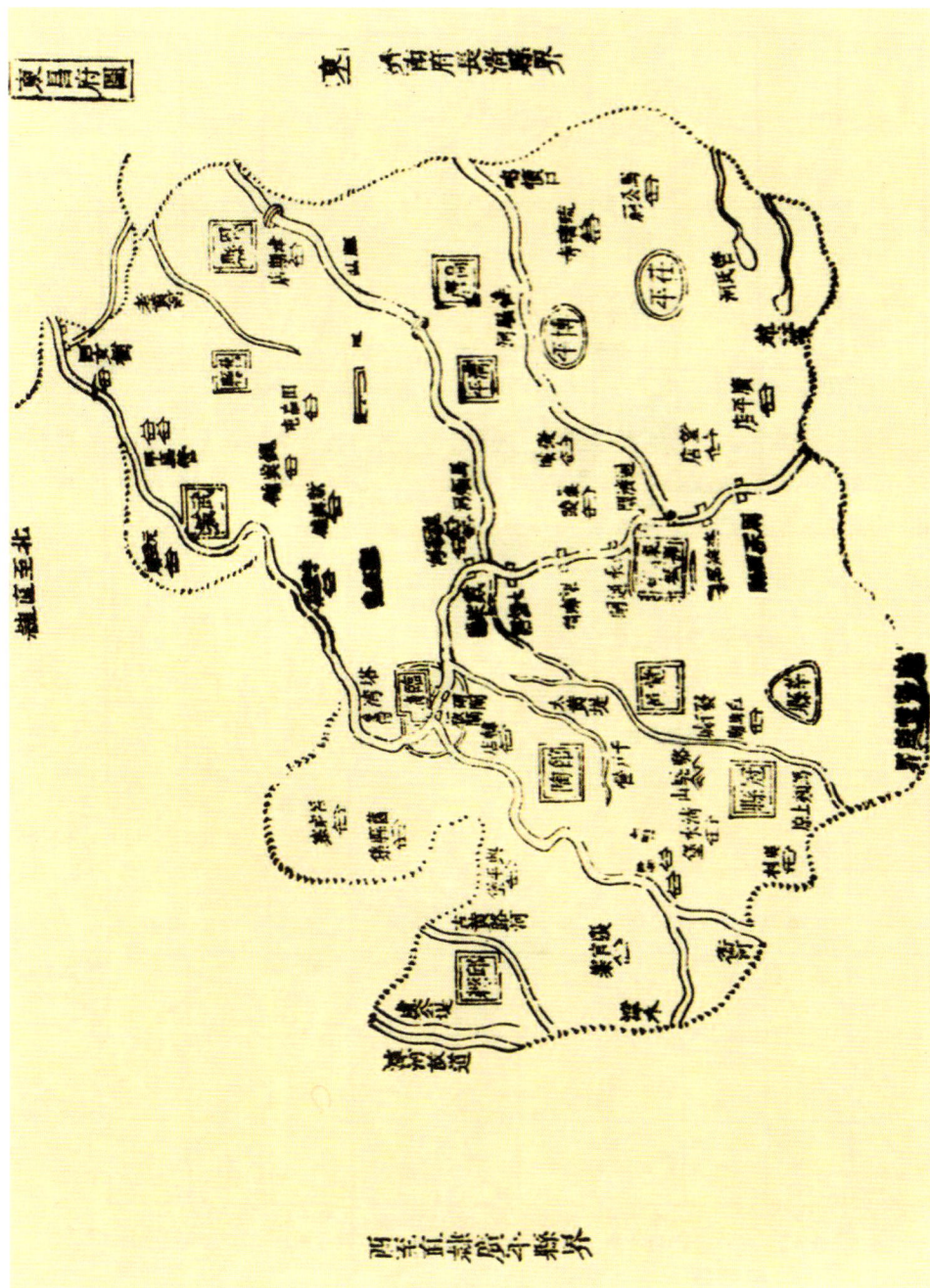

东昌府（辖区相当于今聊城市）各县图　辑自乾隆元年（1736）《山东通志》

阿城故城 位于阳谷县阿城镇王庄村，春秋战国时期古城址，1992 年 6 月被山东省人民政府公布为省级文物保护单位。

阿城故城始建于春秋时期，位于齐国西部边陲，历来为兵家必争之地。春秋时期，"晏子治阿"的故事即发生在此地。

该城址呈圆角方形，边长 2 公里，周长 8 公里，面积 4 平方公里。城的东南角和北城墙段保存较好，其他城墙也略高于现周围地表。东南角城墙保存长达 250 米，地表以上高达 14 米，地表以下 2 米多，共计 16 米，宽近 30 米，较完整的表现了城东南角转角情况。断面上反映着城墙结构，以主体墙和后期修补组成。主体墙为板筑棍夯。夯层平整，夯层厚 6 厘米—10 厘米不等。城墙内外皮和顶部夯质尤好，中间质地略差。修补部分面积不甚大，在城墙的内外皮处，夯质更好。此段城墙利用了大汶口、龙山时期文化堆积，夯土内含有这时期的包含物，土呈灰色，且主体城墙叠压在龙山时期夯土上。北城墙西端现存高达 12 米，夯质结构同东南角，也利用了早期文化堆积。

1995 年，考古研究所对故城进行了考古钻探，在城东部发现了龙山时期的城墙。龙山时期城墙有一部分被春秋时期城墙占压，现存长约 56 米，宽 12 米，高约 2 米。城墙为黄沙土夯筑，质地坚硬，夯层不明显。在沟渠北侧清理了一条探沟，出土了有泥质灰陶和夹砂陶的龙山文化时期陶片。该遗址文化特征与景阳冈龙山文化特征相似，基本属于城子崖龙山文化。

■ 阿城故城局部城墙

城址内有古阿井一眼，东汉时期就已存在，其水清冽，用以熬煮阿胶。北魏郦道元《水经注·阿水》载："东阿大城北门内西侧皋上有大井，其巨者如轮，深六七丈，岁常煮胶以贡天府。"《梦溪笔谈》《本草纲目》中亦有记载。井深30米，圆形，为青砖砌筑，井口以长方形青石板覆盖。井北有六角六柱石亭，为光绪五年（1879）重建，亭内有龟驮碑，高5尺，宽2尺余，碑上篆刻"古阿井"三个大字。

■ 古阿井

馆陶故城　位于冠县东古城镇政府驻地，春秋至明代故城遗址，1999年被冠县人民政府公布为县级文物保护单位。

据光绪版《馆陶县志》记载：馆陶，古冀州地，春秋时晋冠氏邑，隋开皇初置毛州，大业初州废，北徒四十里建今治为县（今冠县东古城镇），属武阳郡。遗址面积约50万平方米，现被东古城村现代民居占压，群众取土建设时，在2米以下发现许多残砖碎瓦。据遗址残片标本，该遗址时代应为春秋至明代，现捡到的多为宋元明时期的残瓷片。该遗址未发掘，文化堆积层不详。

■ 馆陶故城现状

黄城故址　位于冠县梁堂镇北黄城村，春秋战国古城遗址，1999 年被冠县人民政府公布为县级文物保护单位。

黄城，春秋为晋国黄邑，战国先属赵，后属魏。据《史记·田敬仲世家》载："田庄子相齐宣公，宣公四十三年（前 413），伐晋毁黄城。"《东昌府志·古迹》云：

■ 黄城故址现状

"黄城在县南，本赵邑，后属魏。"《史记·赵世家》载："赵敬侯八年（前379），拔魏黄城。"《续山东考古录·卷五》载："黄城古城在今黄城村。"并引《一统志》说："黄城一名黄垒，以黄河故名。"《中国历史地图集》（第一册）所标地名为"黄"，约与城南北黄城村同址，或稍南偏。由此可知，春秋晋国黄邑故城在今黄城村。2000年，村里平整耕地，对遗址造成了破坏。

东武阳古城　位于莘县莘州街道西段屯村，汉代古城遗址，2003年1月被聊城市人民政府公布为市级文物保护单位。

东武阳，汉代县名，隶属于东郡。西汉时期，东郡辖领22县，治所位于濮阳县（今濮阳市西南）。东汉初平二年（191），袁绍为褒奖曹操，封其为东郡太守，治所在东武阳县。《汉书·地理志》记载：东郡治所原在濮阳县，东汉时，曹操为东郡太守，将治所移至东武阳县，并新建一座东武阳城。后来臧洪又为东郡太守，治所也在东武阳县。东武阳县后魏时改名牙阳县，唐代名朝城，沿用至今。

漯水连接黄河，自东南向西北流经东武阳县，穿过东武阳新县城，然后绕新城东北，流向东武阳故城南。漯水自新城的东门石窦进入县城，向北注入堂池中，在堂池的南岸还能看到池基；县城西门名曰冰井门，门内可见冰井；门外有一高台，叫武阳台。东汉学者应劭也认为：东武阳县在武水之北而得名，武水可能就是漯水。

东武阳故城遗址高于四周约1.5米，面积较广，东西长200米，南北长60米。

■ 东武阳古城遗址现状

遗址内的文化堆积深达 1 米左右，有散布的灰沟坑，地表暴露出很多宋元时期的瓷片，器型多为碗、盘。东武阳故城遗址对研究汉代及宋元时代莘县以及聊城市一带的社会发展有重要意义。

发干古城　位于莘县河店镇马桥村，汉代古城遗址，1999 年 4 月被聊城市人民政府公布为市级文物保护单位。

汉元朔五年（前 124），汉武帝派卫青率三万骑兵奇袭高阙。汉军俘虏右贤王的小王十余人，得 1.5 万余战俘，成千上万头牲畜。汉武帝接到战报喜出望外，派特使捧着印信，到军中拜卫青为大将军，加封食邑 6000 户，封卫青的 3 个襁褓中的儿子为列侯。其中第三子卫登被封为发干侯，食邑 1300 户，治所在今莘县河店乡马桥村一带，后形成发干古城。据志书记载，发干古城西汉曾为县治，隶属东郡。王莽当政时，改发干为戢楯，东汉时又复名发干，仍属东郡。晋属阳平郡。南燕时，侨置幽州于此。后魏仍属阳平郡。北齐并入清渊县。距今 1000 多年前，城池遭废弃。

遗址高出四周约 2 米，占地约 25.7 万平方米。地表暴露有汉代灰陶片和唐、宋、元时期的瓷片。遗址东 1 公里处曾有 1 通石碑，记载大名府发干县的沿革情况，1958 年被毁。90 年代，马桥一带出土的墓志上隐约有"马名府"字样，现存

■ 发干古城遗址上的残碑

于莘县文物管理所。1974 年冬，在遗址东部挖出一眼古井、木制车轮以及陶缸、盆、瓦等。1983 年，遗址内出土了 12 个明代瓷盆。

清渊故城　位于冠县清水镇北街，汉唐古城遗址，1999 年被冠县人民政府公布为县级文物保护单位。

清渊县，汉初置，故城有二：一在今河北省馆陶县清阳城，一在今山东省冠县清水镇。《山东通志·古迹》载："清渊故城在县西北十三里，汉置县，俗曰清阳城。"及至北魏，清渊县移至今冠县清水镇。《山东通志·沿革表》冠县条注："清渊县，北魏自今临清州界徙治县之清水堡，属阳平郡。""清渊，汉县，北魏徙置，齐、周因之。"《东昌府志·沿革》说："清水镇，今冠县地，即故清渊县也。"《山东通志·沿革》冠县条注：唐初为讳高祖李渊之名，"改清渊为清水"。明万历十三年（1585）《冠县志》记载："清水堡在县东北四十里。旧无城墉，嘉靖二十一年（1542）知县姚本修筑，周围四百丈有奇，高一丈五尺，马道、壕阔各有一丈五尺，壕深为其阔之半，南北立十拱门，上为房三间，匾南曰南洛要径，北曰燕冀亭衢，距门外五里许名筑墩一。城素繁，且通道，每月二、五、四、八为集，贸易货物。"

2000 年，冠县实行房屋改造及修建埭码公路，造成了遗址的消失。

■ 清渊故城遗址现状

贝丘故城　位于临清市大辛庄街道近古村，汉代故城遗址，1986 年 10 月被临清市人民政府公布为县级文物保护单位。

古代百姓聚居的地方多称为丘，如春秋时期的清丘、葵丘，战国时期的沙丘、废丘、宛丘、顿丘等。"贝丘"是临清地域出现的第一个城市，临清贝丘故城与仰韶文化有着密切的渊源，据《宋书·南梁朝·沈约》记载："清河郡古有贝丘。"据宣统本《清平县志》记载："县治古称贝邱。"

■ 贝丘故城遗址局部

贝丘故城占地面积约 18 万平方米，文化堆积距地表 10 厘米，民国《临清县志》记载："贝丘故城在县东南十五里，近古村。"据《太平寰宇记》云："城内有贝丘，高五丈，周五十步。"现遗址文化层距地表较浅，因农业耕种致使遗址破坏严重。贝丘故城是临清市宝贵的文化资源，对于研究临清古文化具有较大价值。

高唐古城墙遗址　位于高唐县城内北湖东岸，北齐至明清古城墙遗址，2008 年5 月被高唐县人民政府公布为县级文物保护单位。

公元前 206 年，汉置高唐县，县治在今德州市禹城县伦镇村西北 8 里许，即大城子坡村、小城子坡村和堂子街村之间。东晋时高唐县废。北魏景明三年（502），复置高唐县，县治仍在原址。禹城县伦镇村西北之高唐古城遗迹至今犹在，遗址上仍有城墙残迹两段和大量器皿残片、瓦砾。两段城墙残迹呈南北走向，北面一段高出地面约 2 米，长约 100 米，宽 10 米，当地居民称为"大城墙子顶"；南面一段高

■ 高唐州城池旧图　辑自光绪三十三年（1907）《高唐州志》

出地面约 1 米，长约 100 米，宽 10 米，当地居民称为"小城墙子顶"。据考察，此两段为古高唐西城墙，两段城墙之间为一大豁口，是原西城门所在。据城墙遗址可推测，当时的高唐县城南北长约 1.5 公里，东西长约 2 公里。《三国志·华歆传》记载，当时"高唐为齐古城墙名都"描述的应该是此处遗址。如今，古城墙遗址已经成为当地群众的庄稼地。

北齐天保七年（556），高唐县迁县治到今高唐县城，并沿用至今。迁址后，高唐县城初建为土城。明朝时，城墙多处坍塌，不足以保障县城安全。明正德八年（1513），知州张纮进行维修，新城墙长约 9 里，高 2 丈，厚 1 丈，窝铺 14 处，垛口 2640 个。城有四门。城外护城壕深 3 丈，宽 2 丈。明嘉靖二十一年（1542），知州安如山增窝铺 18 处，垛口改为砖砌。明嘉靖三十一年（1552），知州胡民表维修城壕。清康熙四十二年（1703），城墙坍塌，城无北街，北门启闭无常，且多积水，遂堵塞，其余三门皆倾斜。清康熙四十八年（1709），知州龙图跃重修四门，并书门额：北门曰拱极，南门曰迎薰，东门曰瞻岱，西门曰秩成。城门之上均建门楼，北门仍塞。清乾隆三十八年（1773），知州张寓改建砖城。清光绪二十九年（1903），知州周家齐疏浚城壕，并沿壕植柳。1945 年 9 月 7 日，高唐县城解放，为防止国民党反动派占据县城，政府号召群众将城墙拆除。

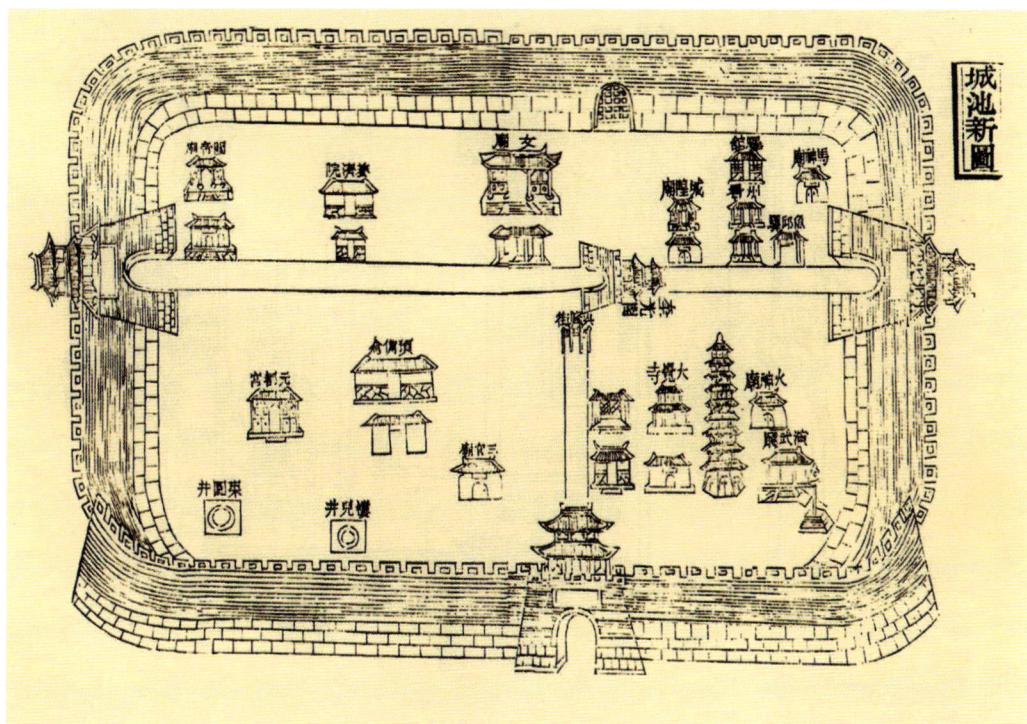

■ 高唐州城池新图　辑自光绪三十三年（1907）《高唐州志》

因历代维修城墙，从城内起土，城墙内四周形成大片坑洼地，无水时称城圈，有水时称城圈湖。1958 年，引黄二干渠修成，黄河水引入湖中，城圈湖不再干涸。2000 年，县政府正式将城圈湖命名为"鱼丘湖"。

土城遗址　位于茌平县乐平铺镇土城村，北魏古城遗址，2003 年 1 月被聊城市人民政府公布为市级文物保护单位。

土城也称阳城、鼓城。《魏书·地形志》记载："茌平县治鼓城。"民国《茌平县志》云："鼓城，今曰土城，在县城（今茌平县城）东南二十里，垣墙尚存西北两面。"《中国历史地图集》第四册北魏版图上茌平标注方位即土城村。

土城遗址是东晋初年（317）到北齐时代（551—576）的茌平县城。遗址于 1988 年文物普查时被发现，面积约 12000 平方米，土色为灰色，遗址内涵丰富。现整个遗址基本被土城村占压，村西部和西北部留有东晋到北齐时期的土砌围墙。

土城遗址下方有古人类生存痕迹，地表采集有商周时期的鬲、豆、瓮及战国、汉代时期的盆、瓦、豆等陶器残片。

■ 土城遗址现状

堂邑故城遗址　位于冠县定远寨镇千户营村，隋代堂邑县古城遗址，2014 年 10 月被聊城市人民政府公布为市级文物保护单位。

堂邑县在冠县的故城有两个，一个是汉代故城，在今冠县辛集镇刘八寨村，一个是隋代故城，在今冠县定远寨镇千户营村。

据唐代李贤《后汉书》记载："堂邑故城在今博州堂邑县西北。"20 世纪 70

■ 堂邑故城遗址现状

年代，冠县辛集镇刘八寨村民在开挖河渠时，曾发现汉代建筑风格的古井及部分陶器碎片，因这里距堂邑镇 27 里，与古文献记载一致，故推断该处为堂邑县汉代故城。

堂邑县隋代故城在今冠县定远寨镇千户营村。始于隋开皇六年（586），终于宋熙宁间（1068—1077），约历 480 余载。相关史料虽少，但确切一致。清康熙四十九年（1710）《堂邑县志·古迹》载："堂邑县故城在县西北十里，宋熙宁间坏于水，县令耿几父迁今治。"《续山东考古录》《山东通志》均明确指出："堂邑县城在县西十里，隋置县，……今千户营。"

2000 年由于村里平整耕地，对遗址造成了破坏，遗址现为一片耕地。

北馆陶故城 位于冠县北馆陶镇政府驻地，明代古城遗址，2013 年 10 月被山东省人民政府公布为省级文物保护单位。

现有城墙角三处（东南、东北、西北）均为夯土所筑，现残垣断壁，高矮不齐，保存较好的是东南城墙角，宽 9 米，东西长约 15 米，高约 8 米，东北角与西南角保存稍差，城墙夯土流失严重，断面上分布着较多的砖瓦碎片，东南角外有东护城河，东北角外有北护城河，护城河底宽约 15 米，深约 5 米。据光绪《馆陶县

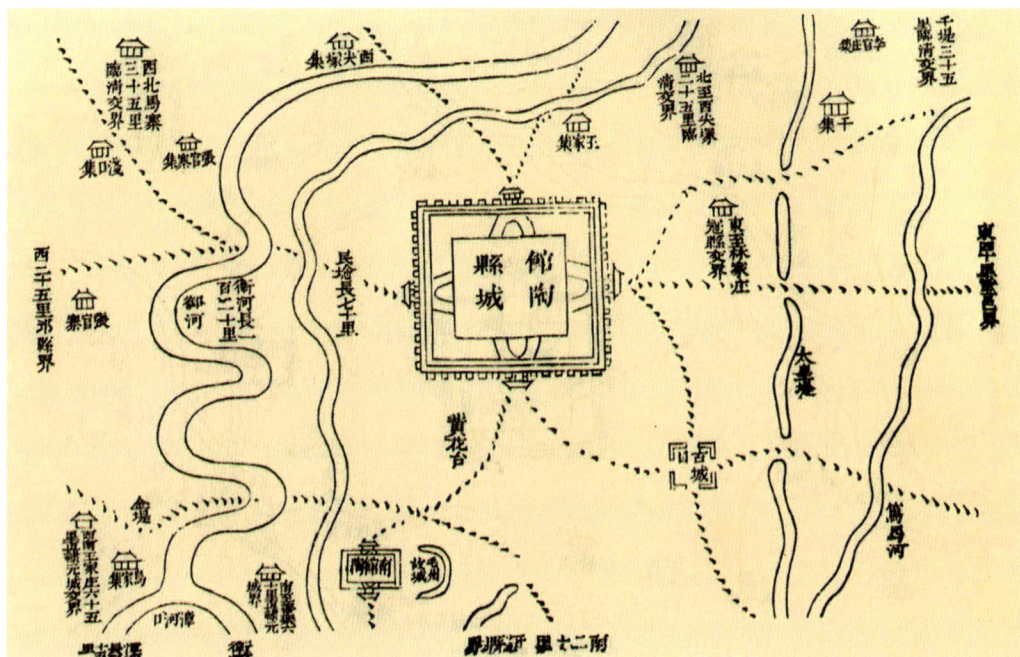

■ 馆陶县城（北馆陶故城） 辑自嘉庆十三年（1808）《东昌府志》

志》记载，城池是明成化三年（1467）由馆陶知县唐祯所筑，周围5里，高2丈5尺，池深2丈。

萧城遗址 又名驻马城、歇马城，位于冠县北馆陶镇萧城村，辽国萧太后驻兵屯粮营垒遗址，2013年5月被国务院公布为全国重点文物保护单位。

宋真宗景德元年（1004），辽国萧太后摄政，携子耶律隆绪（辽圣宗）发兵攻宋，为了与驻兵澶渊的宋军对峙，在故道边筑土城以屯大兵。相传此城是辽兵用头盔装土，一夜夯成，故俗称"盔安城"。城内挖出七十二眼"饮马井"，筑起东西两座点将台（昔日校阅军队的场所或祭祀设施）。但在交战中，辽军先锋大将、萧太后之弟萧挞被宋军用"床子弩"射死，锐气大挫。萧太后见取胜无望，便和宋订立了历史上著名的"澶渊之盟"。宋辽约定两国君主以"兄弟相称"，永不再战，结束了宋辽之间的长期战争。随后，辽军班师，萧城遂废。

萧城遗址西临漳卫河，东与清水镇相望。遗址呈正方形，边长均1300米，总面积169万平方米。东、南、西、北壁有四门，称为瓮城。瓮城门与城门不相对，俗称扭头门；城墙土筑夯砸，每层厚13公分，四角和城门有箭楼及城门楼。城墙基部宽26米，顶部宽8米，高13米，周长5200米，四周城隍宽80米。现在，雉堞、城隍已不见踪影，仍残存部分城墙，城墙最高处达13米。古城址中尚存点将台（高约5米，方圆150余平方米，夯层厚15厘米，每层较均等，夯筑较规范）、箭楼、城门楼、磨盘洞、烽火台、饮马井、"万人坑"等。

■ 萧城遗址残存的旧城墙

"萧城晓烟"为旧时馆陶八景之一。

萧城周围有沟塞、召村、杨召、邵村、公曹、木堤、胡芦营、南盘、马寨、草村、马园、孩儿寨、房儿寨、常儿寨、萧寨、孟良寨、和尚寨、营盘、草厂、马栏厂、宋马堡等村，村名来历均与宋辽征战有关，民间也有不少关于宋辽战争的轶闻。1967 年，在城内发掘出明朝正德年间山西按擦司杨师震墓志，铭文曰"葬于萧城之源"，由是可知，此城在明代已称萧城。

1996 年，中国社会科学院考古研究所派考察队在城周围进行了半年的勘探发掘，在点将台附近土层中，发掘出宋代瓷残片、房砖屋瓦、饮水马槽。在城东北隅城垣外 200 米处败絮中发现唐代古墓，出土瓷器 10 余件。

近年来，冠县逐步加大对萧城遗址保护力度，作出了建设萧城遗址公园的规划，整个规划面积近 200 万平方米。萧城遗址城垣规模宏大，保存完好，是迄今为止长城以南唯一可见的较大规模的契丹古城。

堂邑古城墙遗址 位于东昌府区堂邑镇堂邑中学内，宋代城墙遗址，2014 年 10 月被聊城市人民政府公布为市级文物保护单位。

城墙建于宋熙宁元年（1068），城墙周长六里单三十步（古代一步约等于 1.5

■ 堂邑县城池图　辑自康熙五十年（1711）《堂邑县志》

■ 堂邑古城墙遗址局部

米），高一丈八尺，面积 3140 平方米。据传，城墙建成后，数万白雀云集，所以堂邑又称云雀城。明洪武年间，加筑城墙，外披三合土。从明万历至明崇祯年间，相继在城墙上修建 8 所敌楼，城墙东南角建魁星塔，城墙东北隅建有文昌阁，清朝时多次修复。

现仅存两段，一为堂邑古城西南角，一为堂邑古城东城墙南段。2008 年，对现存城墙进行了保护性修复，在古城墙外侧修砌了一道 2 米多高的青砖护墙。堂邑古城墙遗址对研究我国古代城址规划和城址状况具有一定意义。

清平县城遗址　位于高唐县清平镇政府驻地，北宋至 1940 年间的清平县城遗址，2008 年 5 月被高唐县人民政府公布为县级文物保护单位。

清平镇原名明灵寨，北宋元丰年间（1078—1085），因黄河决口，清平县将县治由水城屯迁到明灵寨（今清平镇），过了约半个世纪，至北宋宣和年间（1119—1125），清平县才开始建造土质城墙。金代、元代、清初，多次对土质城进行修葺，无奈此处为黄河故道，黄沙遍野、土质不坚、屡修屡圮、终难持久。清乾隆六十年（1795），巡抚玉德奏请改建砖城，朝廷批准，令知县万承绍奉旨修建。砖城自嘉庆元年（1796）春开始兴建，耗时 3 年终于建成。

清平砖城，城墙高 1 丈 8 尺，下宽 2 丈 2 尺，上宽 1 丈 4 尺，外围总长 852 丈。城垣西北隅筑炮台 3 墩。四个城门和城楼均重修为砖木结构，东南西北四城门

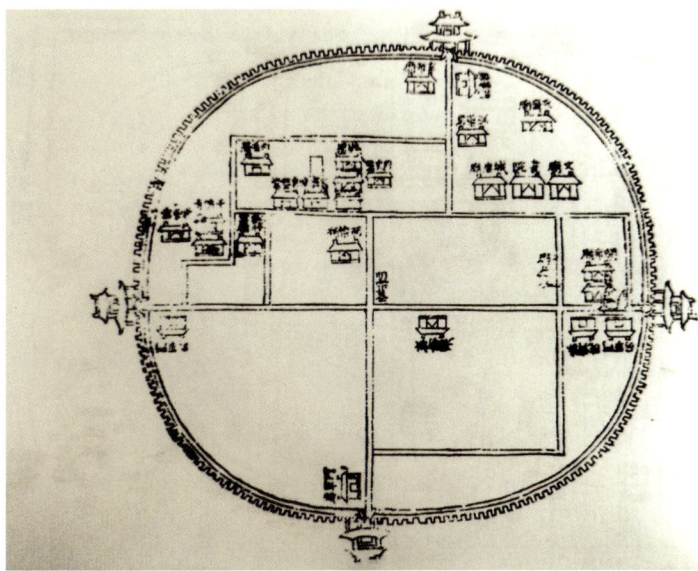

■ 清平县建置（域垣）图　辑自嘉庆三年（1798）《清平县志》

檐额分别为"迎旭""望鲁""生明""拱辰"。据民国《清平县志（596—1956）》记载："迄今150年，而城垣无恙，雉堞如新，为邻封各县所不及。"

1940年，清平县治迁到康庄，清平由县治变为县以下的乡镇。解放战争前后，城墙被陆续拆除，墙砖大量被挪作他用，少量流失，只剩迎旭门洞和墙基（砖砌覆斗式方形台座）被保留下来。门洞上方有一牌匾，上书"迎旭"二字，该牌匾刻于清乾隆二十五年（1760）。1985年前后，仍有部分三合土墙基断断续续露出地面。

清平县城设于清平镇约有860余年的历史，城内原有大量古建筑和石雕物件，较著名的有金代孔庙、元代后唐明宗祠、清代清阳书院、敕封坊、探花坊、圣旨坊等，现仅存迎旭门（县城东门）、清平文庙（影壁、古柏和大成殿）等。

聊城古城墙遗址　位于聊城市区古城内，宋明古城遗址，1999年4月被聊城市人民政府公布为市级文物保护单位。

聊城古城始建于宋熙宁三年（1070），面积约20000平方米左右，初为土城，明洪武五年（1372），东昌卫指挥佥事陈镛改土城为砖城。城墙周长七里单一百零九步（约合3665米）。高三丈五尺，顶宽二丈，基厚三丈，深二丈。内墙用三合土夯注，外墙用巨型砖石垒砌。城设四门，东为"寅宾"，南为"南薰"，西为"纳日"、北为"锁钥"。城门上筑门楼，外置瓮城。南、东、西瓮城为扭头门，南门东

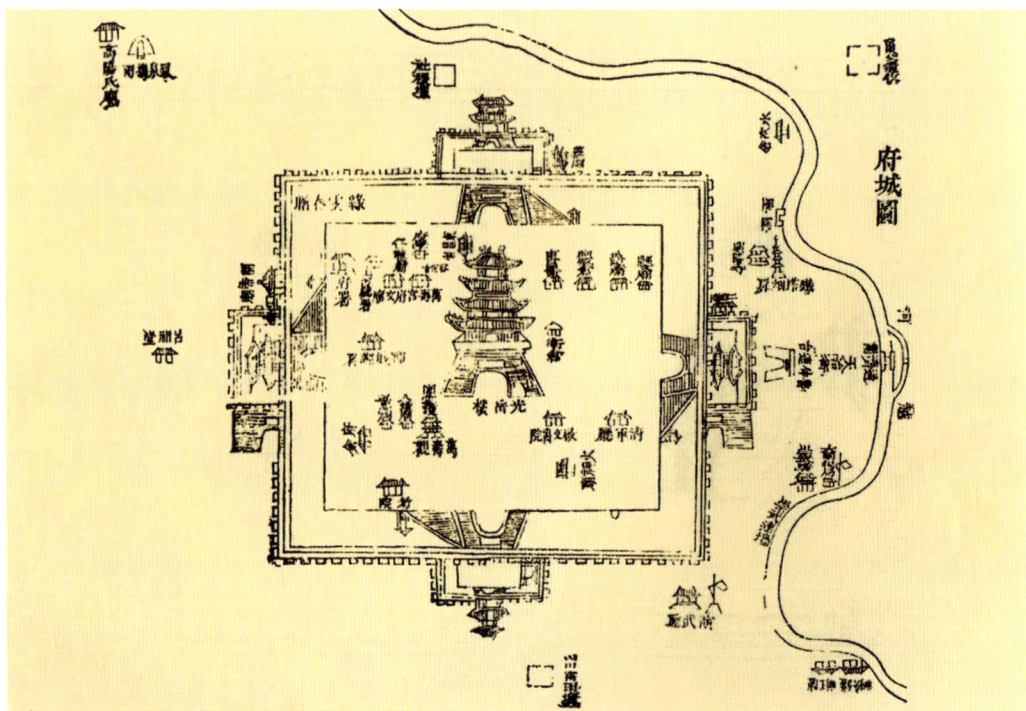

■ 聊城县城池（今古城）图　辑自嘉庆十三年（1808）《东昌府志》

向，似凤头；东西门南向似凤翅；北门北向，似凤尾，故有"凤凰城"之称。四城门楼皆歇山重檐。城墙东北原有望岳楼，西北有绿云楼，尤为壮观。明万历七年（1579）增修敌楼27座，垛口2700余个。城墙高大坚固，易守难攻。解放战争期间城墙被拆，现仅存基址，轮廓依然清晰。

　　如今，聊城市政府对古楼进行了保护性开发，已修复了部分城门、城墙和城内建筑。

　　聊城东昌湖　位于聊城市区古城外部，为宋熙宁三年（1070）掘土筑城时初步形成，1999年4月被聊城市人民政府公布为市级文物保护单位。

　　东昌湖原名环城湖，又名胭脂湖，由宋熙宁三年（1070）筑城时护城河及周围洼地拓展而成。因在城外修筑护城堤，筑堤用土来自于此，加之数百年来，城内建房用土多取自护城河外，使护城堤以内洼地逐年加深，形成一条宽阔的护城河。1964年，护城河更名环城湖，1995年11月，环城湖更名为东昌湖。

　　共和国成立后，政府对护城河实施"挖沟排污水，修闸引清流、建造人工湖，鱼藕齐发展"的综合治理措施，于1963年、1964年、1977年3次对其清淤加深改

■ 东昌湖远景

造。湖水深达 2 米—3 米，水域面积约 6.3 平方公里，略小于杭州西湖，为济南大明湖的 5 倍，成为中国北方城市中罕见的人工湖，与南京莫愁湖、杭州西湖并称为三大美女湖。从 1982 年起，对沿岸进行改造，1984 年，新建湖心岛，有溢香斋、观景台、翠园、沁园、望月亭等建筑。湖心岛同东昌湖内荷香园、水寨竹楼、沙滩浴场、钓鱼台等十几处景点汇成一体，组成旅游区。

东昌湖景区面积 20.6 平方公里，主要包括东昌湖、中华水上古城、运河（城区段）三部分，包括有孔繁森同志纪念馆、中国运河文化博物馆、水城明珠大剧场、东昌大桥、湖滨公园等景点，以环绕于古城区四周的东昌湖为依托，营造出聊城"城中有水，水中有城，城水一体，交相辉映"的独特风貌。

临清城墙遗址　位于临清市新华街道古楼街京华中学北侧，明代古城墙遗址2010 年 7 月被临清市人民政府公布为县级文物保护单位。

临清古城有砖城和土城两座城池。

砖城坐落在现城区的东北角。明正统十四年（1449），兵部尚书于谦建议筑临清城，景泰元年（1450）开始修建，城墙由每块 25 公斤左右的方砖用白石灰砌缝垒成，"高 3 丈 2 尺、厚 2 丈 4 尺，周长 9 里零 100 步（约 4650 米）"。城有四门：东威武门、南永清门（民国时易名"中山门"）、西广积门、北镇定门。四门间隔中

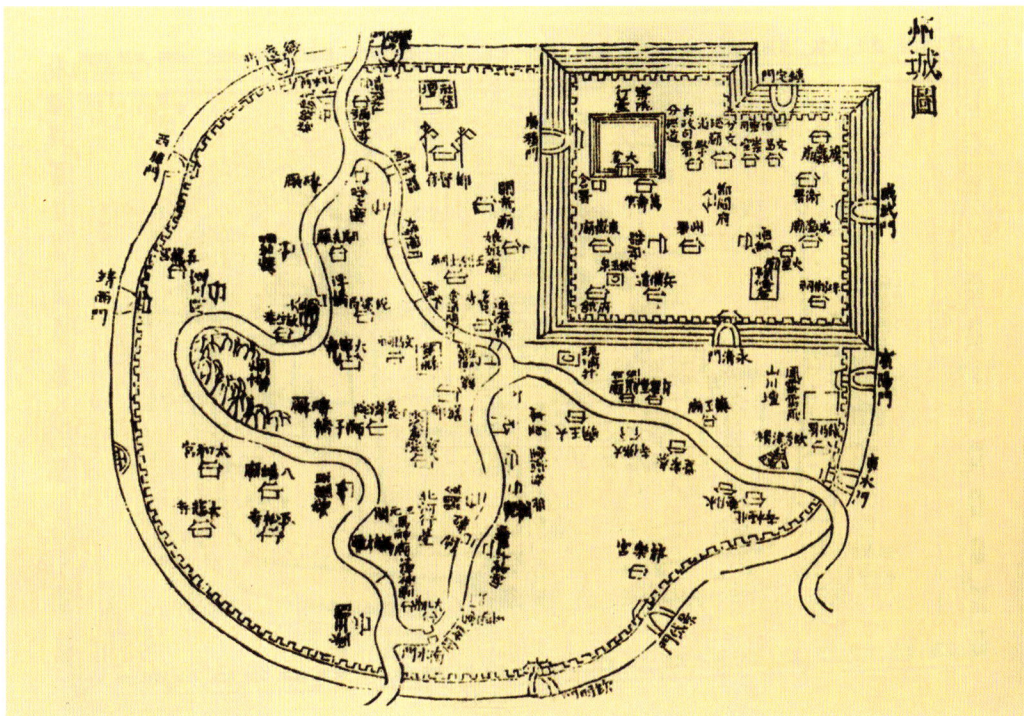

■ 临清直隶州城图　辑自乾隆五十年（1785）《临清直隶州志》

设望台楼 8 座 46 间。明弘治八年（1495），兵备副使陈壁续建女儿墙。四门外跨护城河铺筑石桥各 1 座，桥名因门而定。明正德五年（1510）副使赵继爵、正德八年（1513）年副使李充、嘉靖十五年（1536）副使张邦教、清顺治十年（1653）副使傅维、康熙二十四年(1685)知州佟世禄相继对砖城进行修葺。乾隆三十二年（1767）知州戴知成重修，两年竣工，耗银十万六千两，加高 7 米，下宽 8 米，上厚 5 米。清咸丰四年（1854）太平军攻陷城池，北城墙毁坏严重。同治十一年（1872）州牧王其慎重修。民国五年（1916），东城墙遭雷击，毁 7 米余。民国六年（1917）大雨成灾，西城雉堞和南门城楼倒塌，县知事阮忠模补修，复设东、西两角魁星楼为望所。民国二十一年（1932）县长徐子尚在城西南角，开辟博源门，后城垣逐年毁坏，1945 年临清解放后拆除。

　　土城位置在砖城西南，建于明正德六年（1511），由兵备副使赵继爵掘堑筑土垒成。嘉靖二十一年（1542）巡抚曾铣、邱文庄提议临清宜跨河为城，于是筑成周围 20 多里的罗城，城墙的高宽与砖城相仿。城东、西各设 2 座城门，东宾阳门、景岱门，西靖西门、绥远门；南、北各设 1 座城门，南钦明门，北怀朔门。水门 3 处，汶河 1 处、卫河 2 处。嘉靖二十八年(1549)副使丁以忠在靖西门、绥远门之间开西雁门 1 处，嘉靖三十年（1551），建望台 32 座。嘉靖三十八年（1559）副使张监在水门各建翼楼，设云桥射室。清中叶，农民领袖王伦攻打临清，土城城垣始毁，民国时期再无修，土城毁坏殆尽。现城墙仅残存东西长约 150 米的内部夯土。

■ 临清城墙遗址局部

第三节　其他遗址

黄河故道遗址（田马园段）　位于冠县东古城镇田马园村，西周至汉代黄河故道，2014年10月被聊城市人民政府公布为市级文物保护单位。

冠县以黄河故道而闻名，其主要流经地段在东古城镇境内。据《冠县志》记载，在有文字记载的历史上，黄河流经冠县共4次：第一次是在周定王五年（前602）黄河改道入冠县，至西汉元光三年（前132）上游决口改道而去，前后共470年。第二次是西汉元封二年（前109），上游决口堵住，黄河恢复故道，直至王莽建国三年（11）再次改道东行，前后达120年。从此，长达40余公里、原始原貌的一段黄河故道——大沙河便留在了冠县大地上，占地约1万余平方米，呈东西长南北宽的土丘状。此后，黄河又两次改道入冠县，但时间都很短，而且走的是东部马颊河的路线。今所说黄河故道一般指黄河第一、二次流经县境的路线。所遗留的这条黄河故道，至今已有近2000年的历史了。

历史上的黄河故道，沙丘连绵，茅草丛生，一片苍凉，每遇大风，飞沙扬尘，压田毁苗。1950年代后，从植树造林入手改造荒漠，实行林粮间作，建起农牧良种

■ 黄河故道遗址（田马园段）局部

场、棉花原种场、阔叶林良种繁育圃、毛白杨林场。20世纪80年代初，接受联合国粮食计划署实施的粮援植树造林工程"2606"项目，黄河故道遂成为全国著名的林果生产基地，沙洲变成了百里林海。田马园村盛产大樱桃、丰水梨、红富士苹果、油桃等水果，被列为山东省大棚油桃栽培技术科普示范基地、山东省首家无公害苹果基地。

冠县东古城镇田马园村特意保留了6米余高的黄河故道原始沙丘，供人们参观游览，回顾历史。这里是过去黄河故道地貌特征及恶劣环境的一个缩影，也是冠县奋战沙荒和造林绿化的见证。

马陵道古战场遗址　位于莘县大张家镇马陵村一带，战国时期齐魏进行马陵之战遗址，2003年1月被聊城市人民政府公布为市级文物保护单位。

公元前341年，魏将庞涓讨伐韩国，韩国向齐国求救。齐国国君任命田忌、田婴为将、孙膑为军师攻打魏国。孙膑用"减灶"之计诱引魏国太子申和庞涓等人进入地势复杂、易攻难守的马陵道，令埋伏在马陵道的兵士万弩齐发，大败魏军，太子申被俘、庞涓自杀。这次战役被称为"马陵之战"，是孙膑的成名战，也是世界军事史上以少胜多的著名战例之一。

马陵道古战场遗址原为深沟巨壑、土丘大岗。《范县志》记载，元代范县县令

■ 马陵道古战场遗址上的马陵之战纪念馆

孟之普曾写诗《马陵道中》描绘马陵道古战场："广衍东原境，势非峨眉巅。夹堤积冲撞，倾崩成大川。房屋多斜曲，岐路几回旋。奇哉孙子智，减灶擒庞涓。"现遗址占地约40万平方米，东临范县县城，南濒金堤河，东、西均为开阔地带，此地地势起伏不平，且周围村庄街道走向奇特，故有"迷魂阵"之称。

该遗址周围有马陵、道口两村。马陵村又称马陵道，至建国初仍是沟壑纵横，后虽经削高填低，但沟迹依然明显。道口村位于马陵道入口处，别名道沟，亦因大沟而名。两村皆顺金堤河流向建屋，村中房屋、胡同、道路无一不斜，曲处甚多，进村后极易迷失方向，故有"迷魂阵"之称。马陵北有一高大土岗，人称黄桑岗。黄桑岗西原有孙膑庙，飞檐斗拱，琉璃瓦顶，金碧辉煌，颇为壮观。庙前有座碑，碑左右各有一井，人称"一百（碑）单（担）二井"。

2005年5月，大张家镇政府根据有关史料记载建起古马陵之战遗址风景区。景区规划占地1000亩，包括马陵之战纪念馆、马陵古战场、度假村、民俗园、垂钓区、仿古建筑小吃一条街、娱乐休闲区等。已启用的马陵之战纪念馆是景区标志性仿古建筑，占地6000平方米，馆内置古马陵之战作战过程展示图，收藏了大量与孙膑有关的历史文献和实物资料，陈列新颖，内容丰富，场面宏大，布局独特，是人们了解历史、感受马陵之战的最佳场所和基地，也是国内研究孙膑历史的重要基地之一。

凤凰台遗址　位于冠县东古城镇张查村，春秋至汉代遗址，2014年10月被聊城市人民政府公布为市级文物保护单位。

■ 凤凰台遗址局部

凤凰台坐落在太黄堤上。传说，此处落过凤凰，故叫凤凰台。据民国二十五年《馆陶县志》记载："凤凰台在县南五十里张查、尹固之间，沙河岸太黄堤上，基址方圆约近二亩，高可及丈，风扑雨摧，绝不消减，俗传为凤凰台。"有专家分析，凤凰台在太黄堤上，一种可能，群众为防止河水决口，而贮存土于此；另一种可能是古代统治者因军事需要而在太黄堤上筑台，以观察对岸的行动。是否正确，因无其他参考资料，尚待考证。

遗址现南北长 25 米，东西宽 22 米，面积 550 平方米，高出地表 1.8 米。

爵堤遗址　位于高唐县三十里铺镇、梁村镇，古人修建的河堤遗址，2008 年 5 月被高唐县人民政府公布为县级文物保护单位。

爵堤遗址上的河堤遗存呈西南、东北走向，状若城墙蜿蜒而去。1975 年之前，只有少部分被百姓用土、烧窑破坏，大部分保存完好。堤基宽约 50 米，堤身高大，最高处约 10 米。自高唐县三十里铺镇冯庄起，经三十里铺村、崔庄东，北经后屯西、李奇庄东，又经曹堤口、田庄、桑庄、辛兴店西、亚庄西，延续至梁村镇打渔李村西、黄圈西、王广村东、西屯西，出高唐入夏津境经刘兴峪继续向东北延伸，入平原境。1975 年，农业学大寨，平地造田，爵堤遗址大部分被夷为平地，只留下稍高于地面的一些痕迹，在桑庄东北、黄圈村东部、大李楼、西屯西遗迹明显，桑庄、黄圈残存部分高约 6 米，大李楼、西屯西部分绵延约 1500 米。

■ 爵堤遗址局部

此古堤，老百姓世代流传叫皇堤（黄河大堤）。高唐旧志称"爵堤"，冬天雪后天晴，古堤在日光照射下，如一条玉龙，蜿蜒伸展，气势恢宏，文人墨客便将"爵堤晴雪"或"爵堤雪痕"称作"高唐八景"之一。元人王子鲁有诗曰："汉家障水修堤防，冬来雪霁先生光。玉龙偃蹇卧千里，标峦处处琼花芳。孟郊骑驴衣帽白，高低渔舍如银妆。几回登眺观清景，石铛扫取煎茶香。"

此古堤究竟建于什么年代，因考察发掘条件所限，至今没有定论。也有人认为此处是战国时的齐长城。据史料记载，战国时齐国的齐康公、齐威王、齐宣王都曾修筑长城。

最近高唐县文物管理所对古堤进行考察，在群众取土劈开的土层中发现长方形大砖两块，长 29.5 厘米，宽 14.4 厘米，厚 4.4 厘米，砖上的凹形印记是过去发掘出的古砖中所没有的，不知是图是字，有待研究。

晓春亭遗址　位于冠县烟庄街道张平村，汉代建筑遗址，1999 年被冠县人民政府公布为县级文物保护单位。

战国时代的大思想家孟子为推行自己的政治主张，不辞劳苦周游列国，当年孟子由齐至魏途径今冠县城东北十余里的张平村一带，受到民众热烈欢迎，"不约而护送者千家，提壶浆迎者八里"。但纵横家景春不同意孟子的主张，在今张平西村

■ 晓春亭原址现状

拦住其车，与之辩论，辩题包括什么人才是大丈夫的问题。景春拦车问道："公孙衍、张仪，岂不诚大丈夫哉！一怒而诸侯惧，安居而天下熄。"孟子"止车而立"，反驳景春，从此留下了"富贵不能淫，贫贱不能移，威武不能屈"才称得上"大丈夫"的千古名论。当时"止车而立"处，至今仍叫"直立村"。孟子晓谕教化景春处，被称为晓化春，演变为小化村，现分前、后小化村。东汉人张平子（有可能是东汉著名科学家兼文学家张衡，字平子，但尚未发现有力的佐证史料）为纪念此事，建"晓春亭"。因是张平子所建，故所在地以建亭人的姓名命名为"张平子"村，后省略"子"而成"张平"村。

几千年来，历代的官员、文人贤士，多次修建晓春亭。明嘉靖年间，内阁孟渊重修庭宇，邑侯夏瀙在此建立学校培养学生。清嘉庆七年（1802），再次修复晓春亭，并建孟子庙，塑孟子塑像，开辟庭院，再次建起学堂，官府拨付良田作为祭田，以备祭祀之用。冠县教谕张登三和孟子的67代孙孟毓杰分别作记、刻石立于晓春亭旁。直到民国时期仍对其进行过修缮。2000年村内的房屋改造及建设造成了遗址的消失，其原址尚可考。

晓春亭取孟子"晓谕景春"之意，是历代都非常重视的重要史迹之一，挖掘、开发晓春亭的历史文化内涵，意义重大。一座小小亭台，联系着两位伟大的历史人物，见证了一段不朽的千古名言，其价值不言自明。

秦皇堤遗址　位于莘县古城镇西曹营村，是古人治黄修筑的河堤，2008年4月被莘县人民政府公布为县级文物保护单位。

东汉时，水利专家王景调动数十万人治黄，并在黄河两岸修筑外堤，取"固若金汤"之义，定名为"金堤"。宋金时期，黄河偏离故道，向南迁移一段距离，金堤遂渐渐远离黄河河道。清同治年间，黄河在濮阳、范县、寿张一带连连泛滥，官府便因金堤之便重新修建防水工程，马陵以上仍用金堤工程，自马陵以下变更金堤走向，改走道口、樱桃园、张青营、姬楼、朱楼、范县（今古城）一线，直至张秋。马陵以下的这段金堤工程被废弃不用，《范县志》中称这段废堤为"旧金堤"。因其历史悠久，人们越来越说不清金堤的来龙去脉，民间渐渐产生了"秦皇堤"的称谓，并传说此堤是秦始皇下令修筑的，素有秦始皇"南筑秦堤挡黄水，北修长城抵鞑兵"之说。

古城镇境内现有秦皇堤长约13公里，西起古城镇吕堤村，东至古城镇东台头村。

■ 秦皇堤遗址现状

堌东村兴隆寺遗址　位于东昌府区斗虎屯镇堌东村，唐代寺庙遗址，2012 年被东昌府区人民政府公布为县级文物保护单位。

兴隆寺始建于唐代，宋代兴盛，明代重修，建筑毁于建国初期。兴隆寺遗址现南北长 80 米，东西长 50 米，面积 4000 平方米左右。目前遗址仅存残碑 2 通，赑

■ 堌东村兴隆寺遗址近景

俑 2 尊。遗址表面散落着唐代瓦块、残损瓷片以及宋代的碗、钵、盘等残片。

邢家佛寺遗址 位于高唐县尹集镇邢家佛堂村，唐代佛寺遗址，2014 年 10 月被聊城市人民政府公布为市级文物保护单位。

邢家佛寺始建年代已无资料查考。据邢家佛堂村百姓流传，邢家佛堂村始建于唐代。邢氏有人在朝中做了大官，在村中修了一座豪华住宅，这时有人告状，说他建造宫殿，想当皇帝。姓邢的大官知道后十分害怕，慌忙派人改造成寺院，住进了和尚。官府查无对证，对此事不了了之，从此这里也变成了寺院。久之，寺院香火旺盛，人们便称这个寺院为"邢家佛堂"。

邢家佛寺遗址南北长约 130 米，东西宽 54 米，占地 7020 平方米，原有山门、大殿、配房、院墙。民国时期，固河小华村的豪绅华杏田（清末曾任保甲"千总"）带人来邢家佛寺将和尚撵走，把寺院拆毁，拆下的青砖、木料等运往尹集小刘庄，修建了明新寺高级小学。

1958 年大跃进深翻土地时，在距邢家佛寺遗址约四五十米处，曾挖出用青方砖修建的和尚墓葬 10 余座，除出土人骨架外，没有其它随葬品。1971 年，在遗址南侧挖小渠时发现一墓葬，也没发现随葬品。在遗址东侧挖水渠时，发现一墓葬，挖出 10 余座高约 10 厘米的小石佛，后来不知去向。

■ 邢家佛寺遗址现状

邢家佛寺遗址现残存《重修邢家佛堂碑记》和《重修邢家佛寺碑记》2 通，均是嘉靖三十年（1551）所立。《重修邢家佛堂碑记》在文化大革命破四旧时被砸为两截，碑断折处，字迹残缺较多。碑身两截通长为 2.4 米，宽 0.85 米，厚 0.31 米。碑帽有盘龙纹浮雕，高 0.9 米，宽 0.97 米，厚 0.38 米。碑座为赑屃，前后长 2.1 米，左右宽 0.87 米，高 0.65 米。碑正面为高唐知州胡民表所撰碑文，背面和两侧是捐资人姓名。碑文记述了重建邢家佛堂的缘由及经过。《重修邢家佛寺碑记》保存完整，有碑帽、碑座，明嘉靖三十年（1551）立。碑文为楷书阴刻。碑身高 2.61 米，宽 0.87 米，厚 0.32 米，碑帽为盘龙纹浮雕，高 0.86 米，宽 0.9 米，厚 0.38 米。碑座为赑屃，前后长 2.11 米，左右宽 0.94 米，高 0.65 米。碑的正面为东平州儒学庠生梁绍泗所撰碑文，背面和两侧是捐资人姓名。碑文记述了重修邢家佛寺的缘由、情况及修建后佛寺的状况。

大觉寺遗址　位于高唐县城东南，唐代大觉寺遗址，2008 年 5 月被高唐县人民政府公布为县级文物保护单位。

据各类文献和碑记记载，大觉寺始建于唐代，建寺后立有石碑。《明宣德九年（1434）碑记》云："高唐州东北陬有净地焉，周回五百余丈。唐时有僧于此创立大觉寺以崇奉佛教，又于寺之东北偏建舍利宝塔。"道光十六年（1836）《高唐州志》记载："知州张诗凤募捐引云：'读其残碑乃唐时尉迟敬德将军监造也。'今佚。"张诗凤是康熙年间的高唐知州，可见，康熙年间残碑尚在，至《高唐州志》

■ 大觉寺遗址新景

出版的道光年间残碑已经佚失。民国二十五年（1936）《高唐县志稿》记载：唐朝佛像"系大觉寺圮后，由塔内发现"，"今存民众教育馆"。唐石匣"亦系由大觉寺塔底发现，石匣长方形，长约五尺，阔三尺，匣上有盖，盖上刻字已不可尽辨"，有"池州东流县尉监博州高唐县酒税"字样。

宋元祐六年（1091），大觉寺及舍利塔年久失修，出现破损，寺僧广峭进行修缮。元代，大觉寺毁于兵燹，唯存舍利宝塔。明洪武年间（1368—1398）重修大觉寺并初创小殿。永乐年间（1403—1424）主持僧正员法号禧润，在寺前修建草舍3间，永乐七年（1409），知州王纳请恩县崇兴寺僧人道瑹，法号玉严，任为主持。此后，大觉寺香火旺盛，玉严又营建殿宇。新建寺院分前后两院，前建大门，大门两旁建金刚殿和天王殿，中间为大雄宝殿。后院为法堂，法堂东侧是观音堂，西侧是禅堂，共200余间列于两旁。整座寺院绕以垣墙，栽植树木。明成祖朱棣、明仁宗朱高炽都曾到过大觉寺。后经历代重修，增建大佛殿、千佛阁、配殿等。清道光九年（1829）地震，舍利塔倾斜，道光二十年（1840）倾覆。清代中后期，大觉寺内广场成为高唐重要的商贸中心，以棉花交易最为繁盛。解放前夕，整个大觉寺已仅余断壁残垣，大部分地基被公用建筑和民房所占。

2003年5月30日，高唐县在开发老城南湖景区修建湖坡时，于大觉寺遗址发现了舍利宝塔地宫，塔基保存完好。直径14米，深2.2米，由10层碎砖块和土夯实筑成。每层土厚约10公分有余，每层碎砖不足10公分。碎砖呈鸟卵状，直径约2厘米—2.5厘米，地宫嵌筑其中，南北长2.8米，东西宽2.56米，高1.4米。地宫中间有砖砌平台为石匣座，平台长1.74米，宽0.92米，残高0.8米。地宫两端有南北俑道相通，南俑道长2米，宽1.08米，残高1.34米，口部用砖封堵；北俑道长6.2米，宽1.06米，残高1.6米，口部被建筑垃圾堵塞。墙厚均0.6米。塔心室位于地宫中央，长1.76米，宽0.92米，高0.42米。塔心井位于塔心室中心，直径0.24米，深1.25米。地宫东西两壁有砖浮雕莲花纹壁画各1幅，均长1.08米，残高0.74米。地宫的整个建筑均用青砖白灰砌筑。地宫室用砖38厘米×14厘米×6厘米；塔心室用砖43厘米×21厘米×6.5厘米。

地宫内别无他物，仅发现残碑1通，刻有重修寺塔的铭文，文字大部分已难辨识，可辨识者仅余303字。残碑上记有："迨至我朝成化十六年（1480）""正德十六年（1521）有僧正广英重修"等字样，由此推断，这次维修似在明万历、天启之间。然而，此碑文在道光、光绪年间编修的州志中均未载入。从碑文中可知，宋元祐六年（1091）、明成化十六年（1480）、明正德十六年（1521）曾对寺塔进行重修，与清道光十六年《高唐州志》所记基本相符。残碑所记的重修，已没有年代记载，只知知州姓杨，寺僧正法号通迪，维修共用砖1万多块，用工、物料耗银不足150两，推测只是小规模的维修。

2004年开始复建，2006年9月，念佛堂正式开放，大雄宝殿等其他建筑正在逐步完善中。

西桥村遗址 位于临清市唐园镇西桥村，唐宋聚落遗址，2010年7月被临清市人民政府公布为县级文物保护单位。

相传此村原名"太平庄"。宋朝时，一名北国将领带兵南下，路经此处小桥，因桥年久失修，马失前蹄，将领落水而马悬空，当时被人们议为奇闻，"吊马桥"一名传播开来。明末清初，李、栾等姓相继由市内其它乡迁至此地，村域定型后，遂以"吊马桥"为村名。1948年分为东、西吊马桥，今简称东桥、西桥，此村为西桥。

西桥村位于临清市唐园镇北部，距镇政府1.5公里，东与东桥村为邻，北与河北省交界，西与丰圈村接壤，南与李官寨村相连。该遗址位于漳卫河河道内，河道北岸为河北省临西县。遗址距地表5米左右，东西长约800米，南北约500米。因漳卫河改道，重新开挖河道，此遗址才暴露出来。河道内发现大量瓷片、陶器、砖瓦等标本，据标本判断遗址应为唐、宋时期的聚落遗址。

■ 西桥村遗址局部

皇殿岗遗址　位于临清市戴湾镇水城屯南村，后唐至宋代遗址，1986 年 10 月被临清市人民政府公布为县级文物保护单位。

皇殿岗原名珠帘寨，是沙陀国遗址。兴起于隋唐时期，毁于五代。京剧名段"珠帘寨"讲的就是发生在这里的故事。相传，朱耶赤心曾镇守于此，唐王李世民出访临清时两人曾有会晤，故史书有唐王驻珠帘寨的记载。由于朱耶赤心力保李唐江山，唐王便加封赤心后代李存勖为太子太保，永驻珠帘寨。安史之乱后，唐势日衰，因调用驻军珠帘寨的李存勖勤王，留下火焚珠帘寨一说，城池破灭后便沿称为皇殿岗。

■ 皇殿岗遗址现状

遗址面积约 52 万平方米，文化堆积厚 0.3 米—1.6 米。采集物有三彩残建筑构件、泥质灰陶、兽面瓦当、泥质灰陶盆和宋代白瓷碗底、黑釉罐等残片。遗址现保存较差。

孟口村遗址　位于临清市烟店镇孟口村，宋元聚落遗址，2010 年 7 月被临清市人民政府公布为县级文物保护单位。

遗址位于漳卫河河道内，距地表约 5 米左右，南北长约 850 米，东西约 1000 米。因漳卫河改道，此遗址才暴露出来。河道内挖出大量瓷片、砖瓦、磨盘等标本，据标本判断遗址应为宋元时期的聚落遗址。

■ 孟口村遗址

西窑村遗址　位于临清市青年街道西窑村，宋元聚落遗址，2010 年 7 月被临清市人民政府公布为县级文物保护单位。

西窑村距街道驻地 6 千米，东与东窑村为邻，北与河北省交界，南与张堂村相连。

■ 西窑村遗址

西窑村遗址距地表约5米左右，文化层处于沙土下，胶泥层之上，东西长约800米，南北宽约300米。因漳卫河改道，遗址暴露出来，出土物有白釉瓷碗、青釉瓷碗、黑釉瓷盆、白釉黑花瓷盘、钱币等器物，据此判断遗址应为宋元时期的聚落遗址。

西梭堤村宋元古村落遗址　位于东昌府区梁水镇镇西梭堤村，宋元时期聚落遗址，2012年被东昌府区人民政府公布为县级文物保护单位。

■ 西梭堤村宋元古村落遗址

遗址东西长约160米，南北宽约42米，总面积约6500平方米，现考古发掘面积约1100平方米，经省专家鉴定为宋元时期的古村落遗址。根据现场发掘的房基建造结构、出土文物的分布规律和当时人们生活遗留下的灰土痕迹分析，该遗址房舍布局特色鲜明，有明显的起居室、灶房、粮食储存室等划分。遗址现场发掘出土物主要有陶片、瓷片和道路、河流遗存等。

陈公堤遗址　位于临清市先锋街道郭堤村，宋代河堤遗址，2013年10月被山东省人民政府公布为省级文物保护单位。

陈公堤由宋代河北转运使陈尧佐所筑，以御黄河水患，故名"陈公堤"。陈尧佐（963—1044），字希元，号知余子，四川阆州人，北宋名臣、书法家、画家。兄陈尧叟、弟陈尧咨均是状元。陈尧佐为宋太宗端拱元年进士，25岁中状元，历官翰林学士、枢密副使、参知政事，宋仁宗时官至宰相，仁宗庆历四年（1044）卒，赠司空兼侍中，谥文惠，著有《潮阳编》《野庐编》《遣兴集》《愚邱集》等。陈尧佐工书法，喜欢写特大的隶书，才智过人，多有惠政，尤其在水利方面成就巨大。

陈尧佐为堵塞黄河缺口，发明了"木龙杀水法"。宋真宗天禧三年（1019），河南滑州黄河决口后，宋真宗任命陈尧佐担任河北转运使，兼知滑州，治理黄河水患。当时陈尧佐身披孝衣抵达治黄一线，认为只有减轻洪水的冲击才能筑牢堤岸。于是，陈尧佐亲手绘图，监督"造木龙以杀水势"。"木龙"是一种形似"木梳"的防汛拦水工具，用木条制成长条形的木笼，内实泥土、树枝、石块，集中向缺口投去。陈尧佐以木龙减消水势后，又采用以柳枝、秫秸、草扎成笼子，填以土石的防汛工具"埽"固堤的方法修筑河堤，百姓互相传颂，称为"陈公堤"。《宋史·河渠·黄河》载："（陈尧佐）又筑长堤，人呼为陈公堤。"

临清境内陈公堤由冠县东北经馆陶入临清过会通河，经临清东城门"威武门"，经郭堤村绵延向东北入夏津地界，与废河相辅而行，时断时续、高下不一。陈公堤遗址是临清市境内现存的为数不多的黄河古堤，对防黄河泛滥起到了重要作用。

■ 陈公堤遗址

草镇寺遗址 位于冠县辛集镇草镇村，宋代寺庙遗址，2014 年 10 月被聊城市人民政府公布为市级文物保护单位。

该遗址现为台状高地，高出地面约 1 米，南北长 20 米，东西长约 50 米，占地面积约 1000 平方米。遗址断面上有较多的砖瓦碎片及瓷器碎片，可识器物有碗等。从采集的标本分析，应属于宋代。遗址南部有一口废弃的古井，据说是原来寺内的水井。草镇寺遗址的发现，为研究宋代佛教文化提供了实物资料。

■ 草镇寺遗址现状

斜店村古驿站遗址 位于冠县斜店乡斜店村，宋代驿站遗址，2014 年 10 月被

■ 斜店村古驿站遗址局部

聊城市人民政府公布为市级文物保护单位。

冠县在明代之前称冠氏，属大名府管辖。当时冠县至大名沿途设驿站3处，俗称"铺"。该驿站建于宋代，是山东最西端的一个驿站，后毁于大火，现仅存200平方米废弃土丘。遗址南北约20米，东西约10米，高4米。

东马固村齐王庙遗址　位于冠县万善乡东马固村，宋代庙宇遗址，2014年10月被聊城市人民政府公布为市级文物保护单位。

■ 东马固村齐王庙遗址

遗址南北长25米，东西宽约20米，该遗址表面有很多碎砖瓷片，从采集的标本分析，应为宋代遗址。遗址上现仅存石碑1通，碑已残破，高1.3米，宽0.37米，厚0.14米，碑刻记载内容为清咸丰年间重修庙宇的过程，石碑的正上方题有"万古流芳"四个大字。

胡家湾瓷窑遗址　位于临清市青年街道胡家湾村，1999年4月被聊城市人民政府公布为市级文物保护单位。

1972年对卫运河进行退堤展宽、裁弯取直工程时发现了胡家湾瓷窑遗址。遗址在河道中呈带状，东北西南走向长约2公里，河床中心距河坡两地西北至东南宽阔500米。遗址距地表4米左右，占地12万平方米。西南部为生活遗址，曾出土房基础、灰坑、大部分生活器物；中间部分为古墓葬遗址，出土有骨器、随葬品等

■ 胡家湾瓷陶遗址局部

器物；东北部为瓷窑遗址，出土大量瓷器、碗范、支钉等器物。遗址地表遍布陶瓷器物残片，分为窑具、器物、作坊器具、烧结块、铁釜、动物骨骼等。窑具有匣钵、支钉、垫饼；作坊器具有陶范、研磨器、臼、碾、陶范等；陶瓷器物可辨认的有盆、碗、碟、杯、盏、罐、坛、缸、瓮、瓶、壶、豆等；釉色主要有白、青、白地褐花、黑、天兰、紫等。陶器造型美观，品类齐全，器胎多呈青灰色、红褐色、釉陶施白色，着湖蓝釉，釉不坚实，大部脱落。钧窑系器物釉色齐全，多有"要变"，施釉较厚，器下至足露胎，有垂痕，白瓷及龙泉瓷亦然。器表一般素面，白瓷器内绘有旋纹或刻划装饰，题材以植物花卉为主，手法简练娴熟。白瓷盆器形较大，外饰褐釉，盆内绘褐色水草鱼纹，形象生动写实，颇具磁州窑的典型。有的白瓷碗足内墨写"金""赵""张"等姓氏。在遗址的北临大王庙附近发现青花瓷器，多为碗盘器，是元代的典型器物。

胡家湾瓷窑具体年代尚未确定，在诸类文献中也缺乏记载。

东方朔祠遗址 位于高唐县人和街道相庄村，2008 年 5 月被高唐县人民政府公布为县级文物保护单位。

东方朔（前 161—前 93），本姓张，字曼倩，西汉著名词赋家。他幽默风趣、才华横溢，行为不羁、性格狂放，汉武帝时期曾任常侍郎、太中大夫等职，一生著述颇丰，有《非有先生论》和《答客难》等名篇。《史记》《汉书》中都有他的传记，《史记》载：东方朔为齐人；《汉书》载：东方朔为平原厌次人。

东方朔祠遗址是金代建立的以祭祀西汉著名文学家东方朔为主的庙宇旧址，清乾隆三十七年（1772），高唐州判陈兰芝立"东方朔故里碑"于高唐县城北，高唐县相庄村一带也世代流传东方朔是相庄人。

据当时曾在东方朔祠上学、尚健在的村中老人回忆，东方朔祠为一完整庙宇院落。前有庙门，院内有东西厢房，中间坐北朝南为大殿 3 间。庙门、大殿和厢房均为木架结构，齐脊，瓦顶。殿内供有三尊神像，并塑有金童、玉女。三尊神像居中间者为东方朔，左边为袁天罡，右边为李淳风。遗址现存碑刻 2 通，一是元至元二十四年（1287）立《重修东方朔祠碑》，碑文为高唐名人阎复所撰，刘赓书丹。碑文中有"金明昌年间题匾在焉"句，由此可知，东方朔祠至少始建于金明昌（1190—1196）年间；二是民国十四年（1915）立重修东方朔祠碑，此碑藏在相庄村民相殿臣家的土屋墙基中。

东方朔祠始建确切年代无考，据现存史料和碑记推断，最晚也是金代以前。元人张养浩有《过东方朔庙》诗 1 首，存高唐旧志。解放前后，东方朔祠一度成为周围几个村的小学，孩子们终日与神像为伴。东方朔祠经历代多次维修，直到 20 世纪 70 年代才拆除，遗址现为民房所占。东方朔祠拆除前，每年夏历三月初三，周

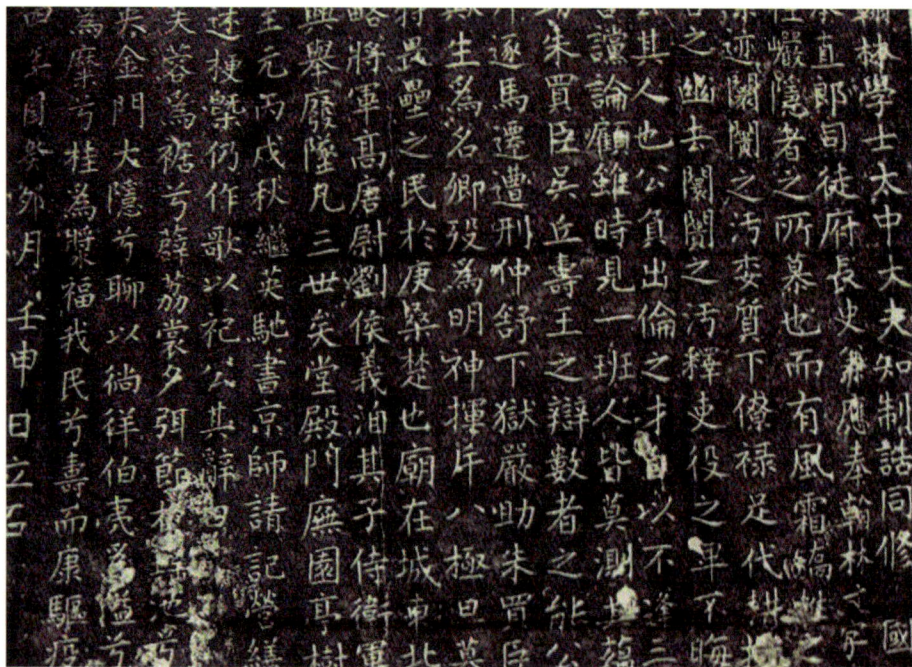

■ 元至元二十四年（1287）《重修东方朔祠碑》碑文拓片

围州县的术士即来此集会，祭奠东方朔，尊其为师，后来逐渐发展为庙会。

报恩寺遗址 位于高唐县赵寨子镇解庄村，元代寺庙遗址，2014 年 10 月被聊城市人民政府公布为市级文物保护单位。

据当地群众讲述，很久之前，这里有一简陋寺院，有一名作战负伤的士兵被院中老和尚收留养伤。后来这名士兵成了将军，重回此地出资修寺，故名"报恩寺"。

报恩寺始建于元代。据《重修报恩寺记》碑文记载："远近佥呼王和尚院，盖大觉寺下院也"，"往年尝得古钟一颗于本寺土中，乃（元）至大四年（1311）造"。到了元末，"屡经兵祸，百年来几无人迹。殿廊悉废，仅遗故址而已。闻有二古碑，因立州治辇而用之，惟存草殿三间"。自明朝始，大觉寺主持（授高唐州僧正）开始于州境内置庵堂多处，化缘积资，重修报恩寺。正统四年（1509）建大佛殿、天王殿、伽蓝殿、金刚殿。嘉靖四十二年（1563）春至隆庆元年（1567）冬，又对钟楼及其它诸殿进行修葺，并增建方丈院、山门、缭以垣墙，此次修葺历时 5 年。

如今，报恩寺遗址上全部为耕地，遗址北部残存明隆庆四年（1570）《重修报恩寺记》石碑 1 通，已断为 3 截。该碑残高 4.34 米，由碑帽、碑身、碑座和六面体方形座 4 部分组成。碑身正面阴刻篆书额题"重修报恩寺记"，碑文竖行，25 行984 字，主要记载重修报恩寺的经过和捐献名单。

■ 报恩寺遗址残存石刻

减水回龙庙遗址　位于高唐县尹集镇四新村（原名四古庙），元代庙宇遗址，2014 年 10 月被聊城市人民政府公布为市级文物保护单位。

元至元七年（1270），高唐州同知陈思济（元史有传）为泄洪，在此处开挖减水河，并于河边建回龙庙，祈求镇水之意。如今，减水河已经绝迹。据地方志书记载，减水回龙庙自明初到清末曾历经多次维修，1947 年被毁掉，所遗留下来的石刻雕像大多遗失，回龙庙遗址仅余一土岗。

据四新村老人回忆，减水回龙庙规模很大。1999 年 8 月，县文物管理所曾丈量其庙址，南北长 120 米，东西宽 26.7 米，高出地面约 4 米。据道光二十五年（1845）《重修减水回龙庙碑记》记载，庙基长 26 步（约 39 米），阔 20 步（约 30 米），共有房屋 70 余间，神像 66 座。庙内有 5 座大殿，自南向北分别是前马殿、娘娘殿、玉皇殿，东西两边分别有一座阎王殿，另有一座后宿宫，前马殿左右有 2 座小庙，即关帝庙和土地庙。娘娘殿内供奉着王母娘娘、送子娘娘、泰山奶奶、眼光奶奶 4 位女神，当地百姓又称回龙庙为"四姑庙"。

现存遗址长 20 米，宽 14.3 米，高出地面 2.6 米。遗址内存有大量砖、瓦、瓷片、瓷碗底、口沿等遗物。遗址现存石碑 6 通，分别是：明嘉靖二十六年（1547）《重修减水回龙庙碑》1 通、明万历三十八年（1610）《重修减水回龙庙玉皇殿和十王殿记事碑》1 通、清道光二十五年（1845）《重修减水回龙庙记事碑》1 通、《捐资筑庙人姓名碑》3 通，另有碑帽、碑座 2 个。

■ 减水回龙庙遗址局部

冉子祠遗址　位于冠县万善乡高王段村，2014 年 10 月被聊城市人民政府公布为市级文物保护单位。

冉子，姓冉，名雍，字仲弓，春秋鲁国人，是孔子弟子中著名的"十二哲"之一。孔子对他的评价极高，说："雍也可使南面。"即以冉子的品行可以做诸侯王。东汉大儒郑玄认为："孔子既没，仲弓之徒追论夫子之言，谓之《论语》。"可见，冉子是儒家经典《论语》的主要辑录人。历代王朝均尊崇冉子的德行与学识而加以追封：唐赠薛侯，宋赠下丕公，后又赠薛公。

据传，当年冉子在冠县讲学时，不幸病故。按古人"葬不择地"的习惯，遂葬于冠县。冉子墓附近有添病（今田平）、亡断（今王段）、孝子哭（今未改）等村名。

据明、清《冠县志》记载，宋元时期始立仲弓祠纪念冉雍，"其高广两丈许，在县北之二十里王段村，宋元以来，墓侧有祠，岁久圮废。明冠庠徐司损廉赠地，肖像立祠，太常太卿彭讳时为之记传，并附在郡志云：'夫谓冠邑有冉子墓也。'"明天顺、正德年间及清光绪三十一年（1692）几次重修，整体建筑占地面积 10 余亩，由冉子祠堂、冉子墓和东跨院 3 部分组成。祠堂和冉子墓成中轴线南北排列，南部是祠堂，北部是墓地，东西面两道南北红墙将祠堂和墓地圈成一个整体，西墙外面，是一面积达 10 亩的南北长方形池塘，与西池塘为一长堤路相

■ 冉子祠遗址上的碑刻

隔。祠堂南门是一座朱漆广亮大门，大门正对的是长达三丈、高达丈余的影壁，影壁两端对称生长着2株合抱粗细的包袱古树（当地土名），已不知何年所植。影壁向里正对祠堂的神道两旁，历代碑碣行列，碑文、刻字由于朝代不同而风格各有千秋，行、草、楷、隶、篆皆备，字体遒劲潇洒，极具艺术价值。面对影壁，是坐北朝南的冉子祠堂，祠堂3间，翅角飞檐，灰瓦红墙，雅致壮观。堂内空间空阔，正中供冉子神像。神像栩栩如生，再现了冉子生前讲学时哲人的精神情态，表现了冉子温良淳厚的性格。院落内有古柏10余株，枝叶繁茂，增加了庙堂肃穆庄严的气氛。

由祠堂往北，隔一堵东西后围墙，即是冉子陵墓，陵墓高丈余，因年代久远长满了荒草。每逢年节，地方官员和乡绅到此祭奠，为陵墓加土，以表对先贤仰慕敬重之情。墓地院内亦有古柏二三十株。

由祠堂院穿过东墙的朱漆便门，便是东跨院。东跨院面积广阔，北面是6间上房，高脊灰瓦。正房东头南面，是3间东配房。东配房的南面，则是向东开的广亮大门。大门外当年还有碑楼数楹。东跨院是历代官员至此祭奠之时休息、冠冕的休息场所。

解放前冉子祠曾作为周围村庄商议公事之处，后来改建为学校，遂废。文革前遗址占地500平方米，保存碑刻5通，分别是：《先贤薛公冉雍之墓》，明崇祯十年（1637）立；《重修薛公祠碑记》，清乾隆六年（1741）立；《赠薛公冉子仲弓墓碑》，清嘉庆十年（1805）立；《冠县冉子祠蒙养学堂碑记》，清光绪三十一年（1905）立；《重修先贤薛国公冉子祠墓碑》，清同治九年（1869）立。文革中，封土被铲平并下挖2米，石碑被推倒后丢失，现仅存遗址。

杭海村白马寺遗址　位于江北水城旅游度假区朱老庄镇杭海村，寺庙遗址，2012年被东昌府区人民政府公布为县级文物保护单位。

白马寺的具体时代不可考，根据现存碑文和当地老人讲述，白马寺兴建于唐代，衰落于清代末年，民国时期和文革期间接连遭到损毁。

白马寺原建有四大天王庙、东廊房、西廊房、大雄宝殿、三层皋楼、藏经楼、岱王庙、钟鼓楼等。庙内塑有释迦牟尼佛、观世音菩萨、十八罗汉、千手千眼佛、地藏王菩萨、关帝等神像40余尊。寺院东南3里处建有塔林，寺院耕种土地约百余亩。解放前，白马寺每逢初一、十五举行庙会，后改为白马寺集。解放后，该寺庙被改建为白马寺小学，作为教室、宿舍、操场之用，1987年学校搬

■ 杭海村白马寺遗址残存石刻

迁，旧房舍、操场等由当地一名叫郑庆岗的人出资购得并保存，以备日后修复寺院使用。

如今白马寺遗址南北长 120 米，东西宽 80 米，面积 9600 平方米，保留有残破殿堂数间，另有明代石碑 2 通、赑屃 2 座、石窗 1 个，以及古井 1 眼、若干青砖瓦等，其中 1 通石碑是明万历四十五年（1617）立《白马寺重修山门记》。在郑庆岗家中还保存着聊城白马寺历代祖师的族谱、地契、医用书籍、香案、坐椅、床凳及箱柜等遗物。据相关专家考证，遗址上的石窗在山东省文物界很少见到，有一定的研究价值。

三觉寺遗址　位于江北水城旅游度假区朱老庄镇刘集村，明代寺庙遗址，2012年被东昌府区人民政府公布为县级文物保护单位。

三觉寺遗址始建于明代，明嘉靖二十三年（1544）、清康熙四十九年（1710）、乾隆四十八年（1783）、嘉庆和道光年间曾多次重修。因战争动乱，三觉寺被破坏，现仅存 3 通石碑，由东往西分别为康熙四十九年（1544）、嘉庆四年（1799）和道光八年（1828）三觉寺重修碑。遗址上现在建成供销社，但原寺庙建筑夯迹仍然存在，3通石碑坐北朝南，立于供销社门前。

于楼村耿家窑古窑址　位于东昌府区斗虎屯镇于楼村，清代古窑址，2012 年被东昌府区人民政府公布为县级文物保护单位。

古窑址有东窑和西窑两处，相隔 23 米，占地面积共 870 平方米。其中东窑南北长 30 米，东西长 15 米，面积 450 平方米；西窑南北长 20 米，东西长 21 米，面积 420 平方米，封土高 5.3 米。从窑内烧砖的痕迹和现场采集的窑内出土的青砖可以推测，该窑址为清代窑。窑已废弃不用，周围杂草丛生。

■ 于楼村耿家窑古窑址局部

状元厅遗址　位于江北水城旅游度假区朱老庄镇四甲李村，清末武状元李孟悦故居，2014 年 10 月被聊城市人民政府公布为市级文物保护单位。

李孟悦（1864—1924），清末武状元。他自幼酷爱武术，在其父（武秀才）和堂叔（武举人）的教导下，20 岁中武秀才，23 岁中武举人，清光绪十五年（1889）25 岁中武状元。光绪二十六年（1900），八国联军侵犯北京，慈禧太后携光绪帝逃往西安，李孟悦曾随从护驾。次年，出任广东参将，后升任两广镇台。国民革命时期，孙中山曾劝其参加革命，他因受忠君思想支配而婉言谢绝。袁世凯称帝后，他不愿依附于袁世凯，返回原籍，并协同杨兰亭、白凤岐等组织"六合团"，建立地方武装，维持地方治安。1924 年病故。四甲李村曾保存着一对刻有"四甲李村，三百二十斤"的石锁。这对石锁有半米高，没有抓手，只能把手指伸入两侧的凹槽里才能将它提起，据说李孟悦当年就是手提着这对石锁练功的。

状元厅是一个穿堂，四面有窗，前后有门，双道走廊，厅内四季干燥，通风透光，冬暖夏凉。该厅坐北向南，砖木结构，面阔五间东西长 17.45 米，进深二间深 9.9 米，高 6.5 米，建筑面积 175 平方米。硬山起脊，抬梁式结构，原为合瓦板瓦屋面。状元厅前三级台为青石，石砌台基高 56 厘米。整个建筑原有砖雕，雕刻十分精美。状元厅后来被当作小学使用，小学搬出后，村民将庄稼秸秆堆满"状元厅"周围，2003 年一场大火将"状元厅"烧毁。

如今状元厅建筑主体和框架尽毁，现仅余精美砖雕残件、风化青石台阶、残存的高墙、坍塌的屋顶和烧焦的檩条。

■ 状元厅遗址现状

第二章

古 墓 葬

第一节 墓 葬 群

固河墓群 位于高唐县固河镇固河村，汉代古墓葬群，2006 年 12 月被山东省人民政府公布为省级文物保护单位。

固河墓群分布在东西宽约 1.5 公里、南北长约 3 公里的范围内，原有 7 座封土高大的古墓和 10 多座封土较小的古墓。如今，原有的 7 座大墓中仅有 1 座封土尚存，其他 6 座已被铲平；小型墓葬保留较好。曾出土过陶楼、汉画像石、陶灯、陶案、陶灶、陶猪、陶狗、陶鸡等珍贵文物，同时还出土了一批汉画像石，上面刻有虎头叩环拉手，花草、青龙、白虎、朱雀、玄武等，现藏于高唐县博物馆。在固河村北、村南也有一些无封土的汉墓存在，曾出土过大批文物。

出土文物以东汉绿釉陶楼最具代表性。1956 年，固河汉墓出土一座绿釉陶楼。该陶楼由红陶烧制，通体施绿釉，造型为汉代宫殿样式，方形四重檐楼阁式建筑，共四层，高 144 厘米，气势雄伟，技艺精湛。陶楼每层的构造大致相同，由一斗三升斗栱支撑腰檐和菱形镂孔平座，平座施勾栏，上有镂空方窗。第一、二、三层，

■ 固河墓群局部

檐部四角挑出，顶上饰以瓦龚；檐下有两组一斗三升式半拱，承托绿釉瓦顶；底部有十字刻花栏板，四面均有透棂栏板作为墙壁。第四层比一、二、三层较小，结构基本类似。陶楼集建筑、雕塑于一体，是东汉木构楼阁的一个典型缩影，被定为国家一级文物，作为国宝曾多次出国展览，现藏于中国历史博物馆。

固河墓群中现存封土最高大的汉代古墓被当地群众称为"大冢"，后人认为此"大冢"是齐盼子墓。盼子，是春秋战国时期齐国的著名将领。齐威王曾派盼子守高唐，从而使屡犯高唐的赵国人不敢再入侵。齐威王曾说："吾臣有盼子者，使守高唐，赵人不敢东渔于河。"盼子守高唐，保护了齐国的西部边境，使高唐一带的生产和生活相对稳定。盼子死后，葬在高唐。盼子墓西的尹集镇四新村西南有一座减水回龙庙，庙中残存明嘉靖二十六年（1547）《重建回龙庙碑刻》1 通，碑阴刻有"东至盼子墓八里"，此碑刻证明明朝时就有"盼子墓"之说。当地群众也认为固河墓群中的大型墓葬就是"齐盼子墓"。此盼子墓在固河村西南 200 米处，距县城 17.5 公里。该墓过去封土高大，因坍塌流失和群众取土，封土逐年缩小，现封土高 4 米，直径 20 米。

固河墓群已发掘墓葬均为汉墓，未见春秋战国时期墓葬，因此该"大冢"究竟是否是"齐盼子墓"有待考证。

吴楼墓群 位于阳谷县定水镇吴楼村，汉代大型砖筑墓葬，2013 年 10 月被山

■ 吴楼墓群发掘现场图

东省人民政府公布为省级文物保护单位。

墓群平面布局呈"凸"字形，墓由甬道、墓室及回廊三部分构成。甬道平面呈长方形，分前后两部分，位于墓葬南部偏东，与东墓室相对应。墓室 2 个，东西并排，平面均呈长方形，皆直接与回廊的前廊连通。未见木质墓门痕迹。券顶部分有券砖 3 层，室内高 2.5 米，地砖一层平铺，呈"人"字形。围绕墓室四周有回廊，四面回廊连通，其前廊分别与甬道及两个墓室相通。出土器物有陶罐、陶禽俑等。该墓群为研究汉代丧葬习俗提供了重要的实物资料。

郭大庄汉墓群　位于东昌府区张炉集镇郭大庄村，汉代墓葬群，2014 年 10 月被聊城市人民政府公布为市级文物保护单位。

汉墓群区域以砖窑中心为基点，南北长 480 米，东西长 550 米，深约 8 米。整座汉墓群共有 12 座汉墓组成，多为单室墓葬。在墓葬中挖掘出一些陶器碎片，共发现较完整陶器 9 件，其中有 1 件是直径 50 厘米、高 40 厘米的陶罐，但是罐底已经损害，经文物部门的工作人员鉴定，这些陶器产于西汉年间，距现在约有 2000 年的历史。由于地下水位高，墓地已完全淹没在水下，12 座墓葬现已回填保护。在汉墓群中发现一座唐朝墓葬，但未发现随葬物品。通过文物部门查证，这座汉墓群是迄今为止聊城市发现的最大的汉朝墓葬群，对于研究汉代宗法礼仪制度和宗教思想有较高的考古价值和实物依据。

■ 郭大庄汉墓群近景

菜屯汉墓群　位于茌平县菜屯镇政府南，汉代墓群，1991 年 5 月被茌平县人民政府公布为县级文物保护单位。

汉墓群于 1988 年第二次文物普查时发现，2008 年第三次文物普查时对其进行了复查，因遗址地下汉墓较多，定名为菜屯汉墓群。遗址东西长 860 米，南北宽 290 米，面积约 24 万平方米。遗址地势原为隆起地带，现只保存西北角一部分，其余已为平地，地表散见汉砖瓦及宋元瓷片。在西北角的断面上可见到墙体，宽度为 50 米，高约 50 厘米，为沙土与红粘土的混合物，非常坚硬。墙体两侧均为纯黄沙、土质松散，文化堆积厚约 70 米—120 米，部分汉墓距地表 2.5 米，遗址整体保存较好。

■ 菜屯汉墓群局部

董氏墓群　位于临清市魏湾镇东田庄村，明清墓葬群，2010 年 7 月被临清市人民政府公布为县级文物保护单位。

董氏墓群原有墓葬 54 座，现仅存董一元墓并墓碑 1 通。据查董一元为董仲舒 69 世孙，生卒年代不详。董一元墓碑仍置于一元祖墓前，立于清咸丰二年（1852），并建有碑楼。文革期间平坟复耕，碑楼被拆，墓碑几经搬移，2002 年在坑塘流口处出土。此碑历经百余年的风雨侵蚀，碑体断裂，碑文残缺不全，族人欲使其先祖硕德风范流芳百世，2003 年重树新碑以表缅怀先祖之德。

■ 董氏墓群残存墓冢与墓碑

第二节　家　族　墓

韩氏家族墓地　位于莘县董杜庄镇梁丕营村，唐末魏博节度使韩允中家族墓葬群，2006 年 5 月被国务院公布为全国重点文物保护单位。

韩氏家族祖籍为河南汝南，先祖世代皆为魏博将领。魏博镇是唐朝末年割据河北的三大强镇之一。韩国昌（韩允中父亲）官至贝州刺史，唐大中六年（852）卒。韩允中官至魏博节度使，唐乾符元年（874）卒。父子俱为显官，故墓地神道石刻高大雄伟，不同寻常。

墓地占地 5.9 万平方米，坐北朝南，原地表封土高丈余，文化大革命中被平。现存石刻中有韩国昌、韩允中父子墓 2 座，神道碑 2 通，北宋绍圣二年（1095）补刻的牵马俑、马、羊、虎等。据文物勘探资料证明，父子墓均为砖室，穹隆顶，直径约 40 米。另外，在神道碑西北 300 米处还发现了 4 座五代时期的韩氏后人墓。

韩允中墓碑和韩国昌墓碑形制大小基本相似，碑身与碑额为整石雕出，通高 6.8 米、宽 2.13 米、厚 0.77 米。碑额以高浮雕手法呈现蟠龙吸火炬图，可见 6 条龙曲折盘绕，层次分明，龙首饰在碑首侧，碑首正中留有"圭"字形额。碑文多有残缺，可辨者有 2500 余字，书体工整秀劲，波折险峻，有褚体韵致。

■ 韩氏家族墓地现状

墓表，八棱形，通高 3.49 米，表首圆形，饰仰莲，座方形。八棱柱体上刻有简短文字，记叙了宋绍圣二年（1095）补添神道石刻的经过。石豸，首残，残高 1.12 米，肌肉雄健，四足有力，蹲坐于方形基座上，隐隐露出勇猛不可侵犯的样子。石羊，高 0.92 米，俯卧在长方形基座上，双角大而弯曲，安祥地注视前方。石马，首尾长 2.36 米，高 1.60 米，着鞍辔，雕琢浑朴。马左前雕出一个胡服装束的牵马石俑，头部已残，高 1.40 米，形象威严，神态逼真。武士俑，头戴冠，双手持剑站立在方形台基上，高 2.73 米，短颈，双目圆睁，威武庄严。

墓地的部分石刻在文化大革命中被破坏或挪作他用，文革后当地村民筹资重新复原，由于资金紧张，复原工作未能完成。两座石碑的底座，只有一座修复好，另一座则处于未完工状态。

王旦家族墓 位于莘县东鲁街道群贤堡村，北宋宰相王旦的父亲王祐、祖父王彻、曾祖父王言等人的家族墓地，2013 年 10 月被山东省人民政府公布为省级文物保护单位。

该家族墓地原有墓葬 3 座，文革期间遭到破坏，现仅存墓葬 1 座，高 3 米，直径 8.5 米。

唐代末年，王旦的曾祖父王言曾任滑州黎阳（今河南浚县）令，率领全家迁到莘县定居；祖父王彻，五代后唐进士，官至左拾遗；父亲王祐，颇有文才，北宋初期官至兵部侍郎。

北宋初期，宋太宗的岳父符彦卿镇守大名府，有人密报符彦卿密谋造反，太祖赵匡胤想借此除掉符彦卿，便派王旦的父亲王祐去调查此事，授意便宜行事，并答应此事解决后可提拔王祐为宰相。王祐查实后，以自家百口性命来担保符彦卿无罪，并谏言："五代之君多因猜忌杀无辜，故享国不永，愿陛下以为戒。"符彦卿由是获免，王祐却因此事得罪了宋太祖，被改派知襄州，终生没有担任宰相一职。史书记载，周代宫廷外植有三株槐树，百官朝见天子时，三公皆面槐而立，因此后世便以"三槐"代指"三公"。于是，王祐在自家宅院里种下 3 棵槐树，并说："吾子孙必有为三公者，此其所以志也。"

王旦是宋初名臣，字子明，太平兴国五年（980）进士。淳化二年（991），任右正言、知制诰，并被封为礼部郎中、兵部郎中。至道三年（997），真宗即位，王旦连续晋升，初为中书舍人，后为参知政事、同中书门下平章事（宰相）。真宗在位 22 年，王旦在朝连续辅佐了 18 年。天禧元年（1017）王旦病故，真宗废朝三

■ 王旦家族墓现状

日，亲临哭丧，赠太师、尚书令、魏国公、加谥号"文正"，并停止一切宴饮活动，以示哀悼。宋仁宗即位后，令欧阳修为王旦撰写墓志铭，亲自为王旦的墓碑撰写"全德元老之碑"的篆额。

王旦的父亲王祐、祖父王彻、曾祖父王言的遗骨均葬于莘县。据欧阳修所撰《王旦墓志铭》记载："天禧元年（1017）九月癸酉薨于家，享年六十有一。……即以其年十一月庚申葬公于开封府开封县新里乡大边村。"北宋末兵灾水患不断，王旦的儿子王素死后，孙子王巩将王旦和王素遗骨迁回莘县故里，并对祖茔进行了大规模整修，建立了王氏宗祠，请苏轼亲题"三槐堂"的匾额，自此，王旦家族以"三槐王氏"名扬天下。

元代中期和明代初期，王旦墓遭损毁。明永乐年间修会通河，用名人碑刻镇邪，将石刻拉去修闸。明成化十七年（1481），莘县知县贾克中重修王旦墓地。明弘治四年（1491），知县顾岩修补了坟后土堤。弘治十三年（1500），知县孟隆立墓碣1通。当时，所谓"莘县十景"中的"郊外名坟"即指王旦墓。清代莘县训导陈济曾赋《王文正公墓》诗一首："穹碑剥落藓苔铺，水色山光入画图。缅想风流增感慨，谈论事业久荒芜。三槐令誉依时在，百代文章与道俱。多少往来经过客，下车曾醉一觞无？"

王旦家族的后人功成名就者甚多，长子王雍，曾任国子监博士、司封郎中；次子王冲，曾任左赞善大夫；三子王素，官至尚书令；孙王巩，官至宗正丞，常与苏轼交游；孙王靖，官至开封府推官；曾孙王震，官至给事中、龙图阁大学士，开封知府；王古，官至户部尚书。三槐王氏的后人在《宋史》中有传记的有 11 位，久而久之，三槐王氏发祥地就被称为"群贤堡"。到了清代中叶，群贤堡的名字被慢慢淡忘，因为村中出现了一座庙中有庙的套庙，当地人都称该村为"套庙王"。近些年，人们寻根问祖的愿望浓起来，当地王姓人和散布在各处的三槐王氏后裔纷纷要求改回原名。2004 年，莘县人民政府顺应民意，发文将村庄名字由"套庙王"恢复为"群贤堡"。

"三槐堂"旧址在莘县剧院南原工商银行院内。上个世纪六十年代，三槐堂被拆，有幸留下一张旧照，现藏于山东省博物馆。据莘城镇王化村王立申（王旦后裔）回忆，莘县城内的三槐堂坐南朝北，东邻火神庙，西至鼓楼口，南接考棚，北靠茶叶坑。院内有三棵槐树，西边两棵，东面一棵，还有神道碑数通。堂内有神台、神桌，供奉着王祐、王旦等 10 余人的木牌位，是王氏的宗祠。那块仅存的三槐堂牌匾，是王立申的亲父王虎臣在文化大革命期间辗转保存下来的。三槐堂牌匾黑底金字，笔力遒劲，但无落款。

2005 年 11 月，原工商银行拆迁，发现清道光二十三年（1843）"重修三槐堂碑" 1 通，现存放在莘县文管所内。三槐堂石碑字迹已模糊不清，但隐约能看出石碑记录了莘县城内三槐堂的建设年月、规模、风格等诸多信息。

1991 年，莘县三槐王氏后裔在墓林旧址重立王旦墓碑，并封土成坟，且植翠柏环绕于四周。2003 年，由莘县莘城镇牵头，莘县重建三槐祖陵工程启动，陵园占地约 30 亩，于村口建"三槐故里"牌坊一座，海内外三槐王氏后裔和有关专家、学者相继来此拜谒。

如今三槐文化园经省政府批准建设，俨然形成了一种以王旦家族墓、莘县三槐堂为依托的"三槐文化"。

王懋德家族墓　位于高唐县清平镇石门村，元代中书左丞（正二品）王懋德祖孙三代的家族墓群，1999 年 4 月被聊城市人民政府公布为市级文物保护单位。

王懋德是元代中书左丞，祖籍在高唐县清平镇石门村。据元代著名文人虞集所撰的《元统二年琅琊公王氏先德碑》记载：王懋德家族是琅琊王氏后裔，自宋初开始在高唐定居，族中曾有人担任宋军将领抵制金人入侵中原，也曾出过"衣紫佩金鱼"（三品以上官员的服饰）的达官显贵。到王懋德祖父一代，家中仅是粗有田业。王懋德的祖父王进 29 岁英年早逝，祖母薛氏带着 4 个儿子过活。王懋德的父亲王祐（字景福）是长子，年仅 17 岁就为生活所迫参加军旅。王祐首先是参与攻打襄阳，两年后攻克襄阳城，后因其擅长书记推选他转为吏职，在通州任职，后在丹阳、杭州、余干、溧阳等地担任过各种职务。王懋德幼年一直跟随父亲在东南一带生活，没有回过家乡。后来，自己入仕后，到北京城述职时才有机会从家乡路过。

王懋德父亲死后，王懋德将其葬在石门村，修建了王氏祖坟，又在石门村修建了一座王氏祠堂，并拜托大学士虞集效仿《三槐堂记》作了《德符堂记》，将堂记刻碑立于祠堂内。如今祠堂已毁，据王氏后人回忆：祠堂位于石门村中间路北，祠堂内供奉着王氏祖先牌位和王氏族谱。山门外设有石雕狮子，左右各有一根双斗旗杆。祠堂前的双斗旗杆是家族荣誉的象征，明清时期规定家族中出了举人可以在祠堂前树单斗旗杆，出了进士才可以树双斗旗杆。山门两侧各有南房两间。院内有祠堂3间，西瓦房3间，祠堂右侧有角楼1座。双斗旗杆高约8米左右，双斗似木盒，安装在旗杆上部，上世纪60年代，旗杆因年久失修而倒塌，木杆被村民拉走修房，现在仍可找到。

王懋德的职业生涯颇具有传奇色彩，以小吏入仕，从九品逐级升迁至正二品，历任宪府御使台中书掾、户部主事、南行台监察御史（正七品）、内台御史、都省左司都事（正七品）、御使台都事（正七品）、河南和燕南廉访司副史、左司郎中（从五品）、参议（正四品）、詹事参议、中书、治书侍御史（正三品）、淮西廉访史、江浙行省参知政事（从二品）、资善大夫（正二品）、御史中丞（正二品）、中书左丞（正二品）等诸多职务。

■ 王懋德家庭墓

王懋德是一个相貌伟岸、仪表轩昂的人。《高唐州志》中记载：元文宗到南郊举行祭祀典礼，侍御史王懋德作为助奠官站在皇帝身后。当时，他"冠佩裳衣、玉立长身、肃然以温"，侍从者纷纷感叹，认为这真正是"有德之容"。虞集曾经用《诗经·大雅》中的"如圭如璋、令闻令望"两句诗来形容王懋德。王懋德每次在皇帝面前进言或评论人事都以国事为重，回答皇帝提问言辞清晰条理，元文宗对他非常器重，曾望着他说："王侍御识治体，有君子之风，廊庙远大器也。"

王懋德十分擅长书法，在今赣州市于都县贡江镇有一处历代名人摩崖石刻景点——罗田岩，在罗田岩寺东悬崖崖壁左侧上部有一处题为"白云深处"的石刻，这是由王懋德亲笔题写的。这品书法石刻一直保留至今，成为一处不多见的元代石刻书法作品。王懋德不仅善书，对诗文也十分有研究，著有《仁父集》，被清人顾嗣立辑入《元诗选》。《仁父集》共 11 首诗歌，以绝句居多，绝大部分是游记诗《嘉鱼县》《舟次陵州》《直沽海口》《过河西务》《长芦遇顺风》《西郊远眺》《通州东菴二首》，也有与友人酬答诗《寄户部杨友直》《上都寄许参政》。

王懋德死后也被葬在石门村，祖孙三人的墓地由东北而西南连为一体，平面图呈"甲"字形，经确认为大型砖结构墓葬。据王氏后人描述：墓地占地约 20 余亩，原有石门一座，高 1 丈多。石门内有墓碑一座，碑首刻有蛟龙，碑座为赑屃，碑身高约 1.5 丈左右。墓前甬道两旁有多座石刻：华表 2 通，上端各雕刻一只望天猴；石人 4 尊，高 7 尺左右；石马 4 匹；石猪 4 头；石羊 4 只。文化大革命破四旧时期，石人、石兽被砸毁。后来修建张庙桥和曹庄闸时，有人将这块高 1.5 丈的先德碑用在了水利工程上。当前只剩下石人 3 个，柱础 2 个，石羊 1 个，倒斜残毁。如今，墓地较好的保存着王进、王祐、王懋德祖孙三人的坟丘。王懋德坟丘封土现高约 5 米左右，南北长 60 米，东西长 56 米。

二十世纪初，王氏二十七世孙王作河带领全族重新修建了这座祖坟，新建了刻有"德福园"的石门、修建了通往坟丘的甬道，甬道中间修建了石亭，整个墓地周围种植了大量的松柏树、杨柳树等。

张本家族墓 位于东阿县铜城街道张大人集村，明代户部尚书张本的家族墓地，2013 年 10 月被山东省人民政府公布为省级文物保护单位。

张本（1366—1431），字致中，明洪武年间，自国子生授江都知县。燕王朱棣南下，张本开城迎降，升扬州知府，继为江西布政司右参政。永乐四年（1406）召工部左侍郎。永乐七年（1409）为刑部右侍郎，督北河航运。在任上，不畏权贵，

■ 张本家族墓神道

敢于打击豪右奸臣，还亲自到北河视察工作，保证了漕运的通畅，由于政绩出色、清正廉洁，深受明成祖和太子的赞赏，清康熙《张秋志》中有记载。任宗继位，拜南京兵部尚书，兼理掌督察院。宣德四年（1429）兼太子宾客。张本一生为官清正，时号"穷张"，连明成祖都知道他的这种习惯。据《明史》记载：明成祖宴近臣，每人面前一案银器，用毕就赐给近臣，唯独张本案设陶器。明成祖说："卿号'穷张'，银器无所用。"宣德六年（1431），张本死于任上，家中竟拿不出埋葬费用，朝廷赐赙三万缗，厚加安葬。

该墓地南北长约 60 米、东西宽 20 米，占地面积 1200 平方米。墓表、石坊、石羊、石人、石虎等分别置于墓前和神道的两侧，至今保护完好。墓表为八棱石柱，柱上端各刻一望天猴，通高 235 厘米。石坊柱为八棱，莲花柱础，柱上端雕刻莲花球状。门楣中央楷书阳刻"张氏之茔"四字，款为宣德六年（1431）秋月吉日立，通高 265 厘米，宽 224 厘米。石人 2 尊，一文一武，站像、着冠、环目闭嘴，清秀端庄。两石人尺寸相同，身长 134 厘米，高 79 厘米。石虎 1 对，坐式，竖耳，眼珠外突，四爪肥大，身高 110 厘米。

"文革"期间，张本与其父张从善的墓地遭到破坏，墓室结构不详。在两墓葬中出土汉白玉石质墓志铭各 1 盒，正方形，长宽均为 58 厘米，厚 8 厘米。志盖阴刻篆书 4 行，19 字，为"故资政大夫兵部尚书兼太子宾客张公墓志铭"。志文阴刻楷书 41 行，满行 42 字，共 1103 字。杨士奇撰文，陈敬宗书丹。墓前立有明《张本夫人诰命碑》和《兵部尚书张本神道碑》2 通。

霍氏先茔　位于临清市潘庄镇英烈屯村，2010 年 7 月被临清市人民政府公布为县级文物保护单位。

据当地居民家谱和墓地碑文记载，霍氏始祖霍成于明洪武二年（1639）由山西洪洞迁至吴寨村（今英烈屯村）。霍氏先茔东南与冠县毗邻，西距卫运河约 10 公里，建于明洪武年间，占地 1.5 万平方米，封土高达 16 米许，沙质土，覆以古松柏200 株，墓地现存墓地 5 座，墓碑 6 通。

■ 霍氏先茔

霍氏祖茔南侧为一拱形牌坊，上书"霍氏祖茔"，左右各有一联，上联为"先祖共创千秋伟业"，下联为"列宗德育百世英豪"，均为烫金大字。牌坊下为 1 对石狮。穿过牌坊为一水泥路，直通茔下，祖茔上遍植松柏。

汪广洋家族墓　位于临清市八岔路镇杨二庄村，明朝丞相汪广洋家族墓群，2013 年 10 月被山东省人民政府公布为省级文物保护单位。

汪广洋（？—1379），字朝宗，江苏高邮人，元末进士、明朝丞相。元朝末年，跟随太祖朱元璋起义反元，被朱元璋聘为元帅府令史、江南行省提控，受命参与常遇春军务。明朝建立后，先后担任山东行省、陕西参政、中书省左丞、广东行省参

■ 汪广洋家族墓

政、右丞相职务。朱元璋称赞其"处理机要，屡献忠谋"，将他比作张良、诸葛亮。汪广洋通经能文，尤工诗，善隶书，著有《凤池吟稿》《淮南汪广洋朝宗先生凤池吟稿》。洪武十二年（1379），因受胡惟庸毒死刘基案牵连，被诛。汪广洋死后，其妻子为避难辗转定居到今临清一带。

汪广洋墓是在 2009 年 12 月文物普查中发现并证实的。在当地居民家中收藏的《汪氏族谱》中记载：洪武二十五年（1392），汪广洋长子子持为避牵连，推柩携子侄由山东福山迁至馆陶县杨二庄租屋居住，并将汪广洋的灵柩偷偷安葬。

汪广洋家族墓地占地 7000 平方米，墓葬 20 座，碑刻 10 通，墓园内有参天松柏 148 棵。整个墓（林）地周围，均有高大的柏木桩基、铁网围墙防护，正门向南，两棵硕大的门柏耸立两侧。门外西首，是 1 通"护林碑"，上书林木保护的乡规族约。迎门是巍然肃穆的"汪氏祖茔碑"。墓地偏东南主位上是汪广洋墓，其子孙之墓，依次排列，面向福山，呈八字形。汪广洋墓为圆形砖室穹窿顶墓，属明代风格，墓葬出土墓志 1 方，字迹不清晰，隐约可见"洋"字。该墓发现遗骨 2 具，经鉴定为一男一女，其中男墓主人遗骨位置杂乱。由此可以推断，该墓为二次迁葬。汪家墓林至建国初毁于一旦，后来汪姓人捐资复林，重植柏松，新植林树。

汪广洋墓的发现，弥补了历史对于汪广洋葬于何处的空白。

傅光宅家族墓　位于东昌府区闫寺街道傅家胡同，明万历年间名臣傅光宅家族墓，2014 年 10 月被聊城市人民政府公布为市级文物保护单位。

■ 傅光宅墓地石供桌及墓冢

傅光宅（1547—1604），明万历五年（1577）进士，先后任吴县令、重庆知府、河南道监察御史、南京兵部郎中、按察副使、提督四川学政等官职。万历二十八年（1600），播州（今四川遵义）接连两次发生叛乱，傅光宅都以重要将领的身份参加了平乱。在平乱结束后，他主张对一些从犯从轻发落，释放那些被胁迫的人，因此保全了上万人的性命。傅光宅博闻强志，贯通百家，写有多首诗歌，其中比较出名的有《饮光岳楼》《东城晓望》《吴门燕市》等。他善长书法，模仿黄庭坚，一生游历大江南北，许多古迹都留有傅光宅的墨宝，济南长清灵岩寺的《大悲菩萨赞碑》、河北保定市紫荆关、河北秦皇岛市天马山风景区的"天马行空"都是他的作品。傅光宅逝世后，按照其遗愿，他的后人将他葬于古运河旁边的田地里，而他的一些后人也随之迁徙到此落户。

傅光宅墓地占地面积 360 平方米，坐北面南，墓冢呈覆斗状、封土高 0.5 米、边长 6 米，墓葬封土基本完好。墓前原有神道、石碑坊、石狮子、石碑、石人、石马等分列左右，多毁于文化大革命中。墓前原有石碑 1 通，高 2.16 米、宽 0.9 米、厚 0.38 米，碑文阴刻楷书计 554 字，追述傅光宅的官宦功绩，现断为两截，被移至傅氏家庙保存。墓前现仅存石供桌 2 张，雕刻精美。

王嘉祥家族墓群　位于莘县县城明天中学校园内，明代工部郎中王嘉祥的家族墓地，1999 年 4 月被聊城市人民政府公布为市级文物保护单位。

该家族墓群占地约 3760 平方米，共有墓葬 8 座。1996 年 7 月，莘县明天中学征用莘亭街道前高庙村的土地，施工过程中出土数块墓碑石，一是王聘墓碑，二是王贺墓碑，三是王嘉祥墓碑，四是王嘉祥夫人虞氏墓碑，五是王嘉遇墓碑。1998 年，市、县文物机构对以上 5 座古墓进行考古发掘，墓群内现有 3 座古墓葬。

王嘉祥家族世代居于莘县，据墓志记载应为宋代三槐王氏后裔，但目前缺乏族谱印证，与群贤堡、王化村的三槐王氏后裔尚难以合谱。王嘉祥的祖上务农，高祖父王琮，领明成化元年（1465）乡贡，任山西翼城县令，兴利除弊，政声颇佳，在当地的府志、县志中有记载。祖父王纬隐德不仕，生有四子，分别是王征（儒官）、王聘（赠工部郎中）、王问（庠生）、王贺（八闽建宁簿）。祖父王纬，英年早逝，祖母刘氏含辛茹苦抚养教育四子成人，传为佳话。

王嘉祥父亲为王聘，字良相，别号伊庵居士，生于明弘治五年（1492），卒于嘉靖二年（1523），享年 31 岁。王聘早年聪颖简静，为人正直，兄弟和睦，娶当地名门任景的女儿。王聘 31 岁早逝，当时王嘉祥仅 2 岁，妻子任氏 25 岁。当时有人劝任氏改嫁，任氏正言：王、任两家都是诗书名门，自己怎么能改嫁?! 她侍奉婆婆刘氏直至逝世，教育儿子王嘉祥正气凛然。常常是王嘉祥在窗下读书，任氏在旁纺织陪伴、督促。有官员将此事上报朝廷，嘉靖皇帝批准为其修建牌坊。王嘉祥因为母亲年老多病不想去参加会试，任氏批评儿子："篝灯之勤苦为何? 乃效儿女子恋桑梓耶?!"王嘉祥受母亲鼓舞一战而捷中了进士，后授临晋尹。王嘉祥带母亲去

■ 王嘉祥家族墓现状

临晋打算奉养，不料任氏到临晋 7 日就病发身亡。

王嘉祥的四叔为王贺。王嘉祥父亲去世较早，早年主要得到叔父王贺的教育和扶持。王贺，字良会，别号伊原，王聘之弟，王嘉祥之叔。生于明弘治十六年（1503），卒于万历元年（1573），享年 70 岁。王贺早年丧父，得母亲刘氏和兄长教诲，心平志大，以孝悌闻名，但屡试不第，嘉靖四十一年（1562）获贡生，隆庆年间以贡生身份授八闽建宁（今福建三明市）主簿。在位期间，鞠躬尽瘁，勤政爱民，死在当地，百姓为纪念他的功绩修建了"去思亭"，并附名宦祠。

王嘉祥，字兆兴，号乾峰，生于嘉靖元年（1522），卒于隆庆六年（1572），享年 50 岁。嘉靖四十一年（1562）考中进士，曾任山西临晋（今临漪）、河南陈留（今开封）知县、工部主事、工部郎中、奉政大夫等官职，勇于革故鼎新，兴利除弊，官声颇佳。明穆宗曾赐其纱衣、金罗衣、布料等，父母妻子皆获封赠。长子王一纯曾任河南卢氏县主簿，其余二子皆为生员。王嘉祥死后第二年，葬在位于莘县莘亭街道前高庙村的祖茔。

王嘉遇，字际明，号隆吾，王贺之子，王嘉祥堂弟。生于嘉靖三十一年（1552），卒于万历三十八年（1610）享年 58 岁，自幼博学多才，诗词书画、堪舆岐黄无所不通，但读书未应举，以医为业救人无数，乐善好施，待人宽厚。

王聘的墓碑现存于莘县莘亭街道前高庙村，墓碑为青石质地，尺寸为 61×63×17 厘米，铭文 40 行，每行 40 字。墓志铭由濮阳进士苏祐撰写，武阳进士吴教传篆额，淄州进士王君赏书丹，墓志铭拓片现藏于莘县文物管理所。

王贺的墓碑为青石质，尺寸为 67×67.5×19 厘米，铭文楷书 28 行，每行 38 字。墓志铭由峄县进士贾三近撰文，聊城进士梁承学篆额，莘县人翰林院中书田东作书丹，墓志铭拓片现藏于莘县文物管理所。

王嘉祥的墓碑为青石质，万历元年（1573）立，尺寸为 65×60×17 厘米，铭文楷书 40 行，每行 50 字，由朝城进士吴教传撰文，寿光进士丁应璧篆额，新城（今属河北省）进士王象坤书丹。

王嘉祥妻子虞氏的墓碑为青石质，尺寸为 73×63×16.5 厘米，铭文楷书 35 行，每行 25 字，由本邑进士李宜春撰文，东郡进士傅光宅书丹，邑人起居注中书田东作篆额。二人合葬的墓碑石现藏于莘县文物管理所。

王嘉遇的墓碑为青石质，尺寸为 65×65×19 厘米，铭文楷书 32 行，每行 36 字，铭文由其长子王一鲸亲撰，铭文拓片藏于莘县文物管理所。

韩氏家族墓（含碑刻）　　位于莘县观城镇韩楼村，明代员外郎韩玘家族墓地，2014 年 10 月被聊城市人民政府公布为市级文物保护单位。

该家族墓包括明初迁至观城的 4 位韩氏先祖墓和 2 通碑刻。

韩玘，明代成化年间人，擅长经营，家资富裕，乐善好施。据 1917 年所立的《韩楼韩氏宗祠碑》记载，韩氏一族于明洪熙年间，由韩温带家人迁到观城，居住在观城东北、徒骇河以西。经过几代累积，再加上三世祖韩玘擅长经营，家资丰裕。明成化年间，观城一带发生灾荒，韩玘捐钱捐粮赈济濮阳、范县、观城、朝城一代的灾民，救活无数百姓，为国家减轻了压力。当时的皇帝明宪宗听闻后，钦赐韩玘为员外郎，赐冠带，为他修了"尚义坊"和"广粮门"，并御笔亲自撰写对联。百余年后，"尚义坊"和"广粮门"被大火焚为灰烬。韩玘的妹妹一生未嫁，辅助兄长韩玘持家理财，死后葬在韩楼村，在其墓地上建有韩氏姑母祠堂。

光绪年间，韩氏后人因家族后嗣旺盛、人才济济，堪称当地望族。为纪念家族先祖，刻立《皇明敕封员外郎韩公讳玘神道碑》。此碑现立于观城镇韩楼村西南。碑额刻"圣旨"二字，碑上有联："百代宏泽，全活郡县生民，阴功拟于乾坤大；九重锡命，振扬古今休德，胤祚应同日月长。"

民国年间，韩氏后人感叹先人的美德，四处访求，寻得广粮门故地即韩家楼，于民国六年（1917）在此地立《韩楼韩氏宗祠碑》。此碑现存于观城镇韩楼村韩楼

■ 韩氏家族墓现状

小学门口。碑通高 2.22 米，碑体高 1.82 米，宽 0.73 米，厚 0.21 米。碑额刻"万世流芳"四字，同样有联："百代宏泽，全活郡县生民，阴功拟于乾坤大；九重锡命，振扬古今休德，胤祚应同日月长。"

墓地碑刻为清代、民国年间碑刻的形制特点、排列顺序及书法艺术研究提供了可靠的依据。

冯氏家族墓 位于冠县桑阿镇镇务头村，明代家族墓地，2014 年 10 月被聊城市人民政府公布为市级文物保护单位。

墓地南北和东西均长 50 米，占地 2500 平方米，共有 27 座墓葬。正前面的 1 座墓冢，直径约 6 米，高 3 米，墓主是始祖冯正，冯正墓左边 6 座墓葬的是冯正的 6 个儿子，后面均是冯氏的孙辈。据碑刻记载，冯氏始祖明初从山西洪洞县迁至此地，经世世代代繁衍生息，冯氏家族已遍布周边几个村庄。

张氏家族墓 位于冠县崇文街道吉固村，明代家族墓地，2014 年 10 月被聊城市人民政府公布为市级文物保护单位。

墓地呈南北长东西宽的一座长方形墓地，沙质土，占地约 2 万余平方米。墓地上覆以杨树几百株。据张氏家族人说，张氏在洪武年间迁至此，后该族人一直埋于此，从未移动，这里已埋葬了十几代人，从采集的标本分析，时代应属明代。张氏家族墓对于研究明代冠县丧葬习俗提供了实物资料。

■ 张氏家族墓局部

113

张氏家族墓地（含石刻） 位于东昌府区张炉集镇张炉集村，明代家族墓地，2008 年被东昌府区人民政府公布为县级文物保护单位。

■ 张氏家族墓地现状

张氏家族墓地占地面积 1248 平方米，原有石碑多通，坟冢 10 余座，石碑于 1958 年修水闸时被拉走，1989 年 2 月，墓地原址上建张炉集乡敬老院。现墓地封土已平，石碑已毁。

肖集萧氏家族墓地及石刻 位于东昌府区梁水镇镇肖集村，明代家族墓地，2012 年被东昌府区人民政府公布为县级文物保护单位。

墓地南北长 134 米，东西长 88.3 米，坐北面南。墓地正中有墓冢 2 座及墓碑 2 通，墓冢呈覆斗状，封土高 1.5 米，底边围长 20 米，因受到风雨侵蚀，墓冢顶部封土部分流失。北面 1 通墓碑为乾隆十二年（1747）立，碑阴书 6 行，每行 27 字，字迹模糊不清；南面 1 通墓碑为乾隆三十二年（1767）立，石碑正文 11 行，每行 27 字，碑阴镌文为萧氏族谱人名，字迹已模糊不清。2 通石碑用砖瓦围砌加以保护。以这 2 座墓冢为中轴线，两边坐落分布着大小墓冢 12 座。萧氏族谱始建于明万历年间，清乾隆年间重修。

■ 肖集萧氏家族墓地及石刻近景

傅氏家族墓　位于江北水城旅游度假区湖西街道傅家坟村，清代开国状元傅以渐的家族墓地，2013 年 10 月被山东省人民政府公布为省级文物保护单位。

傅以渐（1609—1665），字于磐，号星岩，东昌府聊城县（今聊城市东昌府区）人，著名政治家，清顺治年间进士，清代开国状元，于清世祖顺治、圣祖康熙朝任宰相。傅以渐学识渊博，精于考据，对经学、史学、天文、地理、礼乐、法律无不

■ 傅氏家族墓局部

涉猎，道德文章实为一时之冠，傅以渐曾当过康熙帝的老师。先后担任《明史》纂修官、《清太宗实录》纂修官、内翰林秘书院大学士、军机大臣等职。清顺治十二年（1655）加封为太子太保，遂为康熙之师，任《太祖高皇帝太宗文黄帝圣训》及《通鉴全书》总裁官，承旨撰写《内则衍义》，复核户部《赋役全书》。顺治十四年（1657），傅以渐与曹本荣编修《周易通注》。顺治十八年（1661），傅以渐解任回原籍。清康熙二年（1663），傅以渐主持编纂了《聊城县志》，康熙四年（1665）四月去世。

傅家坟系傅以渐的家族墓地，坐南面北，占地80亩，护林地约有110亩。原墓地曾有石牌坊、石门楼、石马、石狮、石碑等；文革初年，傅以渐墓被强行挖开，碑刻、造像多被砸毁，只有墓志铭完好地保存下来，现埋在原墓室内。墓志铭为长方体，长、宽均为1.2米、厚0.22米，上方铭额阴刻篆书"皇清光禄大夫少保兼太子太保兵部尚书武英殿大学士加一级星岩傅公墓志铭"23个大字。下方铭文为阴刻楷书1600字，由太子太保、内国史大学士前吏部、户部、刑部三部尚书杜立德撰，太常寺少卿任克溥书，山西布政司参议刘元运篆盖，主要记述了傅以渐生平家世及宦迹。

原茔内碑石林立，石刻无数，茔门有2，并建有石坊1座，著名学者傅斯年祖父傅淦，父亲傅旭安均葬于此，现在墓地大都还垦为农田，农田中还残存部分石刻。

傅氏家族墓对于研究地方史、家族史及清代丧葬制度有重要的实物价值。

陶城铺魏氏家族墓　位于阳谷县阿城镇后铺村，清代家族墓地，2013年10月被山东省人民政府公布为省级文物保护单位。

魏氏家族是清代阳谷县名门望族，《阳谷县志·氏族》中有记载。魏氏家族墓地共有墓葬11座，碑刻11通，占地面积约2000平方米。魏氏族人考取功名者很多，墓葬中有大夫墓、文林郎墓、处士墓、太学生墓、修职郎墓、寿官墓、乡饮耆宾墓等，最高官职为正五品。魏氏家族文韬武略，堪称望族，碑碣多为当时名士所书。

墓地中第一座墓葬是庠彦（优秀的秀才）魏展奇墓，魏展奇有3子，分别是魏鑪、魏钿、魏钋。父凭子贵，雍正年间因长子魏鑪有功被朝廷赠以武略骑尉，后又因次子魏钿有功被朝廷赠以文林郎。长子魏鑪，字伯器，号中齐，康熙五十七年（1718）武举人；次子魏钿，字钟华，号理斋，康熙五十六年（1717）举人，雍正元年进士，任湖北咸宁县令，廉干有为，吏胥畏服，升兴国州知州，清操益励，后

■ 陶城铺魏氏家族墓及标志牌

卒于云南云州知州任上；三子魏鈘，字淑美，为人天性孝友，学术纯正，与魏钿同登康熙五十六年（1717）乡试，雍正九年（1731）观政户部，后奉旨协办山东东昌赈务，以查赈有方、办理得宜著称，乾隆八年（1743）选授江西安仁知县，洁己爱民，勤于听断，偶遇偏灾，力请赈灾，在职期间整修了县内的坛、庙、衙署等建筑，后归家，家居20余年，杜门课读，乾隆十八年（1753）被推举为乡饮大宾，卒年88岁。魏鑨的儿子魏湑字郡司，号和亭，雍正元年（1722）举孝廉方正，历官浙江江山县知县、直隶邯郸县知县，晋升沧州知州。魏湑做邯郸知县时倡修邯山书院，如今书院尚存有魏湑的撰文碑碣。

魏展奇墓碑立于雍正二年（1723），由碑帽、碑身、碑座三部分组成，碑阴墓表由长子魏鑨撰文。魏钿的墓碑是碑林中最珍贵的1通，由刘统勋（刘墉之父）题写，魏钿是刘统勋的姐夫。魏钿墓碑立于乾隆四十七年（1783），由碑帽、碑身、碑座三部分组成，碑帽为浮雕麒麟、云雷纹，中间刻有"皇清"二字，阳面碑文阴刻行书，11行，共103字，落款为：东阁大学士年眷弟刘统勋题。该碑的反面墓表

117

也是出自名人之手，由聊城五大家族之一任家（刑部侍郎任克溥家族）的后人任兆熙题写，任兆熙为乾隆十年（1745）进士，曾任山西醴泉知县。

该墓地对于研究清代丧葬制度、习俗及石刻、书法艺术具有重要的价值。

朱昌祚家族墓　位于高唐县梁村镇朱楼村，清初兵部尚书朱昌祚的家族墓地，2013 年 10 月被山东省人民政府公布为省级文物保护单位。

朱氏家族是梁村镇远近闻名的官宦世家。朱昌祚的祖父朱仲卿为避苛政，明万历年间由益都（今青州）迁来高唐，于高唐城北 30 里处建朱楼村，然而经营一生未能脱贫。朱昌祚之父朱美先，颖悟过人，善于经营，发家致富，且重孝道、多义行，知名乡里。朱美先，有子 5 人，长子光祚、次子昇祚、三子昌祚、四子宏祚、五子丕祚。

朱昌祚，字云门，生于明天启七年（1627）。明崇祯十一年（1638），清兵入关侵占山东，年仅 12 岁的朱昌祚被掳往北方为奴。朱昌祚自幼受学，有一定的文化基础，很快从家奴成长起来，后来隶属汉军镶白旗，为宗人府启心郎。顺治元年（1644）随清兵入关。顺治十八年（1661）任工部侍郎、浙江巡抚。康熙三年（1664）加任福建总督。康熙五年（1666）迁兵部尚书，总督直隶（河北）、河南、山东三省。朱昌祚与尚书苏纳海、巡抚王登联联合反对辅政大臣鳌拜强取豪夺的圈地行为，康熙六年（1667）被鳌拜矫旨处以绞刑。康熙八年（1669）康熙帝亲政，

■ 朱昌祚家族墓现状

特谕吏部："原任总督朱昌祚、巡抚王登联于拨换地亩时，见旗民交困，有地方之责，具疏奏闻。鳌拜非其职掌，妄行干预，不按律文，诬陷致死，深为可悯！予其昭雪，以示仁恩。"当即恢复朱昌祚原职，赐祭葬，谥勤愍公，康熙帝亲自撰写祭文，派钦差到高唐为朱昌祚举行安葬礼仪。

朱昌祚的兄弟、子侄中有不少杰出之辈。四弟朱宏祚，官至闽浙总督、兵部右侍郎兼都察院右副都御史。朱宏祚曾任广东巡抚，当时那里的来往客商经常发生失踪现象，此类案件积压如山。朱宏祚到任后，实地调研、逐个排查，最终破案。朱宏祚的儿子朱缃与蒲松龄友善，此事被蒲松龄改编后写入《聊斋志异·老龙船户》。康熙三十九年（1700），淮黄水患致使洪泽湖暴涨，周围7个州县被淹。康熙帝令朱宏祚督修淮安高家堰，时当酷暑，朱宏祚顶着烈日，亲自在泥水中指挥抢险，两个月后，洪水消退，朱宏祚却积劳成疾死于工地。

大哥朱光祚的儿子朱彩官至郧阳郡守；二哥朱昇祚的儿子朱纹，清举人；朱昌祚之子朱绂，以荫德入国子监读书，后官至大理寺卿；四弟朱宏祚儿子朱绛，任贵州司郎中，补江西司郎中，任永州府知府，广东臬司、藩司；朱宏祚次子朱纲，初为兵部武库，后迁职员外郎、郎中，康熙五十二年（1713）授天津道，康熙六十年（1721）升河南按察使，雍正四年（1726）任湖广总督，雍正五年（1727）任云南巡抚，雍正六年（1728）任福建巡抚，55岁病死于任上，赠兵部尚书，谥"勤恪"。

朱氏家族不但有韬略能治国安邦的栋梁，还有翰墨能震动诗坛的文贤。朱昌祚有十分深厚的文字功底，一份《旗民圈地疏》充分展现出他沉雄、刚烈的文风。清道光《高唐州志》中还保存了他不少诗作，《桂山堂为平湖陆侍御作》中有"立朝面冷如生铁，百炼之钢不可折"即是他为官生涯的真实写照，被广为传颂；朱氏子孙中的朱宏祚及其朱湘、朱绛、朱纲、朱怀朴、朱怀栻、朱令昭等，均为闻名遐迩的文人，先后有30余部作品、文集问世。

朱光祚、朱昇祚因领属外迁，故墓不在朱楼茔地。朱昌祚被鳌拜加害后，最初草葬于北京卢沟桥附近，直至康熙为其昭雪并举行御祭之时，方在高唐朱楼修建墓地，并立御碑2通。朱宏祚去世后，葬于祖茔（朱宏祚墓因被盗已进行了抢救性发掘）；朱丕祚未及壮年便去世，朱楼祖茔有其坟墓，并有墓碑。

朱氏家族墓地原来略高于四周耕地，因连年堆积农田中废弃的碱土，地势渐高。抗日战争时期，墓地被毁，墓碑亦不知去向。2005年，墓地已成为高0.8米的台地，东西长75米，南北长38米。茔地位次为北上南下共有10座坟墓。首穴在茔地西北为朱氏在朱楼的始祖仲卿墓。下分两支：茔地西部为仲卿次子朱东先之系支，有坟墓5座。茔地东部为仲卿长子朱美先的直系墓地，美先墓下位东边为昌祚墓穴位，已无封土，无墓碑；西偏为宏祚墓，有墓碑，其墓在土改运动中被破坏，后又将封土复原；昌祚墓南为丕祚墓，有封土有墓碑。

陈宗妫家族墓　位于东阿县鱼山镇青苔铺村，清代户部左丞陈宗妫的家族墓地，2014年10月被聊城市人民政府公布为市级文物保护单位。

陈宗妫，原名陈建中，东阿县青苔铺人。光绪六年（1880）庚辰科进士，后封资政大夫，钦加二品衔；特受度支部左丞。陈宗妫曾任大清银行监理官、上海户部银行总办等职，在上海开办国家银行达32年；还曾赴日本调查财政事宜、监修皇陵。

该家族墓地南北长45米，东西长25米，占地面积约10亩，呈西北东南走向，现存墓葬14座，其中有陈宗妫及夫人墓葬，其祖父、曾祖父的墓葬，墓室结构不详。现存墓碑11通，坐东南面西北，文革期间墓碑曾被用于建桥，后被重新立起。在陈宗妫墓的东北10米处，有1通长方形石碑，是其祖父墓碑，碑阴墓志为陈宗妫撰写，详细记述了祖父的生平事迹，对研究陈氏家族的发展历史、陈宗妫的书法艺术具有重要的价值。

■ 陈宗妫家族墓现状

宁氏家族墓　位于莘县樱桃园镇樱东村，清末民初的家族墓葬群，2014 年 10 月被聊城市人民政府公布为市级文物保护单位。

■ 宁氏家族墓

整个家族墓地占地约 1000 平方米，共有 22 座墓葬，其中清代墓葬 16 座，民国时期墓葬 6 座。墓地有《樱东宁氏祖茔碑》1 通，记载了宁氏一族的来历和宁氏迁居樱桃园初的几代先祖概况。墓地另有民国三年（1914）立的宁思聪墓碑 1 通，碑高 1.9 米，宽 0.7 米，厚 0.23 米。宁思聪是春秋时期卫国大夫宁俞（字武子）第 84 代孙。该家族墓地保存完整，为研究清代家族墓葬的埋葬风俗、埋葬形制提供了重要依据。

段氏家族墓　位于冠县万善乡段辛庄村，清代家族墓地，2014 年 10 月被聊城市人民政府公布为市级文物保护单位。

据段氏后人讲，祖坟为清乾隆年间初建，其中有 3 座分别是乾隆年间秀才墓和道光年间贡生墓。

墓地占地面积约为 1 万平方米，约有 30 多个大小不一的土丘状墓葬，次序排列整齐，墓葬平均高于地面 1 米。现仅剩残碑 1 通，由碑体和碑座组成，碑体与碑头连为一体，其中碑头浅浮雕有双龙戏珠图案，为青石质地，碑高 1.95 米，宽 0.66 米，厚 0.21 米，阴刻文字，但文字已模糊不清，大体可见段氏始祖自山西洪洞县迁

■ 段氏家族墓

此的记述，墓碑现已残破。墓地的埋葬方式为子午方向，保存较好。

庄氏族茔 位于高唐县三十里铺镇庄庄村，清代庄氏家族墓地，2014年10月被聊城市人民政府公布为市级文物保护单位。

庄氏祖茔位于庄庄村东，是清代时期庄氏先人的家族墓地，现存石碑2通。一通是庄氏先茔碑，立于康熙五十一年（1712）清明节。碑帽、碑身、碑座齐全完整，碑高1.85米，宽0.72米，厚0.3米。石碑阳面浮雕云朵，阴文刻"庄氏先茔"4字，阴面浮雕云朵、鹿等祥瑞图，阴文刻碑文，碑文由庄氏十世孙庄若愚撰写。另一通是庄氏后三支先茔碑，立于光绪二十四年（1898）。无碑帽，仅存碑身、碑座。碑高1.76米，宽0.73米，厚0.21米，阳面上部

■ 庄氏祖茔上的石碑

楷书阳刻"永垂百代"，下部楷书阴刻碑文，共13行，碑文两侧雕刻梅兰竹菊等花卉。庄氏祖茔石碑对研究石雕艺术和乡风民俗有一定价值。

秦氏族茔 位于高唐县琉璃寺镇秦庄村，清末民初秦氏家族墓地，2014年10月被聊城市人民政府公布为市级文物保护单位。

秦庄村过去是一个比较富裕的村庄，村中有多家财主，因此有厚葬习俗和立碑习惯。秦氏祖茔上共有16通石碑，其中3通为祖谱碑，其余是墓碑。3通祖谱碑分别是《秦庄秦氏祖茔碑》《秦氏祖茔碑记碑（一）》和《秦氏祖茔碑记碑（二）》。《秦庄秦氏祖茔碑》立于民国四年（1915），由3通石碑组成，中间高两边低，中间碑阳面楷书阴刻"秦氏祖茔"，碑文从左边碑始至右边碑结束，记载了立碑的起因、对家族和后人的期许、勉励。《秦氏祖茔碑记碑（一）》《秦氏祖茔碑记碑（二）》，立于清嘉庆十年（1806），分别记载了立碑的起因、意义和秦氏始祖秦聪迁居高唐的情况，2碑阴面为家族谱系图。

文革初期破四旧时，村外的谱碑、墓碑全被推倒。1970年，村党支部盖办公室，便用石碑当了墙基。后来房屋卖给了琉璃寺基层供销社做中心点使用，石碑现修在基层供销社中心点院内北房的墙基上。

这16通碑只是秦庄村石碑的一部分，仍有许多石碑至今被弃置野外。这些石碑为研究民俗、移民和人口构成有重要参考价值。

■ 秦氏祖茔石碑

张怀芝家族墓 位于东阿县刘集镇皋上村，清末民初著名大将张怀芝的家族墓地，2014 年 10 月被聊城市人民政府公布为市级文物保护单位。

张怀芝（1862—1934），字子志，生平历经满清、北洋军阀和民国时期。1862 年生于一个破落户家庭，1881 年因生活所迫去天津谋生，后在当地从军，为军队饲养马匹。1885 年 6 月，张怀芝以弁目选入天津武备学堂第一期炮兵科学习，1890 年毕业。1900 年 8 月，八国联军入侵北京，张怀芝率炮队借调于武卫中军攻击东交民巷使馆，在慈禧太后携光绪帝和王公大臣离京西逃时，张怀芝率部督战，扼制敌军，因护驾有功，得到赏识和重用。1905 年，就任第五军统制，和段祺瑞、冯国璋平级；1911 年 10 月 10 日，被袁世凯任命为安徽巡抚；1915 年 12 月 21 日，封为一等男爵；1916 年 5 月 29 日，代理山东省督军。1916 年 6 月 29 日，黎元洪就任大总统后，任命张怀芝为山东督军。同年 10 月，兼任山东省省长，并册封为济武将军。后来，因对社会的黑暗不满引咎辞职，59 岁的他便到济南趵突泉附近的张公馆隐居，从此不再参与军政。1931 年，军阀张宗昌坐镇济南时，曾陪同少帅张学良到张公馆拜访，他对张学良的抗日主张大加赞赏。出身穷苦的张怀芝，对劳苦大众的疾苦有着较深的同情，更对农民没文化的悲哀有着较深的同情。因此，民国九年（1920），时任山东督军的张怀芝，捐资对净觉寺进行重修，并改为义学，使穷苦农家的子弟也有了上学的机会。1934 年 10 月 10 日，张怀芝病逝于天津，终年 72 岁，后葬于祖籍东阿。

该家族墓地南北长 40 米、东西宽 30 米，占地面积 1200 平方米。墓地主要包

■ 张怀芝家族墓

括张怀芝祖父诰赠光禄大夫建威将军张鳌墓、父亲光禄大夫建威将军张士策墓和张怀芝墓。其祖父和父亲的墓前分别立有《诰封碑》1通，墓室结构不详。1958年张怀芝墓曾遭破坏。张氏祖茔家族墓地对研究民国时期的经济状况、墓葬制度等，具有十分重要的文物保护价值。

杜屯村杜氏祖茔　位于高唐县梁村镇杜屯村，清末民初的家族墓地，2008年5月被高唐县人民政府公布为县级文物保护单位。

杜屯杜氏为三十里铺镇三十里铺村杜氏的一个分支。据其族谱记载，杜彦明（相关情况参见【杜彦明墓】）第七世孙杜文高自三十里铺村迁至夏津县邓庄后又迁于今址，随着人口的繁衍，以杜姓为村庄命名，即"杜屯"。杜屯杜氏家族人才辈出，代有名人，杜渭及其继子杜思颖在《高唐州志》中有传。家族茔地、族谱、石碑保存较好，现存石碑4通，其中3通立于清道光十年（1830），1通立于民国二十五年（1936）。碑身保存基本完好，对研究家族史、高唐历史具有重要作用。

道光十年（1830）的3通石碑是杜渭的继子杜思颖为上三代先人（曾祖父杜彬、祖父杜国瑞、父亲杜渭）所立，均为蟠龙碑帽。其中杜渭是清乾隆十七年（1752）恩科举人，曾任饶平县知县，后任职于罗定州（在今广东省内），口碑颇好，当地群众为其建生祠，解官回乡时，行李萧然。杜渭的父亲杜国瑞、祖父杜彬均末仕，石碑上所题的官衔是杜渭任职后朝廷褒奖的。

杜彬碑，青灰石质，高1.95米，宽0.80米，厚0.30米，上书"皇清敕赠文林郎广东东安县知县杜公讳彬字振寰之墓"。杜国瑞碑，青灰石质，高1.9米，宽0.80米，厚0.30米，上书"皇清敕赠文林郎广东东安县知县杜公讳国瑞字熙臣之墓"。杜渭碑，亦为青灰石质，高1.8米，宽0.80米，厚0.30米，中书"皇清敕授广东饶平县题升连州杜公讳渭字方舟号若村之墓"。

第四通石碑是亲友乡党为杜清照所立。杜清照是杜思颖的曾孙，有文才，屡试不第，人称"杜二才子"。该碑是其死后40年，亲友乡党捐资所立。石碑正面刻有碑文，由杜清照的内孙曹景瑜请高唐志局总纂诸城人王在密撰写，石碑背面是负责立碑事宜的固河镇小华村的豪绅华杏田（清末曾任保甲"千总"）所写跋语及捐资人身份、姓名。

杜氏家族还有2块保存较好的匾额。一是乾隆十七年（1752）杜渭中举时，高唐知州宫懋让褒赠；二是因杜思颖行医施药救人，道光十年（1830）高唐知州邵元章褒赠，两块匾额现由杜氏后人杜申泉保存。

第三节　单　人　墓

　　张庄古墓　又称"太子冢"，位于莘县十八里铺镇太子张庄村，春秋时期卫宣公的两个儿子伋和寿的合葬墓，2013 年 10 月被山东省人民政府公布为省级文物保护单位。

　　太子伋和公子寿是春秋时期卫国第 15 代国君卫宣公的儿子。《春秋左氏传·桓公十六年》和《史记·卷三十七·卫康叔世家第七》记载道：卫宣公为人淫纵不检，在继位前就与父亲卫庄公的小妾夷姜私通，生下私生子伋寄养于民间。宣公继位后，正式娶夷姜为夫人，并将 16 岁的伋接回卫国，立为太子。卫宣公打算为太子伋迎娶齐僖公的公主宣姜，后来卫宣公听说宣姜十分貌美，便在准备结婚时将伋支走，自己在淇水上建立新台迎娶宣姜，立为夫人。《诗经·新台》："新台有泚，河水沵沵。燕婉之求，籧篨不鲜。新台有洒，河水浼浼。燕婉之求，籧篨不殄。鱼网之设，鸿则离之。燕婉之求，得此戚施。"说的就是这段故事。

　　《列女传》记载："卫之宣姜，谋危太子，欲立子寿，阴设力士，寿乃俱死，卫果危殆，五世不宁，乱由姜起。"宣姜后来为卫宣公生了两个儿子寿和朔。卫宣

■ 张庄古墓（太子冢）现状

公长期沉迷于宣姜的美色而忽略了夷姜母子，最后夷姜上吊自缢。宣姜想要立自己的儿子寿为太子，于是与儿子朔在宣公面前不断进谗言陷害伋，卫宣公渐渐对太子伋产生了厌恶的情绪，想要废掉他。于是赐给太子伋白旄使节让他出使齐国，暗中令盗贼在卫国边境莘地截杀手持白旄使节的人。公子寿听到这个消息后，赶紧告诉将要启程的太子伋，让他不要去。太子伋说："忤逆父亲的命令来求生，不可。"寿见劝诫无效，就抢了太子的白旄而抢先向边界疾驰。边界盗贼见到手持白旄的人，就杀了他。太子伋赶到莘地后，看到公子寿已死，告诉盗贼说："你们应该杀的人是我啊！"于是盗贼又杀死了太子伋，并报告给宣公。《诗经·二子乘舟》专述其事："二子乘舟，泛泛其景。愿言思子，中心养养。二子乘舟，泛泛其逝。愿言思子，不瑕有害。"太史公说：我阅读世家的记载，读到卫宣公儿子互相推让，争着去死，这与晋太子申生不敢声明骊姬的过错相同，都害怕伤害父亲的情面。然而，终于死去了，这是多么悲哀呀！有的父子互相残杀，有的兄弟互相毁灭，这究竟是为什么呢？

当时的人们被两位公子的孝悌精神所感动，纷纷捐银捐物将其就地厚葬，形成太子冢。据传太子墓前有石马、石羊、石狮、石象，门前有两位将军守门，坟前放置着 50 斤重的金香炉。据传，刘邦项羽征战时，刘邦看坟冢不高，下令三军将士每人一帽土为太子添坟，一时间把两位太子的坟墓堆的高大如山，当地有大水不淹太子冢的传说。

太子冢高 5 米，直径 44 米，占地 3249 平方米。墓前曾发现石碑 1 通，碑高 1.08 米，宽 0.28 米，厚 0.11 米，上刻楷书"孝伋墓殷连顿首赠"，共 2 行 8 字。此碑现藏莘县文物管理所。

太子申墓　位于冠县清泉街道谷子头村，战国时期魏国太子申的墓葬，1999 年被冠县人民政府公布为县级文物保护单位。

民国《冠县志》记载："梁太子申墓一在孙史村西，一在谷子头村东南。"战国时期，齐魏间爆发了著名的"马陵之战"，魏太子申以庞涓为将，挥师迎敌，结果中齐国军师孙膑奇计，败于马陵道，庞涓死，太子申被俘，被杀于冠氏（治所在今山东冠县清泉街道），身、首分葬两处，埋头之处即"首墓"原来称"孤子头"，后演变为"谷子头"；葬身之处，村名为"尸村"。后村人因村名不吉，将村名雅称"史村"，现拓展为王史村、南史村、东张史村、西张史村。

文革时期，在谷子头村的葬头墓封土被铲平并下挖 2 米，发现直径 3 米余的

■ 太子申墓现状

砖砌圆筒；孙史村的葬尸墓封土被铲平下挖，出土六棱砖百余块。而今墓地为一片耕地。

堠堌汉墓 位于东昌府区斗虎屯镇堠堌村，东汉清河王刘庆的墓地，2006 年 12 月被山东省人民政府公布为省级文物保护单位。

刘庆（78—107），汉章帝刘炟第三个儿子，生母为宋贵人，刘庆死后被儿子汉

■ 堠堌汉墓远景

安帝追尊为"孝德皇"。刘庆生于公元78年，次年被立为皇太子，3年后因受窦太后的诬陷，被废为清河王，一生为人孝友恭谦，遵纪守法，谨小慎微。当年汉和帝诛灭外戚窦宪势力，刘庆在其间立下了汗马功劳，因而受到和帝的敬重和厚赏。106年，刘庆的长子刘祜即位称汉安帝，刘庆赴清河（今临清市一带）就国。107年，刘庆去世。121年，汉安帝对生父刘庆家族大加追封，追尊其祖母宋贵人曰敬隐后，陵曰敬北陵，追尊生父刘庆曰孝德皇，母曰孝德后，并将刘庆陵墓改称甘陵。27年后，汉桓帝刘志为了表示"尊帝陵之号"，改清河郡为甘陵郡，县名也改为甘陵县。

埯塪汉墓是迄今为止在聊城市境内发现的唯一一座王侯级墓葬。墓冢高大呈覆斗状，封土高16米，底边南北长110米、东西长107米，占地面积3000平方米。在封土上发现有唐代的陶质兽面瓦当、青砖残片，宋代的瓷质碗底、碗口沿残片。现封土东侧有人为取土形成的剖面，可见夯土层，每层10厘米—15厘米左右。封土上有砖、瓦、陶片和瓷片，并发现早期盗洞和近现代盗洞，可识器物有唐代的莲花瓣圆瓦当等。

邓庙汉画像石墓　位于东阿县姜楼镇邓庙村，东汉画像石墓，2006年12月被山东省人民政府公布为省级文物保护单位。

该墓主人身份不详，坐北向南，东西长11.85米、南北宽7.85米，不包括铺地

■ 邓庙汉画像石墓

用石在内，共用石 178 块。双墓室东西并排，呈"中中"字型，为一盝顶式十室夫妻合葬墓，墓室前各有前堂，构成"前堂后寝"的建筑格局。前堂左右各有一耳室，南面各有一甬道、甬道南留有两扇门，并有封门石。

1995 年 4 月下旬，聊城地区文物研究室会同东阿县图书馆对该墓再次进行勘探调查。1998 年对其进行了抢救性发掘，因早年被盗，仅出土 250 余枚汉五铢，1 件残石豆，1 件厕所石板，较为珍贵的画像石 35 块及少部分随葬品。墓壁有大批画像石，带图案的墓石共 73 块，其中 38 块为简单菱形纹或连弧纹，35 块有画像内容，1 块额石两面有图案。画像内容丰富，主要有历史故事、神话传说、现实生活、飞鸟异兽、花草鱼龙等。历史故事有孔子见老子、七十二贤人等。神话传说题材广泛，主要有伏羲、女娲，象征太阳的三足鸟、象征月亮的九尾狐、仙人升仙图等。现实生活是画像的主要内容，有反映墓主人食住行娱乐的庖厨图、亭台楼阁图、车马出行图、捕鱼图、杂技图等。画像石上还有姿势各异、大小不一的鱼、龙、马、羊、狐、兔、狗、鼠、凤鸟等。目前，该墓已易地复原保护。

邓庙汉画像石墓是鲁西北地区首次清理发掘的东汉时期的大型多室石砌画像石墓。画像内容丰富，雕刻精美，技法多变，充分反映了东汉时期社会的现实生活和思想意识，是研究汉代史的珍贵实物资料，具有较高的史学价值、文物价值和艺术价值。

曹植墓 位于东阿县鱼山镇鱼山西麓，三国时期魏国文人曹植的墓葬，1996 年 11 月被国务院公布为全国重点文物保护单位。

曹植（192—232），字子建，出生于东武阳（今山东莘县），是曹操与武宣卞皇后所生第三子，生前曾封为陈王，去世后谥号"思"，因此又称陈思王。曹植是三国时期著名文学家，是建安文学的代表人物之一与集大成者。曹植的诗以笔力雄健和辞采华美见长，散文同样亦具有"情兼雅怨，体被文质"的特色，代表作有《洛神赋》《白马篇》《七哀诗》等。他在两晋南北朝时期，被推尊到文章典范的地位，南朝宋文学家谢灵运有"天下才有一石，曹子建独占八斗"之说，后人将他与曹操、曹丕合称为"三曹"。

曹植墓始建于魏青龙元年（233），坐东面西，墓葬平面呈"中"字形，由甬道、前室、后室三部分组成，东西长 11.4 米、南北宽 4.35 米。墓室为砖结构，墓壁采用三横一竖砌法。1977 年 3 月，在墓门上方墓壁中，发现一块长 0.43 米、宽 0.2 米、厚 0.11 米，重 12.2 公斤的青色铭文砖，砖三面刻有铭文，6 行 56 字，记述了曹植

■ 曹植墓

墓的修建过程。1978 年 9 月 28 日，4.35 米见方的主墓室及 2.2 米长的墓道自然坍塌。1981 年，为保护国家珍贵历史文化遗产，山东省文物局拨专款修建了墓基围墙，翻修了碑楼。1986 年，国家拨专款对曹植墓进行维修，使濒于毁弃的曹植墓大体恢复了本来面貌。1993 年，东阿县人民政府对曹植墓周围环境进行了拆迁改造，建起了 1.2 余万平方米的陵园，修建了陵门，改修了碑楼，增建了曹植纪念馆等。

在曹植墓西北侧，有一座面阔一间、硬山式建筑的清代碑楼。碑楼内立有隋开皇十三年（593）刊刻的《曹子建墓碑》，记述了曹植的生平事迹，该碑圆首方座，碑身高 2.57 米、宽 1.03 米、厚 0.21 米，22 行，现存 847 字。碑文书体，篆、隶、楷三体相杂，结体险峻，气韵高迈，笔力雄齐，是书法史上承上启下的重要作品，具有很高的艺术价值。在碑楼的东壁和西壁镶嵌着明代《魏陈思王传碑》和《明代诗碑》，碑楼檐下立有清《重修陈思王碑楼记碑》。碑林内有清《吊陈思王墓诗》碑。墓前立有民国二十年《魏陈思王曹子建墓碑》。在"子建祠"门前，立明代石狮 1 对。

迄今为止，在中国发现的三国时期墓葬为数甚少，曹植墓的发现对三国时期墓葬学研究具有重要实证价值。

华歆墓　位于高唐县固河镇大华庄村，东汉末年曹魏重臣华歆的墓地，1999 年4 月被聊城市人民政府公布为市级文物保护单位。

华歆（157—231），字子鱼，高唐县固河镇大华庄人，东汉末年被推举为孝廉，授郎中职。汉建安五年（200），曹操以汉献帝的名义诏华歆到朝内做尚书令。华歆支持曹操统一中国的大业，协助曹操打击擅权外戚宦官，整顿朝纲，为曹魏的统一奠定了基础，很受曹操信赖。汉献帝延康元年（220）曹丕称帝，华歆被拜为相国，加封安乐乡侯，后改为司徒。后任太尉，封博平侯。太和五年（231）病故，终年75岁。华歆的子孙也颇有成就。儿子华表官拜太子少傅；孙子华峤著《后汉书》，有司马迁、班固之风，其中《后汉书·十典》由华峤的儿子华畅撰成。

■ 华歆墓

该墓现存封土高3米，直径7米，占地约40平方米，墓葬保存完整。墓室顶部因塌陷出现1米见方的缺口，从顶部缺口能看清墓室为砖室结构，上为圆形拱顶，底部呈八角形。从墓室结构看，不符合三国时期的墓冢样式，应为唐以后墓葬。当地群众认定此墓为大华庄华姓祖坟，《高唐州志》记载为三国时期魏臣华歆之墓，最后结论有待发掘后确定。

吕才墓　位于高唐县清平镇吕庄村，唐代著名音乐家、哲学家、唯物主义思想家吕才的墓地，2014年10月被聊城市人民政府公布为市级文物保护单位。

吕才（600—665），博州清平（今高唐县清平镇吕庄）人。他出身寒微，自幼好学，兴趣爱好广泛，通晓六经、天文、地理、医药、制图、军事、历史、文学、逻辑学、哲学乃至阴阳五行、龟蓍、历算、象戏等，尤长于乐律，而且大都有专门著作和创造。30岁时，由温彦博、魏征等人推荐给唐太宗，进入弘文馆任职，官居太常博士、太常丞、太子司更大夫。

吕才在乐律方面成就卓越。贞观六年（632），吕才相继创作并谱曲《功成庆善

■ 吕才墓原址现状

舞》（后更名为《九功舞》）、《七德舞》（后更名为《秦王破阵乐》），之后又创作了《上元舞》。不久，这些舞曲传到日本、印度等国，在国内外产生了广泛的影响。至今，齐鲁乐团、陕西省歌舞剧院以及日本的艺术团体，仍在演奏《秦王破阵乐》《唐代乐舞》。吕才及其《秦王破阵乐》等歌舞曲，一直受到史学界、音乐界的重视，《旧唐书》《新唐书》及现今出版的《中国历代名人辞典》《中国百科全书》中都有相关记载。

最难能可贵的是，吕才是我国古代为数不多的朴素唯物主义思想家之一，具有无神论思想。他奉命刊正削存阴阳书，以儒家思想为依据、又不拘泥于儒家思想，"以经谊推处其验术"，批驳了阴阳书中的宗教迷信，创立了一种无神论体系。他所刊正的阴阳书得到了唐太宗的认可，被颁布天下，现仅存《叙宅经》《叙禄命》及《叙葬书》3篇残文。尽管吕才的无神论思想有时代的局限性，但在阴阳迷信充斥的时代，他对《宅经》《禄命》《葬书》的深刻批判，仍然放射出唯物论的思想光辉。他以儒家身份对佛学中的一些问题也有过独立的研究，曾与僧众们有过激烈的论争，曾与一些僧人学士到慈恩寺玄奘面前相辩难对定，并引起唐高宗的关注。

吕才一生著书很多，大部分散失，至今保存下来的仅有8篇残文、5000余字，有《叙宅经》《叙禄命》《叙葬书》《进大义婚书表》《进白雪歌奏》《议僧道不应拜俗状》《因明注解之破译图序》《东皋子后序》等。

吕才墓位于清平镇吕庄村西南的树林中，墓南原为一条神道，两旁立有石人、石马、石羊等石雕，因清平镇是黄河故道，黄沙遍野，风吹沙移，封土渐小，石雕也被掩埋。1958 年，在"平沙丘造耕地"活动中，封土被彻底铲平。后来在墓南挖引黄渠时，正挖到吕才墓的神道，出土 2 只石羊，现已不知去向。

1986 年，高唐县史志办首议吕才的历史地位，开始整理吕才的历史资料；2004年，高唐县政协再次调查核实吕才的历史资料；2005 年，高唐县文体局、图书馆、文管所组成考古队对吕才墓进行实地考察，在原位置恢复其封土。

阎咏墓　位于高唐县汇鑫街道阎寺村，金代状元、翰林学士阎咏的墓地，2008年 5 月被高唐县人民政府公布为县级文物保护单位。

阎咏，字子秀，号复轩，博州高唐县（今高唐县阎寺村）人。其先人六世登科，父辈时家道败落，生活穷困潦倒，一家人常以喝菜粥度日，阎咏自己写诗回忆道："竹箸沾白盐，清水迎新年。"然而聪颖好学、气节豪迈的阎咏不向困难低头，经常在寺庙学屋窗台下，侧耳躬身偷听老师讲课。老师发现后，允许他参加全班同学的统一考试，结果阎咏以全知全会的优异成绩名列前茅，老师遂免费接纳阎咏为弟子。阎咏的聪明好学，引起众乡亲的关注，邻村辛兴店有位名叫万二的小本经营者，以卖包子为生，每日三餐供其吃包子，支持阎咏求学。

阎咏在乡亲们的资助下刻苦攻读，终成大器。他于金章宗承安年间（1196—1200），擢词赋科进士第一名（状元，故里原建有阎状元石牌坊），其后曾在翰林院供职 10 余载。回乡探亲时，将阎寺村南的 2000 余亩农田全部收买，赠与资助其求学的辛兴店乡亲万二，因此这处连片农田至今被称为"万家洼"。同时，为报阎寺乡亲之恩，接村舍北延，新建房院数座，供乡亲居住，使当年的阎寺成为有 2200户人家的大村。现今阎寺村虽然户稀人少，总人口不过百人，但村周围满是颓垣断壁痕迹，碎砖烂瓦的废弃地北延里余，此为"大村"之证。

阎咏在文学上造诣较高，阎咏与进士康晔、翰林学士阎复、礼部侍郎康壁等，被世人称为"二阎二康"，是金正大年间（1224—1231）的著名文人，著有《复轩集》。阎咏死在河南任上，后葬于原籍。墓地封土平面呈椭圆形，南北长 82 米，东西宽 53 米，高 5 米。其上多年耕种，坡度逐年递减。万家洼地势较低，遇涝时一片汪洋，唯有此墓土丘露出水面，当地群众根据封土形状将其戏称为"鳖盖子"。

阎咏后裔多为朝官，居于都城。相传，曾有乡亲前往求助，当其后裔问及状元墓时，乡亲习惯的随口说"你说的那个鳖盖子呀……"，无意中得罪了阎氏后人，此后来往终止。故当今阎寺村内无阎姓，亦不知阎咏后人事，只有状元墓独卧万家洼。

杨通墓　位于高唐县固河镇石羊庄村，元代镇国上将军杨通的墓葬，2014 年 10 月被聊城市人民政府公布为市级文物保护单位。

据清《高唐州志》和民国《高唐县志稿》记载：杨通，字伯达，高唐人，祖业务农，自幼善骑射，被乡众推荐于官署捕盗。

据民国二十五年（1936）《高唐县志》记载和当地群众介绍，金代贞祐年间，地方大乱，杨通组织义勇保护一方平安。元军占领济南后，高唐成为元朝管辖地，他被元朝廷授予镇国上将军，行副元帅，负责高唐、平原、禹城三城防务，并任德州防御使。后在迎战敌寇中，咽喉中箭，数月而卒。其部属为其修建陵墓，并立碑于其墓前。

杨通墓，坐北朝南，封土高 1.5 米，东西宽 5.7 米，南北长 3.7 米。墓地南侧 8 米处，立有墓碑 1 通。墓地原有百米神道，石人、石马、石羊、石豕等石雕分列两旁，石雕刻工精细，造型生动，气势宏伟，尤其是石人，面目清秀，骨骼清奇，被当地群众称为"俊石人"。后石羊村修砌坑塘，将墓碑用来当流水口，石人也被掩埋在流水口附近。文革期间，除墓碑和石人外，其余石雕皆被砸毁，仅剩墓碑底座赑屃半露半埋于原处。墓碑高 1.70 米，宽 0.88 米，厚 0.2 米，碑额上阴文篆书为"杨公赞善之碑"，碑文为楷书阴刻，残损严重，原文存高唐旧志中。杨通只有一女，死后葬于其旁，故该墓又称"孤女坟"。现杨通墓完好无损，而孤女坟却踪影全无。

■ 杨通墓

陈镛墓　位于冠县辛集镇洼陈村，明代平山卫守御指挥佥事陈镛的墓葬，2013年10月被山东省人民政府公布为省级文物保护单位。

陈镛（1344—1428），原籍安徽萧县。据陈氏家谱记载，陈镛之父陈德新，元末跟从朱元璋为随驾护卫，为创建明朝基业立下功勋。后奉命随徐达北征，在占领东昌府后，留守府地，于是定居聊城。陈镛曾任平山卫指挥佥事，在任共12年，多有建树。明洪武二年（1369），出于防御蒙古贵族集团复辟的军事需要，陈镛主持将宋熙宁三年（1070）所建土城，改建为砖城。为"窥敌望远"，洪武七年（1374）以修城所余砖石木料，在城中央主持修建了余木楼，今俗称古楼、鼓楼，后定名光岳楼。此楼至今巍然屹立，是国家级重点文物保护单位。据传，有一种东昌府区非物质文化遗产的产生也与陈镛相关。陈镛主持修建古楼时，为犒劳民工令陈府家人做了上百只烧鸡送到工地。当时天气寒冷，待开饭时烧鸡已经凉透。大家便用修楼的余木支架熏烤，顿时烧鸡发出了奇异的香味，后被命名为"堠堌熏鸡"。后来，陈氏一族定居到堂邑城北十里外的洼丁村（今洼陈村）。

陈镛死后，其后人将其葬于现在的洼陈村，墓葬保存至今。陈镛墓为圆形土丘，直径5米，高1.5米，占地100平方米。墓前碑刻1通，为文革后立，高1.8米，宽0.75米。

■ 陈镛墓

郭敦墓　位于冠县定远寨镇郭关庙村，明代户部尚书郭敦的墓地，1999 年被冠县人民政府公布为县级文物保护单位。

郭敦，字仲厚，堂邑（今属冠县）人，明洪武年间，以乡举入太学，授户部广西司主事，迁浙江衢州府知府。在衢州问疾苦，礼贤秀，恤高年，扶孤独，修学校，明教化，表节义，易风俗，毁淫祠，立义冢，多有惠政。在官 7 年，"治行为为天下最"。永乐初，以忤"中贵人"获罪，将离任时，衢州耆老百姓千余人伏阙乞留。朝廷大臣以郭敦廉正不阿上奏，诏为监察御史，迁河南布政司左参政，旋调陕西。永乐十六年（1418）春，擢礼部右侍郎兼太仆寺卿。翌年北征时，因户部尚书夏原吉违旨下狱，诏令郭敦代理户部事，以督粮饷。永乐二十年（1422），曾督北征粮。仁宗即位，以大行丧不斋宿，降太仆乡卿，后任户部左侍郎兼詹事府少詹事。宣德二年（1427），进户部尚书。陕西大旱之年，奏请免除百姓拖欠赋税，赈济贫民。在户部任上多有兴革，定经制，兴边屯，禁止皇庄兼并民田、豁免各省荒田税赋，皇帝皆允，黎民称善。宣德六年（1431）61 岁卒于任。

郭敦墓前原有石人、石马、石羊等，文化大革命中被毁掉，原址上现为郭关庙村委会办公地点。

■ 郭敦墓原址现状

赵德和墓　位于东阿县姜楼镇广粮门村，明代户部员外郎赵德和之墓，2014 年 10 月被聊城市人民政府公布为市级文物保护单位。

赵德和，明正统年间户部员外郎。明正统八年（1443）东阿一带发生特大灾荒，他慷慨开仓捐豆谷 7500 石，交官府赈济一州五县的灾民。明英宗颇加奖赏，勅旌义民称号，并将他的先进事迹刻石竖碑进行旌表，村内至今尚存明正统十一年（1446）的"圣旨"碑。

■ 赵德和墓现状

该墓因埋入沙土岗子之下，墓葬结构不详。墓前现存有崇祯二年（1629）立"皇明勅旌义民始祖赵公之墓"墓碑 1 通。碑高 2.30 米、宽 0.81 米、厚 0.17 米。墓南 50 米耸立着望天吼石表和"赵氏之茔"石坊一座。

张天瑞墓　位于临清市新华街道西胡里庄村，明代进士张天瑞之墓，2010 年 7 月被临清市人民政府公布为县级文物保护单位。

张天瑞（1451—1504），字文祥，号云坪，山东清平县（今临清市）胡刘庄（今称胡里庄）人。明成化十三年（1477）进士，十七年（1481）殿试一甲三名探花。初授翰林院编修，纂修《宪宗实录》，后升侍讲充经筵讲官，遂迁右中允兼春宫储帝讲读官，秩满升左春坊左庶子继修《资治通鉴》，因积劳成疾，身染风寒卒

■ 张天瑞墓

于京师。遗有诗文《云坪集》《经筵讲义》《东宫讲读》行世。

张天瑞墓地占地广阔，规划严整，虽居官五品，因两帝垂青其人品文才，破格享有三品祭祀，朝廷每年遣官赴墓地亲祭。据《张氏祖谱》所记，墓地原矗立谕祭碑4通，赵王谕祭碑1通，另有张天瑞墓碑、墓表。"文革"中，毁碑寻石成风，张氏家族唯恐遭劫，将碑掩埋地下，得以保存至今。

张天瑞"皇谕祭碑"碑质为汉白玉大理岩，高2.05米，宽0.85米，厚0.18米，碑额高浮雕镌六龙棒印纹饰，印方镌篆书"皇谕祭碑"四字，碑文正楷，周饰浮雕云龙纹。继"皇谕祭碑"出土后，临清市又组织专门人员相继发掘出2尊上马石、2道"封敕"及1本《云坪诗词集》。

此碑经500年风雨沧桑保存至今弥足珍贵，是研究明代文化、科举的重要实物资料，是中国古代崇尚知识、尊重人才的重要实证。这些珍贵历史文物出土，为研究明代中期的历史变迁提供了更加丰富的历史资料。

殷云霄墓 位于阳谷县寿张镇沙河崖村，明代南京工科给事中殷云霄之墓，1999年4月被聊城市人民政府公布为市级文物保护单位。

殷云霄（1476—1521），字近天，号石川，寿张人，《明史》有传。他幼读诗书，过目成诵。明弘治十八年（1505）中进士，次年因病回乡，在家著书讲学。明

■ 殷云霄墓

武宗正德六年（1511）任靖江知县，部署军民抵御盗匪、捍卫地方卓有功绩，处事明快干练，判事有方。后迁南京工科给事中，卒于任，年 37 岁。他以理学知名当世，是明"十才子"之一，著有《石川集》《明道录》《寻乐客时传》《四库总目》等书。

殷云霄墓原位于阳谷寿张城东北，1950 年迁建于寿张镇沙河崖村南，该墓所处位置略高于四周农田，无明显封土，墓室结构、材料不详，墓志铭已由其后人埋于墓室中。

穆孔晖墓　位于东昌府区堂邑镇北张庄村西，明代礼部右侍郎穆孔晖之墓，1999 年 4 月被聊城市人民政府公布为市级文物保护单位。

穆孔晖（1479—1539），字伯潜，号玄庵，明代礼部右侍郎、理学家、心学学者。弘治十八年（1505）进士，历任翰林院检讨、南京礼部主事、翰林院侍讲学士、南京太常寺卿等官，卒赠礼部右侍郎。穆孔晖是王守仁的学生，是王守仁心学的热心拥戴者和心学在山东的第一个传播者。穆孔晖的学术思想基本上继承了王守仁的良知说，将心学与佛学中的"顿悟说"结合起来，被认为是"学阳明而流于禅"。他反对程朱理学所宣扬的"天理至上"等观点，认为程朱理学多流于空谈，并不能反映儒学的真谛。他认为，心学的精华应是"空"和"寂"，如果掌握了心学，则能"随应随寂，如鸟过空，空体弗碍"，外物就不能给人以干扰，也就能达

■ 穆孔晖墓地石碑

到至高的精神境界。穆孔晖一生著述颇丰，主要有研究考据学的《读易录》《尚书困学》《大学千虑》《玄庵晚稿》等，研究史学的《前汉通纪》《读史通编》等。穆孔晖对稍晚兴起的山东王学学派有一定的影响。

墓地始建于明嘉靖十八年（1539），原占地26400平方米，现占地面积240平方米，仅存石刻墓志铭1方，边长为0.63米、厚0.1米。墓前原有石碑2通，石桌1张及石猴、石羊、石虎、石马、石狮等各1对，石牌坊1座。1966年文革初期墓被扒。

吴铠墓 位于阳谷县狮子楼街道棋盘街，明代进士吴铠之墓，1999年4月被聊城市人民政府公布为市级文物保护单位。

吴铠（1491—1539），字文济，号石湖，祖籍江西南昌。明洪武、建文年间，其曾祖在扬州为将领。明成祖朱棣即位后，诛杀建文朝文臣武将，吴氏宗族多被杀戮。吴铠的曾祖父只身逃亡，避地阳谷，娶妻成家，生四子。次子英，即吴铠祖父，时称隐翁。吴铠的父亲吴澄，字源洁，号坦轩，先入学为生员，后为辽阳（今属辽宁）地方官署属员，遇有边警，乃仗剑从征，因功授山海仓（今河北秦皇岛市）巡检。后告病归里，家居30年，于明武宗正德十五年（1520）去世。吴铠，明正德九年（1514）进士，曾任河南道监察御史，有清正之誉，终官至陕西宁夏都御史。他喜爱诗文，清康熙十二年《阳谷县志》收录了他多首诗歌，如《盟台遗响》《阿井胶泉》《谷山春晓》《七级古渡》等。

吴铠墓冢坐南朝北，原规模宏大，有石碑多通和石门、石人、石马、石羊、望天猴等石雕。现存封土堆高约1.5米、呈蘑菇状。现仅存石碑3通（从北向南依次编号1—3），石马1匹，石羊1只，石人2个，均埋入地下，只微露其上一小部分。1号碑仰卧于墓前，上部残，残长148厘米，宽78厘米，厚30厘米。碑文为双钩

■ 吴铠墓残存碑刻

阴刻8个大字"都御史吴石湖公墓"。2号碑在墓东南约7米，碑身仰卧，碑长204厘米，宽84厘米，厚30厘米，阴刻楷书。3号碑位于东西生产路南，距墓约20余米，仰卧，碑长236厘米，宽89厘米，厚28厘米，楷书阴刻。碑文内容是嘉靖十六年四月二十九日皇帝使吴铠巡抚宁夏之事。

王汝训墓　位于东昌府区沙镇镇郭庄村，明代工部尚书王汝训之墓，1999年4月被聊城市人民政府公布为市级文物保护单位。

王汝训，字师古，聊城人，明穆宗隆庆五年（1571）进士，授职元城（今河北大名一带）知县。万历初年，进入朝廷为刑部主事，后改任兵部，逐渐升到光禄少卿。后因事被革职居家15年，后升南京刑部右侍郎，后改为工部，死后赠工部尚书，谥恭介。

王汝训生性耿直、廉洁，嫉恶如仇。王汝训入朝廷为太常少卿。孟秋时节，祭祀祖庙，皇上不亲自去，王汝训极力劝谏，皇上不太高兴，但因为他生性耿直，并未怪罪于他。不久，还升他为太仆卿，调为光禄。万历二十二年（1594）他改任左佥都御史。不久，又升为右副都御史，巡抚浙江。巡抚御史南昌彭应参平素也以正直、严厉著称，两人互相支持全力锄除豪门。乌程旧尚书董份、祭酒范应期居家行为多有不轨，王汝训正准备将他绳之以法。刚好彭应参到了，与范应期有仇的人家

■ 王汝训墓

聚集千余人遮蔽道路、呈上牒子。彭应参操之过急，命令乌程知县张应望抓范应期，范却自杀身亡，范的妻子吴氏到官府喊冤。皇上命令逮捕彭应参、张应望，革去王汝训的职务，责备吏部都察院任用不恰当的人。

王汝训被革职后，回聊城老家居住长达15年之久。他居家期间，从事著述，编纂了《东昌府志》22卷，又有《疏草》2卷，文集诗稿藏于家未及编刊。他潜心研究理学有声望，后人称他为明儒"七先生"之一。后被起用为南京刑部右侍郎，后召改为工部，署理部事。在工部一年多的时间里，大力整治过去的陋习，严格经费发放，节省无益费用数万。死后，被赠为工部尚书，谥号恭介。

王汝训墓建于明万历四十七年（1619），坐北面南，南北长200米，东西长80米。原墓前有神道，神道两侧依次排列着石马、石羊、石豕、墓表等。现有石桌2个，石桌四周浮雕花草。石碑3通，其中2通为赑屃衮龙碑，主要记述了王汝训的生平简历，赞扬他为官清廉，刚直不阿。碑文由东阁大学士、礼部尚书叶向高所撰。王汝训墓已严重破坏，仅存大体轮廓。

朱延禧墓　位于东昌府区沙镇镇朱楼村，明代吏部尚书朱延禧二次迁移墓地，1999年4月被聊城市人民政府公布为市级文物保护单位。

朱延禧，字允修，明万历二十三年（1595）进士，即授为翰林院检讨，后升任

■ 朱延禧墓冢现状

礼部右侍郎。朱延禧任日讲官时，被熹宗称赞为"讲官第一"，拜为东阁大学士、礼部尚书。后晋太子太保、文渊阁大学士。他曾负责编修两代皇帝的政令集《两朝实录》，还负责督修皇帝陵墓建设。天启五年（1625），即升任太子太师、建极殿大学士兼吏部尚书。后因不愿对魏忠贤趋炎附势而遭弹劾，被革职归乡，死后谥"文恭"。

据旧县志记载："朱延禧墓在城东南会通河北，又迁沙镇。"朱延禧二次迁移墓占地面积 36 平方米，墓冢呈覆斗状，封土高 1.2 米，底边围长 24 米。墓室为三合土砌成，内有三口木棺。文革初期，墓地被破坏。墓地石碑多被推倒，深埋入地下，其中 1 通墓碑，通高 3.17 米，分碑身、碑座两部分，碑身高 2.6 米，宽 0.9 米，厚 0.27 米，碑座长 1.10 米，宽 0.75 米，高 0.57 米，四角透雕，中间为狮子绣球图案。如今，墓碑已不见。

赵光远墓 位于冠县清泉街道耿儿庄社区，明代进士赵光远的墓地，1999 年被冠县人民政府公布为县级文物保护单位。

赵光远（1551—？），字世芳，号裕峰，明代崇文乡一里（今冠县梁堂乡一带）人。其性情谦和平易，与世无争。17 岁中举人，明万历十七年（1589）中进士。历任平谷（今属北京市）、邢台、泾阳知县，"所至以宽得民"。后任户部河南清吏司

■ 赵光远墓

主事，后因功升任户部郎中和保定知府。因病告退回乡后，对人恭敬，处事谦慎，曾参与县志编纂，受到时人称赞。后卒于故里。

赵光远墓占地甚广，有石人、石马、石狮、碑刻等，文革中被破坏殆尽，墓地现仅存坟丘。

任大仙墓　位于阳谷县张秋镇政府驻地，明代墓地，2014 年 10 月被聊城市人民政府列为市级文物保护单位。

任大仙，原名任山，小名叫喜儿，号清虚道士，祖籍范县。相传，他出生时，火光绕梁，异香满室，长大后不仅帅气，还特别聪明。有一年，他遇到一位奇人，教授他修炼的方法，他开始变得疯癫起来，同乡都叫他疯子。十年后，那个奇人又来了，教给了一些口诀，从此他变得安静起来，不轻易说话，时常一个人在屋里打坐。他能一个月不吃不喝，并且能耐寒耐热，一天能走几百里路。他知道千里以外的事儿，算命很灵验，还会分身术，经常救助贫民。同乡非常惊讶，认为他是仙人，对他特别尊重，从此"仙声大振"。于是，达官贵人们纷纷慕名而来，找他聊天。任疯子对此很厌烦，就在张秋运河东岸戊已山显惠庙里升天了。在张秋镇一带，任疯子是妇孺皆知的济公式人物。

任疯子墓位于张秋镇运河东岸。现存墓直径 2.5 米，高 1 米。墓前立有石碑一通，碑高 1.75 米，厚 0.25 米，宽 0.8 米。正面阴刻行书"明蜕仙任疯子墓"，背面阴刻"蜕仙任疯子小传"，详细介绍了任疯子的家世及业绩。

145

■ 任大仙墓前石碑

杜彦明墓 位于高唐县三十里铺镇三十里铺村，清康熙年间三十里铺村杜姓始祖杜彦明的墓地，2008 年 5 月被高唐县人民政府公布为县级文物保护单位。

杜彦明是三十里铺杜姓的肇迁祖。墓冢已近平，占地约 4 平方米。墓前有清康熙五十四年（1715），杜彦明之第七、八、九、十、十一代后人为其所立石碑 1 通，碑身青灰石质，高 1.72 米，宽 0.65 米。石碑正面楷书阴刻"明故始祖杜公讳彦明之墓"，并落款会首名字和立碑时间；背面碑文记述杜氏始迁高唐时间并族训类文字。碑文记载："杜氏一族原籍河南扶沟县朱岗岭四槐树，□□□明迁居高唐。"与高唐旧志记载一致。后来，杜氏一支迁居高唐西关，一支迁居杜屯。碑文准确地记载了杜氏族人人口变迁情况，对研究高唐一带人口变迁史具有极高的研究价值。文化大革命中，杜彦明的后人将石碑埋藏，近年又重新立起并砌以砖楼保护。

民国《高唐县志稿》记述：元朝末年，战乱不断，加之水旱灾害和疫病流行，"土著旧口大半荡然无存，又加以靖难之役，鲁西、鲁北尽成战场，燕军所过，村舍为墟，于是土著无噍类矣。"朱元璋建立明朝后，向中原地区大规模移民，当时以山西移民最多，也有南人和青、兖、登、莱诸府人。朱棣即位后，又发起第二次大移民。明洪武二十四年（1391），高唐土著人口仅存 8230 人，现有人口多为移民后裔，占高唐总人口的 80% 左右。

■ 杜彦明墓

高唐县有大量家族碑记印证了这段移民历史，如清平镇于楼村的于氏家族、三十里铺镇郭庄村的郭氏家族、杨屯镇后杨村的杨氏家族、杨屯镇小李六村的李氏家族（李路墓）、琉璃寺镇孙庄的孙氏家族、固河镇宋庄村的宋氏家族、三十里铺镇大马庄村的杨氏家族、杨屯镇小王庄村的李氏家族等都不同程度的保存了家族族谱、石碑，这些墓碑以及谱碑、家谱的存在是高唐人口变迁的有力证据，对追溯、丰富高唐历史具有重要的存史价值。

梁浅相有度墓地及石刻　位于东昌府区梁水镇镇梁浅村，清代墓葬，2012 年被东昌府区人民政府公布为县级文物保护单位。

梁浅村相家在明清时期是比较有名望的家族，曾出过多名达官显贵。根据梁浅村相家的家谱显示，相有度是清顺治六年（1649）进士，后来做过惠州知府（今广东惠州）、陕西关内道副使、中宪大夫等官职，死后葬在相家祖坟。相有度的第八代孙相庭贵，在咸丰、同治年间做过奉政大夫。两人的墓地原来均有墓碑、赑屃座，现遭到不同程度损坏。

墓地坐北面南，东西长 32 米，南北长 23 米。从西向东有倒地赑屃 2 个，石碑 1 通。西面赑屃无头，残长 1.47 米、宽 0.97 米、高 0.64 米；东面的赑屃与石碑相连，赑屃长 1.6 米、宽 0.96 米、高 0.5 米，石碑高 2 米、宽 0.66 米、厚 0.3 米。因长年风雨腐蚀，碑文大部分剥蚀，依稀可见者约 4 行 37 字。墓冢封土在文革中被破坏，墓地较耕地地面低。据说还有 2 通石碑埋于河岸土中，内容不得而知。

■ 梁浅村相有度墓地及石刻远景

任克溥二次迁移墓（含任克溥墓志铭）　　位于东昌府区道口铺街道仙庄村（墓志铭位于东昌府区侯营镇任楼村），清嘉庆年间迁移至此的任克溥墓地，2014 年 10 月被聊城市人民政府公布为市级文物保护单位。

任克溥，字海眉，东昌府聊城县（今东昌府区）人，清顺治六年（1649）进士，授南阳（今属河南）推官，以治行第一授吏科给事中。康熙十二年（1673）迁刑部侍郎。康熙十八年（1679），以京察"才力不及"，拟降调，被夺官。还乡后，在聊城北坝村筑绮园和敦睦堂。康熙三十八年（1699），康熙皇帝南巡，过临清，任克溥前往接驾，官复原职。康熙四十二年（1703），康熙再次南巡，过聊城，至绮园，赐"松桂堂"匾，并题"绿水本无忧，因风皱面；青山原不老，为雪白头"联以赠，赐尚书衔。死后，任克溥葬于运河东岸，即今聊城一中处。1991 年聊城一中东侧盖学生宿舍楼时，在距地表约半米处挖出石羊一对，石羊为青石料，跪式，长 1 米，宽 0.4 米，高 1.1 米（含底座），每只重约 750 千克，但造型较为笨拙，五官棱角鲜明，神态木讷，具有清代墓地神道石刻造像的一般风格。经考古工作者鉴定，出土地点为任克溥的第一处墓地。清代后期任克溥墓由此迁往城西的仙庄，由于神道石刻过于沉重，故就地掩埋。

清后期，任克溥墓地迁移至仙庄村，占地面积 360 平方米。墓地封土已被夷为平地，现为耕地，仅余残损的石刻在墓地附近散落。墓地由东北向西南错落分布有

■ 任克溥墓志铭

残赑屃 1 座，残碑刻 1 块，碑帽 1 个。文革时期墓地遭破坏，石刻多损毁，现存任克溥墓志铭 2 方，保存在侯营镇任楼村村民任保云家中。

刘琰墓 位于阳谷县侨润街道八里营村，清代进士、江西学政刘琰之墓，1999 年 4 月被聊城市人民政府公布为市级文物保护单位。

刘琰字公琬，号介庵，早年丧父，家境贫寒。清康熙三十年（1691）进士，授翰林院清书庶吉士，后为翰林院检讨。在翰林院 10 年，参与国史编修，并为皇子讲授经史，颇得康熙帝赏识，民间有"皇子三跪刘琰"的传说。康熙三十九年（1700）经大学士李光地推荐，被康熙皇帝召见，特授江宁知府一职。到任后严禁陋规，为民除害，留心听讼，奖拔士子，风俗为之一变。康熙四十二年（1703）皇帝第四次南巡，刘琰接驾，在江宁、苏州、镇江等地多次被召见、赏赐。康熙四十四年冬（1705），继升江西学政，严格以才取士，拒受贿赂，有"铁面冰心"之誉，被称为"居官清正，两江第一""实系真正清官"。后因拒礼部上司索贿，被借故处降一级。刘琰愤而辞职，囊空如洗，幸得同僚资助方能回籍。后寄寓于张秋，闭门谢客，日以诗酒自娱。康熙五十年（1711）卒，年 61 岁，有《柳园诗百首》等传世。

刘琰墓前原有乾隆三十年（1765）所立墓碑 1 通，现已断。今存墓碑为光绪二十年（1894）重修，1991 年 10 月复立，碑高 1.67 米，厚 0.27 米，原有碑帽、碑

■ 刘琰墓现状

座。墓碑正面文为"诰授中宪大夫江宁府知府江西学政公琬刘公之墓",碑背面刻有碑文。

张令璜墓　位于阳谷县张秋镇王营村,清代进士、吏部左侍郎张令璜之墓,2003 年 1 月被聊城市人民政府公布为市级文物保护单位。

■ 张令璜墓现状

张令璜，字必友，张秋镇人，生活于清康熙、雍正年间。自幼学习刻苦，成年后以文才而远近知名。康熙四十八年（1709）中进士，授中书舍人。康熙六十年（1721）任山东道监察御史。雍正初年，迁任顺天府丞。雍正三年（1725）迁大理寺卿，旋拜吏部左侍郎，仍兼京兆尹。雍正四年（1726）张令璜以年老致仕回籍。晚年寓居张秋镇，后以85岁高龄病卒于家。张令璜平生为官以生性刚正、处事果决、执法严峻、不避权要著称于世。

张令璜墓南北长80米，东西宽50米，占地4000平方米，墓葬内石马、石羊、石人保存基本完好。

前杨村杨献亭墓　位于高唐县琉璃寺镇前杨村，清代侠客杨献亭墓地，2008年5月被高唐县人民政府公布为县级文物保护单位。

杨献亭生活在清康熙年间，是高唐杨老庄（今高唐县杨屯镇后杨庄）人。他是隐居民间的侠客和义士，对刚入主中原的清廷不满，便经常干些劫富济贫之事，以此来表示对抗。据后杨庄人传述，杨献亭武艺高超，轻功十分了得；他有一匹青龙马，日行千里，涉水如履平地。他原来在县衙当差，有一段时间地方富豪经常被盗，可是却抓不住盗贼，知县怀疑是杨献亭做的案，可又抓不住证据，便每天三次点卯，要杨献亭卯卯必到，可是失窃案件仍时有发生。后来，杨献亭为了避免同族人受连累，便把家搬到了前杨庄。

■ 前杨村杨献亭墓远景

据当地人讲：有一次，杨献亭在杨家祖茔的苜蓿地里放他的青龙马，一条蛇紧跟在他的后面，杨献亭很生气便用刀把那条蛇砍死了，接着，杨献亭就去世了，可能是被毒蛇咬死的。这种毒蛇，高唐俗名叫"风稍"。杨献亭死后，他的青龙马连续几天不吃不喝，最后死在西马庄村南的一座土岗子上，以后人们便把这地方叫卧龙岗。清人以杨献亭为原形编出许多侠盗的故事，"杨香武三盗九龙杯"就是在民间广为传颂的演绎故事之一，清人杨挹殿将它收入《彭公案》中，后来又出现了"三盗九龙杯"的戏剧。

杨献亭家族墓地南北长 25 米，东西宽 27.5 米，共有 14 座墓冢，杨献亭的墓冢在最北端，墓前有光绪二年（1876）杨氏后人为团结宗族、纪念先祖所立墓碑 1 通。该碑高 1.72 米，宽 0.9 米，厚 0.24 米，正面阴刻"杨氏先茔"，背面额题阳文"万古流芳"，正文楷书阴刻 9 行、135 字。

文化大革命中，杨献亭的墓被挖开，墓中只有一把杨献亭用过的大砍刀没有腐烂，约 1 米多长，80 斤重。当时琉璃寺小公社的公务人员用它顶院子的大门，后来就不知下落。

周天爵墓 位于阳谷县张秋镇孟海村，清代进士、兵部侍郎周天爵之墓，2000年 7 月被阳谷县人民政府公布为县级文物保护单位。

周天爵（1772—1853），字敬修，阳谷县张秋镇窦营村人（先祖世居窦营村后迁至孟海村）。嘉庆十六年（1811）中进士，因勤于政事、明敏干练而颇受器重，官职屡升，先后任怀远、濮阳知县，宿州知州，卢州知府，江西、安徽按察使，陕西布政使，漕运总督，河南巡抚，闽浙总督，湖广总督等职。李鸿章早年多蒙周天爵荐举提拔，方有日后成就。

清道光三十年（1850）冬，清政府重新起用周天爵为广西巡抚，会同钦差大臣李星沅镇压洪秀全领导的太平军，曾因未能抵挡太平军发展而获罪。咸丰元年（1851）4 月，因"剿捕"有功，加总督衔，仍留军中戴罪图功。同年 6 月，因"追剿"太平军有功免罪，调京述职，奉旨以兵部侍郎衔专办防剿军务。10 月死于军旅之中，归葬原籍，追赠尚书衔，谥号"文忠"。

周天爵墓占地约 10 亩，墓地四周有墙，内原有石头牌坊、石马、石羊等，周天爵墓和夫人墓前各有墓碑 1 通，墓地在 1958 年"大跃进"运动中惨遭破坏。2005 年，由窦营村周氏后代重修其墓。

■ 周天爵墓石碑

武训墓及祠堂 位于冠县柳林镇南街村，为纪念平民教育家武训先生而建，2006 年 12 月被山东省人民政府公布为省级文物保护单位。

武训（1838—1896），冠县柳林镇武庄人。起始无名，以其排行第七曰武七，"训"是清廷嘉奖他行乞兴学时所赐。武训出生于一个贫苦农民家庭，咸丰九年（1859），武训开始行乞兴学，是中国近代群众办学的先驱者。先后在冠县柳林镇、馆陶县杨二庄、临清御史巷兴办义塾 3 处，光绪二十二年（1896）离世。

武训墓及祠堂内的主要建筑有武训祠堂、武训墓、武训碑廊、武训魂亭、高歌台等。1903 年，临清、馆陶、堂邑三县联合在武训墓前建武训专祠，正房 3 间，供奉武训牌位。1937 年，时任山东省政府教育厅厅长的何思源监工，扩建武训祠堂，整个建筑为木架结构，堂顶采用"柱升法"，檐柱与角柱由主脊的东西两端向四方先低后高缓缓升起，角柱高，平柱低，四角与主脊两端开成明显的曲线，青色单檐小瓦覆顶，堂顶主脊和四条侧脊上均攀附着瓦砌伏龙，龙身修长，头顶昂起，探出脊外，龙口含珠，有起伏腾跃之势。1989 年 4 月，成立武训纪念馆筹建小组，再次重修纪念馆，为歇山式砖木结构。1997 年，希望集团董事长刘永行夫妇捐款 40 万元重修武训祠堂，在保持原貌的前提下，基础提高 1.05 米，增添了月台和平台。整个祠堂为歇山式砖木结构，祠堂面阔 5 间，进深 3 间，东西 16 米，南北 10.25 米，高 12 米，飞檐高挑，肃穆庄严。院内松柏森森，墙外杨柳依依，一道清清小河环

■ 武训祠堂

■ 武训墓

绕院外，称为"武河"。

武训祠堂正北面即武训墓，1896 年 6 月 4 日，武训病逝于临清御史巷义塾房檐下，后遵遗嘱薄棺简葬于柳林崇贤义塾东侧，当时为土丘。1937 年，时任山东省教育厅长的何思源主持重修为水泥墓；1989 年 4 月再次重修，墓高 2 米，周长 10 米，立碑 1 通，上有徐运北所题"武训先生之墓"。

王立言墓　位于高唐县琉璃寺镇王莫庄村，清末义和拳运动主要领导人王立言之墓，2008 年 5 月被高唐县人民政府公布为县级文物保护单位。

王立言（1862—1900），高唐县琉璃寺镇王莫庄人，义和拳运动的主要首领之一。他会同义和拳其他首领带领拳众火烧了张庄天主教堂和五里铺教堂，攻打了高唐县城以及禹城御桥韩庄教堂。义和拳运动失败后，王立言躲在本村王吉庆家中的夹皮墙内，因叛徒出卖被捕遇害。王立言家人卖地 40 亩，买回其人头，安葬于王莫庄村西。王氏茔地现已为农户承包，栽满小树。茔地现仅存坟头 3 个，最西面的

■ 王立言墓

是王立言墓，墓封土极少，又矮又小，看去十分荒凉。

王立言故居在王莫庄村中间路南，占地约1亩，分前后两院。前后院各有老屋5间，偏房若干，大门朝西。后来宅房由王立言的重孙女王吉萍继承。旧房拆除后，建为砖瓦新房。

王立言的遗物现仅有石雕狮子1对和黑漆木椅1把。石雕狮子在当时是一种工艺品，是放在案几上的摆件，青灰石质，两只均呈蹲卧状，底座约19×10×4.5厘米，高约26厘米，公狮较雌狮稍大。黑漆木椅为官帽式靠背椅，椅背上透雕麒麟图案，椅子高110厘米，椅面长55厘米，宽50厘米，保存完好。

祝孺人墓　位于高唐县鱼丘湖街道张八里村，张八里村民张连仲继室祝孺人之墓，2008年5月被高唐县人民政府公布为县级文物保护单位。

祝孺人是张八里村张连仲继室，早年守寡，持节尽孝，深得乡众好评，其行谊被采入民国《高唐县志稿》。她的继子张瀛在祝孺人生前就为其立节孝碑。青灰石质，碑帽雕二龙戏珠，方石碑座，碑身高1.80米、宽0.78米、厚0.25米。石碑正面中间阴刻楷书"敕旌节孝"四个大字，落款时间为"中华民国二十五年岁次丙子蒲月下浣谷旦"。上方阳刻隶书"永垂不朽"四字，左右下三边雕万字纹和花卉图案纹饰。碑阴为祝孺人节孝碑文，介绍了祝孺人守寡持节尽孝的行谊。碑文由古鬲津岁贡徐鹤年撰文，高唐人张竹林书丹。文化大革命中，石碑曾被拉倒，后由其后人重新立起。

如今，该节孝碑被立在祝孺人墓旁。碑文内容为研究民国时期的民风民俗提供了实物资料。

■ 祝孺人节孝碑及碑文拓片

第三章

古 建 筑

第一节　文庙书院

堂邑文庙　位于东昌府区堂邑镇北街，明代文庙建筑，2006 年 12 月被山东省人民政府公布为省级文物保护单位。

文庙即孔庙，又称圣庙，是祭祀孔子的地方，元明以后通称文庙。旧制，府、州、县皆建孔子庙庭，设学官执掌，因为旧时儒学都设在孔庙，所以又称庙学，是地方最高学府。

堂邑文庙现存建筑占地 10 余亩，建筑面积 1316 平方米，有棂星门、泮池、大成门、金声门、玉振门、大成殿、乡贤祠、名宦祠等 20 余间，是鲁西北地区保存最完整的文庙建筑群。

棂星门是一座 3 开间的木结构牌坊，东西长约 13.5 米，进深 3 间长约 11 米，占地面积约 148.5 平方米。大成门面阔 3 间，砖台砖墙，歇山脊，绿色琉璃瓦顶，斗拱抬梁结构。正脊饰大吻，4 条垂脊有吻兽。乡贤祠、名宦祠位于大成门左右两侧，皆面阔 3 间，进深 1 间，砖墙瓦顶硬山脊，正面辟一门二窗。大成殿为文庙的中心建筑，面阔 5 间（22.45 米），进深 3 间（12.45 米）筑于高 0.6 米的砖台之上，

■ 堂邑文庙全景

大殿正面主、次间辟门，梢间设窗，门前有一宽 6 米、长 18 米的月台。后面主间辟门，两侧各设一窗。大成殿梁架为斗拱抬梁式结构。房面为歇山脊，覆绿色琉璃瓦。正脊浮雕云龙图案，脊两端是高高翘起的大吻，4 条垂脊装饰仙人和脊兽。在大成门前，还有一棵围径 3.6 米的柏树，苍劲挺拔，独立院中。堂邑文庙在金、元、明、清时曾进行过 8 次局部维修，解放后曾作为完全小学，2005 年小学迁出，政府出资进行全面维修，2009 年维修结束。

堂邑文庙作为鲁西北地区最完整的文庙建筑群，对研究古代建筑技术有重要意义。

阳谷文庙　位于阳谷县紫石街景阳冈酒厂居民区内，明代文庙建筑，2006 年 12 月被山东省人民政府公布为省级文物保护单位。

阳谷文庙最早建筑年代，可考的有旧县志所载宋崇宁四年（1105）的一篇碑记《阳谷县重修庙学记》，距今 900 余年。元、明、清时期曾多次重修。清乾隆年间，阳谷文庙主体建筑为大成殿，坐北朝南，面阔 5 间长 25 米，进深 3 间深 15 米，顶高 13 米。整座殿为砖木结构，殿外墙北、东、西 3 面用青砖砌成，南面为木制，殿内雕梁画栋，有 24 根高 12 米，直径 0.4 米的笔直楠松立柱支撑，甚为壮观。大成殿外观为歇山脊，正脊浮雕精美的方龙草图案，两端各有一螭吻朝天，均为整块陶质烧制，四条垂脊也装饰有飞禽走兽，全部筒瓦覆顶，内正座是泥塑孔子像，东

■ 阳谷文庙大成殿

西分塑颜回、子思和曾参、孟轲"四大贤"（即"四配"）像。大成殿前东、西庑各 10 余间，并建有戟门、棂星门。大成殿后是明伦堂。除上述建筑外，还有启圣祠（崇圣祠）、乡贤名宦祠、泮池、敬一亭、奎星阁、尊经阁、文昌楼、更衣亭、龙门坊、出入两牌坊等，已经形成了一个规模可观的宫殿式古建筑群。清雍正二年（1724）文庙火灾，御碑亭和其他建筑被焚毁，仅存大成殿及东庑 3 间。"五四运动"以后，文庙曾先后被改建为县立女子小学、阳谷单级养成所、县立师范讲习所、县立简易乡村师范学校等。"文革"期间文庙建筑遭到严重破坏。

2004 年 3 月，山东景阳冈酒厂经省、市、县文化主管部门批准，对文庙予以重修，于 2005 年 8 月落成。新修文庙采用宋代建筑风格，建有大成殿 5 间，东西配殿各 7 间，大成殿塑有孔子巨型雕像，两侧为颜回、子思、曾参、孟轲塑像，三面墙壁上有概述孔子生平的"圣迹图"。东西两侧配殿展示的是"论语"和历代名人书法杰作。新建大成门、龙亭各 1 座。大成门外东西两侧的文化长廊翔实记述了阳谷的历史变迁、风土民情、历史故事、杰出人物和历史典籍。2010 年 5 月"山东阳谷·千年古城·水浒文化旅游节"期间，在阳谷文庙举行了隆重的祭孔大典。

清平文庙　位于高唐县清平镇政府驻地东北隅，明代文庙建筑，2013 年 10 月被山东省人民政府公布为省级文物保护单位。

高唐县清平镇原为清平县县治，清平文庙就是原来的清平县文庙。清平文庙始建于金大定十三年（1173），后经 16 次增建和修缮，有金、元建筑风格。其内部殿宇设置与各县文庙大致相同，现仅存大成殿、影壁和古柏，金代古柏仅存 1 株。

大成殿面阔 5 间，进深 3 间，占地约 222 平方米，单檐灰瓦歇山顶，四架梁前后廊。虽经多次维修，梁架结构基本保留了明代的建筑风格，外观则是清代最后一次维修保留下的面貌。

透龙壁，是清平文庙内的一处影壁，始建于清乾隆年间。影壁在大成殿南 100 米处，高 5 米，宽 10.25 米，厚 1.27 米。通体用长方形青砖压端留孔砌成，每一块青砖上都刻有"乾隆二十五年（1760）临清官窑制"的戳印。影壁上端覆盖绿色琉璃瓦，中间有一个绿色琉璃饰件。中间的琉璃饰件由 12 块绿地琉璃瓦拼砌而成，外形为方，方形四角由艺术线条装饰，方内有一邻边圆圈，四角线条和圆圈均为描金凸起雕饰。圆圈内上下右左四个方位分别嵌"太和元气"四个大字。方砖压端留孔的建筑形式和"太和元气"四个大字，是建造者高超智慧和匠心独运的体现，喻示着先师圣人孔子的思想，像天地元气一样循环往复、永恒长存。

■ 清平文庙大成殿

■ 清平文庙影壁

■ 清平文庙古柏

据传，影壁之北曾有青色石灰石雕刻的盘龙柱，通过影壁的方砖透孔就能看到盘龙柱，影壁因此被称为"透龙壁"。透龙壁由临清贡砖构建，还大量使用了制作工艺复杂的琉璃瓦装饰，是一件非常有保存价值的古建筑。

文庙四周现有古柏十余株，古木参天，苍劲挺拔，被古人称为"黉宫古柏"，列入古清平八景之一。

民国《清平县志》记载了清代邑人王贵笙有感于此景此境所作诗：

黉宫古柏并序

按旧志，古柏为邑中八景之一，其大者，蔚然苍秀，三人合抱不能交。相传为金大定年间植，至今郁郁葱葱，常留佳气，信圣德之庇荫者远也，凡我后人可勿保诸。

百尺虬龙老不死，鳞甲苍苍间朱紫。居近圣人更能灵，勃然奋臂拏云起。

忆昔金源主中夏，沐浴华风沾圣化。九夷不陋君子居，一木也堪支倾厦。

泮水久无芹藻馨，坛杏红余叶满庭。独此贞心邀圣鉴，千秋不改岁寒青。

世事沧桑经几度，饱阅风霜兼雨露。斧斤水火不能伤，神物定有百灵护。

托根得地人争仰，柯叶纵横年年长。冷然风过起清音，犹疑壁中丝竹响。

噫吁嚱！万物代谢等蜉蝣，此柏特为天所留。常傍宫墙觇美富，大材不用亦何求！

1949 年，解放军入驻清平文庙，进行了缩窗易门的改建，用作粮仓。其后移交地方，一直由教育部门使用，曾先后作为清平联立师范、高唐县第二中学的校园。因长期未维修，致使檐角危坠，墙体裂缝，顶瓦剥落。1998 年由县图书馆申请，县政府拨款 2 万元，进行维持性修补。

2009 年 7 月至 2010 年 9 月，清平镇政府筹资修复文庙。现已对大成殿按原样进行落架修复，并整修了透龙壁，复建了棂星门、泮桥、泮池、杏坛、戟门、东西两庑等附属建筑。

王庙文庙　位于江北水城旅游度假区于集镇供销社王庙中心点院内，明代文庙建筑，2014 年 10 月被聊城市人民政府公布为市级文物保护单位。

王庙文庙的主体建筑被当地人称为圣人殿、大成殿，大殿坐北向南，占地面积67.2 平方米，面阔 3 间长 10.5 米，进深 1 间深 6.4 米，青砖灰瓦，硬山起脊，抬梁

■ 王庙文庙

式结构，脊吻雕刻精美。殿内中间原有孔子塑像，两旁为颜回、曾子、子思、孟子的塑像。殿前建有碑楼，并列4通石碑。

碑楼、塑像分别于解放初期和文化大革命中被毁坏，现框架基本完整，屋顶西北角有些坍塌，前面檐瓦有部分损坏，屋脊上精美的浅浮雕还清晰可见。文庙现仅有2通残留石碑，字迹模糊，无法辨认。

莘县文庙　位于莘县燕塔街道商业街，清代文庙建筑，2006年12月被山东省人民政府公布为省级文物保护单位。

据旧志记载，莘县文庙始建于明洪武三年（1370），原有棂星门、启圣祠、明记堂、敬亭、名宦乡贤二祠。庙址是"应海寺"旧址，应海寺是元代建筑，所以文庙的构建仍保留着元代的建筑风格。莘县文庙曾在明成化、弘治、崇祯和清乾隆年间数次重修，现存大成殿为清代建筑，其余均为现代仿修建筑。建国前后，文庙被辟为莘县烈士祠。80年代，因大殿破损严重，烈士遗物被移往丈八烈士陵园，文庙开始闲置，之后院内仅存残破的大殿和几株古柏、古藤。

2002年，县政府着手修葺，逐步恢复了文庙原状。现在的文庙占地约2439平方米，是一个古朴、肃穆的院落，院门朝南，院内有大成殿、仿古厢房、泮池、状元桥等建筑，有古槐1棵、古藤1棵、古柏4棵，树龄均有数百年，还有清雍正四年（1726）《圣训碑》、乾隆二十年（1755）《御制平定准葛尔告成太学碑》和《重修莘县文庙纪铭碑》。

文庙原有古建筑中现仅存大成殿。大成殿建于清道光年间，距今约150余年，

■ 莘县文庙大成殿

■ 莘县文庙内的古柏

是文庙的主体建筑，建在高于地面 0.5 米的台基上，坐北朝南，面阔 5 间长 19 米，进深 3 间深 11.8 米，砖墙，单檐歇山顶，青砖灰瓦，重梁叠架，飞檐斗拱，这种样式在山东省现存古代建筑中较少见到。殿内的檐柱、前金柱、后金柱直径硕大，金柱高 4.4 米，前后金柱上搁置着七架梁、五架梁、三架梁。殿内的脊檩枋下钉一块木板，木板上有题记："大明弘治十二年（1507）岁次己未秋七月吉旦提调官知县……"在殿内前上金檩枋下钉的木板上还有二则题记，分别是："大明崇祯六年（1633）岁次癸酉中秋吉旦……""大清乾隆二十年（1755）岁次乙亥陆月吉旦文教郎知莘县事儒学……"。大成殿的木柱和梁架风格古朴，有元末明初的特征，具有较高的文物价值。殿内正中为孔子坐像，东西两边对向置 4 木龛，供奉颜子、曾子、子思、孟子 4 人坐像。

文庙西侧配有厢房数间。大成殿拜庭前方有 1 泮池，作半月形，南岸半圆，北岸平直。中间纵贯 1 座石桥，中稍拱突，石板横铺、护以栏杆。栏柱石雕，象征太平景象，桥板 72 条，隐喻孔子 72 弟子。

高唐文庙　位于高唐县北湖路南首西侧，清代文庙建筑，2006 年 12 月被山东省人民政府公布为省级文物保护单位。

据道光十六年（1836）《高唐州志》记载，此"文庙始建于元代至元年间（1264—1294）"。明洪武三年（1370）、明景秦五年（1454）、清康熙四十八年

■ 高唐文庙大成殿

（1709）、清乾隆七年（1742）多次扩建、重建、维修。原有大成殿、照壁、月宫门、厨房、东门、西门等建筑，现仅存大成殿和大门前古槐2株。

元初，因屡经兵燹，高唐文庙虽有庙宇、孔子像及诸设施，已破旧不堪。元至元二十四年（1287），知州郑德邻进行重建，明清两代又多次重修扩建。其庙内设置与各县大致相同。中间为棂星门，泮池、戟门、大成殿、崇圣祠、明伦堂依次向北排列，棂星门前为影壁，嵌"太和元气"四字。左边为文昌宫、魁星楼、文昌三代祠，学正宅等；右边有乡贤祠、忠义祠、节孝祠、训导院等。

元至元初年，高唐知州张廷瑞在文庙设"师生授业之所"（元·阎复《重修庙学碑记》），自此高唐文庙一直是县学所在地，明代进士刘魁、梁镛、田稔、杜潜均曾在此读书。清光绪二十九年（1903），开创官立高等小学堂，原址鸣山书院，光绪三十一年（1905）迁至高唐文庙。清朝末年废除科举制后，文庙又成为高唐"洋学堂"所在地，为高唐培养出大量人才。民国初，设立县立女子初等学堂，后设高级学堂，民国十八年（1929）两学堂合并于县立第一小学，迁至高唐文庙。当代国画大师李苦禅少年时代即曾在此读书，大成殿南门正上方有书法家启功先生题写的"李苦禅大师少年读书处"的匾额。解放后，女子高小、女子师范、高唐一中都曾把校址设于此处。

文庙现仅存大成殿，座落于泉林宾馆中央。大成殿面阔5间，进深4间，占地面积275平方米，为歇山式建筑。顶部正脊前后用黄绿琉璃瓦砌出三个菱形，其余均为灰瓦。檐下头拱均为装饰性附件，并非承担重力的实拱，明显为清代建筑风格。20世纪50年代，大成殿原有门窗被换掉改做仓库。80年代，大成殿脊垂瓦落，油彩剥脱严重，政府拨专款进行维修。这次维修，正脊、脊垂、戗脊全部更新，户檐挑角及部分椽、板重新补修，房顶灰瓦部分替换，恢复了原来的通天木格式门窗，并按原有色彩对斗拱、池板立柱、横梁等进行油漆绘画，再现了大成殿原有古朴、庄重的面貌。2006年，文庙大成殿的挑角变形，顶瓦脱落、油彩脱尽，又出现倾塌之危状。6月，经县文管所申请，县政府拨款34万元，由曲阜义德古建筑公司中标承建，再次进行了屋顶翻新、脊系重建等大规模维修。

在大成殿周围，先后发现碑座赑屃及古碑多块，主要有《高唐州学施田之记》《高唐州重修庙学记》《道光十五年八月重修工竣详蒙》《重修汉太中大夫东方公庙》《捐输碑记》《重修高唐州学宫记》《观音寺重修碑记》《均粮记》等。

柳合束孟子庙　位于东阿县刘集镇柳合束村，清代孟子庙，1995年7月被东阿县人民政府公布为县级文物保护单位。

■ 柳合束孟子庙

孟子庙坐北朝南，面阔3间长9.6米，进深2间深6.6米，高约5米。砖、石、木结构，硬山式建筑，前厦由2根檐柱支撑，厅内4根立柱。现存有《亚圣祠碑记》1通，高1.8米、宽0.75米、厚0.22米，刊刻于清光绪二十九年（1903），碑面有水泥，内容不清。

仰山书院　位于茌平县博平镇原西街小学内，清代书院建筑，2013年10月被山东省人民政府公布为省级文物保护单位。

■ 仰山书院

仰山书院始建于清朝，民国时期又有所补充。清光绪二十六年（1900）《博平县志》记载："仰山书院创自乾隆十年（1745），规模湫隘。道光二十七年（1901）经官绅就文昌宫旧址扩建，故又名文昌书院。"

仰山书院院址位于老博平县城驻地，现有 2 座二层楼房，坐北朝南，青砖筒瓦，砖木结构。南楼始建于乾隆十年（1745），上、下各 3 间，青砖墙体，灰瓦盖顶，两山墙尖下各有砖雕花卉 1 组，山墙正面屋檐下各有砖雕人物 1 组。书院建成后内设考棚，以备进行科举取士。北楼建于民国三十三年（1944），方向同前楼一致，上、下各 3 间，灰瓦盖顶，是当时的博平县立简易师范学校。书院为砖木硬山式结构，拱券门窗，屋顶前檐立三角形影墙，左右各有墙柱。2008 年经聊城市文物局批准，曾进行了落架维修。

仰山书院是茌平县唯一现存的二层古建筑，具有一定的文化和文物价值，是一处不可多得的、保存完整的古文化遗产。

第二节 寺观教堂

隆兴寺铁塔 位于东昌府区东关运河西岸、原护国隆兴寺东南角，宋元铸铁佛塔，2006 年 5 月被国务院公布为全国重点文物保护单位。

隆兴寺铁塔原位于护国隆兴寺中，现寺已毁，仅存此塔。据记载，铁塔始建于宋元时期，在明永乐年间已经倒塌损毁，明成化二年（1466）由隆兴寺主持祖崇等僧众重新竖立。

铁塔通高 18.5 米，为八角形仿木结构铸铁式佛塔，由地宫、塔座、塔身、塔刹四部分组成，八角十二层，是与光岳楼、玉皇皋齐名的古建筑，被誉为东昌府三宝之一，并与江苏省镇江甘露寺铁塔、湖北当阳玉泉铁塔、山东济宁铁塔、山东泰安铁塔、陕西咸阳千佛铁塔、陕西府谷孤山铁塔并称"中国七大古铁塔"。

塔座高 3 米，为石砌正方形，上下叠涩不对称式，须弥座高 3.9 米，底边长 2.88 米，占地 10.5 平方米。塔座牙角四周成卷云状，有各种浮雕花饰。束腰四周亦有浮雕，南为二龙，北为两凤，东西两面各有两个翩翩起舞的伎乐人。束腰东南、西南两角各有一金刚力士，手按双膝下蹲，怒目凸腹，做顶托状。束腰上面叠涩部分均雕刻有鸾凤、仙鹤、鱼龙及缠枝花等。

塔身高 15.5 米，用生铁仿木构分层铸造，逐层叠装而成。塔

■ 隆兴寺铁塔

169

身逐层收分，塔顶置仰莲葫芦宝瓶式塔刹。塔身外为铁壳，内填砖石，铁壳厚 6－10 厘米不等。第一层塔身直径 1.53 米，底部一周宝装覆莲，塔身八面设置 4 个假门与 4 个假窗。门额上有门簪四枚，簪面成削角方形，假门上均有铺首和门钉，东西方做成半掩门式。二至七层塔身无门窗雕饰，八至十层仅雕饰格窗。各层基本构造相似，都有腰檐平座，腰檐仿木檐铸造有檩枋、檐椽、飞椽、瓦垄及斜脊等。平座均为四铺作单抄计心造，周绕栏杆。塔四面虽有门窗、斗拱、瓦拢、房檐等，但无登临设施，只供观瞻，不能攀登。

至解放前，铁塔年久失修，塔座地处低洼处，塔身早已倾圮，仅存下部五层。1973 年，政府开始整修铁塔，将塔由原洼地向西北高处迁移 6 米，增设混凝土塔基；又从原塔基四周挖出沉没的构件，修整复原成形，因其中一层构件丢失，铁塔现为 12 层，通高 15.8 米。整修时在地宫正中发现一座石室，深 80 厘米，南北长 86 厘米，东西宽 62 厘米，四壁刻有仰莲、云纹浮雕等图案，底部有一深 5 厘米，长 57.6 厘米，宽 33.2 厘米的槽坑。石室内有石函、铜菩萨、铜佛、宋体兰花净水瓶、宋元铜币等佛教器物。长方形石函内有一小型银棺和两包僧人骨灰，棺身刻有"辟支佛舍利"，棺底刻有"大明成化丙戌（1466）三月吉日造"，棺内有丝料骨灰袋一个、银币 4 枚和"舍利子"若干粒。石函外端有石刻铭文，文曰："古有铁塔，在东关街北，永乐年间倒。天顺年间，东昌府僧纲司都、纲性深，隆兴寺主持祖崇僧德宁，发心募缘，至成化二年（1466）二月初六日，重立铁塔记。石匠掌造。"由此而知，铁塔于明永乐年间曾倒塌过，成化年间募捐重立，至今 500 余年。

隆兴寺铁塔是我国目前为数不多的铁石佛塔建筑，不论在建筑风格，还是在石雕刻艺术上，均有较高的研究价值。

兴国寺塔 位于高唐县梁村镇梁村街，宋代砖石塔，2013 年 5 月被国务院公布为全国重点文物保护单位。

兴国寺塔位于兴国寺内。兴国寺旧址在今梁村镇梁村街东北，现已无存。清道光十六年（1836）《高唐州志》记载："（兴国寺）在（高唐）州城东北三十里。（明）正统九年（1444）重建，有浮屠十三级，塔顶今圮。""明成化十四年（1478）碑记略云，梁村寺距高唐郡治三十里，毁于元末。"

兴国寺早在唐代就有，元朝末年被毁。明正统九年（1444），大觉寺的僧正（僧官名，管理地方僧尼事务）行殷和善士冯志公、马文理一起请和尚行深为化主，主持修建了兴国寺。明成化十四年（1478），行深的弟子和尚正省又扩建了殿宇、山

■ 兴国寺塔

门、廊庑、僧房、厨舍，使整个兴国寺焕然一新，明景泰元年（1450）举人李翀撰文刻碑纪念。1986年，高唐县政府维修兴国寺塔，在距地表5米深处挖掘出明成化十四年（1478）重修兴国寺的纪念石碑（残）《敕赐重建兴国寺碑记》，现残碑镶护于塔侧，碑额尚清晰，碑文残缺。清乾隆四十三年（1778），吕真、李翀（此李翀与前李翀不是同一人）等又一次重修兴国寺。

兴国寺早已毁没，寺内的一座砖灰结构的塔至今犹存。该塔位于兴国寺大殿前偏西南方向，始建年代无确切记载，清代《高唐州志》中把它称为"宋塔"，从其建筑格局看应为宋代建筑。

全塔呈八面棱柱体，挺拔峻峭，高耸入云，气势非凡，系舍利塔或藏经塔。兴国寺塔为仿木楼阁式空心砖塔，共13级，高37.5米，底座周长22.8米，占地面积32.49平方米。塔外用青砖白灰砌筑，内用青砖黄泥砌筑。八角密檐式仿木结构，塔身内部的角檐及踏步、塔门等处施有木筋。底层系重檐，门洞北开，下为金刚座。二至十层均单檐，下有陶质斗拱承托，四面设门。塔体自二层起由下而上逐层收分。塔顶为全葫芦状。塔内设有天宫、地宫。天宫设在第六层塔室内，西入东出，地宫设在一层，偏南，距地面2.2米，1999年维修塔体时对地宫进行了发掘清理，由于早年被盗，器物无存。

该塔历经多次维修。历史上有据可查的就有明正统九年（1444）、成化十四年（1478）和清康熙七年（1668）、乾隆四十三年（1778）共4次规模较大的维修。

1938年，日伪军为保护设在兴国寺的区部，以塔为岗楼，在其南侧挖一深5米宽10米的弧形深沟。多年来沟中常有存水，致使塔受害，南侧基础下沉，塔身微倾。1984年10月，聊城地区文物研究室主任陈昆麟到梁村考察，后奔走呼告筹集资金，于1986年对塔基四周进行加固维修。由塔基外延20米，填土夯实，再用方石砌成广台式护坡。施工时，从深沟中掘出明成化十四年（1478）"敕赐重建兴国寺碑记"碑上段和碑冠。此碑下段已在1958年的"大炼钢铁"运动中烧成石灰。此次维修，稳固了塔基，制止了倾斜，避免了该塔损毁。

1997年、1999年，高唐县人大两次对梁村塔进行视察，认定地宫早已被盗，南侧塔基下沉，部分砖体松动，塔檐损坏严重，塔体多处裂缝，亟待维修。1999年，高唐县人民代表大会提出将该塔的维修列入县政府全县六大工程之一，后投资68万元人民币，由山东省文物工程公司承建，1999年9月18日开工，2000年7月28日竣工，经过325天的改建装修，虽然将原有十三级改建为十一级，但塔身总高未减。该塔多次维修，这次维修依然保持了宋塔面貌。

燕塔　位于莘县雁塔街道，始建于北宋治平元年（1064）的楼阁式青砖木柱结构八面佛塔，旧县志中称"古塔"、"宝塔"，外地人称之为"莘县塔"，莘县人因塔上常年栖息一种体型较大的铁皮燕子而称之为"燕塔"，演化为"雁塔"。

■ 重建燕塔

■ 燕塔出土石函

■ 燕塔石函阴刻画

燕塔始建于北宋治平元年（1064），建成于金天眷二年（1139），建设工期长达76年。燕塔共13级，为楼阁式青砖木柱结构，塔体八面，每层四门，通高66.7米，塔基南北径长22米，东西径长23米，占地面积371平方米。1968年的文革中，千年古塔遭拆毁。在拆除过程中，先后在天宫发现了5本北宋刻本《妙法莲花经》和1部手抄本《陀罗尼经》，在七层发现了1座四角十三层尺余高的银塔，在地宫的石函中发现了舍利。燕塔在莘县矗立了830年，历经多朝更替，世事变迁，是莘县的地标性建筑。

2005年，莘县成立了莘县燕塔文化研究会，负责燕塔修复工作。燕塔修复工程，2006年5月19日奠基，2009年10月26日落成。由聊城规划建筑设计院设计，聊城金柱建设集团有限公司承建。

新塔在燕塔旧址重建，完整保留了旧塔的根基、水井，保持新旧两塔根脉相连、水脉相连、文脉相连。新塔仍为八面十三层，塔基高1.2米，塔身高69.9米，塔刹高18.9米，通高90米。地下一层建有地宫，地上第一层高7.5米，第二层至十二层为标准层，每层高4.8米，顶层高9.6米。塔体直径第一层为30米，第二层为24米，往上每层递减0.3米。塔内设步行梯和电梯，每层皆建有外回廊，以利观瞻。整座塔造型美观，结构合理。

燕塔周边被开辟为燕塔公园，规划占地136亩，是一处集休闲、游乐、集会于一体的大型文化设施。

白佛寺遗址　位于冠县桑阿镇镇白佛头村，元代寺庙遗址，1999年11月被冠县人民政府公布为县级文物保护单位。

传说现在的鸿雁渠，在春秋战国时期是一条水流湍急的天然河流，因楚国大将伍子胥携太子过江，被鸿雁所救而得名鸿雁江。有一年，鸿雁江发大水，冲出两尊白玉石佛，夜间发光，人们认为是佛祖显灵，便于鸿雁江南岸修建了一座寺院，把白玉石佛供奉寺中，名叫白佛头寺。至金元时期，该寺规模宏大，参拜者众多，寺旁的村庄随着寺庙的兴盛，乔迁来的村民越来越多，取名白佛头村。据旧县志记载，"东昌府冠县治属以东三十里，地名白佛头村，古代有白佛头禅寺，自古有白玉佛"。白佛寺当初的建筑规模较大，每年的二月初七都有庙会，解放后因多种原因被拆毁。现遗址南北长约40米，东西长约50米，占地约2000平方米，为台状高地，高出地表1.5米，表面散落着大量的建筑瓦当及陶瓷碎片。

■ 白佛寺遗址局部

大宁寺大雄宝殿　位于临清市先锋街道商场街 32 号，明清佛教寺院，2013 年 10 月被山东人民政府公布为省级文物保护单位。

临清大宁寺同静宁寺、天宁寺、满宁寺并称"临清四大寺"。大宁寺始建年代无考，明万历四十七年（1619）及清乾隆年间曾进行两次重修。原寺院占地面积 1 万余

■ 大宁寺大雄宝殿

平方米，坐北朝南，三进院落，平面呈纵长方形，沿中轴线自南而北依次为山门、祭殿、戏楼、大雄宝殿、伽蓝殿。东西两侧辅以对称禅堂、斋室，东西夹道贯通庙宇，东北、西北角辟有2小门。现仅存一座大雄宝殿。

大雄宝殿（俗称前大殿）面阔5间，进深3间，建筑面积440平方米，抬梁式木构架，单檐硬山布瓦顶，前后建有4柱迎檐廊，檐廊硬山卷棚顶与主殿相配连，成勾连搭式，重梁起架，鸱吻檐铃。殿中原塑有释迦牟尼佛像，全身金饰，雄浑博大，端庄肃穆，还供奉着观音、文殊、普贤三尊佛像。殿外存有明万历四十七年（1619）《大宁寺稳长老重修大雄宝殿碑记》等3通石碑，碑文中记有当时"环四周为市廛，金银钱布，贝玉珠玑堆积如山"的民间商业繁荣景象，《临清州志》中多处载有谢榛、朱彝尊等人吟诵游览该寺的诗篇。

大雄宝殿为临清现存的唯一完整的寺观古建筑，是临清深厚佛教文化的实证。

海会寺　位于阳谷县阿城镇南街，清代寺院建筑，2006年12月被山东省人民政府公布为省级文物保护单位。

海会寺历史悠久、气势雄壮、规模宏大，著名古建筑专家陈从周先生称其为华北五大寺院之一。据康熙四十八年（1709）《创建大殿纪略》碑文和乾隆八年（1743）《创建海会寺碑》碑文以及旧《阳谷县志》记载：东阿海会庵僧隆性，从金陵（今南京）募造大佛三尊，运至阿城后，几十个人都抬不动，人们纷纷说佛要降福保佑此地了。于是便将众商奉祀财神的三间庙宇，改为佛寺来供奉佛像，袭用隆性原海会庵的意思取名海会寺。

海会寺建于清康熙四十三年（1704），后经乾隆、光绪两个时期的扩建续修，建筑宏伟，占地约90余亩。原有殿宇楼阁168间，现仅存81间。海会寺作为寺院建筑，结构严谨，以山门和前殿、中殿、大殿三大殿及三进院落，构成一条南北300米的中轴线，前院东西两侧建有钟鼓楼，前殿即天王殿3间，中院建有中殿即千佛殿3间，穿堂式建筑。后院是正殿也叫大殿（大雄宝殿），面阔5间长15.6米，进深4间深12米，抬梁式砖木结构，设斗拱，硬山脊，脊上镶有飞禽吻兽，设檐柱，廊宽1.2米，门窗隔扇，雕梁画栋。此外还有刘公祠、大悲阁、方丈阁、外戏楼、塔林等建筑。主体建筑既自成一体，又与整体结构协调融洽。寺内尚存有碑刻、石雕、木雕、彩画及康熙手书诗文。现经住持僧人化缘修缮，又重现昔日光彩。

海会寺存有不少具有重要文物和艺术价值的碑刻、石雕、彩画等，院内古木森森，盘龙虬曲，尤其方丈阁院前一株古柏，人称莲花松，又叫太子松，树冠繁茂，

■ 海会寺

生机盎然，顶上又窜出新枝，极具观赏价值。寺院大殿前原有康熙御书碑2通，一称《天章御书碑》，一称《康熙御书扇面碑》。寺两侧有两座独立的建筑，即刘公祠和山西会馆。三者各具特点，自成一体，而又相互照应，布局得当、协调、紧凑、融洽。近年来海会寺恢复宗教活动，并对大殿、中殿、配殿、大悲阁进行了重修，僧众信徒在香烟缭绕中诵经打坐，钟声梵呗，依稀可见当年气象。

净觉寺　位于在东阿县刘集镇皋上村，清代寺庙建筑，2006年12月被山东省人民政府公布为省级文物保护单位。

据《东阿县志》载，净觉寺始建于北宋大观三年（1109），明正统六年（1441）寺僧普锦重建。寺庙坐北朝南，占地面积6605平方米。现存有大雄宝殿、天王殿、地藏殿、观音殿、藏经楼、钟鼓楼等。

天王殿位于东西栅门之间，面阔3间，通高8.3米。在前壁的中央上方镶嵌着楷书阴刻"净觉寺"匾额一方。天王殿两侧为钟鼓楼，砖石筑砌，距地面1.8米，圆形窗，边缘饰锯齿纹和三角纹一周；钟鼓楼靠北是东西配殿：观音殿和地藏殿，两殿各面阔3间，通高7.2米，券拱门窗，2根檐柱支撑，砖登顶，灰瓦覆盖，檐枋绘花卉图案，造型逼真。

大雄宝殿位于寺院的中心，面阔5间，进深3间，4扇门，直棂窗，木结构，大殿有16根立柱支撑，柱头以额枋、平板枋相连接，柱础为古镜式，顶脊高起，通高约8.8米。殿内雕梁画栋，造型精巧，艳而不俗。大雄宝殿后45.4米是藏经

■ 净觉寺

楼，藏经楼为 2 层，面阔 3 间，砖石筑砌，券拱门窗，灰瓦盖顶，通高 11.5 米。檐枋镂刻麒麟，绘花卉图案，形象逼真，栩栩如生。寺院内尚有明《柯亭郡重修净觉寺记碑》和清《重修净觉寺西殿碑记》2 通。

民国九年（1920），山东省督军兼省长张怀芝重修（张怀芝生平参见【张怀芝家族墓】），并将其改为义学。2002 年 9 月，在中国佛教协会与山东省佛教协会的支持下，中国佛教图书馆常务馆长圆持法师指导，永悟法师住持再次修复净觉寺。此次修复由九华山的古建队承建，由中国佛教协会一诚会长亲题寺名"净觉寺"，正式开放为佛教活动场所。

礼拜寺 位于东昌府区礼拜寺街，明代回族宗教建筑，1999 年 4 月被聊城市人民政府公布为市级文物保护单位。

礼拜寺始建于明洪武十七年（1348），原有大殿 81 间，建筑面积 1260 平方米，规模宏大。前有大殿门厅，后有望月楼阁高达 12 米，是穆斯林群众聚礼的场所。明嘉靖年间、清康熙年间清真寺教民曾捐资进行两次重修。

现存影壁墙、大门、二门、南讲堂、北讲堂、沐浴室、大殿、库房等。寺内藏有"大明正德年制"青铜香炉 1 座，造型优美、做工精细，另有青铜帽盒、清代青花瓷大掸瓶 3 件及部分碑刻。

解放战争期间大殿被毁，后来几经修复为现在的面貌。礼拜寺结构较稳定，在

■ 礼拜寺

中国传统的宫殿形式上带有浓厚的阿拉伯装饰风格，形成了中国式伊斯兰教建筑的独特形式。礼拜寺保存状况一般，是研究明清时期伊斯兰教沿运河发展历史的重要实证。

聊城小礼拜寺　又名清真东寺，位于东昌府区东关街，明代回族宗教建筑，2003 年 1 月被聊城市人民政府公布为市级文物保护单位。

■ 聊城小礼拜寺

聊城小礼拜寺始建于明代，至今有 700 余年的历史。该寺坐西朝东，占地 3400 平方米，建筑面积 1260 平方米。

聊城小礼拜寺大门东向，门堂挂有红底金字"清真寺"的巨匾 1 块。步入大门，为一院落，南侧有沐室，是穆斯林进行宗教活动沐浴净身的场所。大殿面阔 5 间，由前后殿两部分组成，前部为单檐硬山顶，卷棚廊，后部为重檐歇山顶，两顶勾连搭成。大殿内前后殿之间的提门上有阿拉伯文"太司米"横匾 1 块，中间后墙上满设阿文经字罩格和百字赞木质匾。殿南山墙外建望月亭。亭前院落置花坛，院南有明代七架梁三开间楠木厅 1 座，称"老厅"，又名诚信堂。老厅南面的院落里有古水井 1 口，井旁置花坛。老厅西面附下房 1 间，下房南北侧各有圆门通第二进院落。现第二进院落已毁。大殿经过维修，结构比较稳固，外观庄严、肃穆，南北讲堂为后期建筑，现在仍是回民群众进行宗教活动的场所。

聊城小礼拜寺在中国传统的宫殿式建筑形式上融入了浓厚的阿拉伯风格，对于研究明清时期伊斯兰教建筑及宗教史具有一定价值。

朝城清真寺 位于莘县朝城镇北街，始建于明代的清真寺，2013 年 10 月被山东省人民政府公布为省级文物保护单位。

据寺内《修缮纪要》记载，莘县朝城清真寺始建于明代，清康熙年间重修，乾隆年间扩建礼拜大殿、水房、讲堂；1935 年建对厅，1937 年大殿北山曾遭日本炮弹轰击，大殿左墙至今留有弹痕，修补痕迹清晰可见；1946 年重建大门。

■ 朝城清真寺

朝城清真寺坐西朝东，占地约 1680 平方米，建筑面积约 540 平方米。寺院由大门、对厅、大殿、水房、讲堂组成，规模宏伟，布局完整，风格独特。进寺院大门为一对厅，对厅后为大殿，旁为沐浴室 2 间，住室 2 间，讲堂 3 间。

大门为塔楼式结构，石木结构，大木起脊，重檐歇山，斗拱起架，飞檐翘角，宏伟壮观，为鲁西南罕见。对厅是 3 开间二层楼，讲堂 5 间，水房 3 间。

大殿是寺内主体建筑，为中国古典式建筑风格。大殿建于高出地面 0.8 米的高台上，面阔 3 间，进深 5 间，面积 218.36 平方米。大殿由三梁九檩架起，为歇山双檐砖木结构，由卷棚、串堂殿及后殿组成，有 12 根檩柱，抬梁式，串殿与后殿中间有天沟相连，可容纳数百人做礼拜。大殿的彩绘、雕刻以伊斯兰教象征和平的绿色为主色调，饰以金黄色，顶脊饰十二生肖和新月，图象姿态生动。大殿内悬挂有"道之大原""万化一元""虔诚唯真""民族团结"等匾额楹联，匾额侧面有"开元故交"硬山、砖墙。大殿内保存有清光绪年间《地契碑》2 通，民国时期《地契碑》1 通。

"文革"时期，清真寺遭破坏，1963 年、1985 年进行两次修葺，1992 年又进行全面修缮和扩建，院内有清代碑刻 1 通。

本坊现有教民 600 户，共 3800 余人；其中学董、乡老 24 人，阿訇 2 人，满拉9 人，均为回族，属格迪目。寺内收藏有阿拉伯文经典 30 本。朝城清真寺是莘县保存最完好、规模最大的一处古典伊斯兰教式建筑，也是鲁西地区大型清真寺之一，反映了明清时期的文化、宗教特色，是朝城一带回民进行宗教活动的重要场所。

西街清真寺　位于冠县清泉街道红旗南路，始建于明代的清真寺，2013 年 10月被山东省人民政府公布为省级文物保护单位。

冠县西街清真寺建于明永乐三年（1405），总面积 14 亩，大殿 30 间，南北讲堂、东对厅、水房、门楼等共 28 间，院墙周长 314 米，高低不等，平均高约 2.5米。其中，北讲堂因年久失修在文革时期被拆除。大殿坐西朝东，面阔 21 米，进深 18.6 米，分前殿和后殿，均为硬山式建筑，抬梁式结构，殿顶为青单檐小瓦覆顶，前殿廊坊下有匾额两块，左侧一块写有"清真主教"，右侧写有"源远流长"，殿两侧有耳厦，均为格棂门窗，其中廊坊中的木结构上饰有彩绘。南讲堂坐南朝北，面阔 9.8 米，进深 5.8 米；东讲堂面阔 18.9 米，进深 6.7 米，均为抬梁式结构，硬山式建筑，格棂门窗，有 1 米宽的前廊。大门内有一座高大的影壁墙，两侧为透花矮墙和角门，门楼有牌匾 1 块，上书"开天古教"。北讲堂正对大门是过厅，梁

■ 西街清真寺

柱上书有"终朝梦寐何朝醒，逐日奔忙哪日"的对联。大殿古棚下北面有石碑1座，是咸丰年间《重修清真寺碑记》。南面有石碑3座，是回族上帝的碑记。大殿前古棚下有匾3块，正中书"清真独一"，南侧书"止于至善"，北侧书"其尊无对"。对厅正中有匾额1块，书"行学端正"，南讲堂正中匾书"万化朝真"，水房内匾额上书"日日新"。

文化大革命中，红卫兵以"破四旧"为名，将该寺大部分损坏，寺内各种活动也陷于瘫痪。党的十一届三中全会以后，落实了宗教政策，穆斯林踊跃捐款，对清真寺进行了大规模重修，使寺容寺貌焕然一新。

冠县西街清真寺是鲁西清真寺中建设时间较早、规模较宏伟的一座，为鲁西冠县增添了一处亮丽的人文景观。

沙庄清真寺　位于冠县清泉街道沙庄村，明代清真寺，2014年10月被聊城市人民政府公布为市级文物保护单位。

据寺内碑刻记载，该寺始建于唐代，唐代至元代期间情况不详，明清时期进行过多次整修，最后一次扩建维修是在1982年，维修后其主体结构未变。该寺占地面积380平方米，由大殿、北讲堂和东讲堂组成。大殿坐西朝东，面阔3间，进深4间，保存状况一般。北讲堂面阔5间，进深2间，保持状况较差。水房面阔4间，

■ 沙庄清真寺

房屋破损严重。所有建筑均属硬山起脊青砖灰瓦，室内为抬梁式结构。

　　沙姓回族自明初人口大迁移时迁居该庄，以姓名村为"沙庄"，繁衍至今有 750 余人，沙庄清真寺作为周边回族群众进行宗教活动的场所，平日五时拜有 15 人以上，主麻日聚礼者 30 人—45 人。

　　黑庄清真寺　　位于临清市新华街道黑庄村，始建于明代的清真寺，2010 年 7 月

■ 黑庄清真寺

被临清市人民政府公布为县级文物保护单位。

黑庄清真寺始建于明代，清咸丰年间重修，坐北朝南，占地面积 1100 余平方米，有房屋 15 间，主要由西大殿、东大殿、牌楼组成。其中西大殿面阔 9.6 米，进深 13.8 米，硬山卷棚顶。周边均为回族居民聚居区，现北房讲经堂、南屋沐浴房已改建，仅保存西大殿及东屋对厅 3 间。寺内还有清代至民国时期重修清真寺的碑刻 3 通。

高唐北关清真寺　位于高唐县官道街，始建于清代的清真寺，2003 年 1 月被聊城市人民政府公布为市级文物保护单位。

清朝年间，大批回民迁入高唐，多数居住在县城的北关和南关，北关和南关各有 1 座回民做礼拜的清真寺。北关清真寺始建年代未详，从高唐回民迁入的历史和寺院的建筑风格以及遗留的石碑看，大概建于清中前期。

北关清真寺坐西面东，平面呈长方形。沿中轴线，自东向西，依次为大门、照壁、大殿。院北面，附有讲经堂、沐浴室等。清咸丰四年（1854），清真寺曾遭到破坏。光绪八年（1882），教友自费资财将寺垣重修。"文化大革命"期间，清真寺大殿遭到不同程度的破坏，抱厦被全部拆除。1990 年，高唐县民族宗教委员会和北关村委会投资 1 万元，维修了清真寺大殿，修建了 9 间讲堂和沐浴堂。清真寺大门门额上的"清真寺"木匾是 1990 年维修后，县民族宗教委员会悬挂的。

■ 高唐北关清真寺

清真寺大门为砖石结构，单拱，大门屋脊上附以瑞兽，基本保留了清代风格。大殿除抱厦为新建外，其余部分基本保留着原貌，仅是大殿顶部配齐了残缺的砖瓦及瑞兽，大殿墙壁底部用水泥进行了加固。大殿面积约 100 平方米，明三暗九式。面阔 3 间，进深 3 间，单檐灰砖灰瓦建筑。由前殿、中殿、望月楼三部分组成，大木举架，相互衔接，采用勾连搭法式。前殿为歇山顶，上施灰瓦。中殿后檐与望月楼下檐相交。望月楼高起，是斋戒望月的地方。望月楼楼顶有一新月标志，是伊斯兰教的象征。

清真寺内保存着石碑 2 通。一通为清光绪十六年（1890）二月唐文炳立，碑文记述了清真寺原来维修和光绪八年（1882）最后一次维修的情况。另一通为清光绪十六年（1890）立，旌表节孝韩孺人，韩孺人是唐学礼的夫人，她膝下无子，靠着辛勤纺织挣钱生活，后将蓄积交阿訇，做为修经之资。

南关村清真寺　位于高唐县开发区时风路，始建于清末的清真寺，2014 年 10 月被聊城市人民政府公布为市级文物保护单位。

该寺始建于清末，1995 年曾翻修大殿屋顶，2002 年复建北屋讲堂 5 间。大殿坐西朝东，进深 3 间，占地约 62 平方米，单檐灰砖灰瓦建筑，正脊与左右山墙前端上部有精美的花兽图案。现有教徒 180 余人，教徒们按固定时间举行宗教活动。

■ 南关村清真寺

阿城清真寺　位于阳谷县阿城镇西街，始建于清代的清真寺，2004 年 9 月被阳谷县人民政府公布为县级文物保护单位。

该寺西距古运河 50 米，东距海会寺 200 米，坐西朝东，东西长 60 米，南北宽 50 米，占地总面积 3000 平方米，文革期间遭到破坏，仅有二门与正殿台基部分为原有建筑。

■ 阿城清真寺

20 世纪 80 年代，阿城镇回民集资在东西长 30 米，南北宽 30 米，高 1 米的台基上新建正殿，正殿面阔 4 间，为砖木结构，长年有阿訇住守。阿城清真寺对于研究清代宗教文化提供了重要的实物资料，有较高的保存价值。

曹庙（泰山行宫）　位于东阿县鱼山镇曹庙村，始建于清代的仿泰山岱庙建筑，2003 年 1 月被聊城市人民政府公布为市级文物保护单位。

曹庙始建于清康熙五十七年（1718），由当地村民（以曹氏为主、诸多邻村他姓村民参与）仿泰安岱庙所建，当地俗称"泰山行宫"。该庙坐北朝南，南北长 26 米，东西宽 18 米，是由山门、东西厢房和大殿组成的四合院落。山门有 3 级台阶而上，山门后砌影壁一个，东西厢房面阔各 5 间，北大殿是行宫的主体建筑，小瓦硬山式建筑，大殿矗立于中心线上，面阔 3 间。此庙全部为砖石木抬梁结构，灰瓦覆盖，单檐硬山式建筑。

在院落南墙、山门东侧院墙上分别镶嵌着清康熙五十七年（1717）《泰山行

■ 曹庙（泰山行宫）

宫碑记》、光绪元年（1875）《阿邑曹家庙碑》、宣统二年（1910）《建醮碑记》、道光三十年（1850）《建醮碑记》、宣统二年（1910）《娘娘庙碑》和光绪二年（1876）"钟楼"匾额。

三官庙　位于东阿县刘集镇西苫山村，清代建筑，2014年10月被聊城市人民政府公布为市级文物保护单位。

■ 三官庙

186

苦山周围有 3 个村子，村名分别为东苦山、西苦山、前苦山。明清时期这里人才辈出，明中后期出过 5 位进士。明内阁大学士于慎行外祖父家就是苦山刘氏，为苦山望族。苦山现存古迹颇多，三官庙便是其中之一。

三官庙坐北朝南，东西长 10.2 米，南北宽 6.4 米，高约 7 米，砖石结构，抬梁式硬山建筑，门窗拱形直棂，前檐 2 根木柱支撑。庙前原有《李氏碑记》1 通，记述三官庙的重修情况，全文 200 余字，刊刻于清道光五年（1825），碑高 0.84 米、宽 0.44 米、厚 0.17 米，现存于村民李玉亭家中。

城隍庙大殿　位于阳谷县张秋镇北街，清代建筑，2003 年 1 月被聊城市人民政府公布为市级文物保护单位。

古代传说守护城池的神为城隍，它是神鬼世界中的一城之主，职权范围相当于人世间的县官老爷。道教把城隍当做"剪恶除凶，护国保邦"之神，说它能应人所请，旱时降雨，涝时放晴，保谷丰民足。我国大多数城镇都建有城隍庙。

张秋城隍庙始建于清代，东西长 30 米，南北宽 20 米，占地面积约 600 平方米。现存大殿 1 座，坐北朝南，耳房 1 座。大殿面阔 3 间东西长 11 米，进深 5 间南北宽 7 米，高 10 米，砖木结构，歇山式建筑，木构架梁，不施斗拱，灰瓦覆顶。

■ 城隍庙及附近建筑物

泰山歇马庙 又名"泰山行宫",位于冠县崇文街道李芦村,1999 年被冠县人民政府公布为县级文物保护单位。

旧社会,县内不少农民信奉碧霞元君,称其为"泰山奶奶"。民间曾有一种组织叫"泰安会",每逢泰山庙会时,会员们集合起来,到泰山去朝山进香,祈求保佑。歇马庙是泰山上的"碧霞元君祠"在各地的分庙,根据旧县志记载,当时冠县境内有 7 处歇马庙,李芦村为其中之一。据当地群众相传,以前该庙规模很大,北有奶奶楼及东西厢房、东西廊房。时至今日,李芦村每逢农历三月十八日庙会时,仍有很多老人前来烧香磕头,以求平安。

■ 泰山歇马庙及匾额

泰山歇马庙始建于明清时期,后被毁。现遗址上仅存庙碑 1 通,长 1.8 米,宽 0.6 米,明嘉靖年间匾额一件,刻有"泰山歇马庙"题记。

新添庙 位于阳谷县七级镇蒋庄村,清代建筑,2000 年 7 月被阳谷县人民政府公布为县级文物保护单位。

该庙建于清朝康熙年间,占地约 400 平方米,楼高两层,青砖、灰瓦,庙内均为木制结构,民国初年重修,至今保存完好。现存大殿一座,坐北朝南,面阔 3 间东西长 10 米,进深 2 间南北宽 8 米,高约 10 米,砖木结构,歇山顶,抬梁式,不施斗拱,灰瓦复顶,东西山墙前砌有福字形砖雕,侧面有花卉砖雕。

关于此庙,民间流传着一个传说。很久以前,此地有一卖肉人姓郎,因为杀

■ 新添庙

猪，人称郎屠，此人力大无穷，自高自大，又蛮横不讲理，当地人们都惧怕他，当地有一石匣重千余斤，郎屠夸下海口，谁能双手提起石匣，割肉一方不要钱。当地人哪个能提得动，只能望而生畏。这一天，关公正好路过此地，大步上前，运足力气，一只手把石匣举过头顶，随即放下石匣就要割肉。哪知郎屠翻脸不认账，还口出恶语。关公为打击郎屠的嚣张气焰，与他打斗整整一天，郎屠最终气绝身亡，二人争斗之处，竟成了一个大坑。郎屠死后，阴魂不散，夜间经常出现，惊吓百姓，闹得人心惶惶，不少人离家出走。正巧关公又路过此地，听说此事，即叫当地百姓将自己的像塑于此地，从此果真平安无事。后人们为了不让神像风吹日晒，又出于对关公的敬重，添建新庙宇一座，故而起名"新添庙"。

坡里教堂 位于阳谷县定水镇坡里村，清末结构完备、建筑精美的天主教堂，2006年12月被山东省人民政府公布为省级文物保护单位。

清光绪七年（1881），德籍神甫安治泰和奥籍神甫福若瑟到阳谷县坡里村传教，次年购地建堂。光绪十五年（1889）教堂建成，1909年附属建设全面完工。教堂建成后，教务得到迅速发展，遂成立坡里堂区，辖阳谷、范县、观城、朝城、梁山等地堂口。1933年，经罗马教廷批准成立阳谷宗座监牧区，主教府设在坡里教堂。1945年，阳谷代牧区升为主教区。1947年，因战争等原因教会活动基本终止。至

■ 坡里教堂

2001 年底，教堂现存房屋 200 余间，占地面积 1.4 万平方米。

1928 年 1 月 14 日，在中共鲁西县委（东昌县委）领导下，地下党员杨耕心等发动韩建德的绿林武装和农协会员为主力，在此举行了声势浩大的农民革命暴动。坡里暴动成为中国共产党领导的山东省最早的一次农民革命。

教堂坐北朝南，是一座由 8 栋西式洋楼相互连接组成的规模宏大的建筑群，有三层碉堡楼 5 座，两层群楼 149 间，包括大教堂、修士楼、修女楼、育婴堂、修道院等。教堂、修道院、神甫宿舍及所有建筑均为砖木结构，全部建筑串通相连，工艺精制、构思巧妙，是中西方建筑的代表作。

朝城耶稣教堂　位于莘县朝城镇北街，清代西式宗教建筑，2013 年 10 月被山东省人民政府公布为省级文物保护单位。

朝城耶稣教堂系清光绪二十三年（1897）美国和德国牧师合力建造的一座西式宗教建筑。坐西朝东，占地约 3000 平方米，东立面建有钟楼，西侧为灰瓦覆顶。礼堂面阔 3 间，进深 6 间，南北两侧各有木柱 5 根，墙体配有高大花窗，西式宗教气氛浓重。上有钟楼，钟楼高约 20 米，内悬铜钟。礼堂南为 1 座二层小楼以及 2 间灰瓦覆顶的平房，礼堂北为 3 排平房，分别是红砖现代房和灰瓦覆顶的青砖房，是宿舍及厨房，供日常生活使用。

1947 年后，该教堂曾一度作为南峰县、观朝县会议室和中共莘县党校，20 世

■ 朝城耶稣教堂

纪 80 年代后改为朝城地毯厂，现已恢复宗教活动。

聊城天主教堂　位于东昌府区山陕会馆北 100 米处，清代教堂建筑，1999 年 4 月被聊城市人民政府公布为市级文物保护单位。

■ 聊城天主教堂

教堂建于清末，由美国传教士建立。教堂主体为双层楼房，两侧分别有 3 层的望楼和 4 层的钟楼。教堂坐西向东，面阔 9 间，临运河而建，教堂内十分宽敞，可供千人做礼拜。外观青砖红瓦，现存教堂和牧师楼两部分，掩映在绿树之中，形成独特的建筑景观。神父楼位于教堂的北侧 48 米处，为 3 层城堡式建筑，平顶，拱形窗，东北方向辟门，过去为教堂神职人员居住的场所，曾被作为聊城一中的图书馆，现在仍是教徒做礼拜的地方。

该教堂是鲁西地区一处保存比较完整的教堂建筑，结构稳定，保存较好。

更道街基督教公寓楼　位于临清市先锋街道更道街 198 号，2014 年 10 月被聊城市人民政府公布为市级文物保护单位。

■ 更道街基督教公寓楼

该楼建于清光绪二十六年（1900），坐北朝南，高 2 层，面阔 40.3 米，进深 7 米，平面呈 T 字形，青砖灰瓦，为临清基督教公寓楼。

天主教堂　又名张庄教堂，位于高唐县琉璃寺镇张庄村，2008 年 5 月被高唐县人民政府公布为县级文物保护单位。

光绪二十三年（1897），意大利神甫来琉璃寺一带传教，在张庄村大街路北建设了教堂，当时教堂是一座平房院落，院内共有 5 间拐子形平房。光绪二十四年

（1898）11月15日，该教堂被高唐义和拳烧毁。1900年义和拳运动失败后，外国神甫又在教堂原址上修起了现代西式建筑，被当地群众称为洋楼教堂，此教堂在文化大革命中被拆除，教堂的大钟被拉到高唐师范使用。1992年，天主教徒筹资重新建起了现在的教堂，大钟又被重新悬挂于教堂楼上。

教堂院落坐北朝南，院子门楼为砖、石、木混合结构，西式建筑样式，拱形门洞，黑漆大门，上书"天主堂"门额，绿地黄字。

进入院子，走过砖铺地面约20米即为教堂。教堂为砖石木混合结构，长约30米，宽13.14米，高15米，总面积394平方米。教堂南端为钟楼，与之连为一体。钟楼高约33.5米，楼上悬挂大钟。最尖端为十字架。楼之四角设有四个塔式装饰物，上端均为十字架。教堂正面，中间为1西式拱形门，两旁各有1同样式小门，门均为红褐色。正门上端书"万有真源"，两边有楹联，左为"谨遵教规恪守主戒为救灵之路"，右为"上爱天主下爱众人乃幸福之源"。左小门上端书"同归一栈"，右小门上端书"共属一牧"。沿水泥台阶拾级而上，进入教堂，即为教堂大厅，是教徒礼拜之处。北端为圣像，左右两侧的墙壁上绘有天主教壁画。

■ 天主教堂（张庄教堂）

第三节　祠堂民居

王汝训家庙　位于东昌府区沙镇镇王楼村，明万历年间工部侍郎王汝训的家族祠堂，2014 年 10 月被聊城市人民政府公布为市级文物保护单位。

■ 王汝训家庙

王汝训家庙始建于明代，清代加以维修，占地面积 260 平方米，建筑面积 72 平方米。门楼面阔一间 2.6 米，进深一间 3.8 米，门前有门枕石一对，浮雕精美花纹，院内青石铺地。正房为 3 间古式瓦房，砖木结构，硬山青砖起脊，抬梁式结构，合瓦板瓦屋面，面阔三间长 10 米，进深二间深 6.2 米。大门前原有石狮 1 对，现已遗失。庙内原供奉王汝训神像及王氏家族家谱，神像于"文革"期间焚毁。前些年，为村民出行便利，大门整体北移，拆除的砖石均按编码复原，以保持原貌。王汝训家庙对于研究沙镇镇地方史及家族史有一定价值，对王汝训研究尤其具有重要实证价值。（王汝训生平参见【王汝训墓】）

玄帝都（杨氏家庙）　位于东昌府区斗虎屯镇北杨庙村，明清时期家庙建筑，2014 年 10 月被聊城市人民政府公布为市级文物保护单位。

■ 玄帝都大殿

玄帝都始建于明朝，清朝时重修，整座建筑坐北朝南，大殿面阔、进深均 3 间，南北长约 11 米，东西约 11 米，高约 8 米，为单檐硬山式建筑。殿内后墙中心向后凹进 1.1 米，为一龛室，墙外则凸出。整个建筑由灰筒瓦覆盖，合瓦板瓦屋面，大脊浮雕飞龙，两端饰螭吻，人字形脊上塑有脊兽，廊厦顶呈卷棚式。大殿墙壁均为青砖砌成，墙厚 0.53 米，廊厦东墙上有长方形横条石碑，碑高 0.94 米，宽 0.45 米，上阴刻三个大字"玄帝都"。原庙曾有山门一个，庙院东南角有钟楼一座，内有一大铁钟，在玄帝都大殿内原有彩色泥塑神像。土改时，山门、钟楼被拆毁，神像被清除，仅剩 3 间大殿，在当地作为杨氏家庙。

玄帝都结构稳定，外在建筑风貌良好，脊瓦雕刻完好，山墙有部分碱损。对于研究明清建筑风格、地域民俗和地方文化有着重要的意义。

于氏家祠　位于高唐县清平镇于楼村，明代于姓家族祭祀祖先的祠堂建筑，2008 年 5 月被高唐县人民政府公布为县级文物保护单位。

据于氏族谱记载，明万历年间（1573—1620），于氏先祖于泗老自青州府益都县大于河村迁来高唐定居，后以姓定村名为"于楼"。至今已传十八代，有 400 余年历史。

于氏家祠建于明末，占地半亩，原有门楼和院墙，后倒塌拆除。现存家祠庙三间，坐北朝南，灰砖灰瓦，硬山式建筑。面阔 9.25 米，进深 5.5 米，通高 4.65 米。前厦高 3 米，厦宽残存 0.9 米，有楹柱两根立于屋门两侧，做以支撑。柱围 0.57 米，厦檐已毁，用现代物料进行了修复。东西墙壁上端接近顶厦处嵌有砖刻，为双凤鸟

■ 于氏家祠

相对图案。家祠前山墙左右各有一九棂木窗，高 0.95 米，宽 1.01 米。屋门为木板制作，高 2.65 米，宽 1.9 米。前后山墙厚 0.50 米，东西山墙厚 0.8 米。屋顶为二梁三檩架子结构，呈现明代建筑风格。院内有古柏两株，据乡民说应是明末栽植。

于氏家祠为研究明代民居建筑形制及砖雕艺术提供了实物佐证。

王公（大年）祠　位于阳谷县寿张镇东街，始建于明崇祯十五年（1642）的祠堂建筑，2004 年 9 月被阳谷县人民政府公布为县级文物保护单位。

王大年，寿张镇武堂村人，出身于书香门弟，父亲王绍业以明经科入太学为拔贡，后诰赠太少卿（九卿之一），母亲黄氏精通史书。王大年 3 岁丧父，母亲一人将其抚育成人，亲自传授经史子集。王大年于万历四十一年（1613）考中进士，历任河南汝阳知县、云南监察御史、陕甘川湘鄂五省巡按等职。初任河南汝阳知县，居官清廉，执法严明，颇得民心，百姓感其德为其建生祠，感若神明。后擢升云南道监察御史，刚直不阿，声誉朝野。因清正而被调到京城，巡察京都通州粮食。天启五年（1625），按巡陕西、四川、湖北、湖南诸省，继按察甘肃等地，政绩颇著。后告老还乡，回籍后修义学，置义田，乐善好施，遇荒年则舍粥食济贫，救活多人，德惠于民，望重一方。崇祯十五年（1642），遭兵患不屈遇难。崇祯皇帝感其气节，宣诏史馆建祠祭祀。

祠堂楹房数十间，院落环扣，殿堂巍峨，室内塑雕像数尊。王公祠清代曾重

■ 王公（大年）祠

修，1948 年因兵乱毁于战火，1953 年又重修。原建筑门窗已被毁，现存房屋面阔 3 间，进深 3 间，硬山抬梁式建筑，南北宽 9.25 米，东西长 12.3 米。

傅氏祠堂　位于东昌府区闸口西、东关大街路北，清代开国状元傅以渐家族的祠堂建筑，2006 年 12 月被山东省人民政府公布为省级文物保护单位。

祠堂正房面阔三间，硬山顶，脊为砖雕龙凤、牡丹和缠枝花卉，垂脊嵌鸡、鱼等五祥瑞禽，足显祠堂之规格。东西厢房系原傅家祠堂看管人员和储放祭器的地方，面阔各三间，灰瓦卷棚顶。文革期间，祠堂内各类文物遭到破坏，早已荡然无存。

20 世纪 90 年代，祠堂开辟为傅斯年陈列馆。傅斯年（1896—1950），字孟真，为傅以渐七世孙，近现代著名的史学家、教育家和社会活动家，曾先后担任国民政府中央研究院历史语言研究所所长、研究院总干事、国民参政会参政员、北京大学代校长、台湾大学校长等职。

厅内正中雕有一铜质傅斯年半身塑像，后面墙壁上是五块大型仿真喷景画，中间为五块甲骨文拼成的傅斯年先生的生平，左右分别是傅斯年踪迹图、五四运动形式图、台湾大学图书馆、北京大学大门，比较客观简要地展示了傅斯年先生作为我国近代史上著名的史学家、教育家和社会活动家大气磅礴的学人风采和光芒四射的人格魅力。

■ 傅氏祠堂上现有建筑

第二进院落是傅斯年先生生平陈列展厅。展览共分 8 个部分，分别包括：显赫家族，窘迫童年；弃旧图新，初露锋芒；留学英德，学海泛舟；书生报国，赤子之心；史语研究，开创先河；抨击时弊，坦荡刚直；致力教育，一代宗师；影响深远，深切怀念。馆内陈列着傅斯年先生一生中留下的近千幅图片和生前生活用品及大量具有重要历史价值的书籍、史料、笔记、信札、证件、文物等。（傅以渐生平参见【傅氏家族墓】）

张氏家祠　位于东阿县铜城街道张大人集村，明户部尚书张本的家族祠堂建筑，2014 年 10 月被聊城市人民政府公布为市级文物保护单位。

张氏家祠坐北面南，面阔 3 间，砖石结构。前出厦由 2 根柱子支撑，抬梁式平顶建筑，东西长 9.57 米，南北宽 6.1 米。院内有《张氏祠堂重修碑记》1 通，刊刻于清宣统三年（1911），青石质，廊檐帽，方座，碑高 1.62 米、宽 1.56 米、厚 0.25 米，阴刻楷书 25 行，满行 40 字，计约 1000 余字，记述了张氏始祖自青州府益都县迁至阿邑城北王集村，宣德四年张本恩赠兵部尚书，村名更为张大人集村以及宣统三年重修张氏家祠的情况，邑庠生魏尚义书丹。大门上有两联，一为：历相五世，继任两京；另一联为：系出琅琊家声旧，卜居阿邑世泽长。两联道出张大人集张氏一族的名望和张本历官五朝的宦绩。家祠外有明万历张氏三代祖张显宗墓碑和明山西教谕张启宗墓碑。（张本生平参见【张本家族墓】）

■ 张氏家祠

许家祠堂 位于东昌府区堂邑镇西街 201 号，清代祠堂建筑，2014 年 10 月被聊城市人民政府公布为市级文物保护单位。

祠堂坐北朝南，原为北方典型的四合院结构，维修后成为三合院，占地面积 270 平方米，建筑面积 145 平方米左右。祠堂东西宽 15 米，南北深 18 米，由正堂、东西厢房、大门等组成。

正堂面阔 3 间长 10.5 米，进深 2 间深 7 米，前有廊厦深 1.2 米，正堂为硬山式屋顶、抬梁式木结构，灰砖墙灰瓦顶，正堂门前偏右处立有一通重修祠堂时的捐资碑。东西厢房均面阔 3 间长 9 米，进深 2 间宽 4 米，前均有廊厦深 1 米。正房及两庑皆是歇山式建筑，灰瓦盖顶，拱承托流水檐，屋顶为灰瓦二面坡式；正房正脊浮雕有云龙花草图案，两端各有一螭吻朝天。东西山墙为青砖建筑，饰有富贵牡丹花图案。

解放前，许氏家族常在这里祭祀祖先，解放后，曾作为小学使用。因堂邑镇扩街，祠堂前门楼被迫后移，整座祠堂于 1994 年进行过重修，但屋顶上青瓦保存较完整，门枕石、砖雕等雕刻精美。1996 年其家族捐资对正堂维修。

它的建筑年代许氏家谱没有记载，但从其建筑形制特点上判断，专家认为应为清中晚期所建。许家祠堂对于研究清代建筑艺术具有一定价值，作为典型的家庙，对于了解鲁西民俗风情、研究鲁西北地区的宗庙建筑和家族历史等具有一定的意

■ 许家祠堂

义，是明清时代该地区社会生活状况的有力佐证。

程氏家庙　又称程氏祠堂，位于东阿县刘集镇程葛村，清代祠堂建筑，2014 年
10 月被聊城市人民政府公布为市级文物保护单位。

■ 程氏家庙

程氏家庙是一处清代硬山式建筑，家庙为砖、石、木结构，面阔 3 间，前出厦，券形窗，坐北向南，东西长 11.6 米，南北宽 7.5 米，高约 6 米。

谭氏家庙　位于江北水城旅游度假区凤凰街道谭庄村，清末谭氏家族祭祀祖先的家庙，2014 年 10 月被聊城市人民政府公布为市级文物保护单位。

祠堂始建于清代同治十年（1871），民国年间重修，坐北朝南，东西宽 12 米，南北长 33 米，占地面积 396 平方米，建筑面积 125 平方米。

■ 谭氏家庙

祠堂整个院落成中轴线布局，由门楼、正堂及两侧厢房组成。正堂及东西厢房皆为硬山式屋顶，仰瓦板瓦屋面，抬梁式木构架，均为青砖垒砌。门楼面阔 1 间，宽 2.9 米，进深 1 间，长 5.5 米，门楼悬挂"谭氏宗祠"匾额，金字黑底，门框上有一幅对联：祖居西晋平阳府，明迁东齐武水乡。东西厢房面阔均为 3 间约 8 米，进深 1 间约 4 米。正堂面阔 3 间长 9 米，进深 1 间深 6 米，门上悬挂"报本堂"匾额，正堂内正中悬挂"春露秋霜"匾额。院内立有 4 通石碑。祠堂保存完整，结构稳定。大门、东西厢房以及门和屋上悬挂的匾额都是在 1994 年按原貌修复的。

谭氏宗祠对研究运河沿线家族历史、家庙建筑、民间族谱状况等具有重要价值。

韩氏家庙　位于高新技术产业开发区许营镇韩庄村，清代祠堂建筑，2014 年 10 月被聊城市人民政府公布为市级文物保护单位。

■ 韩氏家庙

　　韩氏家庙占地面积246平方米，建筑面积44平方米。家庙正堂面阔3间长8米，进深1间深5.5米，为青砖灰瓦，硬山式屋脊，抬梁式结构，前有前廊。家庙在2005年简单维修，垒砌围墙，整修了屋顶和地基，加固了院内的韩氏族谱碑。整个家庙框架完整，对研究清代建筑艺术有一定价值。

　　吴氏家祠　位于高唐县琉璃寺镇大吴村，清代吴氏家族修建的祭祀祖先的祠堂建筑，2008年5月被高唐县人民政府公布为县级文物保护单位。

　　据吴氏族谱记载，吴氏先祖于明洪武年间奉旨由江西徽州府休宁县迁来高唐定居立村。家祠始建于清初，共3间，齐脊，灰砖灰瓦，硬山式前出厦建筑。面阔11.65米，进深5米，通高4.70米。祠堂为土木砖结构，左右墙及后山墙均为青砖墙基、土坯墙体。厦宽1.7米，有两檐柱立于屋门两侧，做以支撑。前山墙下部为青灰砖砌成，高约1米，上为通天木格窗，直接与屋顶相接。门左右各有木格窗5扇，高2.2米。门为木质，2扇，下为木板，上为木格，门上为通天格窗。屋内为二梁三檩木架子结构，有圆立柱4根，支撑木梁。顶瓦在近年维修时，已由原来的青灰瓦换为现代的红瓦。

　　吴氏家祠现存祠庙3间，坐北朝南，因年久失修，西边1间已经坍塌。

■ 吴氏家祠

罗氏家祠 位于高唐县清平镇小马厂村，清末罗氏家族修建的祭祀祖先的祠庙，2008年5月被高唐县人民政府公布为县级文物保护单位。

据罗姓族谱载，清同治年间重修族谱时尚无祠堂，只在祖茔栽树若干，以备修祠堂用，从风格看祠堂应为清末民初建筑。祠堂共3间，坐北朝南，灰砖灰瓦硬山

■ 罗氏家祠

式建筑。祠堂面阔 10.20 米，进深 6 米，通高 6 米。前有厦，深 0.9 米，有楹柱两根立于屋门两侧做为支撑。屋顶为木梁架子结构。东西墙壁上端接近顶厦处嵌有镜砖，刻马、鹿图案。屋脊上有装饰。祠堂的木板门已失，门为土坯封起，门的左右各有 1 扇 13 棂木窗。

姜氏家祠　位于高唐县琉璃寺镇南姜村，清末姜氏家族修建的祭祀祖先的祠庙，2008 年 5 月被高唐县人民政府公布为县级文物保护单位。

■ 姜氏家祠

家祠始建于清末，由附近马庄的瓦匠和木匠修建。占地半亩，共有祠堂 3 间，保存基本完好。祠堂坐北面南，砖石砌筑，木架结构，灰砖灰瓦，为硬山式屋顶。面阔 9 米，进深 6 米，通高 4.5 米。前有厦，单檐，顶覆灰瓦，厦有两楹柱支撑。祠堂中间为大门，木质，左右两间各有一方格式木窗。祠堂脊瓦饰有花纹，屋檐瓦当亦饰有花纹，东西山墙上方近厦处嵌青砖雕刻花卉图案。

张氏祠堂　位于临清市松林镇马张村，清末张氏家族修建的祭祀祖先的祠堂建筑，2010 年 7 月被临清市人民政府公布为县级文物保护单位。

据《张氏家谱》记载，明永乐年张氏始祖张刚应诏由山西洪洞县迁此定居，此建筑是张氏家族于清代末年修建的宗祠。张氏祠堂坐北朝南，现保存北屋 3 间，面

■ 张氏祠堂

阔 9.9 米，进深 5.75 米，门楼、影壁各 1 处，古柏 20 余株。

程庄村程家祠堂　位于东昌府区梁水镇镇程庄村，清末祠堂建筑，2012 年被东昌府区人民政府公布为县级文物保护单位。

祠堂占地面积 200 余平方米，建筑面积 66 平方米。正堂青砖灰瓦，硬山式屋

■ 程庄村程家祠堂

顶，抬梁式结构，面阔 3 间长 11 米，进深 1 间宽 6 米。屋脊被换过，青砖有腐蚀现象。前出廊厦，原有门楼、厢房，后来被毁。

祠堂后来曾被作为小学，后被恢复为祠堂。程家祠堂对于研究清代建筑艺术具有一定价值，对于研究鲁西北地区的宗庙建筑和家族历史等具有一定的意义，是明清时代该地区社会生活状况的有力佐证。

梁浅村任家祠堂　位于东昌府区梁水镇镇梁浅村，清末祠堂建筑，2012 年被东昌府区人民政府公布为县级文物保护单位。

■ 梁浅村任家祠堂

祠堂由正堂、穿堂、正门、西侧门和东西厢房组成，占地面积 1333.61 平方米，建筑面积 118 平方米。正堂面阔 3 间长 9.6 米，进深 2 间深 5.2 米，房上青瓦基本完好，正堂前有廊厦。左右有东西厢房，面阔均为 3 间长 7.2 米，进深 1 间 3.8 米，房顶破损严重。现在，对正堂墙进行了必要的修葺，东西厢房基本呈露天状态，大门保存较完好。

任家祠堂对于研究清代建筑艺术具有一定价值，对于研究鲁西北地区的宗庙建筑和家族历史等具有一定的意义，是明清时代该地区社会生活状况的有力佐证。

古民居　位于高唐县琉璃寺镇琉璃寺村，明清时期古式民间房屋，2008 年 5 月被高唐县人民政府公布为县级文物保护单位。

■ 古民居

该古民居的主人为张德全。据房主的妻子介绍，这里原来是一个大宅院，共分前后两院，以3间房屋相隔，房屋的后墙中间原有通后院的后门，今已封闭。大门和其他房屋均早已拆除，仅余3间老屋。3间老屋面阔11米，进深5米，通高5米，为硬山式砖木结构。青砖屋基坚厚，进入屋门需登五级青砖台阶。四墙为土坯建成，墙之四角和门窗周围砌以青砖（今俗谓金镶玉）。屋顶为平脊挑角，覆以青瓦。屋檐瓦当有花卉图案。门前厦约宽1.5米，有两根木柱支撑厦顶，立于屋门两侧，有木门、方格式木开窗，屋内为梁檩木架结构。

张家有保存较好的族谱，据族谱显示，明初，张氏由山西洪桐县迁至高唐定居。其第五代张风至曾任库官，第十四世张延龄曾任奉政大夫，其他再无显赫者。结合房屋建筑风格推断，房屋应为第五代张风至修建。该民居对研究中国北方传统民居有重要参考价值。

望楼 位于高唐县琉璃寺镇许楼村，明代许氏先人为看家护院而建的二层小楼，2008年5月被高唐县人民政府公布为县级文物保护单位。

据许氏族谱记载，明洪武年间，许氏祖先由青州府兰柳村迁居禹城杨集村，三世祖许深、许洪再迁至现址立村，后为护院而建一座小楼。楼基台有五尺高，站在楼上，可俯视全村，便称望楼。楼为青灰砖瓦，保存完好，十分坚固。

青砖小楼上、下各3间，木制楼板、楼梯，上、下层都没有墙壁间隔。楼长约

■ 望楼

9 米、宽约 4.5 米、高约 7.5 米。楼门向西，为拱券门，门洞较窄小，宽 1.2 米、高 2.1 米，门上有木板门两扇。底层楼门之左右各有一小拱券窗，也较小，高约 1.1 米，宽 0.8 米，上有木板小门扇。二楼有小窗三个，南一、西二、东北无，与一楼小窗大小，构造相同。楼顶装饰物有鸱吻、璃首，瓦当雕花卉图案。

20 世纪 50 年代前后，因小楼破旧不堪而进行翻修，翻修领作者是许以正，采用修旧如旧的作法，将楼顶的瓦和瓦当以及饰件全部用于翻修后的小楼，楼墙用原来的青砖。原来接墙全为砖砌，翻修时砖毁坏掉一部分，内墙贴以土坯。楼板、楼梯、门窗全部依原样重作。

小楼基本保留了原来的建筑风格，具有较高的研究价值。

单家大院　位于临清市先锋街道福德街 74 号，明末清初的民间家族宅院，2014 年 10 月被聊城市人民政府公布为市级文物保护单位。

单家大院坐东朝西，为明清时期单氏家族的一处宅院，三进院落，总占地面积 890 平方米。院内部分建筑早已改建，现仅存第一进院落门楼一座，第二进院落北、东、西、南房屋各 3 间，第三进院落北耳房 2 间，院落整体布局保存较为完整。

临清民居　位于临清市运河沿岸，明清时期运河沿岸的民居群建筑，包含冀家大院、汪家大院、孙家大院、赵家大院、朱家大院 5 所民居院落，2006 年 12 月被山东省人民政府公布为省级文物保护单位。

临清民居周围居民稠密，街巷胡同纵横交错，民居院落主次有序、布局紧凑、规整，整体结构巧妙，和谐得体，其建筑形制极具时代特点又完美体现出鲁西民居建筑特色。除保存较好的冀家大院、汪家大院、孙家大院、赵家大院、朱家大院外，另有10余处民居相继被公布为山东省级、聊城市级、临清市级文物保护单位。

冀家大院 位于临清市青年街道前关街82号、78号、86号、98号，始建于明洪武年间，宅主是山西平阳人冀天仪。

明洪武十五年（1382），山西平阳府岳阳县人冀天仪迁调山东衮州护卫，洪武二十一年（1388）改调平山卫临清千户所，举家由山西迁居临清。冀氏家族自明代迁居临清后，历经600余年、30多代人，家族后人科第联翩，曾有68人考中进士、举人、贡生、庠生、太学生，人丁兴旺，富庶一方。洪武年间，冀天仪就在运河沿岸购建了宅第，其后人又在明景泰、嘉靖、万历年间多次增建。清嘉庆年间，冀氏后人武德骑尉冀辉在原有宅院的基础上扩建增修，至道光初年，冀家大院居住地达2万余平方米，房舍400余间。文革期间，冀家大院数次被破坏、拆毁，但整体院落格局依稀可见。

现存建筑占地1万余平方米，主院存两进，南跨院存四进，穿厅、廊坊、绣楼、耳房、橱室、影壁60余间，木雕、砖雕、石雕随处可见，极具艺术价值。冀

■ 冀家大院

家大院是鲁西北地区保存较为完整的古民居之一，它是研究明清建筑史、民俗文化史、家族史不可多得的实物资料，具有较高的文物价值。

汪家大院　　位于临清市青年街道后关街86号、88号，始建于清乾隆五十七年（1792），是清乾隆年间修建的一座徽派建筑。

■ 汪家大院

汪家大院的宅主是安徽歙县洪琴村人汪永椿，清乾隆年间在临清经商，创办"济美酱园"，亦称"远香斋"，是前店、后厂、再后为宅院的制式。店铺有铺面10间，店后为作坊、酱腌场地，再后为宅院，横跨一街两胡同，占地2万余平方米。该酱园与北京"六必居"、济宁"玉堂"、保定"槐茂"齐名，并称为"江北四大酱园"。汪氏家族业茂人繁，房产居多，此院落最为完整。宅院属徽派方式载宅式民居建筑，坐北朝南，占地1600余平方米。共有三进院落，第一进由门楼、影壁组成；第二进由南房3间、西廊房3间组成，中间为天井；第三进由正屋3间、耳房2间、南北廊房各3间（南廊房已毁）组成，中间为狭长天井。建筑结构为砖墙、木质梁架，方砖铺地。门罩、影壁砖雕，朴质华丽，廊房隔扇、窗棂雕花细腻多彩。

汪家大院布局疏朗，舒适紧凑，是鲁西北地区保存较好的一处徽派建筑。

孙家大院　　位于临清市先锋街道竹竿巷街105号，明代曾为临清地方税课局，乾隆元年（1736）归户部钞关接用，民国年间税课局迁移，由天津商人孙氏购得，

■ 孙家大院

1945年临清解放前夕，孙氏避嫌徙迁天津，房屋由国家租用。

该院落占地1200余平方米，坐北朝南，共4进院落，房屋存29间。第一进已被拆毁。第二进由穿厅3间、东西廊房各3间组成，中为天井。第三进由主房3间、东耳房3间、西二室1间和东西配房各2间（西廊房已改建）组成，中为天井。整座宅院主次有序、布局紧凑、规整，廊房的门、窗、挂络、隔扇多雕有梅、兰、竹、菊、八宝、冰凌等纹饰，疏朗大方，朴质古香，颇具徽派建筑风格。

赵家大院　位于临清市先锋街道竹竿巷街56号，始建于明代。据《临清州志·公署》记载："清源水马驿，在会通河南岸，北向。明洪武五年（1372）创，永乐十三年（1415）知县刘靖增葺，有重馆，有序，有门，有楔（门旁柱）。"据考证，这里记载的清源驿就是现在的赵家大院。相传，此驿馆后来沦为"书院"（艺妓馆），其后又被官府购得作为"道台大院"。民国时期，名医赵悦仁购买此院落为民宅。

原院落共6进，现第一进已被拆毁；第二进由垂花二门和穿厅组成，中为天井；第三进由正堂（北向）三间，两侧各两间耳楼（西耳楼已毁）和东西廊房各三间（西廊房已翻修）、南耳室各二间组成，中为天井；第四进楼屋俱毁。西跨院两进，第一进由门楼（已毁）、照壁组成，第二进由南北廊房各三间组成，中为天井。跨院穿厅硬山卷棚顶，廊厦与穿厅呈勾连搭式。柱础、枋额、雀替、多饰菊兰、八宝雕饰；窗棂、挂落多饰花卉、回纹刻花。院落主次有序、布局疏朗，合为一院，

■ 赵家大院

分行各门，方便聚合。整座院落现占地 140 多平方米，现存门、厅、堂、屋 37 间，保存较好。

此院落是古驿馆旧址，驿馆作为京杭运河沿岸接待过往使节、达官、显贵、公差的场所，存世较少，对研究运河文化、对外交流及明清建筑史具有较高的文物价值。

朱家大院 位于临清市先锋街道福德街，北临运河，明清时期为官船度驿之所，至清末改为私人宅院，宅主是银号掌柜朱景运。清朝末年，朱景运在临清开设银号，专为华美医院融汇存纳款项，后在临清购买此院落，民国年间传于朱子熙。解放前夕，朱家避退天津，后此院落由国家租用。

朱家大院坐北朝南，现存房屋

■ 朱家大院

60余间，占地3400平方米，由三处院落组成。前院共两进，第一进由门楼、照壁、三间北房组成，第二进有15间廊房。后院共两进，第一进由南屋三间、东屋七间、穿堂一间（现西屋已毁）组成，第二进由东房五间，北房六间组成。后跨院共两进，第一进由北房、南房各三间，西房八间组成，第二进南北房各三间。整座宅院布局规整、主次有序。房屋均为砖墙，木梁架，方砖铺地，梁驼、雀替、门窗、隔扇多饰鱼莲、花卉、冰凌八宝雕饰，刻意求工，质朴华丽。整座院落虽破坏严重，但对研究运河文化、古建风格具有重要的实证价值。

南街民居（张梦庚故居）　位于冠县清泉街道南街村红旗路西，张梦庚烈士的故居（张梦庚出生于冠县梁堂乡张里村，后来父亲在冠县南街买房行医，张梦庚就生活在这里），2006年12月被山东省人民政府公布为省级文物保护单位。（张梦庚生平参见【张梦庚烈士墓】）

南街民居始建于清末民初，为四合院式民居建筑，共3处院落。南街民居1号、2号院落建于清代，1号院落是周姓商人开的元兴成烟铺，2号院落是郭老紫的同和堂药铺，3号院于民国初年由聊城的任姓商人建成。民国元年（1911）郭老紫用2号院落的后院与张金针换了路东4间临街房。抗日战争后期，南街民居曾为冀南地委驻地，老一辈革命家宋任穷曾在此居住。现在开辟为中共鲁西北地委旧址。

南街民居由于历史原因，部分建筑被拆除，但仍基本保留了原来的格局。目

■ 南街民居（张梦庚故居）现状

前，南街民居占地 1500 平方米，房屋 40 余间，均为青砖瓦房，坐西朝东，风格古朴，结构严谨，带有典型的时代特点和地方民族特色，是鲁西地区清末民国时期民居的代表。

箍桶巷张氏民居 位于临清市先锋街道箍桶巷街 156 号，抗日英雄张自忠家族居住的清代民居，2013 年 10 月被山东省人民政府公布为省级文物保护单位。

张自忠（1891—1940），字荩忱，山东临清人。1908 年，入临清中学堂读书。1911 年，就读于天津法政学校，第二年转入济南法政专科学校。读书期间，张自忠目睹到中国处处被外国列强欺凌、国内陷入军阀混战、人民生活在水深火热之中，痛感国家不幸、民族多难，于是弃学从戎、立志报国。1914 年秋，张自忠投奔到奉天（今沈阳）新民屯陆军第 20 师第 39 旅第 87 团临清同乡车震部下当兵，历任司务长、排长、连长、营长、旅长、团长、师长等职。1933 年，日军发动"九·一八"事变后，继续向中国南部进犯。宋哲元任命张自忠为前线总指挥，率第 29 军抗击向长城各要塞进犯的日军，率部队在喜峰口到罗文峪一线与日军血战 40 余日，取得一次次胜利。1937 年，卢沟桥事变爆发后，张自忠被任命为第 59 军军长。1938 年 3 月，参加台儿庄战役，同年 5 月任第 27 军团军团长，10 月任 33 集团军总司令兼任第五战区右翼兵团总司令。1940 年 5 月 16 日，在湖北省宜城亲率部队对日军作战时中弹殉国，终年 50 岁。张自忠是第二次世界大战中，国民党军牺牲的最高

■ 箍桶巷张氏民居

将领。蒋介石、冯玉祥等人为其迎灵，发布国令，入祀全国忠烈祠并颁发"荣字第一号"荣誉状。1982 年，中华人民共和国政府追认张自忠为"革命烈士"。

张氏民居始建于清代，是张自忠家族居住及生意场所，俗称"张家当铺"。现保存两进院落，房屋 3 栋，共 10 间。70 年代末，改为英烈祠，成为存放张自忠革命先烈骨灰的地方。

张秋陈氏民居　位于阳谷县张秋镇北街，清代民间院落，2013 年 10 月被山东省人民政府公布为省级文物保护单位。

陈氏民居始建于清康熙二年（1663），坐东朝西，原有五进院落，占地约 30 亩。整个陈家民居共分五院一园八门户，安排严紧，布局得当，房屋众多，均是青砖灰瓦。门楼前有三级石阶，北侧有店铺三间，南侧是奴仆骡马、车辆出入之门，进门楼后是一个水磨青砖层叠砌建的迎门墙。大院共分两进院落，墙后面是会客厅，会客厅两侧各有两间茶房。茶房后有一角门，紧连着厅后三间瓦房，即主人的书房，总称之为前院。客厅后又一门楼，入内正中有二层阁楼，两侧各有厢房三间，此院为后院。

清末因战乱，陈氏家族主要成员相继外出他乡定居，大院多年失修，加之日伪军匪多次破坏，现仅存一进院落，东西长 80 米，南北宽 30 米，由阁楼、南北厢房组成。阁楼传为陈家祠堂，坐东面西，上下两层，下有东西两门，前后皆可通行；

■ 张秋陈氏民居

左有砖砌楼梯可进入二楼。阁楼为3开间，硬山顶，面阔13.5米，进深4.5米。左有厢房各3间，分列于阁楼前，对面而立，面阔11.56米，进深6.3米，硬山顶。房屋所用皆为青砖，砖雕随处可见，雕刻内容多为蝙蝠、祥云、梅鹿、麒麟等吉祥图案，如今室内陈列依旧。

陈家大院 位于临清市先锋街道桃园街98号，清末民间院落，2014年10月被聊城市人民政府公布为市级文物保护单位。

■ 陈家大院

陈家大院坐北朝南，建于清末，是陈家老宅，现保存北屋三间、东厢房六间、西厢房三间、南房三间，门楼及影壁保存完整，整体格局保存完好。

王家宅 位于临清市先锋街道大寺街62号，明清时期的民间宅院，2014年10月被聊城市人民政府公布为市级文物保护单位。

王家宅坐东朝西，建于明末清初，为布商王氏的私人宅院，现存一进院落，总占地面积425平方米，院内部分建筑早已改建，现只保存北房三间、北耳楼二间、北耳房三间。卷棚顶，总面阔19米，进深6.6米，东、西、南房各三间，建筑形式极具临清民居典型风格，院落整体布局保存较为完整。

■ 王家宅

苗家店铺　位于临清市青年街道会通街 33 号，清初民间院落，2014 年 10 月被聊城市人民政府公布为市级文物保护单位。

苗家店铺坐西朝东，建于清代早期，是前店后宅制式的民居建筑，苗家历代在此经营杂货生意几百年来一直营业中，现仍有人居住。院落整体布局保存较为完

■ 苗家店铺

■ 苗家店铺后院

217

好，院内部分建筑早已改建。现存一进院落，只保存西房三间、北房三间、门面房四间，总占地面积 280 平方米。苗家店铺几百年来一直营业中。后院西屋三间，为典型清朝商铺建筑。

傅家老宅 位于临清市康庄镇侯寨子村，清朝中期民间宅院，2010 年 7 月被临清市人民政府公布为县级文物保护单位。

■ 傅家老宅

傅家老宅始建于清朝中期，为傅炳月修建，坐北朝南，为四合院落，占地 360 平方米。老宅正房 4 间，厢房 4 间，建筑总面积 163 平方米。正房为砖木坯结构，有门窗结构古式门楼 1 间，院墙长 20 米，门口有一对石狮。院子里有两棵高大的石榴树，已有百年。有傅氏后人居住，现居住人为傅青芝女士。

近几年，傅家老宅引起当地政府高度重视，各级政府和文化部门积极研究，对该院落进行抢救式保护。

竹竿巷 116 号院民居 位于临清市先锋街道竹竿巷街 116 号，清中期回族民居建筑，2010 年 7 月被临清市人民政府公布为县级文物保护单位。

该民居坐东朝西，总占地面积 396 平方米。一进院落，现保存东、西、南、北房屋各三间，硬山顶，是清代临清普通回族市民的宅院，具有比较典型的临清清代

■ 竹竿巷 116 号院民居

民居风格。

箍桶巷 152 号院民居　位于临清市先锋街道箍桶巷街 152 号，清初民居建筑，2010 年 7 月被临清市人民政府公布为县级文物保护单位。

民居坐北朝南，建于清代早期，为当时临清生活较为富裕的居民住宅，二进院

■ 箍桶巷 152 号院民居

落，总占地面积 700 平方米。院内部分建筑早已改建，现仅存第一进院落西屋三间，第二进院落东、西、北房屋各三间，房屋为硬山项结构，院内尚存门楼一座。建筑形式比较典型，院落整体布局保存较为完好。

考棚街 20 号院民居　位于临清市青年街道考棚街 20 号，清代民居合院式建筑，2010 年 7 月被临清市人民政府公布为县级文物保护单位。

■ 考棚街 20 号院民居

民居坐西朝东，建于清代早期，是清代临清较为富裕的居民住宅，现存一进院落，总占地面积 322 平方米，院内部分建筑早已改建，现只保存西、北房屋各三间，硬山顶，西屋保持完好，尚有人居住，院落整体布局保存较为完整。对研究清代建筑、了解清代民居生活具有重要实证价值。

西舒村舒希奎民居　位于东昌府区闫寺街道西舒村，清末民初民居建筑，2012 年被东昌府区人民政府公布为县级文物保护单位。

民居坐北朝南，占地面积 270 平方米，建筑面积 57.6 平方米。原为三合院，大门与厢房自然损毁后没有复建。正房脊顶高 5.4 米，面阔三间长 9.6 米，进深一间深 6 米，硬山起脊，抬梁式结构，仰瓦板瓦屋面，内部吊顶。整体建筑框架保持完整，瓦面残损很少，山墙离地面近处很少部分碱化，内部结构保持尚可，对于研究

■ 西舒村舒希奎民居

鲁西民居建筑具有一定价值。

陈宗妫故居　位于东阿县鱼山镇青苔铺村，清末进士、二品大员陈宗妫的故居，2014 年 10 月被聊城市人民政府公布为市级文物保护单位。

清咸丰四年（1854），陈宗妫出生在东阿县鱼山镇青苔铺村一个农民家庭，光

■ 陈宗妫故居

绪五年（1879）考取举人，次年又中进士。踏入仕途后，陈宗妫连获清朝重臣翁同龢、张之洞等人保荐，授度支部左丞，任职户部，二品大员，主管全国财政。

陈宗妫故居坐北向南，是一栋青砖建成的二层楼，上下各3间，平顶，楼体的外墙面很平整，前墙中间有一道裂缝。楼东西长10.1米、南北宽5.6米，高9.4米，楼内有卧室和书房。1922年，陈宗妫去世，只给子孙留下3房间书，在"文革"时期被毁。旧居里的家具在土改时被分配，后人手中现存一个当年慈禧太后赏赐的顶子床和一个穿衣镜，历经百年依然可用。东阿县文管所收藏着曾悬挂于陈宗妫故居大堂上方书有"进士第"的匾额、一个橱子和一张光绪年间的圣旨。

武训故居　位于冠县柳林镇武庄村，清代奇丐武训的诞生处和祖宅，1999年被冠县人民政府公布为县级文物保护单位。

武训（1838—1896），原名武七（在家中排行老七），亦称武豆沫。武训7岁丧父，乞讨为生，求学不得。14岁后，多次离家当佣工，屡屡受欺侮，甚至雇主因其文盲以假帐相欺，谎说3年工钱已支完。武训争辩，反被诬为"讹赖"，遭到毒打，气得口吐白沫，不食不语，病倒3日。武训因吃尽文盲苦头，决心行乞兴学，20岁时当了乞丐。武训乞讨时，时而唱着乞讨的段子，时而装扮成猪狗的模样，时而又学驴叫，不停地用沙哑的嗓子唱道："我乞讨，我积钱，修个义学为贫寒。"武训行乞三十八年，吃尽苦中苦，最终有了一番不平凡的作为，建起三处义学。30岁

■ 武训故居原址现状

时，武训在馆陶、堂邑、临清 3 县置地 300 余亩。光绪十四年（1888）与杨树坊在堂邑柳林镇创办崇贤义塾，次年与了征和尚在馆陶杨二庄创办义塾，光绪二十二年（1896）又与会门首领施善政在临清镇创办义塾。朝廷为嘉奖其兴办封建教育之功，取"垂训于世"之意，替他改名武训，封其为"义学正"，赐给黄马褂和"乐善好施"匾额，准予建立牌坊。武训的精神广为后人敬仰效仿，死后山东巡抚袁树勋奏准"宣付国史馆立传"，建忠义专祠。武训是中国近代群众办学的先驱者，享誉中外的贫民教育家、慈善家，是中国历史上以乞丐身份被载入正史的唯一一人，被誉为"千古奇丐"。

武训故居原为一座建立清代的普通民居，原故居院内立有著名书画家吴作人题写的"武训先生故居"碑，原故居院门悬挂"堪称丐圣"的金字匾额。欧阳中石、沈鹏先后为"武训先生故居纪念馆"题写馆名，许多有关武训的文物资料均珍藏于此。故居附近还有武训故里广场，立有武庄村碑、罗哲文题字的"武训故里"纪念碑、李铎题字的"永远的丰碑" 3 块碑碣。附近还有多处武训的纪念地："武训先生立志兴学处"是武训发愿兴学的地方；"武氏先茔"是武训祖茔；"千古学圣武公故里碑林"立有 16 块名家题词的碑碣。

改革开放后，由于翻盖房屋，原故居被拆除，故居所在地现由武训长兄武谦的后人管理。

郑板桥纪念地　位于莘县古城镇南街村，清代著名文人、"扬州八怪"之一郑板桥在范县（治所在今莘县古城镇）任县令的地点，1984 年 7 月被莘县人民政府公布为县级文物保护单位。

郑板桥（1693—1765），名燮，字克柔，号理庵居士、板桥居士、板桥道人、橄榄轩人。晚年常以板桥老人、板桥老道人自署，江苏兴化人。康熙年间秀才，雍正十年（1732）举人，乾隆元年（1736）进士，"扬州八怪"代表人物之一，曾于乾隆时期的 1742 年至 1746 年任范县县令（治所在今莘县古城镇）。

范县在夏商周三代为古顾国之地，距今已有 3000 年历史。汉代建范县，隶属东郡。明洪武十四年（1380），因黄河泛滥，原县城被大水冲毁，被迫从旧城北迁 20 里至金堤河北岸，即今日之古城。1957 年，范县西迁至今莘县樱桃园镇。自 1380 年至 1957 年，莘县古城镇一直是范县治所所在地，历经 570 余年。范县县城（今莘县古城镇）原有城墙和东西南北四个城门，墙外有护城河，现在用石灰和胶泥土夯实的老城墙根在部分地方仍可辨识。古城镇文化底蕴丰厚，曾有遥望楼、魁

■ 郑板桥县衙原址现状

星楼、文庙、城隍庙、舍利寺、子路书院、秦皇堤遗址、点将台、金代铁钟、县衙堂等文化古迹。郑板桥在此任县令五年，关心民间疾苦，经常微服私访，入村问俗。

今古城镇东街村东 1500 米堤顶路西侧是古城仲子庙遗址，南北长 22 米，东西宽 18 米，占地 396 平方米。仲子，名由，字子路，孔子 72 弟子之一，为避阳虎之乱，退而修书于此，曾亲率百姓负米筑堤，后人遂将此堤命名为"子路堤"，后人还修建了"子路书院"。清代乾隆年间，郑板桥任范县县令时，为纪念仲由筑堤修书之举，筹资修建了"仲子庙"，并亲题匾额。今庙已不存，唯庙门残匾被收藏在莘县文化馆。

郑板桥在范县为官五年，郑板桥县衙遗址位于古城镇南街北首，南北长 80 米，东西长 40 米，占地 3200 平方米，是郑板桥升堂理案的县衙。后人为了纪念郑板桥，称他升堂理案的大堂为"板桥堂"。

第四节　楼馆桥井

光岳楼　位于聊城古城中心，由宋元向明清过渡的代表建筑，我国现存最大的明代楼阁，1988 年 1 月被国务院公布为全国重点文物保护单位。

光岳楼始建于明初洪武年间，由砖石台基和四层主楼两部分组成，为四重檐歇山十字脊过街式楼阁。该楼在结构上继承了唐、宋时代的传统风格，在形式上承袭宋、元楼阁遗制，同时和明初其他建筑也有若干相似之处，开"官式"建筑之先河，是一座由宋元建筑向明清建筑过渡的代表作品，也是我国现存明代楼阁中最大的一座。

明洪武二年（1369），东昌卫守指挥佥事陈镛为了与元朝残余部队作战，将宋熙宁三年所建的土城改建为砖城。洪武七年（1374），为了"严更漏，窥敌望远，报时报警"，陈镛利用修城所剩条木修建了一座近百尺的更鼓楼，初名"余木楼"，后又因地处东昌而名曰"东昌楼"。随着明王朝统治的巩固，此楼的军事作用逐渐淡化，东昌楼的雄伟高大开始受世人瞩目并名扬天下。明弘治九年（1496），吏部考功员外郎李赞路过东昌，在《题光岳楼诗序》中说道："余过东昌，访太守金天锡先生。城中一楼，高壮极目，天锡携余登之，直至绝阁，仰视俯临，毛发欲竖，因叹斯楼，天下所无，虽黄鹤、岳阳亦当望拜。乃今百年矣，尚寞落无名称，不亦屈乎？因与天锡评。命之曰：'光岳楼'，取其近鲁有光于岱岳也。"此后，历代重修碑记中，一直沿用"光岳楼"的名称。

光岳楼砖石台基底边和通高均为九丈九尺（33 米），在中国古代文化中，"九"为阳极之数，寓意无可超越。台基为砖石砌成的正四棱台，底边 33 米，高 9 米，向上渐有收分。四面辟有可交叉相通的拱门，门内是宽阔的楼洞。各门有石刻匾额，东曰"太平"，西曰"兴礼"，南曰"文明"，北曰"武定"。台基有直通主楼的台阶 50 多级，拾级而上，梯道尽头，一抹蓝天，敞轩内檐下悬匾曰："共登青云梯"，是当代著名书法家启功先生的杰作。

四层主楼为全木结构，筑于墩台上，高 24 米，四面斗拱飞檐，内有回廊相通。一楼设 32 根金柱，内外双槽等高直达三楼，另设 20 根檐柱支撑外墙。一楼面阔、

■ 光岳楼

进深皆 7 间，且明间特大，约有 4 米之阔。次间和梢间较明间小。二楼面阔和进深仍是七间，而尺寸更小，柱子排列分布与一楼雷同，放置柱于一楼挑尖梁之上，并设平座回廊。三楼为结构暗层，面阔、进深皆 3 间，并始置空井，金柱柱头到此用巨大的梁枋连接成一坚固的框架整体，梁枋之上灵活设置斗拱瓜柱承托四楼。四楼骤然缩小，面阔进深均为 3 间，四面开冰纹圆窗和四开扇大窗，顶部设十字梁垂莲柱，并装饰莲花、莲果、荷叶等吉祥避邪之物，为古代悬漏壶之处。全楼有 112 个台阶、192 根金柱、200 余斗拱。

光岳楼主楼全部为木质结构，历经几百年的风雨而得以完好无缺地保存，其建筑方面的精巧工艺足以令人叹为观止。据历代碑刻记载，明、清、民国时期，曾对光岳楼进行过 11 次维修。中华人民共和国成立后，政府对光岳楼的保护十分重视，先后多次对该楼进行了维修，其中有 2 次规模较大：1984 年 5 月至 1985 年 12 月，遵循"保持现状，恢复原状"的原则，以尽量不动原件为前提，对光岳楼主楼进行了全面维修，耗资 45 万元；1992 年 3 月至 1993 年 10 月，对基座进行了全面维修。

众多帝王将相、文人墨客都曾登楼抒怀。清朝康熙皇帝曾四次登楼并题匾《神光钟暎》，意为东岳之神光与光岳楼之神光交相辉映。乾隆皇帝九过东昌，六次登楼，在光岳楼上题诗达 13 首，并为光岳楼题写了匾额。据《南巡盛典》记载，光岳楼为乾隆皇帝南巡三十六行宫之一。此外，清状元傅以渐、邓钟岳手迹，郭沫若、丰子恺匾额、楹联等都至为珍贵。

狮子楼　位于阳谷县城大隅首西南角，始建于宋景佑三年（1036）的二层土楼，1999年4月19日被聊城市人民政府公布为市级文物保护单位。

宋仁宗年间，阳谷县人口兴旺，买卖繁荣，店铺林立，在阳谷城西街隅首上，原有一座酒楼，楼前雕刻了一对红眼披鬃、呲牙咧嘴的石狮子，名为"狮子楼"。《水浒传》《金瓶梅》两部文学巨著中均提及"狮子楼"，水浒英雄武松为报兄仇在此怒杀西门庆，狮子楼因而名扬四海。一部《水浒传》电视剧更是将这个故事传播的绘声绘色。狮子楼成为阳谷县具有悠久历史内涵的地理标志性建筑。

1958年，政府将狮子楼重修为仿明清式二层砖木结构楼房。1983年由上海同济大学教授、著名古建筑家陈从周指导设计，山东曲阜古建筑队施工，再次重修狮子楼。重修的狮子楼为仿宋式建筑，二层五开间三进深，建筑面积451平方米，高15.8米。楼身坐西朝东，青砖灰瓦，飞檐斗拱，雕梁画栋，雄伟壮观。楼上所悬"狮子楼"匾额，为已故文学大师沈雁冰手笔。楼门前两侧廊柱上镌刻着一副楹联："惩恶除暴英雄浩气贯日月，阅古鉴今斯楼坦荡警后人。"楼前列石狮两对。石狮北侧立有重修狮子楼碑记，碑文为陈从周所撰，杨萱庭书丹。二楼北墙橱内陈列着天津"泥人张"传人制作的4组水浒故事泥塑，分别为"三碗不过冈"、"景阳冈打虎"、"谋害武大郎"、"斗杀西门庆"，人物形态逼真，栩栩如生。另有阳谷文化

■ 新建狮子楼

家具研究所制作的 32 副屏风烙画，内容为《水浒传》中所书武松的故事。电视连续剧《武松》第三回"斗杀西门庆"，武松提刀跃楼而下、杀死西门庆的镜头即在此处所拍。当代名人沈雁冰、刘海粟、李苦禅、顾颉刚等均有题咏留此。联合国教科文组织官员来访，称一个县城的酒楼在两部文学名著中都被写及，是"世界为数不多的酒楼"。

为增加旅游景点，由电视连续剧《水浒传》总美术设计钱运选设计，在紧靠狮子楼西南扩建的狮子楼旅游区于 2003 年 10 月 1 日对游客开放。该景区是以《水浒传》《金瓶梅》故事为背景的主题景区，占地 30 亩，反映宋代民风民俗。景区分三大部分：《水浒》文化区，包括王婆茶馆、武大郎烧饼铺、姚二银匠铺、赵四纸马铺、胡正卿冷酒馆、阳谷县衙等；宋代民俗商业文化景区，包括西门庆的盐铺、当铺、绒线铺、绸缎铺、生药铺五大店铺和丽春院、玉皇庙、戏楼、客栈、赌场、狮子酒楼等；《金瓶梅》文化区，包括正房（吴月娘居室）、金莲居、瓶儿居、孟玉楼居、孙雪娥居、李娇儿居、侧花园、芙蓉亭、藏春坞、客厅、书房等。旅游区的前两部分已经建成，相继对游人开放，成为理想的影视拍摄基地。节日期间举行大型的节庆和庙会等活动。日常娱乐项目有山东快书、武大郎哥大街表演、阳谷风情表演、舞狮子、踩高跷、老年秧歌表演、豫剧团演出、民间杂耍表演、糖人表演、书法表演，工艺品制作表演等。其中，武大郎与潘金莲的形象受到游客的普遍欢迎，成为景区最大亮点。

2010 年 11 月，狮子楼旅游城被国家旅游局评为 AAAA 级景区。2011 年 1 月，狮子楼获得"齐鲁文化特色新地标"称号。狮子楼是集旅游观光、休闲娱乐、影视拍摄为一体的综合性旅游景区，为阳谷县文化产业发展做出了积极贡献。

临清县衙南门阁楼　位于临清市青年街道考棚街，明代县衙南门阁楼，2013 年 10 月被山东省人民政府公布为省级文物保护单位。

明洪武二年（1369），临清县治由今城南旧县村迁至今青年街道考棚街，县治治所占地 3 万平方米，房舍 400 余间。明正统十四年（1449），又在临清闸东北三里处修建了一座砖城，县治便迁至砖城，此县衙废弃。临清县衙南门阁楼始建于明洪武二年（1369），是明洪武二年（1369）至正统十四年（1449）共 80 余年的临清县治所在地，后称"文昌阁（魁星阁）"，是学子考取功名，祈求学业有成，祭拜文曲星的地方。如今，县衙房屋荡然无存，仅保存着县衙南门阁楼。

阁楼占地 70 平方米，基座高 3 米，长 10 米，宽 7 米，以当地产临清贡砖大城

■ 临清县衙南门阁楼

砖垒砌基座，中辟南北向门洞，向北经纸马巷达元代会通河的临清闸，门楣上镌刻"县治遗址"四字。阁楼面阔3间，进深2间，歇山卷棚顶，抬梁式木构梁架，筒瓦覆顶，飞檐挑角，结构巧妙。民国时期为文昌祠，文昌阁曾供奉一尊站姿文魁星，是学子为考取功名、祈求学业有成而祭拜魁星的地方。抗战时期曾为宪兵队驻扎所在地，解放后曾为棉布总店。

临清县衙南门阁楼是临清境内现存最早的明代建筑，代表了明代北方建筑风格，是临清城复迁的重要纪念性建筑物，是研究临清历史沿革的重要实物资料。

海源阁　位于聊城市光岳楼南万寿观街路北杨氏宅院内，清代最著名的私人藏书楼之一，2006年12月被山东省人民政府公布为省级文物保护单位。

海源阁藏书楼创建于清道光二十年（1840），与北京皇史宬、文渊阁、宁波天一阁同为历史上官私藏书的典范，又与江苏常熟瞿绍基的"铁琴铜剑楼"、浙江杭州丁申、丁丙的"八千卷楼"、浙江吴兴陆心源的"皕宋楼"并称为清代四大私人藏书楼，由清代江南河道总督、著名藏书家、聊城人杨以增创建。

海源阁位于杨宅第三进院北上房东侧跨院内，占地面积2400平方米，建筑面积776平方米。海源阁现存藏书楼、东西配房、回廊、大门等建筑，具有浓厚的清代北方四合院的建筑风格，对于研究清代建筑尤其是藏书楼建筑有重要的参考价值。海源阁整个院落采用均衡对称的方式，以纵轴为主，横轴为辅，以庭院为单元，沿着纵轴线与横轴线进行设计，把主体建筑放在后部，借助于建筑群体的有机组合和烘托，使主体建筑显得格外宏伟壮丽。

海源阁门前为敞亮的小广场，大门及门房共5间，大门正上方是山东省著名书法家蒋维崧先生书写的"海源阁"匾额，大门口楹联为：四代藏书百代流芳，一人致力万人受惠。门内为一小院落，院落正中是杨以增先生的雕像。院落左边立着1946年12月，冀鲁豫政治部在部队入城前为保护文物发布的三项命令碑，命令第二条是"保护中国四大藏书家之一海源阁"。1991年，聊城市委、市政府筹集巨资在原址按原结构样式重新修复了海源阁，院子右边立着海源阁重建纪念碑，简述了海源阁的历史和此次重建过程。1998年建立了海源阁管理处，负责海源阁的宣传、古籍文物资料的搜集整理、市民图书借阅等管理工作，并举办了海源阁发展史陈列展览。

海源阁正房为单檐歇山式南向楼房，上下两层，面阔三间长14.5米，进深二间深8.6米，前有廊厦，下为杨氏家祠，上为宋元珍本及手抄本等秘籍收藏处。藏书楼上层中间门额上悬挂"海源阁"阳文匾额一方，为杨以增亲书，额后有杨以增自题跋语。阁下正中两柱上有"食荐四时新俎豆，书藏万卷小琅嬛"的楹联。藏书

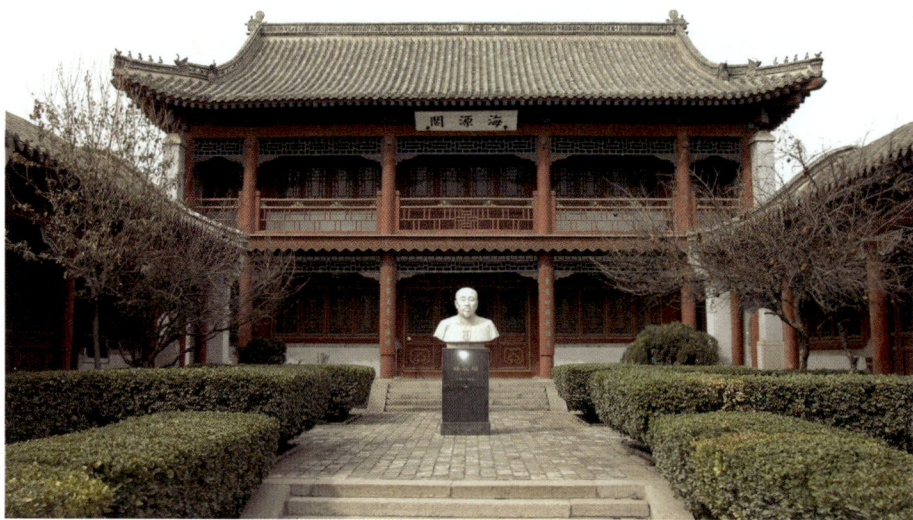

■ 海源阁

楼前有一长条状小院，东侧有两座长廊式高台读书亭。杨宅第四进院，北有瓦房 5 间，东西各有瓦房 3 间，为明清版图书收藏处。

杨氏藏书始于杨以增之父杨兆煜，后经杨以增、杨绍和、杨保彝、杨承训四代人上百年的积累，使海源阁以藏书之宏富，版本之精善，文物之丰富扬名海内外。其中杨以增和杨绍和两代在丰富海源阁的藏书方面做出了突出贡献。

杨以增，嘉庆二十四年（1819）中举人，道光二年（1822）中进士。先后在贵州、广西、湖北等地为官，后又担任过陕西布政使、陕西巡抚、代理陕甘总督、江南河道总督等官职。杨以增一生酷爱藏书，步入仕途后，他借居官之便，广交文士，大量搜集珍本秘籍。明清私家藏书，素以江浙为中心，咸丰年间，当时江南一带太平军、捻军在此与清军作战，江南旧家藏书多不能守，大量散失，流入市场，给杨以增大批收购珍贵善本提供了机会。他 51 岁家居时，建"海源阁"专门用来收藏图书。海源阁兴盛时总计珍藏宋元明清木刻印刷古籍 4000 余种、220000 余卷，金石书画不胜枚举。

杨绍和，咸丰二年（1852）考中举人，官户部郎中，同治四年（1865）考中进士，历官翰林院编修。杨绍和为官京师时，慈禧发动宫廷政变，怡亲王载垣作为顾命八大臣之一被杀，杨绍和乘机购得怡府大量宋版珍本运回聊城，进一步丰富了海源阁的藏书量。杨绍和的儿子杨保彝（1852—1910）曾编《海源阁书目》六卷，载书 3236 种、208300 多卷。又编《海源阁宋元秘本书目》四卷，载本 464 种，计 11328 卷，海源阁孤本秘籍一万多卷。

海源阁经过前后四代人的努力，历时百余年，其藏书规模之大，质量之精，在当时可以说是独步江北。

海源阁于 20 世纪 30 年代后，屡受战乱之苦，楼舍损毁，珍藏流散，大部分辗转收入国家图书馆和山东省图书馆。1956 年 12 月，山东省人民政府把海源阁列为第一批省级重点文物保护单位。1992 年 10 月，聊城市政府重新修复了海源阁，并举办了《海源阁发展史陈列》展览。展览分为前言、时代背景、藏书概况、藏书兴起、藏书发展、藏书管理、地位与贡献、重新振兴、名家题赠、结束语等九个部分。展品有杨氏珍藏印章、历代主人画像、杨以增与林则徐往来书札手稿二十余件以及许多珍贵文物图片。还藏有党和国家领导人万里、谷牧、宋任穷的题词，启功、沈鹏、刘炳森、李苦禅等名家字画上千幅，古籍图书近万册。

海源阁为我国文化事业的发展做出了巨大的贡献。《中国版刻图录》收录海源阁 44 种宋元珍本书影；中华书局出版的标点本《二十四史》前四史，就是以海源阁藏书版本为主要参校本。1972 年 9 月，日本首相田中角荣访华时，毛泽东主席将海源阁藏书《楚辞集注》的影印本作为国礼赠送给了田中角荣。

海源阁是聊城文化昌盛的标志，是聊城作为国家历史文化名城的一个重要因素。

清平迎旭门　位于高唐县清平镇东关大街上，清嘉庆年间修建的清平县城东门，2013 年 10 月被山东省人民政府公布为省级文物保护单位。

今天的清平镇，自北宋元丰年间起就成为清平县县治所在，此处为黄河故道，黄沙遍野、土质不坚，县城屡修屡圮、终难持久。清乾隆六十年（1795），巡抚玉德奏请改建砖城，朝廷批准，知县万承绍奉旨修建。砖城自嘉庆元年（1796）春开始兴建，耗时 3 年终于建成。清平砖城，城墙高 1 丈 8 尺，外围总长 852 丈，四个城门和城楼均为砖木结构，东南西北四城门檐额分别为："迎旭""望鲁""生明""拱辰"。现在的迎旭门即是清嘉庆年间修建的砖城的东门。迎旭门由基底和门楼两部分组成，后仅残存基座，其外砌砖也部分脱落。

1996 年，清平镇在外工作人员以及台湾同胞集资 27 万元，由清平镇党委政府主持迎旭门的维修工作。用散落民间的城墙砖重建了城门楼和角门，修复了墙基，砌修了上下台阶通道。迎旭门台基四周环以女儿墙，上下两层的单檐歇山式城楼飞檐挑角、凌空而降，顶覆绿琉璃瓦，脊饰仙人瑞兽，基本恢复了迎旭门的原貌。

■ 清平迎旭门

迎旭门东北部有 1996 年清平镇人民政府所立的《重修迎旭门记》碑 1 通，迎旭门是鲁西平原上仅存的古代城门。

考棚黉门　位于临清市青年街道考棚街 41 号，明清古代建筑的大门，1999 年 4 月被聊城市人民政府公布市级文物保护单位。

考棚街原是临清的一条古街，北侧为元代运河，东侧为明代运河，西侧为卫运河，此地明代称中洲。明永乐初年，在此地建立"工部营缮分司"，专门督理烧造、解运临清贡砖，为修建北京故宫、明代长城、十三陵等皇家宫殿、军事工程、园林、陵寝之用。清顺治十八年（1661）裁撤工部营缮分司，此地改为清源书院。清乾隆四十一年（1776），升临清为直隶州，此地改设试院，建立考棚，成为 4 县（临清为直隶州，辖领夏津、武城、邱县三县）童生应试之所。清道光二十年（1840）山东道确立临清为乡试会考之所。清光绪三十一年（1905）废除科举制度，停止乡试会考，知州张承燮奉命在此设立师范学堂。民国期间，山东省立第十一中学设立于此。抗日爱国将领张自忠曾在此地读书，国画大师李苦禅、著名诗人臧克家曾在此地任教。现在，这里成为临清民族实验中学所在地。

考棚街为石板路面，考棚已不复存在，仅存黉门。黉门建筑平面呈长方形，三楹两进，面阔三间，长 10.8 米，进深 5.5 米，正间 4.3 米，东西侧间 2.9 米，通高 6 米。屋顶为硬山式，垂脊饰以仙人走兽，前后檐柱，斗拱望板明柱，雀替施

■ 考棚黉门

以彩绘，整个建筑宽敞豁达，雕梁画栋，有清式府第大门的风格。门内仍完好地保留着两通碑刻：一是清嘉庆年间《重修试院碑记》，一是清光绪年间的《重修试院碑》。

考棚街黉门是山东省内为数不多的考棚遗址，是临清学院文化特色遗址，展现了临清中洲独特的人文特质。

博济桥　位于阳谷县城中心广场东南角，明万历年间的石桥，2006 年 12 月被山东省人民政府公布为省级文物保护单位。

博济桥始建于明万历二十五年（1597），是阳谷北通东昌、南达寿张、东去张秋的必经之道。石桥建筑由桥基、桥身两部分组成，桥体呈三孔，拱券式结构，由青石砌就。桥身东西长 8.3 米，南北宽 5.12 米，通高 3.7 米，四角各有 1 镇水兽。桥上有两排浮雕石栏，桥栏有望柱十二根，顶端雕有形态各异的狮子，望柱间以石栏板镶嵌，柱身及十块青石栏板上雕有人物故事及山水鸟兽图案，浮雕图案雕工精细，甚为可观。桥体与桥基结合部涵洞上方右侧镶有龙头，左侧镶有龙尾，首尾相应。石桥整体石砌，做工细致，手法精巧，造型美观，古朴大方，各部件之间卯榫相接，结构严谨，浑然一体。虽历经 400 余年风雨剥蚀，现桥体仍坚固如初，并无陷落与断裂现象。

■ 博济桥

据《阳谷县志》记载："博济桥在东门外，其关厢之半，乃寿张抵东昌南北通衢，岁久洼下。每雨后注水，或至没顶，致令东西张秋之路梗塞不通，其关之居民隔若两泮然。明万历二十五年，知县傅道重命义民董宪章架石桥三空，旁设栏杆以翼之，勒其碣曰博济，改故道于东偏之高阜焉。"1999 年 3 月，从桥下清理出石碑一通，上书"博济桥"，上款为"修桥善人寿官董宪章"，下款为"明万历三十四年岁次丙午"。

博济桥上雕刻着阳谷县丞笪公（名一顺，明万历年间任职阳谷县丞）的头像，《阳谷县志》载："邑有县丞笪公居官清廉，莅任之时，惟一牝牛驾车而来；及解任日，牝生一犊，公谕令仆人留犊于邑，仍驾一牝牛去。后人思其德，因刻其像于博济桥上，至今犹存。"后人将此石刻称为"石牛流芳"，誉为阳谷县城一景，并题诗赞曰："已驾车牛子母分，犊鸣悲切不堪闻，石桥遗迹今犹在，耆老指谈如见君"。

建国后，博济桥仍为阳谷城东的进出要道。

西关古井 位于东昌府区古楼街道西关大桥西首，明代六棱古井，2014 年 10 月被聊城市人民政府公布为市级文物保护单位。

聊城有一首民谣："东昌府有三美：古楼、会馆、西关水。"民谣中的西关水即来自于西关古井。西关井坐落在古城西北角（今聊城西关北首），临近东昌湖，

■ 西关古井现状

开挖于明代，为六棱井。相传为明代户部尚书郭敦派人开凿。（郭敦生平参见【郭敦墓】）郭敦致仕还乡后，在东昌湖西堤上临水赏观，见马夫在井边取水饮马，污染了井水，与当地百姓发生了争执，郭敦为民众生活着想，便在此购了一亩二分地，并出资打了井。据传此井由青砖衬壁，井底用白玉石铺砌，是聊城古八景之一的"古瓮铺琼"。

西关古井水深 10 米左右，紧邻东昌湖，水源丰富，水质清澈见底，即使大旱之年也不干涸。井水纯净、清洌、甘甜，用此水泡茶，水倾入杯中，可高出杯子一韭菜叶而不外溢。

2002 年，西关古井由水城集团进行修葺，现井圈高 0.5 米，六棱边长为 0.7 米，新砌井壁宽 0.24 米，红砖垒砌井台，水泥抹浆。古井周围为大理石铺地，井口进行了维修，安置了传统汲水设备，井上建起六棱古亭一座，占地面积 14 平方米。

西关古井对研究当地民俗和生活习惯具有一定的价值，同时也是北方池塘井泉建设水准的见证。

东古城古井　位于冠县东古城镇古城村，2014 年 10 月被聊城市人民政府公布为市级文物保护单位。

该井占地 20 平方米，井深 10 米，井内青砖垒砌，直径 1 米。据本村人讲，古

■ 东古城古井

井年代不详。据观察，古井井边石上有很深的绳勒痕，可知此井年代已久远。群众在解放后很长一段时间还吃这口井的水，为当地群众提供了方便。

会馆井　位于高唐县鱼丘湖街道金城广场，清代山西会馆内的饮水用井，2008年5月被高唐县人民政府公布为县级文物保护单位。

会馆井所在地原是"山西会馆"，于清乾隆年间（1736—1795）由山西商人所建，如今山西会馆早已毁弃。井口为圆形，直径0.7米，井口外围是正八面形平台，台高0.4米，台的8个角上立有8根长方体立柱。

■ 会馆井

此井水质甘甜、清澈，无残渣，烹茶、煮饭味均佳，现在保存完好。虽然全城已普及自来水，但仍有不少人来此汲水食用，肩挑、手提、车拉，从不间断。

阿城义井　又名琉璃井，位于阳谷县阿城镇东街，清代古井，2014年10月被聊城市人民政府公布为市级文物保护单位。

阿城义井位于古运河西岸，开挖于清代，井壁由青石垒砌而成，井口直径0.8米，还保留着十几处取水留下的绳痕。井旁有一石碑，碑高1.8米，宽0.7米，厚0.3米，中题"义井"二字，碑额为"永垂不朽"，碑文详细记述了该井的占地面积。

■ 阿城义井

莘县铁钟　悬挂于莘县古城镇政府门南侧钟亭内，2014 年 10 月被聊城市人民政府公布为市级文物保护单位。

古城镇历史悠久，1957 年以前是范县县城所在。据旧志记载，孔子的学生子路曾在此躲避阳虎之乱，古城附近的堤被称为"子路堤"。清代文人郑板桥——"扬州八怪"之一，曾在此任范县县令长达 5 年。抗日战争时期，范筑先将军在此两度激战，最终从日伪军手中收复了范县县城。

铁钟铸造于金章宗承安四年（1199），原是古城（原范县县城）文殊寺的镇寺之宝，后寺庙被毁，铁钟被存于古城（原范县县城）东门内，后又被存于古城中学院内。2002 年，古城镇为保护文物，在镇政府门前南侧修建钟亭，悬钟于亭中。钟亭坐南朝北，建在 4 米高的台基之上。北面台基有"之"字形双向阶梯，台上四周有石雕护栏。钟亭高 3.8 米，为六角形，由 6 根亭柱支撑，双檐廊柱式建筑。铁钟悬挂于钟亭正中，撞击声可传十余里。钟亭内有一副对联，上联为"亭披霞光高处可察社情民意"，下联是"钟鸣盛世洪声再震泰山黄河"，横批"泽被八方"。

关于铁钟的由来，当地有一传说。在很久以前，黄河发大水，一天早晨，晨雾弥漫，一个老头步行至金堤河旁，忽听得有人说话，四顾之下却发现周围无人。老人甚是惊奇，顺着声音望去，只见河水之上有两个黑乎乎的东西若隐若现，一声音说："兄弟，我太累了，不愿向前走了，就留在此地吧！"另一个声音答道："好吧，大哥，我再走一程！"老人大惊失色，跌跌撞撞回到家中，闭门不敢外出。第二天，老头听邻居讲不知从何方来了一只大钟，落在金堤河边。数月之后，又听说在郓城出现了一口小铜钟，似乎印证了老人的见闻。

　　铁钟通高 2.9 米，钮高 0.49 米，钟口直径 1.9 米，重 4 吨。钟钮由两条栩栩如生、气度凶悍的蟠龙交织而成，牢固而坚实。经近千年锈蚀，钟上的八卦纹饰和界格仍十分清晰，钟体上除少数较细小的文字和花纹受蚀外，大都清晰可见。钟体下部为一周细线植物形花卉图案，略上方格内铸"承安四年（1199）六月初六日铸造"，钟体上"皇帝万岁""重臣千秋""法轮常转""国泰民安"四组大字几乎毫无损伤。大钟历经战乱，仍完好无损。在"全民大炼钢铁"的时代，有人提出要毁钟炼铁，他们用大锤砸了一天，只把钟顶部的龙形吊坠砸掉些许，无奈之下只能放弃，铁钟因此而被保存下来。此钟历史之悠久、匠艺水平之高、保存之完整、形制之硕大，均为省内罕见。

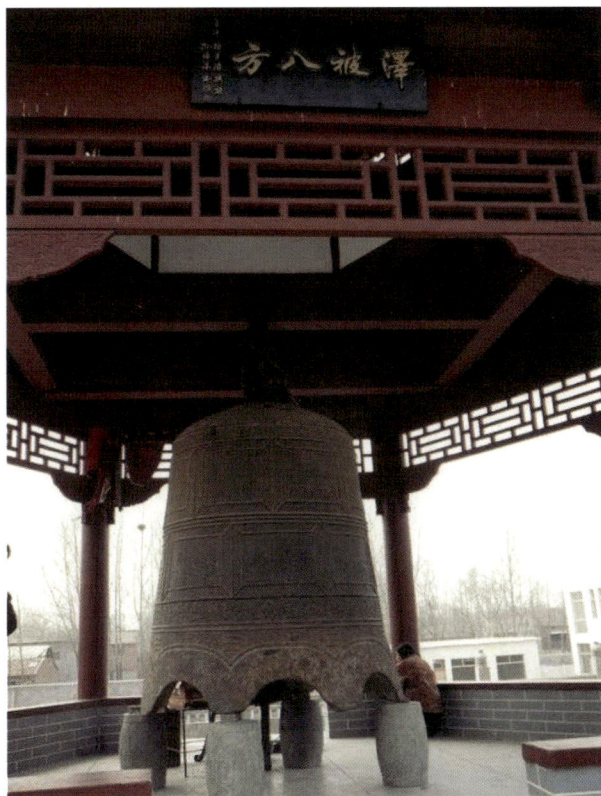

■ 莘县铁钟

第四章

石 刻 碑 记

第一节 石 刻

邓庙石造像 位于东阿县姜楼镇邓庙村，宋元时期的石刻造像，2013 年 10 月被山东省人民政府公布为公布为省级文物保护单位。

20 世纪 80 年代初，文物工作者进行考古调查发现了一座庙，据村内老人回忆，过去该村曾有两个相邻的庙，即三皇庙和武当庙，后来两个庙逐渐破落，便被群众改建成了一个庙，即为现在的武当庙。

武当庙为庭院式建筑，坐北向南，由山门、三皇殿和武当殿组成。关于武当庙的建筑时代，地方文献没有记载，现存的建筑应为清末民初重建，但内部硕大的覆莲式柱础、粗犷的大木作梁架建筑具有宋元建筑风格，应为宋元时期初建。

现存大殿面阔五间东西长 12 米，进深三间南北宽 8 米，占地面积 96 平方米，砖木结构，14 根立柱支撑，灰瓦覆盖，单檐硬山式建筑。

进入山门，是三皇殿，面阔 3 间（已改建），在三皇殿内供奉着天皇、地皇、人皇、扁鹊等神像。三皇殿内塑像极为生动，均由青石采取圆雕技法刻成，天皇伏羲坐正中，通高 1.85 米，宽 0.98 米，浓眉长髯，环目闭口，树叶为衣，手托八卦，赤膊跣足；地皇神农也为坐像，通高 1.80 米，宽 0.87 米，头顶两犄角，环目垂须，身披披肩，腰系衣袍，赤足，筋骨健壮，手持菽粟，作播五谷姿势，威严庄重；人皇轩辕黄帝手捧圭板坐像，通高 1.80 米，宽 0.97 米，头挽双髻，身着袍衣，脚穿蹬云履，两目凝神静观，表情和蔼。除了三皇之外，还有扁鹊等 4 个医官，生动逼真，形态各异。

武当殿内供奉着武当神，武当为高浮雕盘腿坐像，背部为浅浮雕云纹背光，总高 1.92 米，宽 0.94 米，免冠赤足，乌发童颜，头有两髻，身穿袍衣，有 6 只手，1只手持念珠，2 只手持书本，3 只手持太极八卦图，是标准的三教合一形象。在武当殿内还供奉着王灵官等陪臣。建国前，庙内存有大量石碑，1947 年，庙内大多数石碑被拉走，用于修整黄河堤坝。目前，武当庙前尚存有清咸丰十年（1860）的《戒赌碑》和民国十五年（1936）的《重建醮碑记》。邓庙石造像以圆雕和高浮雕为主，雕刻细腻，造型生动,当地村民私下将神像埋入地下使其保存至今。石刻专家

■ 邓庙石造像局部

■ 邓庙石造像伏羲像

经过对造像形象、服饰等研究，认为石刻年代应当是宋元时期，具有很高艺术价值。

朱庙石刻　位于阳谷县大布乡朱庙村，明代石刻造像，1983 年 3 月被阳谷县人民政府公布为县级文物保护单位。

■ 朱庙石刻残存石羊

据当地群众传说，石刻造像原为郭侍郎墓前石刻，原有多尊人物、动物造像。两尊人物造像，一文一武，文臣东，武臣西，文臣手捧笏板，武臣双手挂剑，相对而立。人物造像雕刻形式为立体圆雕，线条流畅。石像通高 2.78 米，基座长 1.15 米，宽 0.8 米，高 0.22 米，主像高 2.56 米。2008 年初，人物造像被盗。目前，仅存一座石羊，卧姿，立体圆雕，线条丰满流畅。

铭文砖　位于阳谷县张秋镇南街，以铭文砖砌垒而成的墙体，2004 年 9 月被阳谷县人民政府公布为县级文物保护单位。

■ 铭文砖

张秋镇兽医站东距运河 70 米，南临山陕会馆 20 米，办公室东西山墙及后墙均由带有铭文的青砖砌垒而成。墙壁东西长 20 余米，南北各宽 6 米，高 1.7 米。砖均为督修运河专用窑所烧，长 45 厘米，宽 30 厘米，厚 15 厘米。砖侧铭文清晰可辨，均有"嘉靖十四年窑匠姜钺造河道""河道公用砖料"等字样。在铭文砖墙的周围还散见残碑 3 通、巨型赑屃碑座 1 个和大量散落的铭文青砖。据推测，该地应是与运河督理、保护有关的建筑，只惜现已无从查证。

魏庄石牌坊　位于东阿县姜楼镇魏庄村，包括节孝坊和孝子坊，2006 年 12 月被山东省人民政府公布为省级文物保护单位。

　　节孝坊和孝子坊相距 16 米，全部用青石料雕砌而成。节孝坊，建于清康熙五十九年（1720），是为魏庄村一位雷姓的寡妇所立。面阔 7.2 米，高 7.4 米，建筑结构 2 楼 3 间 4 柱，楼为歇山式，顶有石垄，脊两边有垄吻，正脊柱有葫芦状石雕，楼角原有小狮子脊兽，檐下雕有椽、垂柱和斗拱等仿木结构。牌坊周身的浮雕有以云海、二龙戏珠为主的图案花纹，还有麒麟、神马、仙鹤、人物、牡丹、菊花等图案。柱子两侧各有圆雕狮子柱脚。8 个狮子姿态各异，形象逼真。沿下额匾有阳文"圣旨"二字，其下有横额阳文"节孝可风"，横额枋上阳文书"旌表太学生考授州同诰赠儒林郎魏嗣征继室雷氏之坊"，额下阴刻"康熙五十九年四月十七日建成"。该坊东西两面除部分浮雕花纹不同外，铭文全部相同。

　　孝子坊建于清乾隆四十五年（1780），是为孝子魏惠饶而建，旧《东阿县志·古迹志》有载："在魏庄，乾隆四十五年四月为孝子魏惠饶建。"面阔 6.8 米，高 6.6 米，建筑结构为 3 间 4 柱，柱顶端有一石狮，为蹲式。中间枋上有二龙戏珠浮雕，二龙间匾额阳文"圣旨"二字。额枋西面横额书"纯孝性成"四字，左侧阳刻"乾

■ 魏庄石牌坊节孝坊

■ 魏庄石牌坊孝子坊

隆四十五年四月古旦"，阑额"旌表太学生应时武信郎魏惠饶之孝坊"，东西两面一样。四柱上均刻楹联，东面内联为"硕德重乡评名标大名之室，纶言褒国瑞行居百行之先"，外联为"龙章保浩腾声远，玉树兰芽锡类长"；西面内联为"诗永蓼茂宝筑松揪成马口，孝褒纶缚门高绰楔护龙纹"，外联为"三年庐墓光珂里，一名纶音贲德门"。柱子两侧均有云纹柱脚，通体花纹简单。

魏庄石牌坊是清康乾盛世的产物，是存世不可多得的石砌建筑物，其建筑风格、雕刻艺术、思想内涵，堪称是清代牌坊建筑的佳作，具有较高的文物价值和艺术价值。

依绿园石刻　位于江北水城旅游度假区湖西街道姜堤乐园内，仿古园林，2008年被东昌府区人民政府公布为县级文物保护单位。

历史上的依绿园位于古城西北隅，始建于宋朝，名自公亭。元至元九年（1272），改建为绿云楼，又名绿云亭。后来成为民居。清乾隆三十二年（1767），知府黄检扩其地为园，因两面临水而取名"得水园"，后由知府胡德琳重葺。清乾隆三十六年（1771），乾隆皇帝巡幸东昌府，对此园情有独钟，取杜甫《游何将军园林》诗句"名园依绿水"之意，御笔题赐"依绿园"匾，并沿用至今。

胡德琳是南方人，重建此园时采用了南方园林的造园手法，小巧玲珑，别致婉约，东昌八大盛景之一"绿云春曙"就在此处。胡德琳和张开东著有 3 篇《依绿园记》，丽农山房是依绿园主建筑，是为亲农而建。丽农山房西边累土为山，名曰华山，山房南面土山名为南章。南章左右分别是名为邀月的游廊和称作蓼庵的水榭，两建筑东面是通往晚晴书屋和砥斋的双桥。双桥之间有小玲珑馆和名为可亭丽的房间。山房北面有轩房一处，三面临水，故名枕流漱石台。此轩西北有一亭，名为"绿云深处"，正好迎合依绿园的原名"绿云楼"。"喜雪斋"为清代扬州八怪之一的郑板桥所书。当年郑板桥曾为范县知县，范县距东昌不远，来东昌拜会府台。当天夜里降了十年未见的大雪，第二天知府便陪人踏雪观园，当时知名画家吴竹堂见到这众人喜气洋洋的场面便淋漓泼墨了一幅"得水园喜雪图"。郑板桥欣然唱和，为此屋题名为"喜雪斋"。依绿园分为南园和北园，不仅在古城内，在今鼎顺花园附近还有一部分。据说，因为靠近运河，乾隆东巡来聊城的时候就在北园接见地方官员。

解放前后，依绿园成为民居，因为交通相对便利，又有三口甜水井，周边的居民和茶馆酒肆都到这里取水。

■ 依绿园效果图

■ 依绿园一角

　　如今，依绿园陈迹已消失殆尽，姜堤乐园根据各种史料于 2005 年重建了依绿园。恢复了依绿园概貌，重建了砥斋、晚晴书屋、小玲珑馆、丽农山房、喜雪斋等 18 处古文化景点以及古代名家郑板桥、邓钟岳等人撰写的旧楹联，新增了二十处新景点，并精心布置了聊城历代名人、海内外名人字画展和聊城大事纪实。

　　园内亭台轩榭错落，假山、亭台、水榭、曲廊，形态各异，疏密有致，集深厚文化内涵与清丽典雅的园林风景于一体。喜雪斋、小玲珑馆、晚晴书屋、枕流漱石轩等古典建筑典雅古朴，渔梁、小沧浪、绿云轩、小方壶、北花厅等景点精巧秀美，为依绿园增添了浓厚的文化韵味。《重修依绿园记》详细记载了依绿园重建的始末，《依绿园赋》记叙了园内各景点蕴含的历史文化，描绘了依绿园四季婉约别致的美景。

第二节　碑　记

五代名将王彦章故里碑　位于阳谷县寿张镇东街村，清康熙年间所立石碑，1983 年 3 月被阳谷县人民政府公布为县级文物保护单位。

王彦章（862—923），字子明，寿张人，五代后梁名将，新、旧《五代史》中均有传。少年从军，加入朱全忠（朱温）的军队，性情耿直，勇猛有力，尤其擅长用枪。战时他常持一铁枪，骑马驰突，奋疾如飞，军中号为"王铁枪"。在与后唐军作战中屡立战功，受到朱全忠重用。晋王李存勖知其忠勇，掳其妻子以招降，王彦章不为所动。后因梁末帝昏庸，小人乱政，梁末帝听信谗言，令其率新募骑兵 500 名出兖州迎战晋军，后因兵单失利，王彦章伤重被俘。晋王令人为其医创，屡次劝其投降晋，彦章回答："我与晋王血战十余年，今兵败势穷，只求一死罢了。豹死留皮，人死留名，如果我朝事梁而暮事晋，人们将如何议论我呢？"王彦章遂被杀，终年 61 岁。

宋代文人欧阳修对王彦章非常佩服，不满于《旧五代史》记载王彦章事迹的残略，在后来个人私撰的《新五代史》中补充了许多资料，并搜集到一幅王彦章的画像，专门撰写了一篇《王彦章画像记》（收在《居士集》）。

■ 五代名将王彦章故里碑

249

文中盛赞王彦章"义勇忠信"、"奋然自必，不少屈懈，志虽不就，卒死以忠"的精神，并且感叹说："予于五代书，窃有善善恶恶之志，至于公传，未尝不感愤叹息，惜乎旧史残略，不能备公之事。"

清康熙年间，在寿张镇立王彦章故里碑，碑高1.5米，宽0.65米，厚0.2米。碑文曰："五代名将子明王公故里，公讳彦章，字子明。军中号王铁枪，死于汶上，欧阳公传，五代死事者三人，而皆不系于其国"。

宋碑　位于荏平县博平镇博平农行院内，宋景佑年间所立的记事碑，1979年被荏平县人民政府公布为县级文物保护单位。

宋景佑四年（1037），博平城自荏平县肖庄乡迁移至宽河镇（今荏平县博平镇）一带，当地居民立石碑以记载博平迁城经过。由于年代久远，石碑受风雨侵蚀，碑文字迹模糊，具体内容无法辨别。20世纪50年代，荏平县文物保护局对宋碑进行了考察，确认了碑文大意。由于条件有限，为有效保护文物，20世纪80年代，当地有关部门将宋碑重新埋入地下，并用水泥浇筑地面，以待后来继续挖掘整理。

五体十三碑　位于阳谷县张秋镇东街村，明清历代名人题刻的十三块石碑的合称，1999年4月被聊城市人民政府公布为市级文物保护单位。

《史记·吴太伯世家》中记载了春秋时吴王寿梦第四子季札讲诚信、重友谊的故事。季札奉命出使晋国，佩带宝剑拜访了徐国国君。徐国国君在观赏季札的宝剑时，嘴上没有说什么，但脸色中透露出想要的意思。季札因为有出使晋国的任务，就没有当场把宝剑献给徐国国君，但心里已经决定给他了。季札在完成了出使任务返程途中，再次拜访徐君，可是徐君却已经死了。于是，季札解下宝剑送给继位的徐国国君，随从人员阻止他说："这是吴国的宝物，不是用来作赠礼的。"季札说："在我心里已经答应给他了，如今他死了，不把宝剑进献给他，就是欺骗我自己的良心。"继位的徐国国君说："先君没有留下遗命，我不敢接受宝剑。"于是，季札便把宝剑挂在了徐国国君坟墓边的树上就走了。后来徐国人为了纪念他们的友谊，便把徐君墓堆成了高大的土台子，植了松柏，祭祀季札和徐君，人称"挂剑台"。

挂剑台在张秋镇南水闸东北堤下，又称挂剑祠，亦称季子祠，有徐君墓在其旁。元代时，此处有古碑刻，上书"季札挂剑徐君墓处"八字。明正德十一年（1516）在张秋工部分司任管理河道官的杨淳修建季子祠，并树碑刻了元代文学家萨天锡的七言律诗《题季子庙》。其后，明隆庆、万历年间和清康熙年间，来张秋

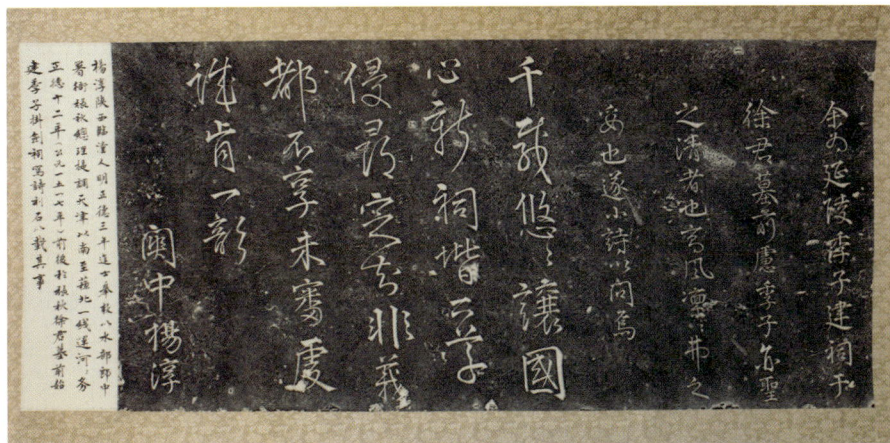

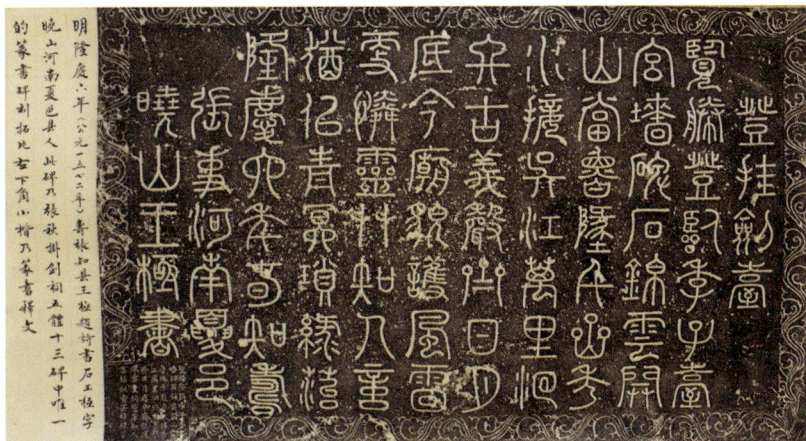

■ 五体十三碑
部分拓片

的文人、官员纷纷题咏镌碑，并续修季子祠。后人所作诗题碑，保存至今的有13块，因分别用楷行草隶篆 5 种字体书写，被后人称为"五体十三碑"。

现存题碑中，除一块碎裂仅存残字外，其它十二碑都基本清晰可识。碑刻共刻有 13 位作者的 26 首诗，字体五体兼备，具有很高的书法价值。其中元代诗人萨天锡，明代文学家李东阳、屠隆、傅光宅的诗最引人注目，尤其屠隆诗碑对研究其生平和诗书创作提供了珍贵的实物资料。

重修护城堤碑记　位于东昌府区山陕会馆内，清雍正年间重修护城堤的纪念碑刻，2008 年被东昌府区人民政府公布为县级文物保护单位。

宋淳化三年（992），黄河再次决口，聊城将州、县治所自巢陵迁至地势较高的孝武渡西（即今古城区）。宋熙宁三年（1070），在古城区修筑土城。宋熙宁九年

（1076），在建设土城的基础上开始建设护城堤用来防御水患。修建于宋代的护城堤是防御水患的重要设施，历代都对其修缮，其中比较大的一次是雍正九年（1731），时任聊城知县的蒋尚思带领居民重修护城河堤，动用 25 万余人重修护城堤，"长共二千二十三丈，高一丈"。为了纪念这一重大工程，刻了一块名为《聊城修护城堤碑记》的石碑。

该碑记石刻宽 1 米，高 3.55 米，厚 0.34 米。碑文由知县蒋尚思撰文，洋洋洒洒有 600 余字，介绍了重修护城堤的意义和过程。碑文由时任礼部侍郎的聊城籍状元邓钟岳（康熙帝称其"字甲天下"）手书镌刻，部分文字残缺，已被保护起来。

《聊城修护城堤碑记》中写道："东昌为齐西鄙地，汉曰济阴，唐曰博平；聊城则其附郡属邑，居濮、范、朝、堂、莘、阳之下。""城外有河，按地志乃古徒骇。今则上接张秋，下通临清，为漕运所行。地势平旷，绝无高山峻岭以为障蔽。通一邑计，则三进五出之闸建；为一城计，则护城之堤高且坚，而后得免于水患。"碑文中还提到"城中仓库册籍，上关国计，廛市烟火之相望，又不下十万户"，不仅强调了修护城堤的重要性，而且反映了当时聊城人口众多，商业繁荣的景象。

■ 重修护城堤碑记

■ 罗屯村重修玄帝庙碑记

罗屯村重修玄帝庙碑记 位于东昌府区堂邑镇罗屯村，2012 年被东昌府区人民政府公布为县级文物保护单位。

该碑刻于明隆庆六年（1572），坐北向南，占地 1.69 平方米，由二龙戏珠碑帽、碑身和赑屃碑座组成。二龙戏珠碑帽为长方形，高 97 厘米，宽 89 厘米，厚 30 厘米，中间从左到右竖刻两行小篆"重修玄帝庙碑"。碑身为长方形，高 240 厘米，宽 89 厘米，厚 30 厘米，碑文正文 15 行，满行 46 字，记载了重修玄帝庙始末。赑屃碑座长 190 厘米，宽 89 厘米，高 65 厘米，碑阴无文字。该碑整体保存完整，对地方史、宗族史和民俗文化的研究有一定价值。

康营村重修观音堂碑记 位于东昌府区候营镇康营村，明代为纪念观音堂建成而立碑刻，2012 年被东昌府区人民政府公布为县级文物保护单位。

明朝万历十二年（1584），乡民郑天爵出资建造了观音堂，观音堂建造 14 年后立此碑。石碑原立于观音堂前，坐东向西，石碑高 198 厘米，宽 122 厘米，厚 12 厘米，外有一水泥材质碑亭，长 146 厘米，宽 78 厘米，高 238 厘米，占地面积约为 1.14 平方米。碑文注明"郑天爵立石"，碑前阴楷镌刻正文 14 行，满行 50 字，共 672 字。碑文由傅光宅撰写、

■ 康营村重修观音堂碑记

韩学信书写，碑帽由逯中立书写，碑文详细记载了康营村建造观音堂的前因后果，以及观音堂建造的起止时间、房屋设置等。碑文两侧有花卉图案，碑阴为题名碑，记载有戴有科、戴有爵等 56 人名单。碑面无风化现象，字迹清晰，整体保存较完整，对地方史、家族史和民俗风情的研究都有一定历史价值。

李际元碑　位于阳谷县西湖镇东老庄村李道为家中，明代碑刻，2004 年 9 月被阳谷县人民政府公布为县级文物保护单位。

■ 李际元碑

李际元，字通甫，明正德六年（1511）进士。初任河南淮庆府推官，升任兵部职方司主事，镇守山海关，因禁止盘剥过往商人与备边武官有争执。后转任陕西按察使，备边榆林。适逢大水冲淹靖营城，悉心援救，军士多得全活。继升四川叙卢兵备，因水土不服辞归，曾参与撰修《阳谷县志》。

李际元碑被其后人收藏在家中，难以窥见全貌，大致可见碑文清晰，整体保存完整。李氏后人家中，还保存有誉抄明正德年间的圣旨、历代家谱等资料，对研究李际元和家族史有重要意义。

莘亭伊尹耕处碑　位于莘县莘亭街道大里王村，2003 年 1 月被聊城市人民政府公布为市级文物保护单位。

伊尹，生活于夏末商初，曾辅佐商汤灭夏，商朝建立后，为商朝理政 50 余年，

■ 莘亭伊尹耕处碑

任三代宰相，治国有方，是中国历史上第一个贤能相国、帝王之师。《吕氏春秋》记载：有莘女采桑，得婴儿于空桑，即为伊尹。因为其母亲在伊水居住，他便以伊为氏。尹为官名即宰相，甲骨卜辞中称他为伊，金文则称为伊小臣。《孟子·万章上》中说："伊尹耕于有莘之野而乐尧舜之道。"莘县城北之地一度被称为"伊田"。《墨子·尚贤》称："伊尹为有莘氏女师仆。"师仆就是奴隶主贵族子弟的家庭教师。伊尹作为有莘氏女的陪嫁之臣到商国，辅佐商汤，汤死后，接着辅佐卜丙（即外丙）、仲壬两位君王。仲壬死后，太甲即位，因太甲不遵商汤的规矩，横行无道，被伊尹流放于桐宫，令其重新学习汤的法令以求悔过自新。3年后，太甲改过，伊尹迎回太甲复位。

清光绪十三年（1887）《续修莘县志》记载："莘之北门外曰伊尹田，伊尹田北八里，古有莘亭，世传伊尹躬耕处也。"莘亭，始建于汉代，为纪念伊尹躬耕于此而建，后亭废仅存亭基。在莘亭东古有伊尹庙，又称任圣祠，为汉时创建，后多次移址重修。清代移于城内。有正堂三间，门一间，周环垣墙，院内松柏参天，气象幽森，"伊庙松风"古为莘县八景之一，历代地方志乘多有记载和题咏。

清康熙五十五年（1716），东昌府知府程光珠凭吊莘亭古迹时，在伊尹庙旧址立"莘亭伊尹耕处"石碑1通，碑高1.83米，宽0.74米，厚0.23米，下有1米左右的碑座。碑上阴刻有程光珠并亲笔题写"尧舜之道，畎亩之中，圣作物睹，龙云虎风"赞语，字系清代"馆阁体"楷书。石碑四周阴刻缠枝藤花纹，非常精美。碑

255

文大部分清晰可辨。

1995 年，莘县人民政府和单庙乡人民政府（今莘亭街道办事处）出资筹建碑亭。碑亭呈六角形，六角攒尖顶，通高 5 米，建在 0.8 米的台基上，东西长 5.5 米，南北宽 4.8 米，飞檐斗拱，顶覆红色琉璃瓦，正中立有清代所刻"莘亭伊尹耕处"石碑。

李玉带烈女碑　位于高唐县固河镇李集村，清朝末年被捻军杀害的烈女李玉带的纪念碑，2014 年 10 月被聊城市人民政府公布为市级文物保护单位。

清同治六年（1867），西捻军为救东捻军出陕转战至山东，曾在阳谷、东阿、高唐、茌平一带与清军及地方民团作战。同治七年（1868）夏天，清军利用夏泛的机会，将捻军围困于黄河、运河和徒骇河之间，给予沉重打击。捻军将士大部分壮烈牺牲，仅剩张宗禹率残部十余骑从南镇（今高唐南镇）突围而出，至徒骇河边"穿林凫水，不知所终"。据碑文记载，同治七年（1868）三月二十日，捻军曾到过李集。光绪年间的《高唐州志》也记载了时任知州帅嵩龄带领民团追击张宗禹的情况。李玉带是李集村李国安之女，当时的捻军把李玉带"胁之上马"，李玉带"峻而痛骂之。贼挥白刃，愈斫愈骂，不为屈"，"而女气愈烈，骂愈甚，以至不忘，丧其元而死"，"一时闻者莫不感慨欷歔"。因其就死场景十分壮烈，死后 5 年，由乡绅捐资为其立碑一通，碑文由高唐州增生、乡饮介宾王和平撰文，高唐州学正壬戌恩科举人苏霖和书丹。

石碑位于李玉带墓旁，有 2 通，坐北朝南，分东西两侧位于砖修碑楼内。碑均为青灰石质，高 1.42 米，宽 0.62 米，保存基本完好。右侧石碑正面上方横书"坤元正气"四字，中间碑文楷书阴刻，下部有少量字因风雨剥蚀，已难分辨，碑文简述了李玉带的生平及遇害的经过。左侧石碑正面楷书阴刻捐款立碑人的姓

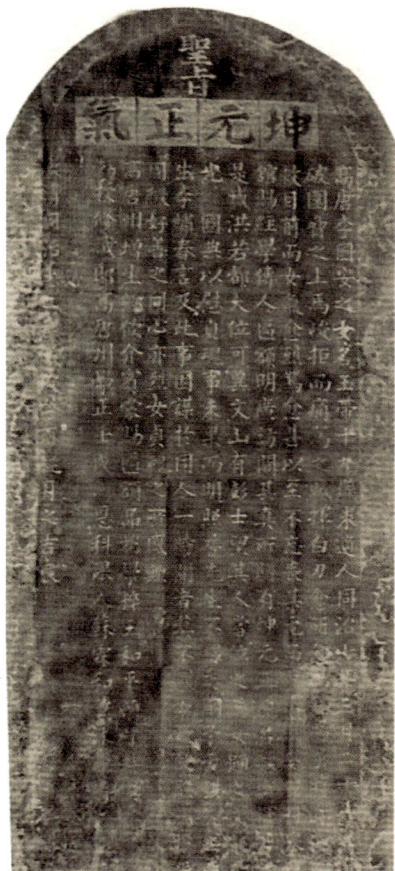

■ 李玉带烈女碑（右侧石碑）

名。两碑阴面都是空白。碑文对研究清代民风民俗及捻军活动情况有一定价值。

孔子宿处碑　位于阳谷县安乐镇后屯村，清光绪年间所立石碑，1983 年 3 月被阳谷县人民政府公布为县级文物保护单位。

据《史记·孔子世家》载："定公十四年（496），孔子年五十六，由大司寇摄行相事。""与闻国政三月"，就显示出了杰出的政治才能。鲁国的这种大好形势传到齐国，"齐人闻而惧"，他们便在国内挑选了 80 个美女，又挑选了 120 匹上等的好马送到鲁国。执政的季桓子沉溺女色，荒于政事，孔子失望之极，于是"遂行，宿乎屯"，开始了他长达 14 年的周游列国。据裴骃《史记集解》云："屯在鲁之南也。"

阳谷本地有传说：孔子周游列国，曾至此"西望有莘之野"，并止宿于此。清光绪十五年（1889）阳谷知事何式珍根据本地传说立碑，碑高 167 厘米，宽 68 厘米，厚 15 厘米。碑文为阴刻正楷，正面双钩镌刻"孔子宿处"四个大字，背面附有记事碑文，共 4 行 67 字，叙述孔子作鲁司寇时的政绩。其文曰："昔孔子为鲁国司寇，摄行相事，三月而鲁国大治，齐人归女乐以沮之。孔子行，遂去鲁适卫，记曰'宿乎屯'，盖既此处，或曰辽萧后屯兵于此，非也，因此特为志之，以表古贤云。"这段记载与《史记》所说完全一致，指出了孔子"宿乎屯"的具体地点。

■　孔子宿处碑

五圣堂碑记　位于阳谷县安乐镇后屯村，清康熙年间所立石碑，2000 年 7 月被阳谷县人民政府公布为县级文物保护单位。

■ 五圣堂碑记

该石碑是清康熙三年（1664）阳谷县古城屯修建五圣堂时所立，碑高 170 厘米，厚 20 厘米，宽 70 厘米。碑文为阴刻楷书，12 行，共计 290 字。

王伦故里碑　位于阳谷县十五里元镇后王村，1957 年原寿张县政府所立纪念碑，1983 年 3 月被阳谷县人民政府公布为县级文物保护单位。

王伦（？—1774）是清代著名农民起义领袖，寿张后王庄（今阳谷县十五里元镇后王庄）人，出身于贫苦农民家庭，幼年丧父，随其母依居外祖父家，自幼爱习枪棒，成年后臂力过人，武功不凡，且精通医道。清乾隆年间，随着官僚腐败的滋长和社会矛盾逐渐尖锐，民间出现了一些秘密结社。乾隆十六年（1751），王伦加入白莲教，不久便自创支派——清水教，自称教主，在附近收徒传教。他的信徒大都是贫苦农民和游民，具有一定的反封建意识。乾隆三十九年（1774），山东年岁歉收，地方官妄行加征，人民的反抗情绪十分强烈。王伦遂利用清水教谶言，约集堂邑人王经隆、当地人孟灿、和尚梵伟、女艺人乌三娘、皂役李旺、盐商国泰等，组织教徒起事。八月，王伦等先后攻破寿张、阳谷，据堂邑，攻城杀官，形势发展很快，远在承德避暑的乾隆皇帝不得不急令山东巡抚徐绩带绿营兵前往"剿捕"。

徐绩马上会同兖州镇总兵惟一和河道总督姚立德，兵分三路，两攻一守，企图一举消灭起义军。起义军设下埋伏，诱敌深入，绿营大溃。徐绩被围，后经惟一死力相救，才得逃窜。乾隆帝再次命"久谙军务"的一品重臣大学士舒赫德为清军统帅，前往督战，同时又命令河南总督派兵"助剿"。起义军陷于腹背受敌、四面重围之中，义军战士伤亡殆尽，九月底，王伦自焚身亡。

王伦起义是清代一次著名的农民起义，在中国农民战争史上有着一定的地位，《清史稿》中

■ 王伦故里碑

就记载了这次农民起义。

王伦故里碑是为纪念王伦起义而建，碑体坐南朝北，高140厘米，宽40厘米，阴刻正楷"清乾隆间农民起义领袖王伦故里"碑文3行，共33字，碑体外用红砖砌成碑楼。

戒僧了证兴学碑　位于临清市八岔路镇杨二庄村，1986年10月被临清市人民政府公布为县级文物保护单位。

了证本姓姜，因家贫自幼出家，虽入空门，但是终其一生致力于兴办义学，现杨二庄学校就是以前了证兴办义学的旧址。

■ 戒僧了证兴学碑

该碑立于清光绪十五年（1889），是为纪念了证兴修义学之举，长 2.2 米，宽 0.7 米，厚 0.24 米。青石质地，碑文阴刻楷书，汪毓藻篆额，彭元照撰文，毓珩书丹。碑文叙述了庄科村千佛堂戒僧了证潜心蓄资，独出资财创建义学之举。碑体保存完好，但字迹漫漶。

冯氏家族谱系碑　位于冠县辛集镇白官屯村，清末家族谱系碑刻，2003 年被冠县人民政府公布为县级文物保护单位。

■ 冯氏家族谱系碑

碑高 1.8 米，宽 0.8 米，厚 0.23 米，青石质地，阴刻文字。光绪十四年（1888）立，碑文内容记载着冯氏家族的来历及谱系。现碑体保存一般，字迹略有漫漶。

中杜村何公墓碑　位于江北水城旅游度假区于集镇中西杜村，清康熙年间聊城知县何一杰的墓碑，2012 年被东昌府区人民政府公布为县级文物保护单位。

何一杰，字彦修，陕西西安泾阳县人，明崇祯十二年（1639）乙卯科举人，顺治十六年（1659）任聊城知县。何一杰为官清廉，勤政为民，在位期间组织编修了康熙《聊城县志》四卷，邀约聊城籍名人傅以渐、任克溥作序。他喜欢吟诗作赋，有咏聊城古迹的诗歌多首，其中《光岳楼》"馀木结层楼，河山望里收。呼吸通帝座，身世小瀛洲。地接三台近，堂开五风游。魁名应络绎，与此共千秋"收入宣统二年（1910）《聊城县志》中。

康熙三十一年（1692）何一杰去世，享年82岁，葬在聊城于集镇中西杜村，其后人一直在聊城定居，保留有比较完整的世系族谱。墓碑坐南向北，占地面积约为0.62平方米。方形抹角碑首，从左到右刻有"留芳百代"四字。碑身为长方形，通高172厘米，宽75厘米，厚19厘米，碑座为水泥砌成，长127厘米，宽49厘米。碑身刻"皇清赐封文林郎聊城县知县何公之墓"。

碑体原已断裂，后用水泥粘合，该碑对地方史、家族史和民俗文化的研究有一定历史价值。

■ 中西杜村何公墓碑

许楼村墓表族谱碑群 位于高唐县琉璃寺镇许楼村，清中晚期和民国早期的族谱碑、墓表碑、节孝碑，2008年5月被高唐县人民政府公布为县级文物保护单位。

据许楼村老人介绍，许楼离山区较近，运石比较方便，清末民初时期许楼一带经济条件较好，便形成了立石碑的风习。这些石碑原立于村外墓地中，1958年拉碑时被拉倒，运至村委会（当时称大队部）院内，大部分修在了房基上，少部分闲置一旁。

这里石碑数量较大，约有38通。其中，最大的石碑是许楼许氏族谱碑（许楼许氏分东西两支，有2通族谱碑）。当时，这2通石碑被运到正在修建中的琉璃寺镇（时称公社）砖瓦窑，修在了烟囱下面。现在仅有一通碑的碑帽修在村委会北屋的一个屋门上，长约2.5米。

另有《许公墓碑铭》石碑1通，高1.77米，宽0.76米，青灰石质，是民国二十六年（1937）许楼人许兰昌为其父许魁学而立。石碑正面阴刻楷书碑文。碑文上方刻"永垂不朽"四字，楷书阳文。两侧分别为"功德景仰茌山北"、"声名洋溢漯

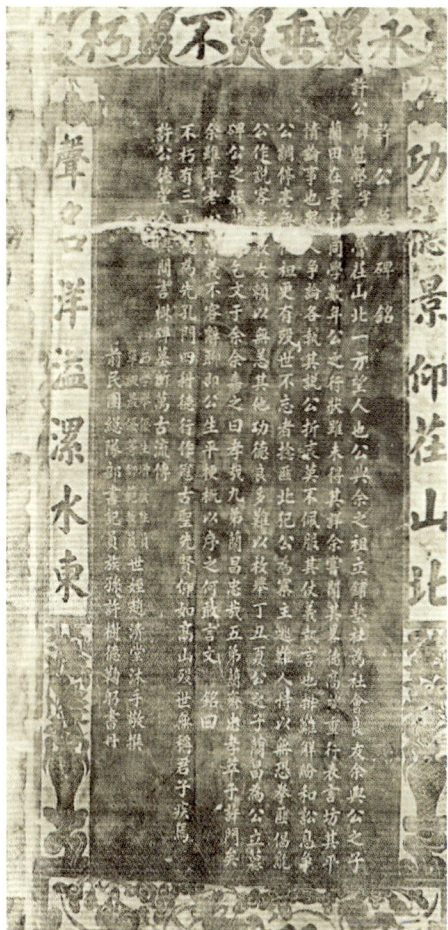

■ 许楼村碑铭拓片之一

水东"的阳文楷书。碑文内容对研究捻军、义和拳运动有一定历史价值。

这些石碑的存在，是许楼一带历史风貌的体现。

小朱寨村墓表碑群　位于高唐县赵寨子镇小朱寨村，清代墓碑群，2008 年 5 月被高唐县人民政府公布为县级文物保护单位。

文化大革命时期，村内墓碑大都被推倒，一部分毁坏散落，仅有 5 通碑得以留存，有 4 通被砌在水流口上，1 通下半部残缺，修建在湾坑西岸的水井口上。

第五章

近现代史迹及代表性建筑

第一节　革命遗迹

义和拳安坛会拳处　位于高唐县琉璃寺镇琉璃寺村，清朝末年义和拳拳民安坛"以拳会友"处，2008 年 5 月被高唐县人民政府公布为县级文物保护单位。

高唐县是义和拳运动的策源地之一，琉璃寺镇则是当时义和拳活动最集中的地方之一，义和拳著名领袖人物王立言、王汝言、于清水、杨顺天、董延邦等都是这一带人。王立言是琉璃寺东北王莫庄人；王汝言是琉璃寺西北王屯人；于清水是琉璃寺东南郝庄人；杨顺天是琉璃寺东北后杨村人；董延邦虽是高唐县城南大董庄人，却被天主教徒逼得逃离家乡，在琉璃寺一带靠打铁谋生。

琉璃村东有一座大觉寺，每年三月初三办庙会。光绪二十四年（1898）三月初三的庙会上，在王立言等义和拳首领策划下，各村的义和拳首领带领各自的拳民，在大觉寺的广场上安坛，摆下"以拳会友"的拳场。拳场上扎有彩门，上面写有对联，上联是"少林拳拳讲义和逐邪恶"，下联是"大觉寺寺内传法渡众生"，横幅是"以拳会友"。当时集合拳众 3 万余人，进行了拳术和器械表演，这是义和拳第一次举行大联合活动，目的是统一"杀洋人，灭洋教"的斗争目标。从此，拳民不断在大觉寺集合，使这里成为义和拳经常活动的场所。高唐义和拳反对外国教会，火烧洋教堂，打击贪官污吏，在反帝爱国主义运动史上写下了光辉的一页。

如今大觉寺早已坍塌拆除，遗址现为农户房屋所占。寺前广场南半部为民房所占，其余部分变为一片树木丛生的洼地。

于清水练拳处　位于高唐县琉璃寺镇郝庄村，清朝末年义和拳早期领袖之一于清水安坛"以拳会友"处，2008 年 5 月被高唐县人民政府公布为县级文物保护单位。

于清水，高唐县琉璃寺镇郝庄村人，家中较穷，靠扛活为生。义和拳运动兴起时，于清水是郝庄村义和拳大师兄，带领拳众在郝庄村东大街路北的土岗子后土窖子（冬天里面暖和）练功（现有土窖子遗迹），发展拳众 300 余人。当义和拳联和起来向教会势力展开激烈斗争时，于清水与朱红灯、王立言一起设场授徒，树起"替天行道、兴清灭洋"的旗帜，活动在今高唐县琉璃寺镇一带。

光绪二十五年（1899）10月，于清水带领拳民先后攻打苗林、洋楼、张庄教堂，又火烧禹城韩庄教室。他英勇威武，作战勇敢，深得拳民爱戴。至今当地仍流传着关于于清水的歌谣："于清水是英雄，大红马，大响铃，黄马褂子红斗篷，银枪头子拧三拧，你看英雄不英雄?!""绑三忙，捆石瑞（金马庄教民），大火烧了苗家林；烧了苗家林还不算，回来又把张店占；占了张店实在能，破了韩庄一座城。"后来，于清水在南镇集上被清政府官兵逮捕遇害，就义时年仅30岁。

袁楼党支部纪念地　位于茌平县博平镇袁楼村，中共袁楼支部旧址，2014年10月被聊城市人民政府公布为市级文物保护单位。

1927年春，博平县袁楼村青年学生郭庆江在济南北园高中读书时加入中国共产党，是茌平历史上第一位共产党员，毕业回乡后成立了袁楼党支部。1927年8月，中共袁楼支部在袁楼村成立，隶属中共山东区执委、鲁西县委。袁楼党支部在周围十多个村庄发展党团员、建立农民协会组织，积极发动群众参加革命，在博平县城南农村兴起了一股农民运动潮流，为反帝反封建运动做出了贡献。1928年1月，袁楼党支部派人参加阳谷坡里暴动。1928年5月，中共山东省委以袁楼村党支

■ 袁楼党支部纪念地

部为基础改组鲁西县委（史称第二届鲁西县委），县委机关转移至袁楼村，袁楼村党员林梦白任县委书记。1929年7月，鲁西县委与省委失去联系，转入长期隐蔽斗争。

袁楼党支部是鲁西第一个共产党组织，在全县乃至鲁西地方革命斗争史上具有特殊贡献和重要地位，党支部旧址遗址现为茌平县青少年爱国教育基地。为缅怀先烈，2008年5月，博平镇筹资65万元在袁楼党支部旧址东面修建了袁楼党史纪念馆，占地一千多平方米。

鲁北特委旧址　位于高唐县汇鑫街道谷官屯村，中共鲁北特委机关办公旧址，2008年5月被高唐县人民政府公布为县级文物保护单位。

1928年4月，中共山东省委将中共鲁北县委改组为鲁北特委，组织领导红团进行爆动，并将特委机关由平原县西迁到高唐，设在谷官屯。当时，鲁北特委机关占用的是大地主李洪庆的宅院。此宅院宅基高阔，大门朝东，5间北房，另有东西厢房、南房和二门，鲁北特委住的是北房。北房为5间，前有厦、木柱、青砖房基、土坯墙、薄砖漫顶。如今，旧房已毁，现在的房子是1958年前后重建的。

■ 鲁北特委旧址

金谷兰故居遗址　位于高唐县汇鑫街道谷官屯村，革命烈士金谷兰的故居，2008 年 5 月被高唐县人民政府公布为县级文物保护单位。

■ 金谷兰故居

金谷兰故居属于金氏老宅的一部分，金谷兰与兄弟析居后，分到一座前后院。前院有北房 4 间，东房 4 间，并有门楼。北、东房墙底部均为三、五层青砖碱脚，坯墙、木板门、十三棂木窗。门楼为青砖发券门洞，土坯墙。红团组建以后，东房成为红团团部。1928 年 5 月，红团爆动失败后，金谷兰故居和邻居的房屋被反动派焚烧，金谷兰故居房顶在事后重新翻盖。近年，金谷兰故居的旧房被其孙子金广涛拆除，盖上了新房，又转卖给别户。（金谷兰生平参见【金谷兰墓】）

王村支部遗址　位于冠县烟庄街道王村，中共冠县第一个基层党组织的遗址，2003 年 10 月被冠县人民政府公布为县级文物保护单位。

1935 年 6 月，中共冀鲁豫边特委委员刘晏春在冯干才的陪同下，到冠县开展工作，在王村于龙家里领导建立了冠县第一个党组织——中共王村党支部，于树菖任支部书记，于龙、于东鲁为委员。王村支部成立后，刘晏春、刘仲莹曾多次予以指导工作。针对该村多为盐碱地，大部分群众以淋硝盐为生，且受国民党政府苛捐杂税严重剥削的实际情况，支部决定发动和组织盐民进行抗税斗争，通过抗税维护

■ 王村支部遗址旧照

群众利益，增强党在农民中的威信。中共王村支部随后发动全村几十户盐民开展抗税斗争，在近两年的时间里国民党政府未敢到该村收税，盐民拍手称快。1936年，由于王村支部委员于东鲁到堂邑县武训中学读书，王村支部已不健全，但冠县党员数量的继续增加，党员队伍的不断壮大，迫切需要一个统一的党组织来加强领导。1936年夏初，冯干才陪同中共鲁西北特委书记刘晏春来到冠县，刘晏春根据中共鲁西北特委的指示精神和冠县的实际情况，决定成立中共冠县特别支部，由王维群任书记，于树菖、于龙为委员。

中共王村支部旧址房屋坐北朝南，为青砖瓦房，格棱门窗。遗址是中国共产党在冠县革命老区较早开展活动的历史见证，也是冠县在革命战争年代做出贡献的历史见证。2005年由于村内的房屋改造及建设，遗址处被建成现代民居。

鲁西第一党支部　位于莘县古云镇徐庄村，是20世纪30年代中共山东省委与党中央失去联系后，赵健民历尽艰辛与党中央恢复联系的地方，在中国近代史上具有重要的历史地位。

赵健民，1912年出生于山东冠县。1932年到济南入省立第一乡村师范学校学习，同年11月加入中国共产党，曾任学校支部书记，秘密从事革命活动。1933年7月，由于山东临时省委组织部长宋鸣时投敌，出卖党的机密和组织关系，使中共山东省委和青岛、泰安等地的党组织遭到最严重的一次大破坏，当时的省委机关需要转移，但缺乏路费。闻听此事，赵健民把自己的被子拿到了当铺，换得5块银元，加上自己仅有的2块银元，凑了7块银元交给省委领导。后来山东省党的工作失去了统一的领导核心，同党中央和北方局的联系也中断了。在严重白色恐怖下，赵健民挺身而出，带领中共济南乡师党支部，接受以往对敌斗争的教训，积极慎重地发展党员。1934年5月，中共济南市委在五柳闸秘密成立，赵健民任书记，当时山东省内与济南、莱芜党组织取得联系的党、团员约有500多名。为了寻找上级党组织关系，赵健民曾先后到莱阳、泰山冯玉祥处寻找党的关系，均未找到。1935年春，济南乡师学生郭崇豪被发展为党员后，说他的家乡濮县有共产党组织。这引起赵健民的极大关注，这年暑假赵健民安排郭崇豪回濮县了解那里的党组织是否与上级有关系，并表达了想与他们联系的意愿。

1934年，徐宾在濮县徐庄（今古云镇徐庄村）建立了党支部。1935年夏，中共河北省委代表、直南特委书记、冀鲁豫边特委书记黎玉到徐庄蹲点，指导整顿健全党支部。1935年秋，赵健民听说濮县的共产党组织领导了徐庄的农民斗争，猜测他们一定是与跨省领导的中共特委有联系。于是，便拿着郭崇豪的介绍信，骑着一辆破自行车从济南到了濮县徐庄，在徐庄小学见到了以教员身份为掩护的濮县县委书记王士希，第二天见到直南特委代表、濮阳县委书记刘晏春，赵健民向他介绍了

■ 鲁西第一党支部

270

山东党组织遭受破坏的情况，并希望中共中央北方局派人到山东指导工作。然而，赵健民此行并没有见到黎玉。

1935 年初冬，中共山东省工委成立，刘仲莹任书记，赵健民任组织部长，鹿省三任宣传部长，黄仲华任农民部长。后因刘仲莹调走，赵健民代理工委书记，主持省工委日常工作。一天，赵健民收到一封信："老掌柜已到，请速来洽谈一笔生意。"赵健民欣喜万分。第二天还没亮，他就骑上那辆破自行车，冒着刺骨的寒风，急匆匆地上路了。途中他冒着生命危险，机智地躲过了"红枪会"的盘问和威胁，行程近 500 里，第二天终于在徐庄见到了黎玉。赵健民向黎玉详细地汇报了山东党组织自 1933 年夏遭敌破坏后的情况，请求北方局派干部到山东恢复党的工作。听了赵健民的介绍，黎玉答应向中共中央北方局报告山东党组织的情况，并负责接转关系。按照黎玉的要求，赵健民当夜就写了一个书面报告交给黎玉，并留下通信地址和接头地点、姓名等。不久，黎玉便将赵健民的报告及时转送中央北方局。1936 年 3 月，中央派刘少奇到天津任中央北方局书记。4 月下旬，中共中央北方局派人到濮县向黎玉传达了调他到山东任省委书记的决定，4 月底，黎玉以北方局代表、山东省委书记的身份从河北磁县到了济南，与赵健民取得联系。1936 年 5 月 1 日，在济南四里山北边的小树林里，传达了北方局的决定，宣布中共山东省委恢复成立，黎玉任书记，赵健民任组织部长，林浩任宣传部长。从此，山东又有了党的统一领导机构，中共山东党组织终于和上级党组织取得了联系。赵健民的徐庄之行，使与党中央失去联系达 3 年之久的中共山东省委正式恢复了与党中央的联系，因此徐庄又被称为山东省委的恢复地。

改革开放后，徐庄在党的领导下取得了优异的成绩，受到了各级领导的重视，先后有多名领导到徐庄视察指导。1998 年，原中顾委委员赵健民到徐庄看望老党员、老房东。2010 年 9 月，全国党建研究会会长（中组部原部长）张全景到古云镇徐庄村座谈党建工作时，称徐庄村党支部是"鲁西第一支部徐庄党支部"，建议建设纪念馆。2011 年，鲁西第一支部纪念馆正式开建，总投资 1200 万元，占地面积 40000 平方米，由主雕塑、第一支部旧址、主展馆、广场、景观湖和假山组成，纪念馆主展馆面积 1200 平米。中组部原部长张全景于 2011 年 5 月亲笔题写了馆名。2012 年 11 月 2 日纪念馆正式开馆。

赵伊坪烈士殉难处　位于高唐县琉璃寺镇徐庙村，中共鲁西区委秘书长赵伊坪同志牺牲的地点，2008 年 5 月被高唐县人民政府公布为县级文物保护单位。

赵伊坪（1910—1939），原名赵廉越，号石庵，曾用名赵石越、赵罗萍、芒种，是中国共产党的优秀党员，忠诚的共产主义战士。

赵伊坪出生在河南省郾城县一个贫苦的市民家庭，他的父亲是一位私塾先生。1918年秋，赵伊坪到县立高等学校读书，学习勤奋，每次考试成绩都很突出。1926年加入中国共产党，大革命后期在河南郾城从事农民运动。1935年，在杞县私立大同学校以教书为职业掩护，从事革命工作。

1937年3月，赵伊坪由原育德中学同学、山东聊城第六区专员范筑先的秘书张维翰介绍，经过两次考试被范筑先录用，进入范筑先的秘书处工作，先后任中共鲁西北特委委员、统战部长，第六区政训处秘书长，为争取范筑先加入中共领导的抗日武装力量作出了贡献。他常为政治干部学校讲课，为《抗战日报》撰写重要社论和文章，为鲁西特委、抗日游击司令部及政治部起草重要文件和报告。

1937年抗日战争爆发后，他在济南第三集团军军政人员训练班负责中共组织工作。1938年7月，在姚第鸿、赵伊坪等共产党人的进步思想影响下，六区专员范筑先与四区专员韩多峰在八路军一二九师东进纵队的配合下，共同实施了"津浦铁路破袭战"，捣毁日军占领的平原、禹城火车站，发动辖区民众，挖断铁路百余里，给疯狂的日军以沉重的打击。之后赵伊坪又协助范筑先组织六区民众，迎接延安文艺工作组的刘白羽、欧阳山尊和汪阳等人陪同的一位同情中国人民抗战的美国友人

■ 赵伊坪烈士殉难处

海军少校卡尔逊到鲁西北访问。

聊城失陷、范筑先将军殉国后，中共鲁西特委召开扩大会议，向全体党员发出紧急信，号召紧急动员起来，团结广大群众，坚持抗战、争取胜利，这一具有重大意义的历史性文件就是出自赵伊坪的手笔。

1939年1月，赵伊坪任中共鲁西北区委委员、秘书长兼统战部长。同年3月5日，中共鲁西区党委机关由冠县、馆陶向泰西大峰区转移，途中在高唐县琉璃寺与日军遭遇。时任中共鲁西区委秘书长的赵伊坪在这次战斗中身负重伤落马，丢失高度近视镜，行动困难，不幸被俘。日寇对他施尽毒刑，他英勇不屈，被日寇捆在枣树上，身浇煤油活活烧死，时年29岁。当时，负责掩护突围的就是赵伊坪的弟弟赵晓舟，兄弟二人共同为抗日战争的胜利作出了重大贡献。（战斗具体情况参见【琉璃寺烈士陵园】）

陈贯庄战斗遗址 位于冠县桑阿镇陈贯庄村，2003年10月被冠县人民政府公布为县级文物保护单位。

1939年10月1日下午，日军广獭旅团4000余人，由贾镇经陈贯庄南下桑阿镇"扫荡"。八路军筑先抗日游击队3营营长赵健民发现这一情况后，即决定打其后尾部队，随后进行战斗布置：由副营长张文基率2连埋伏在陈贯庄东南的小尹庄，3连埋伏在陈贯庄西南的松树林内，赵健民率1连利用陈贯庄村东北起伏的荫柳棵地

■ 陈贯庄战斗遗址现状

形，隐蔽接近敌人。当敌步兵、炮兵过去后，后尾的辎重队进入 3 营射程之内。1 连战士即以密集的枪弹向敌人射击，给敌人以很大杀伤。这时，敌步、炮兵回头向 3 营 1 连阵地进攻。3 营利用有利地形，节节抗击，歼灭大量敌人。当 3 营撤到围寨后，敌人用重机枪猛烈扫射，同时山炮、迫击炮也一起向寨内轰击。此时，敌步兵大队已从东南、西南及南面展开，从不同方向进攻 2 连、3 连阵地。敌人在小尹庄的东面和南面遭到 2 连的勇猛抗击，伤亡重大。3 连在松树林内沉着应战，打退敌人多次进攻。接近黄昏时，2 连和 3 连先后撤到陈贯庄村内。黄昏后，3 营胜利撤出陈贯庄，转移到朝北刘家店子休整。这次战斗毙伤日军 110 余人，三营副营长张文基等 24 名指战员光荣牺牲。

这是一次以少胜多，以弱胜强的战斗，在鲁西北抗战史上写下了光辉的一页。从此，"赵三营"威名大震。同时，这次战斗极大地激发了广大群众的抗战决心，他们纷纷参军参战，保卫抗日根据地。

2006 年由于农村房屋改造，遗址被现代民居覆盖，现已消失。

秤钩湾会议遗址　位于冠县东古城镇秤钩湾村，2014 年 10 月被聊城市人民政府公布为市级文物保护单位。

1939 年 11 月 15 日，八路军 129 师政委邓小平经冀南到达鲁西北地区，在冠县、馆陶两县交界处的卫河岸边的秤钩湾村（今属冠县东古城镇），专门召开了筑先纵队和先遣纵队营以上干部会议，对鲁西区委工作做了重要指示。邓小平传达了

■ 秤沟湾会议遗址现状

中共六届六中全会精神，作了《关于坚持抗日斗争和整顿军纪的报告》。他在报告中分析了全国的抗日形势，号召军民打持久战，巩固扩大统一战线，争取更多的人参加抗战，增强夺取抗日战争胜利的决心和信心。他指出：要不断巩固和扩大抗日民族统一战线，用长期合作来支持长期战争。但在统一战线中要坚持独立自主的原则，不能犯只讲联合不讲斗争的迁就主义错误。要依靠群众，依靠农村，放手组织人民抗日战争，巩固冀南，恢复鲁西北抗日根据地。针对部队出现的贪污腐败现象，邓小平指出，对部队要加强纪律教育，加强军民、军政团结，密切联系广大人民群众，严格遵守党的各项纪律。要坚持长期抗战，必须珍惜民力，俭省节约办事，坚决反对贪污浪费。邓小平严厉指出，对贪污分子要严肃处理，贪污 500 元以上者枪毙。

会后，筑先纵队和先遣纵队的领导干部认真贯彻邓小平的讲话精神，严格进行军纪整顿，清除了腐败分子，严肃了部队纪律。邓小平的讲话为党和军队在鲁西北的工作指明了方向，鲁西北的工作出现了蓬勃发展的新局面。

2005 年，地处卫河东岸的秤钩湾村迁到了卫河西岸，造成了遗址的消失，会议遗址现为耕地。

运东地委旧址　位于高新技术产业开发区韩集乡迟桥村，2013 年 10 月被山东省人民政府公布为省级文物保护单位。

■ 运东地委旧址

运东地委是抗日战争时期中共在冀鲁豫边区建立的一个地级机构，1939 年春，运东地委在博平小李庄成立，最初辖聊城、茌平、博平、清平、齐河、东阿等县，与当时的鲁西北地委同时存在。1940 年迁驻茌平南部迟桥、大白一带农村，1948 年 6 月迁驻聊城，1949 年 8 月平原省建立后并入聊城地委，运东地委建制撤销。高新技术产业开发区韩集乡迟桥、大白一带是运东地委、专署、军分区的常驻地，运东地委在此处领导全区 300 万英雄人民开展抗日战争、解放战争，为中华民族的独立和人民的解放事业做出了重要贡献。

2009 年 6 月，在韩集乡迟桥村东首建成运东地委革命纪念馆。纪念馆坐北向南，建筑面积 1300 平方米，由著名学者、书法家欧阳中石先生题写馆名。纪念馆第一展馆面积 60 平方米，馆内设有展板 25 块、图片 156 幅，以生动详实的图文资料真实再现了运东地委领导全区人民前赴后继、浴血奋战直至革命胜利的历史过程。展馆内另设展柜 7 个，陈列了当年实物 12 件，其中有中央政治局原委员、国务院原副总理、全国人大常委会原副委员长田纪云当时在茌南游击高小读书时用过的碗、盘，茌南老百姓为八路军伤员煎药所用的砂锅等。纪念馆院内还陈列了运东地委机关所在地军民生活使用的工具 3 件。

中共鲁西北地委旧址　位于冠县清泉街道南街村，抗日战争和解放战争时期鲁西北地区重要的革命历史遗迹，先后被命名为中国革命老区项目、国家 AA 级旅游景点、山东省党员教育活动基地、山东省国防教育基地、聊城大学化学化工学院德育基地、聊城大学思政与马克思主义学院革命传统教育基地等。

中共鲁西北地委旧址为清末民初居民式建筑，占地面积 3396 平方米，建筑面积 1000 平方米。由 3 处院落组成，坐西朝东，均为硬山起脊青砖瓦房，抬梁式结构，门窗为格棱门窗。1 号院建于清代，为二进院，单体建筑 6 座，东首 1 座为落架重修，5 座为复建，共有房屋 22 间。2 号院落建于清代，一进院，单体建筑 4 座，均为落架重修，共有房屋 9 间。3 号院落建于民国初明年，二进院，单体建筑 6 座，5 座为落架重修，共有房屋 22 间。旧址原为清末同文书馆，民国时期为县立初级小学，抗战期间也曾作为商会，并一度被日军占领。1938 年—1946 年，中共冠县县委、鲁西北特委、鲁西北地委、冀鲁豫七地委、冀南一地委等先后把这里作为办公驻地。宋任穷、段君毅、赵健民、徐运北、杨易辰、许梦侠等多位国家和地方领导人曾在这里办公和居住过。

新中国成立后，由于年久失修，这里已不能正常办公和居住。2004 年—2009

■ 中共鲁西北地委旧址现状

年，在赵健民等老干部和各级领导的支持下，冠县县委和县政府按照修旧如旧的原则对旧址进行了两次修复和扩建，并开辟为鲁西北地委旧址陈列展览馆。一期工程 2005 年 5 月动工，2006 年 7 月 1 日竣工，共修复原有建筑 9 座，复建 1 座，组成 1 个四合院和 1 个二进院，并建了一些配套设施，开辟了中共冠县党史馆。二期工程于 2009 年 12 月 31 日正式竣工并对外开放，开辟了冠县文化遗产馆。

现在，整个鲁西北地委旧址已成为由 17 座古建筑，7 个庭院，1 个广场和 1 个办公室组成的文化基地。分设冠县党史馆、冠县文化遗产馆和 7 个展区，通过图片、图表、文字说明和实物陈列、场景复原相结合的形式，展示冠县自 4100 年前的新石器时代晚期至新中国成立以来的光辉历史。其中党史展览主要展示了冠县早期党的活动、抗日战争时期、解放战争时期革命历史，以及新中国成立后社会主义建设和改革、创新、发展的革命历史。开馆以来，全国各地各界人士约数百万人到这里接受了爱国主义和革命传统教育。

张家楼抗日遗址　位于经济技术开发区广平乡张家楼村，1977 年 12 月被山东省人民政府公布为省级文物保护单位。

抗日战争时期，张家楼村四周曾筑阔 7 米—8 米、高约 7 米左右的土墙，围墙外有壕沟，有 115 人组成的民兵钢枪队。1944 年 12 月 6 日晨，日伪军近千人围攻张家楼村，区武装助理员季同礼和联防总指挥张承刚带领全村人，从早到晚，连续

■ 张家楼抗日遗址

打退敌人 3 次冲锋，毙伤日伪军 250 余人。1945 年 2 月 16 日，日军勾结山东省保安第 26 旅旅长、伪茌平县长李岐山部纠集 1200 多人，再次侵犯张家楼村，战斗持续 3 天，北门被大炮轰开，日伪军大肆烧杀抢掠，杀害村民 333 人，殴打致伤残 271 人，抓走 264 人（其中 7 人被送到日本做苦力），烧毁房屋 273 间，抢走牲口 86 头，制造了惨绝人寰的"张家楼惨案"。

1960 年，张楼村的民兵代表出席了全国民兵代表大会，获"英雄村"光荣称号。为纪念张家楼的抗日精神，1971 年在张家楼修建抗日革命烈士陵园，陵园占地 3750 平方米，建有大门、纪念碑、革命纪念堂等建筑。纪念碑高 10 米，占地 115 平方米。纪念碑北即为"革命纪念堂"，共 5 间，陈列展览着烈士们的英雄事迹和实物资料，是人们瞻仰英烈、进行爱国主义教育的重要基地。

张自忠故里碑亭　位于临清市先锋街道大众公园内，1990 年 6 月被临清市人民政府公布为县级文物保护单位。

1988 年，临清市人民政府在大众公园内为张自忠将军建故里碑，表达家乡人民对其永长久怀念。该碑正面有张爱平将军题词"张自忠抗日烈士故里"，背面刻有碑铭，介绍了张自忠的生平事迹。（张自忠生平参见【箍桶巷张氏故居】）

■ 张自忠像和手书 ■ 张自忠故里碑亭

苏村战斗纪念地　又名苏村阻击战旧址，位于莘县张寨镇苏村东 500 米处，鲁西军区机关为在苏村抗日阵亡的 126 名战士修建的合葬墓，2014 年 10 月被聊城市人民政府公布为市级文物保护单位。

为扩大百团大战战果，1941 年 1 月 7 日，鲁西军区司令员杨勇率部在郓城、潘溪渡一带设伏，毙俘日军软原少佐以下官兵 160 余人、伪军 130 余人，缴获九二式步兵炮 1 门（此炮现存于北京军事博物馆）。日寇恼羞成怒，集结大批兵力，配汽车 400 余辆，坦克、装甲车 30 余辆，在 10 多架飞机的掩护下，从济宁、菏泽、临清、河北大名出动，分 6 路对以濮县、范县、观城为中心的鲁西抗日根据地进行报复性"扫荡"，企图围捕鲁西军区和行署机关。

为了掩护军区、行署机关安全转移，按照军区的命令，鲁西军区特务营营部率九连、十连进驻苏村，阻击和牵制敌人，掩护首脑机关和后方人员安全转移。敌人迅速增加至 1000 多人，并有 80 多辆汽车、6 架飞机、10 门大炮支援，而特务营战斗人员总共不到 130 人。特务营指战员和战士们与强敌展开了殊死搏斗，击毙日军 300 多人，阻击日军达 8 小时之久。日军攻破苏村后，我方幸存不足 10 人。审讯无果后，日军将被俘的战士们分批押到苏村东南麦地里疯狂屠杀。

■ 苏村战斗纪念地

苏村阻击战引起了省委的高度重视，1941年1月19日的《大众日报》报道："鲁西一月十九日电：鲁西现集中敌（骑兵第四旅团及三十二师各一部分）伪万余，汽车400余辆，坦克30余辆及飞机配合，向我朝（城）冠（县）区、郓（城）范（县）区、宁（阳）汶（上）区分途同时'扫荡'，反复'扫荡'。……十八日我两个连与敌战于朝城以西，被敌汽车八十辆、坦克七辆、飞机六架包围于苏村，敌以飞机轰炸，坦克冲锋。苦战一日，两次突围未果，被敌攻陷，我固守于两房舍，敌即大量使用毒瓦斯，除毒弹放射外，并于坦克上亦发射瓦斯筒，该部自营长教导员以下全部牺牲。"

当时被日军屠杀的战士有几人没有当场被刺死，得到群众的救助，侥幸活了下来。战斗结束后，军区机关在当地群众的帮助下，将阵亡的126名战士合葬在3个坟墓中。苏村阻击战掩护了边区首脑机关和当地军民的安全转移，保卫了冀鲁豫抗日根据地，在冀鲁豫边区抗日战争史上写下了光辉的一页。

新中国成立后，在墓地西侧又建房3间，派专人守护。2004年清明节前，莘县人民政府重修烈士墓，新立了纪念碑，碑文"苏村阻击战烈士纪念碑"由赵健民亲笔题写。现在，苏村战斗纪念地建成大型纪念展示馆1座，全面展示了鲁西抗战史，已成为开展爱国主义教育和革命传统教育的重要基地。

梁水镇范公祠　位于东昌府区梁水镇镇政府驻地，1941年聊城军民为纪念范筑先

■ 梁水镇范公祠

及抗战将士而建的祠堂，2013 年 10 月被山东省人民政府公布为省级文物保护单位。

范筑先（1881—1938），原名金标，又名夺魁，曾用名仙竹，河北省邯郸市馆陶县人，著名民族英雄、抗日烈士、爱国将领。范筑先出身贫农，9 岁入南彦寺村群众集资的义学学习，历次考试成绩都在全校名列前茅。13 岁时因父病故而辍学务农。1904 年，加入北洋军第四镇，任备补兵、副兵、正目。后调入天津北洋陆军讲武堂炮兵科深造，以优秀成绩毕业，后被提升为哨官、炮兵连长。他深感民族危机严重，清政府腐败无能，由此萌发革命思想，拥护辛亥革命。辛亥革命后，先后任中央陆军第四师炮兵营长、补充团长、师参谋长和第八旅旅长。后因厌恶军阀混战，抛弃官职回乡隐居。

1926 年，国民革命军出师北伐，范筑先毅然复出，投入冯玉祥部下，被委任为高级参议、汉中镇守使署参赞。1932 年、1933 年，先后被任命为沂水县、临沂县县长，在职期间以身作则，廉洁奉公，深受群众爱戴。1936 年 11 月，升任山东省第六区行政督察专员，保安司令兼聊城县县长。1937 年"七七"事变后，任山东省第六区游击司令员，遂发动民众建立抗日武装，保家卫国。同时，与中国共产党建立了统战关系。同年 10 月下旬，日军进犯黄河北岸，山东省主席韩复榘电令撤退，范筑先断然拒绝，并向全国抗战军民发表通电，被全国各大报纸转载。在共产党的帮助下，成立了 20 多个县的抗日政权，使鲁西北成为坚强抗日堡垒。范筑先当时虽已年近花甲，但在多次组织对日作战时，每战必身先士卒。1938 年 8 月，范筑先次子、青年抗日挺进大队长范树民在济南战役中光荣殉国，为表示与日寇血战到底的决心，范筑先又把年仅 20 岁的次女范树琨任命为挺进大队队长，并先后将长子、长女、三女儿都送到延安抗日军政大学学习，表现了忠于民族，誓死抗日救国的爱国精神。1938 年 11 月初，毛泽东派人捎去给范筑先的亲笔信，对其表示慰问和嘉勉。同年 11 月 13 日，日军两个联队从济南出发，进犯聊城。14 日，日军包围聊城，范筑先率部应战，打退了日军多次进攻。15 日，日军在得到大批增援部队后强行攻击，城门被日军攻破，范筑先亲率余部与日军展开激烈的巷战，身受重伤，不甘被俘，举枪自戕。范筑先壮烈殉国后，举国震惊，国共两党都为其举行了隆重的追悼会，高度评价了范筑先的抗战业绩。1953 年其遗骸由聊城移至邯郸"晋冀鲁豫烈士陵园"。聊城建有范筑先将军纪念馆，馆内立有由邓小平亲笔题写的"民族英雄范筑先将军殉国处"碑。2014 年，范筑先列入第一批 300 名著名抗日英烈和英雄群体名录。

范公祠原面积 4899 平方米，有正门、大殿、二殿、东西厢房、纪念塔等建筑，塔后是范公祠正殿，殿内正中安放范筑先将军戎装塑像，两侧墙壁上绘有抗战壁画多幅。由于长期风雨侵蚀、年久失修，范公祠殿堂已不见踪影，现仅存大门、纪念塔和石碑，面积共 27.3 平方米。纪念塔耸立于山门后，庄严肃穆，完好无损，纪念塔南为大门，纪念塔北面 20 米左右地下埋有石碑。

范公祠及范筑先纪念塔已成为聊城市爱国主义和革命传统教育基地。

范筑先纪念馆　位于东昌府区古城内光岳楼东北，民族英雄范筑先的纪念馆，是山东省国防教育基地和聊城市爱国主义教育基地。

范筑先（范筑先生平参见【梁水镇范公祠】）纪念馆为仿古式庭院建筑，占地 2400 平方米。1987 年民政部直接拨款 60 万元为纪念抗日民族英雄范筑先修建，旨在弘扬中华民族的爱国主义精神，1988 年 11 月 15 日正式开馆。馆内设施主要有展厅和纪念碑。庭院中心矗立着"民族英雄范筑先殉国处"纪念碑，碑文由邓小平同志在 1986 年 7 月 9 日亲笔所题，碑阴面刻有范筑先生平传略。展厅面积 178 平方米，展厅外悬挂着梁漱溟先生题写的"范筑先烈士纪念馆"木刻横匾。展厅内安放着汉白玉雕刻的范筑先将军半身塑像，两侧收藏有国家领导人和知名人士为悼念范将军题写的诗词与挽联。展厅内的展橱里陈列着范筑先遗物和有关的报刊文章、书籍资料；展板分三部分共 80 幅图片，从"早期生活""抗战殉国"到"光照千秋"生动而详实地介绍范筑先将军抗击日本侵略军可歌可泣的光辉业绩。范筑先纪念馆自 1988 年开馆以后，接待万里、宋任穷、吴官正、李来柱、单大德等党和国家军队领导人，还接待过韩国友人田元溶率领的代表团。范筑先纪念馆已成为向大众进行革命传统教育的场所，参观瞻仰者络绎不绝。

■ 范筑先纪念馆

血水井 位于冠县桑阿镇前李赵庄村，日军制造的"血水井"惨案发生地，1999 年 4 月被聊城市人民政府公布为市级文物保护单位。

1943 年 4 月，日伪军在对冠北地区实施"铁壁合围"之后，对冠南抗日根据地进行了一次更大规模的"铁壁合围"。6 月 10 日，冠县及其周边 11 个县日伪军约 14500 人、动用 22 辆汽车、200 匹战马及坦克等，兵分 15 路，将白塔集、赵庄作为主要合击点进行"合围"。黎明时分，包围圈形成。群众发觉后，纷纷离家出逃。上午 10 时左右，日伪军将逃难的群众合围在前李赵庄村内，搜出躲藏在村西头李长山家的 20 名群众。其中有一位是从白塔集逃来的药铺医生，名叫廉吉章，河北省武安县人，经搜查盘问，日军发现廉吉章的手上没有老茧，身上带有冀南纸币，说话是外地口音，便断定他是抗日干部，其他 19 人是八路军战士，遂将他们带到村西日军临时指挥部。中午 12 时，在刺刀威逼下，这 20 名群众被敌人押至 100 余名日伪军包围着的一水井旁，日伪军将 25 名群众推入井中，将井旁的麦秸点燃投入井内，不时向井内开枪，最后将井边压辘轳架的 5 块磨扇掀至井中。日伪军还在村内外枪杀了 12 名群众，抓走几十人为其运送掠夺财物。12 日清晨，村民李惠泉、李金忠、李惠昌和井主人李亭志等打捞死难群众。他们用辘轳绞上来的井水全是鲜红的血水，被捞出的死者惨不忍睹。有的身上有刀伤，有的头部有枪洞，有的肢体残缺，有的肠子流出腹外，有的全身血肉模糊。死者亲属及围观群众，看到死难亲

■ 血水井

人和同胞的惨状，无不悲痛欲绝。为悼念死者，当地政府和群众将此井命名为"血水井"。

如今，血水井位于冠县桑阿镇前李赵庄村内西南部的一片杨树林中，占地50平方米，井口直径1米左右，井深4米，井壁为青砖垒砌。井的右面立有血水井石碑。每年清明节，附近中小学的学生都要聚集在"血水井"旁，倾听亲历过"血水井"惨案的老人讲述那段不堪回首的历史，纪念死者。

"六·二七"惨案碑亭　位于高新技术产业开发区韩集乡张会所村，1999年4月被聊城市人民政府公布为市级文物保护单位。

1944年6月27日，茌平、博平、聊城4000余日伪军对根据地以"铁壁合围"的形式大举扫荡，抗日军队及各村联防队民兵奋勇抗击，掩护大部分群众冲出敌人的包围圈。包围圈逐渐缩小，将200多名群众包围在张会所村东1千米处，敌人对手无寸铁的群众用刺刀挑、机枪扫，致134人惨死、73人受伤。

1944年7月，茌平县抗日政府为纪念在这次惨案中死亡的134名群众，在惨案发生地修建了"六·二七"惨案纪念碑，正面书写着"六·二七惨案纪念碑"。后又加修碑亭，碑亭为砖木结构，亭门上书"六·二七惨案纪念亭"。

2009年政府重建"六·二七"惨案纪念园，把原砖木结构的碑亭改为黄色琉璃仿古亭。整体建筑为三面回廊设计，占地1500平方米，中心为碑亭，北面为大门，南墙为汉白玉烈士浮雕及烈士姓名。东西两墙修建了各级领导及茌平籍老干部、各

■ "六·二七"惨案碑亭

界艺术家手书的现代纪念碑廊,国务院原副总理田纪云、北京军区原司令员李来柱、宁夏回族自治政府原主席黑伯理等为134名英烈题词。

碑帽正面写"千古",背面写"英风"。碑额高86厘米,宽84厘米,厚31厘米,碑额正面写"虽死犹生",背面写"永念英魂"。碑身高176厘米,宽72厘米,厚27厘米,上刻对联和碑文,共300字左右。

2009年6月27日韩集乡政府举办"六·二七纪念园"揭幕仪式,原中国轻工业职工教育研究会副会长兼秘书长、"六·二七"惨案见证人、现在已知的唯一一位幸存者杨先民参加揭幕式。该碑亭现已成为弘扬爱国主义传统教育的重要场所。

抗日烈士纪念碑 位于高新技术产业开发区韩集乡迟桥村,1979年1月被茌平县人民政府公布为县级文物保护单位。

抗日战争时期,高新技术产业开发区韩集乡迟桥村、大白庄一带属于茌南抗日根据地。1941年春,日伪军联合向茌南抗日根据地发起进攻,军分区司令员刘致远率主力团在孟尝君庙与日伪军部队展开了殊死搏斗,打退了敌人3次进攻,敌人最后败退。孟尝君庙战斗结束后,7月25日,八路军攻打敌伪军在茌南根据地安设的小马庄、大吴等据点,歼敌一个团,巩固了茌南根据地。为纪念抗日牺牲烈士,1944年,茌平县抗日政府在迟桥村修建了抗日烈士纪念碑。

纪念碑碑座高40厘米,宽108厘米,厚64厘米。碑额高95厘米,宽80厘米，厚 30 厘米，为长方形，山水祥云纹饰，正中为一五角星，正下为碑亭图案，篆体刻"纪念"二字。碑身高 192 厘米，宽 75 厘米，厚 24 厘米，隶书刻"抗战烈士纪念碑"，碑文上有一对联为："安息吧，你们一腔热血洒遍了荏山永固；前进着，继续六年奋斗唱出那漯水不朽"。该纪念碑现成为弘扬爱国主义传统的重要教育基地。

赵洪光烈士纪念碑　位于高新技术产业开发区韩集乡贾赵村，为纪念赵洪光烈士所建，1979 年 1 月被茌平县人民政府公布为县级文物保护单位。

赵洪光，韩集乡贾赵村人，1940 年参加革命，1941 年加入中国共产党，被选为茌平抗日政府第五区副区长。1943 年，赵洪光带领区队几名战士到大徐庄征收公粮时，与扫荡的日伪军相遇，在战斗中壮烈牺牲。茌平县抗日政府和根据地的群众为其举行安葬烈士追悼大会，并于 1944 年 4 月立碑题词。纪念碑正面有四个大字"光荣殉国"，碑文内容为："英勇的赵洪光同志：你为了坚持茌平抗战，为了保卫人类和平，于民国三十二年十一月九日，你在大徐庄流尽了最后一滴血，你永久安息吧！我们要踏着你的血迹前进，杀尽一切敌人，一定完成你未竟的伟大革命事业。"

该碑为研究展示赵洪光烈士生平提供了重要实物资料。

■ 赵洪光烈士纪念碑

夏碧波烈士纪念碑　位于临清市八岔路镇赵塔头村，1986 年 10 月被临清市人民政府公布为县级文物保护单位。

夏碧波（1917—1944），名全亮，又名涛，碧波为其字，河北省深县半壁店村人。他出生于富裕之家，4 岁丧母，14 岁小学毕业，后到天津做学徒，再到南京读中学，20 岁考入黄埔军官学校预备班战阵攻守等科学习。1937 年，"七七事变"后返回故里任教师并从事抗日活动，后与同乡好友在安平成立青年抗日义勇军。1938 年，随军接受八路军改编为八路军一二九师青年纵队，后属一二九师新编第四旅，1939 年加入中国共产党。先后在一二九师新四旅任团宣传干事、连指导员、营教导员、营长、团作战股股长、七七一团参谋长、一二九师东进支队司令员兼政委等职。1943 年 7 月，任第十一团副团长，仍兼东进支队司令员兼政委。他参与指挥冀鲁豫第一军分区发动的博平战役、清平十里铺战役，显示出卓越的军事指挥才能；他创造的"排子手榴弹"战术给日伪军以很大杀伤，八路军总部专门宣传推广；率支队打开万庄、孔集、梅儿庄等日伪据点，建立了抗日根据地；积极贯彻党的抗日统一战线政策，成功争取国民党军程子芳团起义参加八路军。1944 年，他率领东进支队转战卫东、永智、武训、清平、博平县一带，打胜仗数十次。率东进支队西渡卫河，参与指挥解放邱县战役，后又返回卫东坚持抗日斗争。在领导开辟卫

■ 夏碧波烈士纪念碑

东抗日根据地过程中，率领支队指战员执行减租减息政策，关心群众，深受群众的爱戴，被誉为新时期的"岳家军"。1944年6月7日，夏碧波率部在今柳林镇界牌帮助群众抢收小麦时遭到十余县日伪军的包围袭击。为掩护大部队突围，他带领一个排阻击日伪军，双方激战数小时，部队突围成功，而他却身负重伤，牺牲于柳林武训墓旁。中共冀南区委召开各界人士万余人参加追悼会，刘伯承、邓小平致电哀悼，《新华日报》报道了夏碧波的英雄事迹。

姬增、梁向明、解方、李致芹、王华浓、赵阴庭、张光闾、候锡九、张令闻、赵镇扶、李一香、王少渠、武金栋、杨俊堂、韩文伊、张继德、穆口三、刘铭丹等人发起为其立碑。该碑由永枳县、博平县、武训县、卫东县、清平县全体民众敬立，清廪生卫东县参议张耀宗撰文，武训县参议刘敬修书丹。碑首浮雕"双龙"，中间楷书竖写"民族精英"，碑文介绍了夏碧波的英雄事迹。

该碑现由赵塔头村委会精心维护，保存完好。

临清解放纪念碑　位于临清市先锋街道大众公园内，1986年10月被临清市人民政府公布为县级文物保护单位。

1945年8月，日本宣布投降后，驻守在临清城的伪警备队负隅顽抗。伪警备大队肖子玉部1500余人、吴连杰部600余人、张敬斋部1000余人、郑衍劭部500余人分布于临清城西关、南关等处，王来贤率部500余人驻红房子（今交通局办公楼）。冀南军区第四军分区、第七军分区、冀鲁豫第一军分区组织发起解放临清战役。8月31日，八路军将临清城包围，晚10时战役打响，拂晓城西南守敌全部被歼。9月1日晨，第7旅第19团突入城内，王来贤残部向禹城逃窜。至此，战斗胜利结束。临清解放战役共毙敌3000余人，俘获吴连杰、肖子玉、

■ 临清解放纪念碑

郑衍劭、吴作修等主要敌顽，缴获轻重机枪30挺、迫击炮3门、掷弹筒60具、长短枪4000余支、战马170余匹、汽车2辆。

临清解放后，周边群众为抗日政府赠送了"庆祝牌"，即原临清解放纪念碑。2005年，临清市人民政府为纪念临清解放60周年，新立解放纪念碑。整座纪念碑由3面组成，一面刻有黑伯理题词的"临清解放纪念碑"，另两面刻有临清解放事略。

临清解放纪念碑是临清市开展爱国主义、革命传统和中共党史教育的重要场所。

刘邓大军后方医院遗址　位于冠县烟庄街道张平村，2003年被冠县人民政府公布为县级文物保护单位。

■ 刘邓大军后方医院遗址

1946年11月，解放军二野二纵在冠县城北设立"后方医院"，分布于20多个村庄。在3年时间里，医院共接待伤病员30000余人，驻有伤病员的村庄普遍成立了洗衣小组，为伤病员拆洗衣服，做鞋袜。其中后张平村妇联主任、共产党员赵海英被冀南区评为特等拥军模范。

2005年，由于村内的房屋改造及建设，遗址被逐渐破坏，现已消失。

沙河崖刘邓大军渡黄河指挥部旧址　位于阳谷县寿张镇沙河崖村，2013年10月被山东省人民政府公布为省级文物保护单位。

1946 年 6 月，国民党发动了反革命内战，经过近一年的英勇战斗，我军以自卫战争粉碎了蒋介石的全面进攻。1947 年 3 月，蒋介石被迫改全面进攻为重点进攻，以主力进犯陕北和山东解放区，在两个战场中间，则构筑所谓的"黄河防线"，妄图凭借黄河天险，阻止我军的进攻。1947 年 6 月，中共中央根据战争形势的发展和敌我力量对比发生的重大变化，命令刘伯承、邓小平率晋冀鲁豫野战军在鲁西强渡黄河，实施中央突破，挺进大别山，建立豫皖苏根据地，与挺进鲁西南和豫西的陈粟、陈谢大军形成"三军配合，两翼牵制，逐鹿中原，机动歼敌"的"品"字型战略格局，对国民党反动派展开全国性的战略进攻，将战场引到国民党统治区。1947 年 6 月 26 日，刘伯承、邓小平在阳谷沙河崖村发出《晋冀鲁豫野战军鲁西南战役作战命令》。6 月 30 日，刘邓大军 12 万将士在西起濮县、东至东阿县 300 华里的黄河防线上，一举突破国民党重兵把守的黄河天险，吹响了人民解放军战略进攻的号角，蒋介石苦心经营的"黄河防线"土崩瓦解。刘邓大军横渡黄河，千里跃进大别山的壮举，在人民解放战争史上，写下了光辉的一页。

刘邓大军渡黄河指挥部设在阳谷县寿张镇一个叫蒋家庄的村里，临战前的一天，邓小平政委吃过晚饭，把村干部召集起来说："蒋家王朝就要灭亡了，我看你们的村名叫沙河崖比叫蒋家庄更好。"从此，蒋家庄改名沙河崖。当时的指挥部设在村民孔月仙家中，这是一个古朴的农家四合院落，院前有一座石碑，上书"刘邓大军强渡黄河指挥部旧址"，题写人为国防部原部长迟浩田将军。

■ 沙河崖刘邓大军渡黄河指挥部旧址

1999 年，刘邓大军渡黄河指挥部被列为聊城市第一批重点文物保护单位，并建立了刘邓大军强渡黄河指挥部纪念馆，迟浩田将军亲笔题写了馆名。馆内收藏了邓小平赠给房东的军用木箱，刘邓首长曾用过的桌椅、茶具及当时参加渡河作战领导同志的题字、回忆文章等上百件革命历史文物，供人们参观、瞻仰。

　　如今，该遗址已成为青少年革命传统教育的重要场所。

　　刘邓大军过河处遗址　　位于冠县东古城镇秤钩湾村，2003 年被冠县人民政府公布为县级文物保护单位。

　　1946 年 6 月，国民党公开撕毁停战协定，大举对解放区发起了进攻。为反击国民党军队对解放区的进攻，根据中共中央军委的指示，晋冀鲁豫军区司令员刘伯承、政委邓小平组成野战指挥部，率第三、六纵队，从 1946 年 7 月上旬开始，从太行山区挺进鲁西北平原，第二次来到冠县秤钩湾村，从这里渡过漳卫河进入山东。

　　当时，刘伯承、邓小平在秤钩湾村建立渡河指挥部，并在村里住了 7 天。刘伯承、邓小平等 6 人住在秤钩湾村青年书记张先瑞家中，为了帮助刘邓大军顺利渡河，张先瑞组织本村 40 余人，用了 3 天 3 夜，动用 36 条船只和大宗门板木料，在卫河上架起一座浮桥。随后，刘邓大军以 4 列纵队，从卫河西岸浩浩荡荡跨过漳卫河，顺利进入山东。

■ 刘邓大军过河处遗址

随后，刘邓野战军对国民党军队在冀鲁豫地区的进攻进行了有力反击。首先发起豫东战役，策应中原部队突围，而后在冀鲁豫战场实施大踏步前进和大踏步后退，在运动中寻机歼敌。至1947年2月，连续取得定陶、巨野、滑县、豫皖边等战役的胜利，共歼敌15万人。1947年3月至5月又发动了更大规模的豫北战役，歼敌4.5万人，从而打乱了国民党的部署，收复了黄河以北的大片地区，为全国性的战略反攻创造了有利条件。6月底，根据中央"大举进攻，经略中原"的战略决策，刘邓野战军12万人强渡黄河，发动了著名的鲁西南战役，揭开了人民解放战争进入战略进攻阶段的序幕。

期间，冠县作为解放区和大后方，担负着浩大而繁重的支前任务，"一切为了前线，一切为了胜利"是广大冠县人民群众的共同呼声。1946年11月，解放军二野二纵在冠县城北设立"后方医院"，分布于20多个村庄。在3年时间里，医院共接待伤病员30000多人。1946年9月，解放军将3个兵工厂迁至冠县，广大民兵和群众将生产的各种炮弹及时运往前线，有力地支援了自卫战争。1947年3月，为配合主力部队的豫北战役，冠县民兵营400多人从冠县出发，经清丰、南乐到滑县，担负警卫野战军第二纵队随军医院的任务。随后，转战汤阴、内黄、安阳等地，又担负保卫运输军粮的任务，直至豫北战役胜利结束才返回冠县。

据统计，自1946年7月至1947年7月的整整一年时间里，冠县共提供战勤支差60余万个，青壮年平均每人战勤支差28.8天；民兵配合主力部队作战3次，出动民兵2029人；参战86000天，出动担架3481副，27848人，长运大车190辆，转运大车5358辆，人工73628个，畜工226400个；碾米磨面61.9万公斤；织军布1万匹，做军鞋几十万双；捐款1000余万元。

2005年由于加筑了卫河防洪大堤，而遗址正处于卫河滩内，造成了遗址的消失。

北杨集革命烈士纪念亭　位于经济技术开发区北城街道北杨集村东北角，1947年为纪念北杨集革命烈士所建，2015年6月被山东省人民政府公布为省级文物保护单位。

1938年，聊城早期的党支部之一——北杨集党支部建立，赵春华任支部书记，赵春湖任副书记，翟修安任委员。北杨集党支部在上级党组织的领导下，组织党员和群众成立农民互助会，开展减租减息斗争，破坏日伪通讯交通活动。由于敌人的告密，1940年4月2日，日本驻聊城宪兵突然包围了北杨集村，赵春华、赵春湖、

■ 北杨集革命烈士纪念亭

翟修安、王宪伦、张子杰、翟林臣、耿玉明 7 名党员被日军当场杀害。为纪念革命先烈，1947 年，北杨集村李兰东等 24 名村民捐款修建革命烈士纪念亭。解放后，地方政府及民政、文物部门对纪念亭进行了修缮管理。

北杨集烈士亭筑于高出地面 0.5 米的台基之上，建筑面积 64 平方米，为两层四面有门的方亭，亭院占地面积 300 平方米。亭内竖有赵春华等烈士的功德碑，坐北向南，石碑正面镌刻有北杨集烈士姓名、烈士大事记及立碑发起人、立碑时间等，背面为"浩气长存"四个大字。原亭西南 15 米处建有四棱方形纪念碑楼，后因洪涝水大迁至烈士亭东南 15 米处，亭南有石狮一对。北杨集烈士亭作为抗日英雄纪念建筑，对研究鲁西北抗战和爱国主义教育有重要价值。

孙堂小学革命遗址　位于江北水城旅游度假区于集镇孙堂村孙堂小学内，2014 年 10 月被聊城市人民政府公布为市级文物保护单位。

孙堂小学历史久远，据校内石碑碑文记载，该校重修于 1920 年，当时被称为"聊城一高"。抗日战争时期定名为"筑先抗日第一高小"，解放初期至 60 年代被命为"聊城第六中学"，1996 年成为一所完全中心小学。

抗日战争时期，抗日民族英雄范筑先曾多次莅临该校，讲述抗日救国的革命道理，鼓励学生学有所为，积极投身救国救民的水深火热之中，并当场题词"少壮不努力，老大徒伤悲"。聊城县改为筑先县后，"聊城一高"被定名为"筑先抗日第一高小"，在此培养了抗日干部数百名。

孙堂小学革命遗址包括原建校时期的三间教室、一个铁钟和学校西部花坛中的"学校创修记"石碑 1 通。

三间教室长 10 米，宽 6 米，面积 60 平方米；铁钟为锥型，直径 0.41 米，高

0.33 米；"学校创修记"碑为残碑，残高 1.11 米，宽 0.67 米，厚 0.17 米，碑文简述了孙堂小学的悠久历史，是历史的重要物证。

在抗日战争、解放战争和革命建设时期，孙堂小学为国家培养造就了大批栋梁之才，做出了卓越贡献。孙堂村孙堂小学革命纪念地对广大青少年进行爱国主义教育具有重要意义。

■ 孙堂小学革命遗址

第二节　陵园墓葬

鲁西北烈士陵园　又名丈八烈士墓，位于莘县大王寨镇东丈八村西北隅，聊城市最大的革命烈士陵园，1999年4月被聊城市人民政府公布为市级文物保护单位。

元朝末年，此处是建福寺旧址，1945年辟为烈士陵园。陵园坐北朝南，南北长240米，东西宽170米，占地36000平方米。陵园由门楼、革命纪念塔、革命烈士事迹陈列馆、烈士墓群4部分组成。

门楼为古典式牌坊，造型别具特色，门额上书"烈士陵园"4个苍劲大字。两旁分别写有"生的伟大""死的光荣"。

纪念塔坐落在3米高砖台上，四面八角，三级楼阁式砖木结构建筑，总高18米，占地面积约100平方米。下部是高3米、边长11米的正方形砖台。纪念塔一层塔壁周围镶嵌有用旧碑改造的8块石碑。正南方一块是1946年清明节鲁西北全体党政军民敬立的"革命烈士纪念碑文"，碑上刻有"革命烈士纪念塔"7个红漆大字；东、西、北三块是烈士英名录，记录着为革命牺牲的原朝城县、莘县、冠县、临清县、武训县、馆陶县、永智县和部分外地烈士，共925位，其中师级干部3名、团级干部10名、营级干部6名、连级干部9名、排级干部102名、班长和战士643名。东北方一块是冀南第一军区司令员白云谨述、冀南第一军区政治部主任于笑虹书丹的萧永智、张炳元、史钦琛3烈士传略，西北方一块是晋冀鲁豫边区第一行政督察专员贝仲选敬撰、晋冀鲁豫边区参议员兼冀南第一专署主任参议崔行宣书丹的"鲁西北烈士纪念塔碑文"，东南方一块是冀南第一军分区政治委员许梦侠敬撰、晋冀鲁豫参议员丹彤敬书的"鲁西北军区抗战八年简志"，西南方一块是鲁西北日报社记者王鸣时敬挽、冀南第一军分区副政治委员兼武委会主任杨新一书丹的"克复莘县城记"。二层是供游人观光凭吊的场所。三层为纯木结构，阔4.2米见方，明柱6根，高1.8米。塔顶端是一硕大的红色五星，光彩耀目。

塔北为3间革命烈士事迹陈列馆，室内挂有毛泽东、周恩来、朱德等所题挽联和烈士遗像及事迹介绍，展柜存放着相关史料。陵园北部为西北全体党政民于1945年7月7日敬修的25座烈士墓，其中安葬着冀南第三军分区政委肖永智、鲁

■ 鲁西北烈士陵园纪念塔

西北地委书记张炳元、一二九师新八旅二十二团政委史钦琛等 925 位革命先烈。

2007 年，聊城市人民政府对陵园进行维修，后由聊城市民政局直接管理。整个陵园掩映在苍松翠柏之中，庄严而肃穆，已成为全市进行爱国主义教育、革命传统教育和国防教育的主要场所和重要基地，又是集红色旅游与纪念于一体的大型烈士陵园。

琉璃寺烈士陵园　位于高唐县琉璃寺镇徐庙村，1939 年在许楼抗日战斗中为国捐躯的 48 位烈士的墓地，2015 年 6 月被山东省人民政府公布为省级文物保护单位。

陵园坐北朝南，东西长 160 米，南北宽 107 米，占地面积 17067 平方米。最南面有碑楼 1 座，内立 1946 年建园时所树的纪念碑 1 通。上镌时任茌平县长徐汉三、琉璃寺区区长张光的题词。石碑正面中间为"烈士陵园"4 个隶书大字，左右题联为"碧血染青史，青史有声兼有色；忠躯葬黄沙，黄沙埋骨不埋名"。陵园中间为墓地，共修有 48 座墓冢，安息着 48 位抗日烈士的英灵。墓地北面有 5 间瓦房，是烈士纪念堂。

在许楼抗日作战中为国捐躯的 48 位烈士是中国共产党领导的八路军一二九师青年游击纵队三团的战士，他们与日寇的这次激战，也是抗战初期八路军在鲁西北地区和日寇作战规模较大的一次。

1938 年 11 月，日寇进犯聊城，爱国将领范筑先为国捐躯，聊城失守，鲁西北抗战形势发生急剧变化。中国共产党八路军总部为支援鲁西北抗战，派一二九师青年游击纵队三团由冀南来到鲁西北。青纵三团先在冠县、馆陶一带打击敌伪，配合地方党委组织抗日武装，然后到聊城、堂邑、茌平、清平、高唐一带作战。先后在聊城消灭了几个伪区公所，攻击了清平县城，又在高唐县活捉了八区伪区长，使鲁西北的抗战局势很快稳定下来。

1939 年 3 月 4 日，中共鲁西区党委和一二九师先遣纵队由堂邑连夜向高唐、茌平、禹城一带推进，并电告属下津浦支队、青纵第三团同时到达高唐琉璃寺附近村庄集结，青纵三团的团部和三营进驻到琉璃寺东六里的许楼村。许楼村约有 200 来户人家，村庄四周有坚固的围墙，围墙外有宽阔的壕沟。早晨八点多钟，驻济南的日寇纠集津浦路北段的秋山旅团和临清的敌伪约 4000 余人，从济南、齐河、禹城、聊城、高唐等地同时向高唐东南、茌平以北地区分进合击，妄图一举歼灭纵队武装。敌人包围了许楼，用炮火和轻重机枪为掩护向村内发起进攻。青纵三团三营的战士凭借坚固的工事，用步枪、骑枪、手榴弹和敌人展开了激战，一次次把敌人的进攻击退。当时春节刚过，村中群众把家中的包子、年糕拿出来，慰问伤员，腾出一个院子和几间房子作为临时救护所，帮助卫生队抬护伤员。

日寇进攻了 7 个小时，也未能攻下许楼。下午三时，聊城的日寇乘汽车赶来增援，日寇的坦克、迫击炮、轻重机枪一起出动。青纵三团团部命令驻扎在郝庄的二营投入许楼战斗，日寇的进攻再次被击退。日寇恼羞成怒，开始施放毒瓦斯，下午五时许，日寇的坦克突破了围墙。团部决定，由二营掩护，团机关从村西北角突围，战斗部队相继撤出。深夜时分，全团人马陆续在岳王庙村汇合完毕。

3 月 6 日下午一时许，敌人摩托化部队又尾追而来。团部命令三营九连三排阻击敌人，掩护全团撤退。三排战士利用河堤等有利地形打退了敌人的多次进攻，掩护全团安全撤退。最后终

■ 琉璃寺烈士陵园纪念碑

因力量悬殊，30 余名战士除一名副班长和一名机枪手返回部队外，全部英勇牺牲。据当时亲历战斗的群众说，仅在 3 月 5 日下午 3 时的一次反击中，被击毙的日寇就让敌人拉了两汽车。

时任中共鲁西区委秘书长的赵伊坪即在这次战斗中牺牲的。战斗中，他身负重伤落马，丢失高度近视镜，行动困难，不幸被俘。日寇施尽毒刑，他英勇不屈，被日寇捆在枣树上，身浇煤油活活烧死。

抗日志士们用自己的生命保护了大部队的安全，歼灭了大量敌人。但因战事繁忙，当时甚至没有时间核查英烈们的姓名，至今他们的籍贯和姓名都不清楚。这次战斗打击了日寇的嚣张气焰，扫除了当时一些人的恐日情绪，鼓舞了人民抗日战争胜利的信心，对高唐、茌平和大峰山地区抗日根据地建设和发展产生了积极的影响。

琉璃寺战斗之后，当地群众置棺木掩埋了 48 位烈士的遗体，并在墓前建起了纪念碑，栽上了松柏，后来又建为烈士陵园。烈士陵园于 1991 年进行重新修建，重建了大门和纪念堂。

马本斋陵园　位于莘县张鲁回族镇南街村，著名回族抗日英雄马本斋烈士的陵园，1999 年 4 月被聊城市人民政府公布为市级文物保护单位。

马本斋是河北献县人，回族，早年毕业于东北讲武学堂，在张宗昌队伍中由排长升到团长，后回乡务农。抗日战争爆发后，他在家乡组织"回民义勇队"，抗击日本侵略军。1938 年加入中国共产党，历任冀中军区回民干部教导总队总队长、回民支队司令员、冀鲁豫军区三军分区司令员等职。1939 年秋，任冀中军区八路军回民支队司令员，曾受八路军冀中军区通报嘉奖，并被授予"打不烂，拖不垮，攻无不克的铁军"锦旗。1944 年 2 月 7 日病逝于山东莘县，安葬在张鲁回族镇，烈士墓沿用回族安葬惯用的坟丘形状。

1945 年，张鲁回族镇政府和群众自发为马本斋立碑、筑亭、植树，修建了"马本斋烈士陵园"。1954 年，马本斋烈士灵柩迁往石家庄华北烈士陵园。但张鲁回族镇的烈士陵园依然保存完好。1985 年，政府出资在烈士原葬处扩建了烈士陵园。

整个陵园占地 5800 平方米，由大门、纪念亭、烈士墓和纪念塔组成，外围红砖花墙。

大门为伊斯兰建筑风格的穹型大门，门额分别用汉语和阿拉伯语书写着"马本

■ 马本斋陵园大门

斋烈士陵园"，汉语题字由马本斋之子马国超书写，阿拉伯文由回民支队教长蔡永清阿訇书写。

陵园中央建有一座古典式六角形纪念碑亭，亭高 11 米，对角线 6 米，建在 1.2 米高的方形平台上，建筑面积 30.2 平方米。亭内立一青石纪念碑，高 2.18 米，宽 1.09 米，厚 0.3 米，阳面刻着"马本斋司令员永垂不朽"，阴面刻着烈士传略。纪念亭后面是马本斋烈士墓。陵园北部建有烈士祠堂，建筑面积 101 平方米，祠堂正中安放着马本斋烈士半身玻璃钢塑像，四周墙壁上悬挂着毛泽东、周恩来、朱德等领导人以及党政军领导机关的挽词和纪念匾等。

陵园南部有平房六间，为马本斋母子英雄事迹展览室。主展室以连环画形式较为详细的介绍了马本斋艰难求索而又光辉伟大的一生，展现了马本斋母子高尚的爱国情怀、坚强的革命意志、卓越的军事才能和团结御侮、忠贞不渝、舍生忘死的高风亮节。

陵园融合中国古代建筑和阿拉伯建筑风格于一体，庄重、典雅、肃穆，已成为莘县重要的爱国主义教育基地。

临清革命烈士陵园　位于临清市新华街道东兴街 385 号，1986 年 10 月被临清市人民政府公布县级文物保护单位。

■ 临清革命烈士陵园大门

临清革命烈士陵园建于 1979 年 4 月，占地面积 1200 平方米，建筑面积 500 平方米。烈士陵园正门西向而开，为牌坊式建筑，宏伟肃穆。院内正北为纪念堂。纪念堂为现代建筑，分为正厅、东厅和西厅三部分，正厅立一牌匾为毛泽东题词"死难烈士万岁"，上悬朱德题字"浩气长存"。东西两厅为死难烈士事迹介绍及遗物遗迹陈列。纪念堂东侧为死难烈士墓地，原有革命烈士墓 36 座，后有部分烈士墓由其后人迁出，现存烈士墓 23 座。纪念堂正南建一纪念亭，与纪念堂相对正南方为迎壁牌坊，上书毛泽东题词"革命烈士永垂不朽"。

临清革命烈士陵园是临清市爱国主义教育基地之一。

后田庄六十二烈士墓　位于冠县东古城镇后田庄村，1946 年为纪念与日寇作战而壮烈牺牲的 62 名革命烈士而修建的，2015 年 6 月被山东省人民政府公布为省级文物保护单位。

后田庄村处在山东省与河北省的交界处，在抗战时期战略地位十分重要。1938年，后田庄村成立了党支部，组织了一支 11 人的小游击队，名叫"东临支队"。不久，游击队发展至 100 余人，改名"长迩支队"，1939 年编入卫河支队，1940 年初编为八路军先遣纵队一团三营十连。1940 年 2 月 7 日，十连奉命开往南宫，参加打

■ 后田庄六十二烈士墓

击顽军石友三部的战斗。经过 13 天激战之后，十连乘胜追击时，与来自河北省邯郸的 3000 余名日军遭遇，日军将十连战士包围在馆陶县赵官寨村的一座民楼内。全连 62 位战士在教导员孙树声、连长王德林指挥下与日伪军血战 1 天 1 夜，打退敌人多次进攻，歼敌百余名。敌人调用飞机轰炸并纵火焚楼。22 日，十连战士仅剩 16 人。在弹尽粮绝、又无外援的情况下，战士们砸烂枪支，跳楼自焚，壮烈殉国。62 位战士殉难的消息传开后，《新华日报》发表了歌颂英雄的文章，一二九师师长刘伯承给予表彰。由于当时处在战乱时期，暂时将战士的遗体在当地埋葬。

1946 年，民主政府重修了坟茔，将 62 位烈士的忠骨由赵官寨村移葬至十连的诞生地东古城镇后田庄村，并树立墓碑永久纪念。

坟茔坐西朝东，直径 8.3 米，高 1.7 米。其上封土为圆丘形，前有砌砖封门墙及高台。周围松柏环绕，绿荫掩映。坟茔以北数米，建有烈士纪念碑楼。碑楼内石碑通高 3.1 米，由碑冠、碑身、碑座 3 部分组成。碑冠高 0.6 米，宽 0.68 米，厚 0.2 米，上面刻有双龙戏珠，中间有"民族英雄"四个大字。碑身高 2 米，宽 0.67 米，厚 0.2 米。碑文为阴刻楷书，阴面题 62 烈士的英名。碑座为方石，高 0.5 米，宽 0.8 米，厚 0.55 米。碑两侧有青砖镶裱，上顶覆有桔红色琉璃瓦，起脊四角攒顶，形为亭楼。碑文由冀南军区七分区政治部主任于笑虹撰写，详细记述了 62 位烈士的壮举。

英烈屯革命烈士墓 位于临清市潘庄镇英烈屯村，1990 年 6 月被临清市人民政府公布为县级文物保护单位。

英烈屯原名吴寨，抗日战争后期属于卫东县二区管辖。东进支队开辟卫东根据地时，在吴寨与日伪军发生战斗，为悼念英勇牺牲的英烈，吴寨村改为英烈屯。

1944 年 1 月 24 日，在影庄休整的东进支队得到消息，一股百余人的伪军流窜至卫东，驻扎在吴寨村内。支队长夏碧波决定攻打吴寨歼灭日寇，作战任务由七连和通讯班承担。25 日拂晓，作战部队赶到吴寨东北处的霍家老坟，向敌人发起了猛攻，全歼伪军 30 余人。又在吴寨村内发现日寇 200 余人，比战前侦查到的兵力数量多一倍。由于对战斗困难估计不足，兵力不够，激战 2 个多小时，战斗仍未取得胜利。围墙内的日寇发现支队兵力不足，试图出东门到村后迂回包围支队，一排战士在排长的指挥下用两挺机枪封锁住东门，敌人几次突击都被东进支队打退，击毙日寇多名。后日寇企图冲出南门，又被三排火力压制缩回村内。支队长指挥一、二

■ 英烈屯革命烈士墓

排战士，在机枪的掩护下，尝试从北面爬上围墙打开突破口，但日寇火力优势明显，一排长和连队指导员相继牺牲。最后，日寇压制北面后，集中火力冲出南门，并沿村西侧迂回向东进支队包围，东进支队立即组织撤退。下午 4 时许，部队撤到距吴寨 1 千米的油坊村，整军清点，36 人牺牲、32 人受伤。

26 日，东进支队支队长夏碧波率部安葬烈士。27 日，卫东县县长解方在吴寨村召开追悼会，悼念英勇牺牲的英烈，并郑重宣布将吴寨村改为英烈屯。1962 年，英烈屯划分为英东、英西两个行政村。

1993 年，英烈屯革命烈士墓迁至村东霍家大坟东侧。后来，其中的 24 名烈士由烈士后人迁回老家安葬，墓区现存 12 位烈士的墓地。烈士墓占地 10 余亩，周围青松林立，绿草如茵。墓前设有墓碑，碑高 2.5 米，宽约 0.6 米，正面刻着"革命烈士之墓"，背面依次排列着烈士墓。

如今，英烈屯革命烈士墓已成为干部群众和学生接受革命传统教育的重要基地。

徐河口三英烈士墓　位于茌平县胡屯镇徐河口村，抗日烈士徐宝珊、徐宝璧、徐宝珍三兄弟的墓地，2015 年 6 月被山东省人民政府公布为省级文物保护单位。

徐宝珊（1909—1942），博平县徐河口村（今属茌平县）人。1937 年"七七"事变后，徐河口一带村民自发组织成立联庄会，徐宝珊任大队长，后被编为山东省第六区抗日游击司令部第三十二支队二团三营，任营长。1938 年春，徐宝珊加入中国共产党。1939 年 1 月，任博平县第一届抗日民主政府县长，对外称"博平行署主任"。1939 年 2 月，三营正式扩编为筑先纵队第七团，徐宝珊任团长。1940 年 6 月，七团改编为八路军一二九师新八旅第二十四团，徐宝珊任团长。1941 年春，徐宝珊率部参加了著

■ 徐河口三英烈士墓

名的"百团大战"，因战功卓著，二十四团被授予"模范战斗团"的称号。1942年6月，在山西省辽县麻田地区反击日军"扫荡"中，徐宝珊牺牲，年仅34岁。

徐宝璧（1920—1945），徐宝珊的三弟，1938年参加地方武装，同年加入中国共产党。曾任博平县三区抗日区长，冀鲁豫第四军分区司令部参谋。1943年3月，任博平县大队副大队长。后任运动军分区五团一营营长。1945年9月在解放茌平时不幸牺牲，年仅26岁。

徐宝珍（1926—1944），徐宝珊的五弟。受兄长影响，自幼参加抗日武装，多次参加战斗，曾因击毙伪团长受嘉奖。1944年在战斗中壮烈牺牲，年仅18岁。

1947年，博平县委将三烈士迁葬于徐河口村，并召开了追悼会，表彰了徐家"一门三烈士"的光辉事迹。1996年，胡屯乡党委、政府，徐河口村党支部、村委会为三烈士立碑一座，以示纪念。

凤凰集烈士墓　位于东昌府区闫寺街道凤凰集村，2014年10月被聊城市人民政府公布为市级文物保护单位。

抗战初期，700多人口的凤凰集村有100多人在外读书、抗战，这些青年接受了新思想，回村后积极组织村民抗战，解占伯就是其中之一。解占伯6岁起在聊城上学，后来考入清华大学。1937年参加了革命，同年入党，并赴延安军事干部学校

■ 凤凰集烈士陵园之解占伯烈士墓

学习。返聊后，与徐运北在堂邑成立宣传队，训练和组织民团和群众，开展抗日救亡运动。他们在村里挂起抗日旗帜，组织发动了"抗日义勇军"，建立了20多人的队伍。在他们的影响带动下，全村人踊跃支前，投入到抗日救国的斗争中。凤凰集村也成为当时鲁西北有名的红色保垒村，被日军称为"共产党的老窝"，成为日军的眼中钉。

1945年1月3日清晨，驻扎在堂邑城内的200多名日伪军包围了凤凰集村并抓住群众40多人。敌人把这些群众赶到一个小场院里，架起机枪和小钢炮审问。在这次扫荡中，凤凰集村有6人遇难，38人受伤，50多人被日军抓走，100多间房屋被毁，200多头大牲口被杀掠。1966年，村里的画家郎树山遍寻知情者，根据他们的叙述，绘制日军在凤凰集大肆屠杀的画作10幅，以警示后人勿忘国耻。

1946年初，晋冀鲁豫野战军第2纵队等部发起聊博战役，凤凰集村被确定为后方医院，牺牲的500多名烈士后被埋葬在后方医院北面的大片空地里，坟头边都立有木板或石块，写有烈士姓名、年龄、籍贯。1946年冬，冀鲁豫七军分区司令员赵健民下令建立了凤凰集烈士陵园。1948年，筑先县（今东昌府区）政府对墓地进行了平整，树立了纪念碑。建国后，闫寺镇建起大门和院墙，栽上松树、杨树，并安放了无名烈士碑。1988年12月，在凤凰集生活与战斗过的解长林少将等人捐资修建纪念碑一座，正面刻有"凤凰集烈士陵园"，后面刻有"敬献给解放聊城英勇牺牲的烈士们"等字样。

陵园坐北朝南，原面积13亩，现有面积9亩3分。陵园大门左右两侧各有四个红色大字"浩气长存""名垂青史"。园内西南部有一座用水泥砌成的圆形坟墓，墓的东面有两座墓碑，紧靠墓的是茌平县立碑，上刻有"县长谢（解）烈士占伯之墓"，其前方为东昌府区政府立碑，上刻有"解占伯烈士之墓"等字样，无名烈士纪念碑被整齐分布在陵园西北和东北部。陵园内另有石碑2通，碑文记载了1947年聊城解放战斗中牺牲的解放军指战员的姓名和事迹。

2001年4月，烈士陵园被确认为东昌府区青少年爱国主义教育基地。2012年9月，东昌府区投资500多万元，对原烈士陵园进行了重新规划、设计，在原有基础上建设了纪念堂、纪念碑、纪念广场、纪念亭、纪念雕塑等。纪念堂内悬挂着1966年郎树山创作的凤凰集大屠杀的画作10幅，同时，把东昌府区所有零散烈士墓迁移到该陵园统一管理。2013年5月，更名为东昌府区烈士陵园。目前，该陵园集中安葬烈士489名，其中无名烈士156名，有名烈士333名。

张梦庚烈士墓　位于冠县梁堂镇张里村，2003 年 1 月被聊城市人民政府公布为市级文物保护单位。

张梦庚（1909—1926），字效白。1909 年出生于冠县张里村。15 岁离乡至北平大同中学读书，曾任校学生会主席。孙中山到北平时，他亲聆了这位革命先行者的演讲，并常与革命先驱李大钊等人接触，产生了革命思想，1925 年 3 月加入中国共产党，后又以个人身份加入中国国民党。1926 年春，八国公使干涉中国内政，他愤而上书痛斥。3 月 18 日，北平各校学生 4000 余人赴段祺瑞"执政府"请愿，他走在最前列。段祺瑞令卫队开枪，他身中 3 弹，与刘和珍等 37 人一起当场牺牲，年仅 17 岁，史称"三·一八"烈士。鲁迅先生曾作杂文《纪念刘和珍君》，专记此事。张梦庚牺牲后，其弟和族兄将遗体从烈士公墓迁回老家张里村安葬。新中国成立后，张梦庚被国家民政部追认为烈士。该墓占地 100 平方米，墓为圆形土丘，直径 2.5 米，高 1 米，具有重要的革命纪念意义。

赵以政墓　位于东昌府区花园南路人民公园东南隅，1999 年 4 月被聊城市人民政府公布为市级文物保护单位。

■ 赵以政烈士墓

赵以政（1904—1928），字存礼，革命烈士，出生在聊城县（今东昌府区）东关姚家园子街，1912年进私塾读书，1920年进聊城县立高等小学学习。1923年考入聊城省立第二中学，参加反帝爱国游行示威，向学生推荐进步书刊。1925年受革命浪潮的冲击，考入黄埔军校第4期政治科，动员10多名亲友投身革命。1926年夏毕业后，被分配到北伐军第三路军，任排长、工兵连长等职，参加了第二次东征战役。在北伐途中，他加入中国共产党。1927年，以军事特派员身份由武汉回到聊城（今东昌府区），不顾个人安危，经常出入聊城省立二中和三师，发展共产党员10多名。同时深入聊城、博平、阳谷等地农村，发展基层党组织，组织农民协会，开展抗捐抗租抗高利贷的斗争。1927年10月，中共鲁西县委成立，赵以政任县委委员，县委机关就设在他家里。1928年1月14日，参加领导了坡里暴动，带领武装群众攻进坡里，占领德国天主教堂。由于叛徒告密，于1928年6月8日被国民党逮捕。赵以政被捕后，敌人劝其在"自首书"上签字，赵以政哈哈大笑，反要敌人"先写一份认罪书"，而后敌人改用皮鞭抽、棍棒打、蜡烛烧，赵以政毫不屈服。6月17日，赵以政嘱咐为他送监饭的弟弟："告诉你嫂子带好孩子，长大继承我的遗志，我就含笑瞑目了。"接着用手指在墙上刻下"爱国本无罪，革命更无辜。死刑何所惧，我径向天呼！"6月19日，赵以政在聊城南门外桥头被国民党杀害，时年24岁。

赵以政被国民党杀害后，灵柩放在原县防疫站院内，1971年在县民政局的主持下，灵柩从县防疫站院内移迁到聊城公园。墓地长32米，宽15米，占地面积480平方米。烈士墓为长方形砖室墓，高1.65米，长3.02米，厚0.29米，墓前立有1通水泥碑，碑文有"中共鲁西县委代理书记赵以政烈士之墓，1904年出生，1925年参加革命，1928年牺牲"等字，墓北侧为其弟赵以堂烈士墓，两墓保存较好。

赵以政烈士墓地是进行爱国主义和革命传统教育的重要基地之一。

宋占一烈士墓 位于东昌府区张炉集镇张庄村，2003年1月被聊城市人民政府公布为市级文物保护单位。

宋占一（1906—1931），共青团山东省委书记、革命烈士。父亲是一位开明私塾先生，他自幼随父读书。1920年春，宋占一考入聊城"东临道立模范小学"，1923年，考入山东省立第三师范学校，在校期间开始阅读《新青年》《向导》等进步书刊，逐步确立了爱国主义的思想。1927 年春加入中国共产党，同年 10 月选为鲁西县委委员，是坡里农民武装暴动领导人之一，参与了东林地区革命委员会（鲁西北第一个工农革命政权）宣言的起草，扩大了革命影响。1929 年 3 月，宋占一同省委书记邓恩铭在济南被反动派逮捕，1931 年壮烈牺牲，葬在济南一处农田中。后其兄宋奎一将烈士尸骨从济南迁回家，用木棺盛殓安葬于此。

宋占一烈士墓占地面积 20 平方米。"文革"期间，烈士墓曾被铲平。1978 年，宋占一堂弟将墓重新筑起，封土高 75 厘米，底径 150 厘米，保存基本完好。

■ 宋占一烈士墓

金谷兰墓 位于高唐县汇鑫街道谷官屯村，抗日英雄金谷兰的衣冠冢，1999 年 4 月被聊城市人民政府公布为市级文物保护单位。

金谷兰（1904—1938），字贮溪，高唐县汇鑫街道谷官屯村人。父亲是清末贡生，思想进步，曾担任高唐县谘议局议员，相传是老同盟会员。金谷兰自幼随兄长金石兰读书，深受民主思想的影响。1925 年毕业于山东省立第三师范。1926 年秋，经杨逢春（字笙甫）介绍加入中国共产党，成为高唐县第一位中共党员。1927 年春，受中共鲁北县委指示，在家乡发动农民暴动。他进入活动在高唐城北一带的"红门"组织中，宣传中共主张，提出"抗捐抗税""打倒土豪劣绅"等口号，深得群众拥护。不久，"红门"改称"红团"，金谷兰为团长，很快发展到 25 个村庄，团员千余人。金谷兰将这个农民自发的迷信武装团体，改造成为高唐县第一支中共领导的革命武装力量，高唐县的中共组织也随之发展壮大，成立了高唐县第一个中共党支部——谷官屯支部。

红团壮大以后，为解决急需的武器问题，金谷兰在妻子袁子孝的支持下，以480块银元的代价卖掉了家里的18亩良田，在济南一家铁厂铸造了金谷兰自己设计的铁蒺藜锤300个，又购买了标枪400支、大刀40把，红团的战斗力迅速提高。红团首先镇压了大地主李洪楼和惯匪郭景芳、张麻兰，接着又打击了苦水李庄大地主李干臣和高唐县商会会长姚定汉，枪挑了欺压贫民的5个盐巡。1928年4月，中共鲁北县委改为鲁北特委，决定5月4日在谷官屯举行暴动。团员们赶制了标语、传单等宣传品，袁子孝用陪嫁的红绸被面亲手绣制了一面旗帜，准备占领县城后，将其插在钟鼓楼上。

为便于指挥，红团成立总局，金谷兰任团长，姜占甲、靳兴荣任副团长，25个村庄的团员编为7个大队。准备先打土匪李金榜（李九）的老巢——打鱼李庄，再攻占高唐县城。奉系军阀县长张振声等提前得知了谷官屯暴动的消息，张振声、警备队长李长兴、土匪头子李九等拼凑成了围攻谷官屯的反革命力量。5月4日清晨，高唐中学校长、金谷兰的兄长金石兰被反革命力量枪杀在卧室，同时反动力量开始围攻谷官屯。突遭袭击的红团总局及团员仓促应战，终因寡不敌众，

■ 金谷兰设计的铁蒺藜锤

突围撤退。战斗中特委书记李春荣、红团副团长姜占甲、团员李富胜、李金亮、刘兆全、田凤山、李成春、杨金强、李长庆、赵长玉、李瑞常、杨少成等 12 人牺牲，李金山、田勇亭、李凤春 3 人负伤，特委、总局机关及金谷兰家院被毁之一炬。

暴动失败后，金谷兰继续在高唐坚持革命斗争。1928 年 9 月 28 日，在城西袁庄被国民党政府逮捕，判刑 7 年。1935 年 8 月 5 日获释后，在济南、金乡等地以修自行车、任小学教师为掩护，从事中共地下工作。"七七事变"后，金谷兰回高唐组织抗日武装，先后创建了"冀鲁边抗日游击第四大队"和"冀鲁边抗日游击第七大队"，曾率领部队在高唐城北东铺村和县城北关阻击日军进犯。其后，金谷兰在范筑先将军的政训处做统战工作，1938 年 2 月 5 日，金谷兰奉中共鲁西北特委指示，在清平县（现临清）金郝庄做收编杂团盛续亭部的工作。金谷兰应邀去金炉店红枪会首领袁振川家赴宴，在返回金郝庄途中，被盘踞在金郝庄附近的杂团韩警砭的部下谌化堂枪杀，年仅 34 岁。范筑先得知消息后震怒，率部消灭了韩警砭、盛绪亭匪部。

金谷兰牺牲后，先是掩埋在金郝庄一个坑塘旁。不久，其岳父袁双奇配合中共党组织将金古兰遗体迁葬于城西袁庄其岳父家的坟地中。1946 年高唐解放后，由县人民政府第一任县长谢金声主持，将烈士遗骨迁回谷官屯，召开万人追悼大会，举行隆重的迁葬仪式，葬于村中。1978 年，国家实行殡葬改革，也为便于瞻仰和祭祀，将金谷兰烈士和其子金维泉的尸骨分别取出火化，敬置于高唐烈士陵园。

王登铭烈士墓　位于冠县贾镇镇王辛村，2003 年被冠县人民政府公布为县级文物保护单位。

王登铭（1910—1939），冠县王辛村人，革命烈士。童年家庭生活困难，小学没读完即回村务农。农闲时，跟着父亲在中药铺当帮手，得以广泛接触社会，了解各阶层人们的生活状况。1936 年秋，经王维群介绍，加入中国共产党，并在本村党支部工作。根据党组织的指示，他经常在附近村庄向农民传播革命道理，宣传党的主张，成为党的活动积极分子，并先后发展 10 余名贫苦农民入党。1938 年秋至1939 年春，县委领导了全县的清乡运动，他同王辛村一带的共产党员一起，积极发动群众，成立农、工、青、妇各种救亡团体，领导群众进行清匪反霸、夺取乡村政

■ 王登铭烈士墓

权的斗争，有力地打击了冠县六区南部一带的封顽势力，使附近十几个村庄成了可靠的抗日根据地。王登铭也成为领导群众抗日的坚强骨干，先后任区委组织委员、区委书记。1939 年 7 月 14 日，中共鲁西区一地委书记张炳元（字柏江）被杀害。为纪念张炳元，县委武装工作队改名柏江队。王登铭任县委委员、县委战争动员部部长兼柏江队队长，负责全县的武装动员工作。1939 年 8 月 13 日，他到许谈二寨村进行抗日宣传，发展抗日武装，回来的路上，被在清乡运动中受到打击的反动富农分子许广荣枪杀。县委于 1940 年组建了"冠县登铭抗日游击队"，1946 年在六区大张庄建立了"登铭完小"。

王登铭烈士墓呈六角菱形，为水泥结构，前沿高 1.6 米，四周围高 1 米。墓前刻有"王登铭烈士之墓"几个大字。

孙立民烈士墓 位于冠县崇文街道唐寺村，2003 年被冠县人民政府公布为县级文物保护单位。

■ 孙立民烈士墓

孙立民（1914—1942），又名长山、长信，冠县冠城镇（今属清泉街道）唐寺村人。1933年夏，考入冠县师范讲习所，期间，经老师建议改名孙立民，取"民无信不立"之意。1939年6月，日军占领冠县县城，时年25岁的孙立民参加了共产党领导的冠北游击大队，历任文书、一连一排排长。1940年3月底，冠北游击大队和原冠县游击二营合编为冠县游击营，遂任一连连长。1940年5月，加入中国共产党，7月任游击营营长、一营营长。1941年6月，军分区派其回到冠县，任县独立营营长。9月底，到冀鲁豫军区受训3个月。1942年9月24日，全县武装部队检阅大会在城南东里村召开。会议结束后，他带领独立营于9月25日晚转移到白塔集，驻在北街。一区队也随独立营到白塔集，驻在西街。9月26日，日军数十人带领伪军4个中队300多人，突然向白塔集发动袭击，孙立民带领部队英勇作战，不幸受伤被捕。当晚，敌人将他送往临清日军司令部。在敌人的酷刑面前，他始终英勇不屈，大义凛然。在遭受日军5天5夜的残酷折磨后被杀害，年仅28岁。10月10日，军分区司令员赵健民和冠县抗日政府在城南耿楼村为他召开了追悼会。

孙立民烈士墓占地30平方米，墓冢呈土丘状，高1.2米，边长2.8米。墓前有石碑1通。

李恩庆墓　位于高唐县三十里铺镇董集村，抗日英雄李恩庆的墓地，2008年5月被高唐县人民政府公布为县级文物保护单位。

李恩庆（1919—1942），1933年考入高唐县立中学，1937年考入聊城省立第三师范。不久辍学回乡，先后在本村、郭庄小学任教，不断宣传抗日救国的道理。1939年加入中国共产党，后任中共高唐县第五区区委书记。上任不到1年时间，发展党员 40 多人，在大多数村庄建立了党支部。1941 年 2 月，任中共唐南县委组织部长。不久，冀南区抗日武装部队进军高唐。他组织地下党员深入宣传抗日军队声威，并割断日伪军电话线，使抗日武装部队顺利挺进高唐敌占区。1942 年 2 月，接任中共唐南县委书记。同年 4 月 29 日，在武城地委党校学习时被日军包围，不幸牺牲。

墓地坐北朝南，墓前立石碑 1 通，碑高 1.8 米，宽 0.52 米。碑外砌有李祥中学全体师生捐款修建的青砖碑楼，碑楼高 2.3 米，宽 1.26 米，厚 0.82 米。碑正面楷书阴刻"烈士李恩庆字怀信同志之墓"，右边落款楷书阴刻"中国共产党高唐县委组织部长"左边落款"中华民国三十五年（1936）九月五区全体群众敬立"。

■ 李恩庆墓

此处是后人缅怀烈士、进行爱国主义教育的重要场所。

夏碧波烈士墓　位于冠县柳林镇崔庄，1999 年被冠县人民政府公布为县级文物保护单位。

1946 年，夏碧波在此殉难，葬于此处。2002 年由于村内房屋改造，造成遗址的消失。（夏碧波生平参见【夏碧波烈士纪念碑】）

李子光烈士墓　位于东阿县铜城街道王庄村，2014 年 10 月被聊城市人民政府公布为市级文物保护单位。

李子光（1911—1945），原名李怀明。8 岁入学，勤学好问，成绩优异，后因家贫辍学回家务农，农忙间隙仍勤学不辍。1932 年被聘为小学教师。"七七事变"后，李子光投入抗日救国洪流，1938 年底加入中国共产党，1940 年底任东阿县五区抗日政府民政助理员。1944 年秋，东阿黄河以西地区已基本解放，为加强对河东敌

■ 李子光烈士墓

占区的工作，党组织调李子光任六区副区长。平阴县伪军司令刘绪安张榜悬赏捉拿李子光，上级为了他的安全拟调他离开六区，他说："危险工作，谁干都是一样，我对这里的人情、地情、敌情均熟悉，对敌斗争更有利。"1945 年 4 月 26 日上午，李子光到张道口村检查布置工作，由于敌人特务报信，突然被敌人包围。李子光奋勇抵抗，身上多处负伤昏倒后被俘，被押进平阴大牢。在狱中被敌人严刑拷打后，于 5 月 9 日凌晨在平阴城郊遇害。8 月 24 日，东阿县抗日民主政府在黄屯为李子光烈士举行了隆重的追悼大会，将其遗体安葬在香山脚下王庄村西南。

1992 年 4 月，王庄村委会为其树立了墓碑，碑高 1.58 米，宽 0.7 米，厚 0.16 米，正面刻有"李子光烈士之墓"字样。

耿锡华烈士墓 位于冠县清水镇锡华村，2003 年被冠县人民政府公布为县级文物保护单位。

耿锡华（1920—1945），冠县西焦庄人（今锡华村）。自幼务农，后为养家糊口，以卖馒头为生，1938 年春加入中国共产党。1939 年夏，日军占领冠县城，八区的封顽势力随之猖獗起来。为打击封顽势力，根据县委指示，他在本村红枪会的基础上建立了民兵队，并担任指导员。晚上带领民兵割电线，白天以卖馒头为掩护，

■ 耿锡华烈士墓

到敌人聚集的清水镇贴标语，宣传抗日救国思想，瓦解敌人。他带领农民推翻了本村的旧政权，建立了农会，并被推选为农会长，带领全村群众抗粮抗税，与敌人展开了坚决斗争。1942 年 4 月，伪顽齐子修部侵占了冠县桑阿镇一带，并把司令部安到了西焦村以南十几华里的朱庄。在党的统一部署下，耿锡华带领民兵和群众与齐子修部展开了几次激烈的战斗。随着战斗的深入，1943 年，在本村和周围村庄组建了民兵联防队，他被推选为大队长，经常指挥联防大队联合行动，不断打击扫荡的敌人。1944 年 8 月，在汤村一带同进村抢粮的日伪军展开了激战，打死打伤日伪军80 多名。由于作战英勇，他被授予"冀鲁豫边区民兵英雄"称号。1945 年 7 月 8 日晚，他率领民兵同前去西焦庄偷袭抢粮的 500 余名日伪军展开了殊死战斗，在身中数弹的情况下，与敌人巧妙周旋，为增援部队的到来争取了时间，使敌人偷袭计划落空。但他因伤势过重，壮烈牺牲。县委和县抗日民主政府在他牺牲的地方召开了追悼大会，并把西焦庄改名"锡华村"。

耿锡华烈士墓占地 20 平方米，高 1.5 米，直径 2 米，为土丘状。

李华庆墓 位于高唐县三十里铺镇董集村，革命烈士李华庆的墓地，2008 年 5月被高唐县人民政府公布为县级文物保护单位。

■ 李华庆墓

由于土地耕种的缘故，如今墓冢近平，仅存青砖碑楼1座。碑高1.8米，宽0.52米，碑外砌有李祥中学全体师生捐款修建的青砖碑楼，碑楼高2.3米，宽1.26米，厚0.82米。碑文已模糊不清。

孙秀珍烈士墓　位于东阿县鱼山镇鱼山村，1999年4月被聊城市人民政府公布为市级文物保护单位。

孙秀珍（1929—1946），女，1929年3月出生于东阿县单庄乡林马村一个贫苦农民家庭，9岁时父母相继去世，靠乡亲救济度日。后来，鱼山村农民房燕多收养孙秀珍做其子房义训的童养媳。房燕多一家贫寒，租船在黄河上摆渡，常见乘船过往的行人谈论共产党、八路军打日本的"新闻"，孙秀珍受到熏陶，有了加入共产党参加抗日的意识。1943年初，中共东阿县委、县抗日民主政府在鱼山一带组织农会，实行减租减息，发动群众抗日，14岁的孙秀珍带头参加了农会并很快成为农会的积极分子。1944年11月7日，孙秀珍光荣地加入了中国共产党，积极参加土地改革运动，任妇救会主任。1946年秋，孙秀珍参加了东阿县委为迎接土改而举办的干部培训班，学习了党关于开展农村土改的文件，三个月的学习结束后，孙秀珍被

■ 孙秀珍烈士墓

分配到六区工作。

1947 年夏，刘邓大军准备渡河南下，地方党和政府号召解放区人民开展拥军支前。孙秀珍积极发动全区几十个村的妇女为解放军赶做"反攻鞋"。在她带动下，全区妇女超额完成了任务。

1947 年 6 月 30 日，刘邓大军强渡黄河，挺进大别山，揭开了全国大反攻的序幕。7 月 25 日，国民党新五军进犯黄河南岸，与解放区隔河对峙，敌人小股武装在地主还乡团的引导下，渡黄河偷袭鱼山村，妄图破坏土改运动。1947 年 10 月 8 日凌晨，伪东阿县保安大队和伪警察局侦缉队在以黄洪泽为首的地主还乡团的配合下，趁浓雾渡过黄河，包围鱼山。黎明时分，孙秀珍不顾家人阻拦，急忙去区委报告，刚出家门，便被匪兵追截，后隐藏在秫秸垛中。敌人包围了 100 余名群众，威逼群众交出村干部和共产党员。孙秀珍被搜出后，挡在了群众面前，喝令敌人住手："我就是你们要找的共产党、村干部！剪发放脚是我发动的，斗恶霸地主是我领着干的，与乡亲们无关！"被捕后，她受尽酷刑，始终以怒骂、嘲笑对答敌人。敌人无计可施，不久便将其活埋。

1947 年 11 月 3 日，东阿县第六区政府在姜庄村召开了万人追悼大会，表彰烈士的英勇事迹，寄托对烈士的哀思。会后，区委领导亲手在墓前立下了"孙秀珍烈士之墓"的墓碑。孙秀珍烈士墓后被迁至鱼山村。

季羡林墓 位于临清市康庄镇大官庄村，2010 年 7 月被临清市人民政府公布为县级文物保护单位。

季羡林（1911—2009），字希逋，又字齐奘，当代著名语言学家、作家、教育家、翻译家和外国文学研究家。1911 年 8 月 6 日，出生于清平县（今临清市）康庄镇大官庄一个农民家庭，6 岁前在清平随马景恭老师识字。1917 年，离家去济南投奔叔父，进私塾读书，1918 年、1920 年，分别于济南山东省立第一师范附设小学、济南新育小学就读，课余开始学习英语。1923 年小学毕业后，考取正谊中学，课后参加一个古文学习班，读《左传》《战国策》《史记》等，晚上在尚实英文学社继续学习英文。1926 年初中毕业，在正谊中学读过半年高中后，转入新成立的山东大学附设高中，开始学习德语。1928 年—1929 年，日本侵华，占领济南，辍学一年，创作了《文明人的公理》《医学士》《观剧》等短篇小说，署笔名希道，在天津《益世报》上发表。1929 年，转入新成立的山东省立济南高中。1930 年，开始翻译屠格涅夫的散文《老妇》《世界的末日》《老人》及《玫瑰是多么美丽，多么新鲜啊》等，先后在山东《国民新闻·朐突周刊》和天津《益世报》上发表。

19 岁高中毕业后，考入清华大学西洋文学系，学习英、法、德语言和文学。1934 年到山东省立济南高中任教，1935 年考取清华大学赴德研究生，同年 9 月赴德国哥廷根大学留学，主修印度学。1941 年获哲学博士学位，开始印度中世纪语言与佛教研究。1946 年回国受聘为北京大学教授，创建东方语言文学系并担任首

■ 季羡林憩园

任系主任直至 1983 年（"文革"期间除外）。1956 年加入中国共产党，任中国科学院哲学社会科学部委员，1978 年任北京大学副校长兼中国社会科学院与北京大学合办的南亚研究所所长，1980 年任国务院学位委员会委员，1984 年起先后担任北京大学校务委员会副主任、名誉副主任，1993 年当选为中国民主同盟中央文化委员会副主任。曾先后担任中国外国文学学会会长、中国南亚学会会长、中国民族古文字学会会长、中国语言学会会长、中国外语教学研究会会长、中国高等教育学会副会长和中国敦煌吐鲁番学会会长等多种学术职务。他是第二、三、四、五届全国政协委员、第六届全国人民代表大会常务委员会委员。2009 年 7 月逝世。著有《中印文化关系史论丛》《印度简史》《罗摩衍那初探》《大唐西域记校注》《糖史》《季羡林文集》（24 卷），主要译著有马克思著《论印度》《安娜·西格斯短篇小说集》，印度史诗《罗摩衍那》（7 卷）以及《家庭中的泰戈尔》等，主编的著作有《四库全书存目丛书》《传世藏书》《神州文化集成》《东方文化集成》等。

　　2009 年 7 月 11 日 11 时 10 分 27 秒，季羡林逝世。季羡林先生生前遗愿将骨灰分为三部分安放：一部分在北京；还有一部分骨灰安放在河北，因为季老生前跟好友约好要安葬在一起，"谈一谈生前不能谈的问题"；而另外一部分，则由其子季承和家人一同带回老家山东临清，与季老的父母以及妻子合葬在一起。2010 年 4 月 5 日是清明节，季羡林的骨灰在临清市康庄镇官庄村憩园安葬。季羡林憩园包括荷塘区、广场区、微地形绿化区，占地 2387 平方米。季羡林一生喜爱荷花，故在憩园内设立两个荷塘，广场区塑有季羡林汉白玉雕像、清塘荷韵碑和题字碑。憩园匾额和"集群贤大成学贯中外，承历代师表德合古今"对联由欧阳中石撰书。至此，季羡林先生实现了生前遗愿，回到了"母亲身边"。

第三节 其他遗存

华美医院诊疗楼 位于临清市先锋街道健康街 306 号、更道街 198 号聊城市第二人民医院内，清光绪年间建立的教会医院诊疗楼，2013 年 10 月被山东省人民政府公布为省级文物保护单位。

据《临清县志》记载，临清华美医院的前身是施医院。光绪年间，美国传教士卫各纳在大桥煤场一带创建了基督教会。光绪十二年（1886），教会院内建了施医院。医院创建之初，主要为教会内部人员门诊治疗，为扩大教会在群众中的影响也对外门诊，但因群众大都不相信西医，上门求医者甚少。清光绪二十六年（1900），八国联军侵略中国，义和团提出"扫清灭洋"的口号，教会及施医院被义和团所焚。当时教会的牧师及施医院负责人金发兰、秦瑞恒等人逃往小芦村（今河北省临西县）。光绪二十七年（1901），教会在南北街（今更道街和健康街一带）扩地百余亩，重新建立教会和医院，因华方捐款、美国人所建，命名为华美医院。

华美医院是美国基督教会下设的一个慈善机构，每年医疗费均由教会拨款。该医院对前来就医者，施行少收费、不收费的原则，对确实交不出就诊费的，经院长或医师在处方上签上"免"字，就可免费门诊、免费取药。对确有困难又需住院治疗的危重病人，部分或全部免交床位费、药费及伙食费。当时，每年免费住院者约有六七百人。华美医院自建立以来，各种医疗器械设备逐渐购置增加。民国十六年（1927）院长徐子上、美籍华人孔美德（女）、瑞杏林积极向美籍教会人员、医务人员及各界人士募捐善款。民国十七年（1928），募捐款达 3645.5 美元，购置 X 光透视机 1 部，发电机 1 台；民国十八年（1929），由美国起运直达中国港口，中国财政部特予免税，以表嘉奖；民国十九年（1930）三月全部机件运至临清。与此同时，临清各机关联合捐助木、瓦、砖，民国十九年（1930）五月动工兴建，同年 8 月竣工，建成 X 光透机室和发电机房。该院对骨科及胸腹部的疑难病基本做到准确诊断、及时治疗、早日痊愈。为纪念此次捐助华美医院扩建有功的人员，立碑撰文，以志纪念。

医院设有内科、外科，一等病房，二等病房和普通病房。同时设有男、女病房。全院住院床位 50 余张。民国二十二年（1933）由于教会拨款数额有限，门诊量、住院人数逐渐增多，加上有一定数量的免费病员，华美医院的经费开支出现严重入不敷出的情况，其不足部分由当时的第四专署负责承担。华美医院在开设期间，起初只有美籍负责人，北伐战争以后，中国各阶层反对"洋人"从各个领域中侵犯本国利益，反对用各种形式对中国实行主权侵犯。教会为避讳美国人侵犯中国主权之嫌，采取美籍医士和华人共同负责院方领导工作的方法，首次出现华人院长，徐以达是第一任华人院长。

由于华美医院设备较好，房舍较舒适，凡到临清或途经临清的权贵名流常在华美医院住宿。据《临清县志》记载：国民党十七军军长马鸿逵、国民党二十九军三十七师师长冯治安途经临清时，都住在华美医院。

"七七事变"后至日本军队攻占临清前，美籍医务人员全部撤离临清，其他医务人员也暂时离开医院。群众把部分妇女、儿童送到教会和医院，以免被日军蹂躏，最多时达几千人。1938 年，避难群众相继离开教会、医院，医务人员也陆续回到医院，同年下半年，美籍医士孔美德回到临清华美医院，医疗工作基本恢复正常。1941 年 12 月 7 日，太平洋战争爆发后，日本对美宣战，与此同时，日军强行驻进华美医院，美籍医士孔美德被日本军队拘留，后来被统一遣返离境。医院的其他医务人员逃离医院，迫使华美医院停办。

■ 华美医院诊疗楼

1944 年 8 月 17 日，原华美医院医士郝敬先，在原华美医院的基础上重新组建、成立了"临清县人民医院"，郝敬先任院长。在第二年召开县医院成立一周年的纪念大会时，日军撤离临清。

1945 年 9 月，临清解放后，冀南行署卫生部及冀南军区部分医务人员到达临清，行署部分医务人员和临清县医院人员合并，成立冀南军区野战医院。1946 年 1 月，冀南军区野战医院改为"白求恩国际和平医院"。1947 年 4 月成立了"白求恩国际和平医院门诊部"。1947 年彰德战役开始时，"白求恩国际和平医院"南迁，为彰德战役服务，该处便成为冀南军区被服厂，华美医院的"白求恩国际和平医院门诊部"仍留在临清，不久后为冀南军区被服厂仓库。1948 年 3 月 15 日，冀南行署设在冠县柳林的光华医院，搬迁到临清邱家胡同，改名为"鲁西北人民医院"，1949 年，搬到原华美医院所在地，改名为邯郸专署第二人民医院。1950 年，冀南行署人民医院搬到临清，与邯郸专署第二人民医院合并，改为河北省第二人民医院。1953 年，临清划归山东后，又将河北省第二人民医院改为山东省聊城地区第二人民医院，现称聊城市第二人民医院。

冯玉祥题字碑　位于茌平县博平镇杨庄村，爱国将领冯玉祥为国民党驻济南航空兵司令傅瑞瑷的祖父母所题碑刻，1999 年 4 月被聊城市人民政府公布为市级文物保护单位。

傅瑞瑷（1905—1994），博平镇杨庄村人。1924 年毕业于山东省立第三师范，后考入中国大学，数月后入冯玉祥部当炮兵，不久在北平任家庭教师。1925 年入西北军张家口军事干部学校，毕业后任西北军韩复榘部参谋、科长。1928 年后，先后在英国伦敦大学、英国皇家航空学校和杭州航空学校第三期学习。1934 年杭州航空学习毕业后，先后在国民党军舰空队、航空委员会、航空署、北平第二

■ 冯玉祥题字碑

军区任职，官至上校处长。1949 年去台湾，先后在将军参谋学校、航空司令部参校、航炮大、航炮三军联战部等处任职。1956 年后到空军学校任中将校长。1990年，85 岁高龄的傅瑞瑷曾回乡探亲，还捐资修建荏平图书馆，并为博平镇中学、杨庄小学购置教学用具。

该碑刻于 1936 年，由碑额、碑身、碑座三部分组成，通高 3.6 米、宽 0.83 米、厚 0.3 米。碑额正面浮雕双龙戏珠，下面隶书"傅公连珠暨德配刘孺人碑"，并刻有两方印章。碑额后面上方雕刻两面交叉国民党旗，下方楷书碑文，碑文由河南大学文学院院长萧一山撰文，博平县县长刘云亭书丹，碑文记述了傅瑞瑷为其祖父母立碑的经过以及祖孙三代的生平。

孙膑碑　位于阳谷县侨润街道迷魂阵村，湖北通山县知事张蕊榜于民国二十七年（1938）所立，1999 年 4 月被聊城市人民政府公布为市级文物保护单位。

孙膑原名孙百灵，战国时齐国阿人（今阳谷县阿城），孙武之后代。传说与魏人庞涓共同习艺于隐士鬼谷子处，后庞涓为魏惠王将军，忌孙之才，对孙施以膑刑，故名孙膑。齐使者到魏，将孙膑暗中载回齐国，齐威王任孙膑为军师，孙膑为田忌设"围魏救赵"之计大败魏军于桂陵。后又用"减灶"之法惑敌，于马陵（今莘县西南）预设伏兵大败魏军，庞涓技穷自杀。据传，迷魂阵村一带是孙膑用兵之

■ 孙膑碑

处。清顺治年间，在此处修建台阁戏楼、设立塑像。民国二十七年（1938），又在此处竖碑纪念。该碑坐北朝南，高170厘米，宽80厘米，厚25厘米，碑文为阴刻楷书，12行，每行42字，共计约400字。碑文如下："谷治东北，村名迷魂阵，为孙膑用兵地，神其数术，运其兵法，以述魏师之魂，而夺其魄，以制其命者也。……故自顺治……建阁塑像……设戏楼……建碑于其间。"

朝城天主教堂　位于莘县朝城镇南街村，民国初年修建的天主教堂，2013年10月被山东省人民政府公布为省级文物保护单位。

朝城天主教堂建于民国初年，占地约1300平方米，是一座天主教信徒进行宗教活动的场所。现存修女楼一座，礼堂一座，门楼一座。

教堂大门是半圆形拱顶高耸的西式建筑，顶端高耸十字架，两旁写着"忍是积德门，善为传家宝"。修女楼于1940年由德国修女建造，坐北朝南，西方人字梁结构，三层砖墙，楼内有耶稣像和圣母像。礼堂、门楼位于道路北侧，均为硬山顶，砖木结构。

该教堂由蒋店天主教堂分出，1947年土改中停教，房产归当地政府，由冀南行署第九分区使用；1948年—1956年，由南峰县、观城县、朝城县历届县委使用，公安局、武装部、监狱也设在此处；1956年，交由莘县农校使用；1960年，由朝

■ 朝城天主教堂

城区接管，后为朝城镇办企业（线厂）使用。20世纪80年代后再次恢复宗教活动，现有修女院1座，常驻神父1名，常驻修女20名左右。

古楼街天主教堂　位于临清市新华街道古楼街4号，2013年10月被山东省人民政府公布为省级文物保护单位。

该楼建成于民国二十三年（1934），胡修身主教筹资，王赐玺神父经手建成。1935年，天主教会学校若瑟修道院由小芦村（今属河北省临西县）迁至十字楼。1941年，主教李芨臣住进板井街的十字楼教堂内，修道生搬入平房，修道生对此不满，约有1/3离开修道院。1945年9月下旬，冀南中学（临清一中前身）迁居教堂，使用至今。文革期间天主教活动被禁，1967年临清教区位于城区西部和小芦村的教堂均被拆除，十字楼因被学校占用幸免。

■ 古楼街天主教堂十字楼

该楼平面呈十字形，坐北朝南，砖木结构，高两层，占地1000多平方米，有大小房间40余间。

阳谷教堂　位于阳谷县城中心大隅首东北角，砖木结构的哥特式建筑，2014年10月被聊城市人民政府公布为市级文物保护单位。

■ 阳谷教堂

阳谷教堂始建于 1905 年，阳谷县解放后，神父撤离，宗教活动停止，县委、县政府占用了教堂。1997 年秋，宗教活动开始恢复。1998 年国庆节，阳谷天主教堂举行隆重的贺堂典礼，省内外 30 位神父参加。该教堂现存礼拜堂，东西长 30 米，南北宽 15 米，占地面积 450 平方米，为天主教阳谷教区所在地。2002 年，在阳谷县政府宗教局支持下，教堂扩展 6 间 2 层楼房，神父、修士、修女有了住所，2005 年又维修了圣堂。

阳谷教堂堪称中西建筑结合的典范，对于研究中西建筑艺术提供了实物资料。

道署西街聊城粮库　位于东昌府区古楼街道道署西街路北市粮食局院内，2013 年 10 月被山东省人民政府公布为省级文物保护单位。

明洪武二年（1369），东昌卫守指挥佥事陈镛将宋熙宁三年（1070）所建的土城改建为砖城。洪武三年（1370），城内修建了东昌府府衙，是东昌府最高行政长官办公和居住的地方。东昌府府衙历经多次重修，现址上有解放前后改建的粮库 8 个，建筑面积 1834 平方米。粮库形制特殊，风格独特，四排八栋，青砖砌墙，屋顶起脊，整齐划一，所使用青砖应是东昌府府衙建筑旧物，建筑质量较好。

粮库于 1951 年由苏联专家指导修建，有明显的苏联建筑风格。其中，一、二

■ 道署西街聊城粮库

号粮库共 12 间，坐北朝南，外墙写有《愚公移山》全文，东、西山墙写有毛主席语录，均白地黄字，系文革重要文化遗存。三、四号粮库共 12 间，坐北朝南，墙上有 1944 年 9 月 8 日发表的毛主席《纪念白求恩》全文和"为人民服务"的黄漆字，东西山墙为毛主席题词。五、六号粮库共 12 间，坐南面北，与三、四号粮库相向而立，构成一个四方小院。东西山墙有毛主席语录等标语。七、八号粮库共 12 间，坐北面南，现存房屋 8 栋，结构基本稳定。

粮库作为聊城古城内现存的上世纪五六十年代的代表性老建筑，将建成鲁西民间艺术博物馆，为继承和利用古城历史文化做出贡献。

卫仓街聊城监狱　位于东昌府区古城区卫仓街，2012 年被东昌府区人民政府公布为县级文物保护单位。

监狱始建于 20 世纪 50 年代，占地面积 3012 平方米，建筑面积 1680 平方米。东墙长 58.5 米，北墙长 51.5 米，西墙长 58.5 米，南墙长 51.5 米，狱墙高度为 8 米左右，墙厚 0.9 米左右，墙体往上逐渐内收，其中三合土垒土 14 层。垒砌狱墙的三合土与明代城墙建筑材料相同。现在监狱只剩下四周围墙，里面均被拆除，改建成民居。

■ 卫仓街聊城监狱院墙

沙西村近代建筑群　位于东昌府区沙镇镇沙西村，2012 年被东昌府区人民政府公布为县级文物保护单位。

沙西村近代建筑群始建于 1950 年，包括 3 座建筑，占地面积 2600 多平方米。

■ 沙西村近现代建筑群之一

每座建筑均坐北向南，面阔 7 间长 22.45 米，进深 1 间长 5.95 米，硬山式起脊，抬梁式结构。房屋分为合瓦板瓦屋面和仰瓦板瓦屋面两种，青砖砌墙，白石灰抹墙，门窗对称分布，门窗上部稍有发券，后墙每间开有吊窗，山墙砖基 1.2 米，其上则为土坯和砖混建。3 座建筑的砖石瓦料均来自沙镇镇街上的真武庙，建成之初用作学校教室，后改作民居。建筑群瓦面部分损毁，整体形制保存完好。

塔下刘村刘之广民居　位于东昌府区堂邑镇塔下刘村，2012 年被东昌府区人民政府公布为县级文物保护单位。

民居始建于民国年间，距今有近百年历史，坐北向南，占地面积 533 平方米，建筑面积 154 平方米。民居分为南院和北院，原来都是三合院建筑，一进院落。现南院有正房 3 间，北院有正房 3 间、东厢房 3 间、大门 1 间。南院正房坐北向南，硬山起脊、抬梁式结构，面阔 3 间 10.24 米，进深 2 间 5.7 米，建筑面积 58.37 平方米，仰瓦板瓦屋面，前出廊厦，纵深 1.02 米，青砖砌基。北院正房面阔 3 间 10.46 米，进深 1 间 4.8 米，建筑面积 50.21 平方米，平顶，框架结构，正房门前青砖砌三级台阶；北院东厢房连大门整体面阔 4 间 12.38 米，进深 1 间 3.6 米，建筑面积 44.57 平方米平顶，框架结构。

南院正房屋顶已坍塌殆尽，山墙碱损严重，台明基础损毁严重，廊厦坍塌，框

■ 塔下刘村刘之广民居北院整体风貌

架结构也已腐朽；北院正房结构无明显变化，山墙墙体有部分碱损，东厢房及大门基本保持原貌，有明显的腐蚀痕迹。

清平中学大门　位于高唐县清平镇，始建于民国时期的中西合璧式建筑，2014年10月被聊城市人民政府公布为市级文物保护单位。

清平文庙清代为书院，清末改为小学堂，民国时期为城区小学。民国《清平县志》中有城区小学照片资料，门楼还是比较小的一开间门楼，所以该清平中学大门当是民国后期建筑。

1949年9月，经冀鲁豫边区政府批准在此地建设清阳高中，建成后定名为"平原省联立清平师范"。1953年平原省撤销，更名为"山东省联立清平师范"，1958年师范下放到县级管理，更名为"山东省高唐师范"。1962年师范取消，经省教育厅备案，更名为"山东省高唐县第二中学"。1998年8月更名为"山东省高唐县清阳高级中学"。当时清阳高级中学培养了大批国家干部、教师、科技精英、民营企业家等优秀人才，其中前师8届，后师4届，高中34届，初中21届。如今校舍已经搬迁，仅留下门楼，做为古建筑保存下来。

清平中学大门紧挨清平文庙，坐北朝南，东西长14.15米，南北宽4.7米。以门洞为中心向两边呈扇形展开，东西对称。门洞为拱形，宽2.63米，进深4.22米，

■ 清平中学大门

门洞上书"清平中学"，再上为 3 个拱形覆额。门洞两边各伸出八字形壁照，上书毛主席语录，照壁上有 7 层十字镂空墙。

临清先锋大桥　位于临清市先锋街道桃园街北首漳卫运河之上，2013 年 10 月被山东省人民政府公布为省级文物保护单位。

1958 年 5 月，临清拆除卫河木桥、设立浮桥渡口，并于 5 月 26 日动工兴建新的大桥，大桥由交通部工程师会同前苏联专家吉莫非耶夫及山东省交通厅第四工程中队工程师张寿昌等有关技术人员共同设计。1959 年 7 月 1 日，先锋大桥竣工通车。该大桥是全国第一座大钢筋混凝土系杆吊式拱桥，因此被命名为先锋大桥。大桥全长 168.3 米，桥面通车道宽 7 米，两侧人行道各宽 0.75 米。桥下分六孔，自东向西一、二、四、五、六孔，跨度均为 20 米，第三孔为通航孔跨度为 150 米，通航高 7 米，通过能力 3000 吨轮驳船，大桥系杆吊拱高 50 米，由交通部公路设计院设计。20 米钢筋混凝土"T"型梁和钢筋混凝土高桩承重台由山东省交通厅测量队设计。土墩基础由上海基础公司承担，山东省交通厅二工程大队第四中队施工建成。

临清先锋大桥的建成通车在原有航运基础上贯通了东西通道，为连接河北和其他各省市的交通提供了方便，为繁荣交通运输、经济贸易打开了方便之门。

■ 临清先锋大桥

山东省引卫灌溉进水闸　位于冠县斜店乡班庄村西，2014 年 10 月被聊城市人民政府公布为市级文物保护单位。

闸是引、泄、节制、调度水的重要建筑物工程，该闸是一处引水闸，分南进水闸和北进水闸，共占地 786 平方米。南进水闸始建于 1958 年，是冠县第一座现代水闸，建在一干渠首，当年施工当年建成。其结构形式为钢筋混凝土结构，断面尺寸为 1.5 米，共 13 孔，闸底设计高程 37.5 米，洞长 28 米，饮水量为 26 秒立方米，平板闸门，为手摇启闭机。（1970 年堵死 8 孔，留有 5 孔，现有 4 孔）。北进水闸建于 1970 年，其结构形式为砼砌石结构，共 6 孔，孔径为 2×3.5 米，闸底设计高程 37.5 米，洞长 30 米，为平板闸门。

■ 山东省引卫灌溉进水闸

引卫灌溉进水闸灌溉面积达 10 万多亩，至今仍在使用，为冠县的农业发展做出了巨大贡献。

常兴花园小区人防工程　位于冠县常兴花园住宅小区内，原县委、县政府和县人武部的防空指挥所，2014 年 10 月被聊城市人民政府公布为市级文物保护单位。

20 世纪 60 年代末（文化大革命期间），毛泽东提出"深挖坑，广积粮，不称霸"，成为全国安全战略思想，该人防工程即修建于这段时期。因后期县级人防机构撤销，该工程遭到破坏，经抢修得到一定程度的恢复。

现存工程东西长 58 米，南北宽 9 米，走廊宽 1.5 米，墙体宽 0.8 米，顶部距地面 1.5 米，全部建筑为砖混弓形结构。出入口、排气孔齐全，有单、双间和小型会议室共 19 间，面积约 700 平方米。当时有警卫室、厨房、指挥室、会议室等。该工程是冠县历届主要领导指挥防空、防灾工作的场所。

该工程是聊城至今保存最完好的早期人防工程，有助于人们了解早期人防工程的建筑结构、建筑风格、建筑文化等。

■ 常兴花园小区人防工程

武训纪念堂　位于临清市先锋街道大众公园内，2014 年 10 月被聊城市人民政府公布为市级文物保护单位。

1932 年，当时的山东省主席韩复榘为纪念在临清倡办义学的武训，建造了"武公纪念堂"，在纪念堂两侧建造了"武公纪念厅"，并题写了"教泽长存"匾额。同时，民团指挥兼专员赵仁泉，在临清进德分会附近修建了一座武训纪念堂。

1934 年 12 月 5 日，武训先生九七诞辰纪念大会时，山东教育厅长何思源亲临主持，做了《知识的力量》的讲演，并在临清公园北端凤凰岭建纪念亭一座，亭额系于右任所书。纪念亭四周植松树百株，树纪念碑 1 通，碑文系著名书法家华世奎所书。不久，又于纪念亭中立武训先生石像一尊。临清武训小学编印了《武训先生九七诞辰纪念册》。现仅存空亭一座。

武训分校旧址　位于临清市刘垓子镇三十里铺村，始建于 1938 年，2010 年 7 月被临清市人民政府公布为县级文物保护单位。

■ 武训纪念堂

　　1938 年秋，原临清私立武训学校校长郭寿庭，为应对日本当局的日化教育，保护在校师生安全。经与时任刘垓子镇三十里铺私塾先生的刘养元商议，把学校搬至刘垓子镇三十里铺，设立武训学校分校，郭寿庭兼任校长，刘养元任副校长，并派来张一鸣、崔长元两位老师进行讲课。刘养元先生为了教育事业需要，免费腾出自家前后院十余间房子供教学使用，当时招生 100 余人，本地学生居多，也有 10 余名被日寇迫害的进步人士子女。

　　学校分为两个班，包括小学 1 年级—4 年级、高小一年级，并有函授初中，一年级辅导生 10 余名，进行复式教学。课本采用中华书局出版教科书和部分油印讲义，一时名声大噪，时有抗日人士、高校回乡师生指导、讲演、助教，促进了学校的发展与提高。由于身处乱世，日、伪、匪兵灾人祸，民不聊生，学校一直在困难中运转。1943 年春，由刘养元先生之子刘又辛（著名文化人士）、锡哲、锡科率领部分中学生，随原鲁西联合中学南迁至安徽阜阳，分校只剩 50 余名学生。1945 年日寇投降后，解放区共产党对分校给予了大力支持，在经费方面解决了不少困难。1948 年，各地建立了解放政权，政府派来了公办学校校长和教师，安排了新校舍，分校学生全部搬入新立学校，三十里铺武训分校至此宣告结束。

　　武训分校前后历时 10 年，为临清的教育事业发展起到了承前启后的推动作用，为新中国的革命和建设事业培养了一批中坚力量。

■ 武训分校旧址

鲁仲连纪念祠 位于茌平县冯屯镇望鲁店村，为纪念鲁仲连所建的纪念祠，1994 年 4 月被茌平县人民政府公布为县级文物保护单位。

鲁仲连，又名鲁连，尊称"鲁仲连子"或"鲁连子"，战国末期齐国人（今茌平县冯屯镇望鲁店），以口才超群、谈锋机警的"辩士"著称，是著名的思想家、政治家、外交家，《史记》中有鲁仲连列传，其广为人知的故事是"鲁仲连飞书下聊城"。

公元前 249 年，齐国派将军田单收复被燕占据的聊城，攻打一年多没有结果，百姓灾难沉重。鲁仲连分析了燕国国君听信谗言疑心燕将的形势，修书一封，让将士用箭射到城内。燕将看了鲁仲连的信，想到："要回归燕国，已经产生了嫌隙，怕被诛杀；想要投降齐国，杀死和俘虏的齐人太多了，恐怕降服后被污辱。与其让别人杀死我，不如自杀。"于是，聊城城破。田单归来向齐王报告鲁仲连的事，齐王想要封他爵位。鲁仲连听后潜逃到海边隐居起来，说："我与其富贵而屈身侍奉于人，还不如贫贱而轻视世俗放任自己的心志啊。"鲁仲连一生的著述收在《鲁仲连子》一书中，共 14 篇。

清康熙二年（1663），修建了鲁仲连纪念祠，民国时期，又重修了三间祠堂，

■ 鲁仲连纪念祠

1994 年，经国家文物局批准重新翻修。鲁仲连纪念祠占地面积近 2000 平方米，主体大殿五间，面积 226 平方米。大殿内供奉先贤鲁仲连塑像，大门之上有奎星阁，阁内有奎星彩塑。"鲁仲连纪念祠"匾文由全国人大常委会原副委员长田纪云题写，核心建筑"奎星阁"由著名书画家、中国书画院副院长黄胄题写。

每逢鲁仲连诞辰日，日本、韩国、台湾等海内外鲁仲连研究会等组织成员经常到纪念祠拜祭。

孔繁森同志纪念馆　位于东昌府区东昌西路路南、东昌湖西，1999 年 4 月被聊城市人民政府公布为市级文物保护单位。

孔繁森（1944—1994），东昌府区堂邑镇五里墩村人（村内保存着孔繁森同志故居）。1961 年 7 月于聊城技校毕业后，应征入伍，1966 年 9 月加入中国共产党，在部队连年被评为"五好战士"。1968 年复员回到聊城，任聊城技工学校革委会副主任。1971 年到聊城地革委生产指挥部工作，任共青团聊城地委常委。1975 年 3 月，任中共聊城地委宣传部副部长。

1979 年 7 月，国家要从内地抽调一批干部到西藏工作，时任地委宣传部副部长的孔繁森主动报名，担任日喀则地区岗巴县委副书记，写下了"是七尺男儿生能舍己，作千秋鬼雄死不还乡"的条幅。在岗巴工作 3 年，孔繁森跑遍了全县的乡村、牧区，与藏族群众结下了深厚的友谊。1981 年 4 月回聊城，历任中共莘县县委副书记，聊城行署办公室副主任、党组成员，聊城地区林业局局长、党组书记，聊城行署副专员、党组成员。

1988 年，山东省再次选派进藏干部，组织上认为孔繁森在政治上成熟又有在藏工作经验，便决定让他带队第二次赴藏工作。进藏后，孔繁森担任拉萨市副市长，分管文教、卫生和民政工作。到任仅 4 个月的时间，他就跑遍了全市 8 个县区所有的公办学校和一半以上的村办小学，为发展少数民族的教育事业奔波操劳；为了结束尼木县续迈等 3 个乡群众易患大骨节病的历史，他几次爬到海拔近 5000 米的山顶水源处采集水样，帮助群众解决饮水问题；了解到农牧区缺医少药的情况后，他每次下乡时都特地带 1 个医疗箱，买上数百元的常用药，工作之余就给农牧民群众认真地听诊、把脉、发药、打针，直到小药箱空了为止。1992 年，拉萨市墨竹工卡等县发生强烈地震，孔繁森在羊日岗乡的地震废墟上领养了 3 名藏族孤儿——12 岁的曲尼、7 岁的曲印和 5 岁的贡桑。收养孤儿后，孔繁森生活更加拮据，为此他曾 3 次以"洛珠"的名义献血 900 毫升。

1992 年底，孔繁森第二次调藏工作期满，西藏自治区党委决定任命他为阿里地委书记。阿里地处西藏西北部，平均海拔 4500 米，被称为"世界屋脊的屋脊"。

■ 孔繁森同志纪念馆

337

这里常年气温在零摄氏度以下，最低温度达零下 40 多摄氏度，每年 7 级至 8 级大风占 140 天以上。年近 50 岁的孔繁森赴任阿里地委书记不到 2 年的时间里，他把全地区 106 个乡跑遍了 98 个，行程达 8 万多公里。1994 年 9 月，国务院授予孔繁森"全国民族团结进步先进个人"称号。1994 年，阿里地区国民生产总值超过 1.8 亿元，比上年增长 37.5%；国民收入超过 1.1 亿元，比上年增长 6.7%。他为了发展阿里地区的经济，曾率领相关单位，亲自去新疆西南部的塔城进行边境贸易考察。

1994 年 11 月 29 日，他完成任务返回阿里途中，不幸发生车祸，以身殉职，时年 50 岁。孔繁森的遗物仅有 2 件：一是他仅有的 8 元 6 角钱，二是他去世前 4 天写的关于发展阿里经济的 12 条建议。在孔繁森的葬礼上，悬挂着一副挽联，形象地概括了孔繁森的一生，也道出了藏族人民对他的怀念："一尘不染，两袖清风，视名利安危淡似狮泉河水；两离桑梓，独恋雪域，置民族团结重如冈底斯山。"

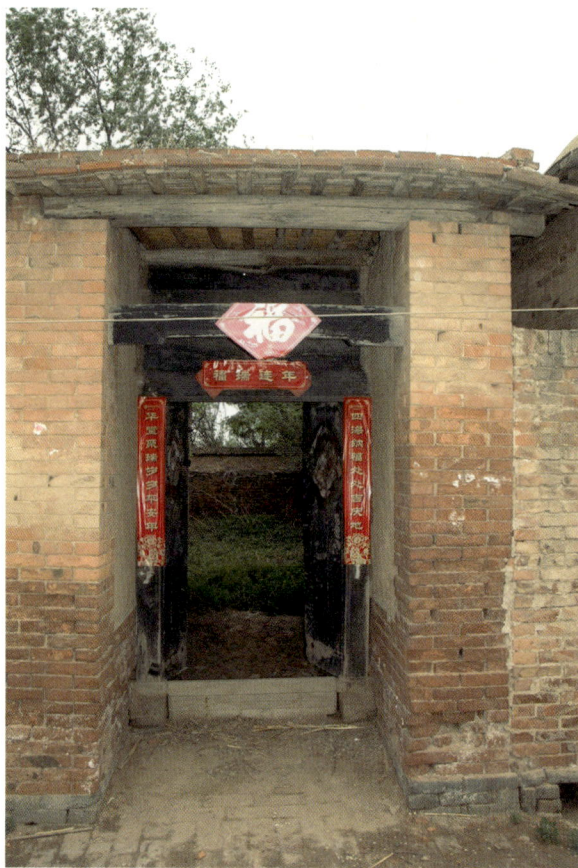

■ 孔繁森故居大门

1995 年 6 月 28 日，中共中央组织部追授孔繁森"模范共产党员""优秀领导干部"的称号。2009 年 9 月 10 日，孔繁森被评为中央宣传部、中央组织部、中央统战部、中共中央文献研究室、中央党史研究室、民政部、人力资源社会保障部、全国总工会、共青团中央、全国妇联、解放军总政治部等 11 个部门联合组织的 100 位"新中国成立以来感动中国人物"之一。

为纪念领导干部的楷模孔繁森、弘扬孔繁森精神，1995 年 7 月 4 日，中共中央宣传部批准建设孔繁森纪念馆。1995 年 9 月 10 日，孔繁森同志纪念馆开馆，纪念馆建在东昌湖西畔，坐西面东，正门上方镶嵌着江泽民 1995 年 7 月 28 日亲笔题写的"孔繁森同志纪念馆"八个鎏金大字。建筑面积为 1100 多平方米。馆高 15 米，外形为双重檐，四周环廊式结构。馆内设 1 个纪念厅和 3 个展览厅。纪念厅内安放着孔繁森同志大型半身塑像，塑像后屏风上镌刻着江泽民总书记的题词"向孔繁森同志学习"。展厅内布置着孔繁森同志事迹展览，展览分为 6 个部分，展出图片 270 多张，陈列实物千余件，并配以 3 组电视录像片。

孔繁森同志纪念馆被中央纪委监察部命名为第一批"全国廉政教育基地"，2011 年 3 月 23 日，孔繁森同志纪念馆"全国廉政教育基地"揭牌。随后，该馆被国家发改委正式列入全国红色旅游景区名录和红色旅游经典景区基础设施建设扶持项目。中央财政拨付专项资金 480 万元，支持孔繁森同志纪念馆改建。2011 年 12 月 27 日，聊城市城市规划委员会召开会议，研究了《孔繁森同志纪念馆改建规划及建筑方案》，新馆建筑面积达 7260 平方米（地上 5000 平方米左右、地下 2000 平方米左右），其中，展厅面积 1025 平方米。2014 年 11 月 29 日，孔繁森殉职 20 周年这天，孔繁森同志纪念馆经过改建后正式开馆。

据统计，孔繁森同志纪念馆自开馆以来，已接待海内外观众 600 余万人，其中来自全国 20 多个省、市、自治区的观众 200 余万人次，含省部级干部 700 余人、厅级干部 1 万余人、县级干部 10 万余人。

绿色丰碑　位于冠县崇文街道吉固村，1999 年被冠县人民政府公布为县级文物保护单位。

1995 年，冠县被评为全国绿化百佳县、全国经济林先进县。1998 年 2 月，国务院原副总理姜春云带领农业、林业、财政等 11 部委领导视察冠县农村建设，特由姜春云总理题写"绿色丰碑"，立石为刻，保留至今。该碑长 1.4 米，宽 1 米，厚

0.5 米，青石质地，正面刻有国务院原副总理姜春云题写的"绿色丰碑"四个大字，背面为绿色丰碑记，现保存良好。

　　绿色丰碑不仅是冠县苗圃基地壮大与发展的历史见证，也是党和国家对苗圃基地建设高度认可的见证。

■ 绿色丰碑

第六章

运 河 遗 存

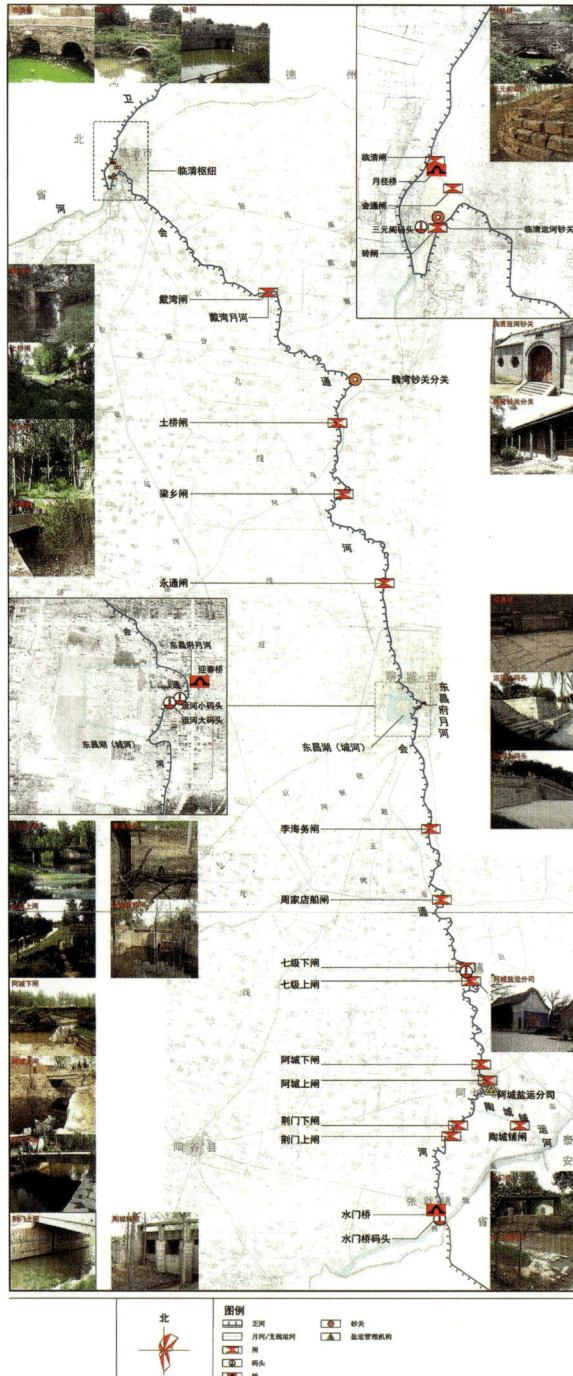

聊城段运河遗产点分布图
(摘自：《聊城历史文化名城保护规划》)

第一节　水工建筑

会通河临清段　位于临清市境内，是会通河最北端的河段，全长 36.02 公里，2013 年 5 月被国务院公布为全国重点文物保护单位。

会通河临清段自北向南先后流经临清市的先锋街道、青年街道、新华街道、大辛庄街道、戴湾镇和魏湾镇。2014 年 6 月 22 日，会通河临清段的部分河段随大运河项目列入世界文化遗产，列入大运河遗产段的会通河临清段全长 8 公里，包括两部分，南段为明运河（俗称"小运河"），从邱屯枢纽至临清头闸（板闸），共 6.8 公里，河道走向未发生变化，河道形制基本完整，生态保护良好；北段为元运河，从邱屯枢纽至临清闸，共 1.2 公里，河上有元代临清闸、会通闸和隘船闸，还有月径桥、天桥等历史建筑，历史文化信息十分丰富。

北段元运河，东起鳌头矶前，西至临清闸入卫河处，全长 1.2 公里，河渠流向、沿河格局始终未变，是 250 余里元代会通河中保持原历史形态的唯一仅存河段。此

■ 会通河临清段

343

段建有临清闸、会通闸、隘船闸，三位一体管控漕河蓄泄、船闸启闭，确保漕船转输畅通无滞，《元史》中载为"运环闸"，明代改称"联环闸"。入明后，会通河淤塞日久，永乐九年（1411），工部尚书宋礼开新河，此段元代运河弃用。后来，为缓解新开河漕运转输重负，元代会通河段曾作为月河，承担部分转输功能，直至明末。万历年间（1573—1620）船闸改闸为桥。"会通闸"易名"会通桥"，"临清闸"易名"问津桥"，清代郡人多次捐资维修，至今保存完好。隘船闸至今尚未进行发掘清理。

永乐八年（1410），明成祖朱棣派工部尚书宋礼督领济南府、兖州府、青州府和东昌府四府二十五万民役丁夫疏浚治理会通河。汶上老人白英根据会通河的地势水情提出了"相地置闸，以时蓄泄"等83字的"白英策"，解决了会通河水源不足、地势高低不平的难题。永乐十五年（1417），重新修建了头闸和二闸，以闸之启闭调节水位与水量，在汶上至临清高低相差90尺的300里水路上形成多台阶式的河道，每阶之间变成一个大水柜。通漕至临清时，关闭头闸，北往的漕船鱼贯进入闸河；然后开启头闸，关闭二闸，使水位降至与卫河持平，漕船转入卫河。南去的漕船再依次进入闸河，然后关闭头闸，开启二闸，使闸河水位升至与运河持平，漕船转入运河。至今，临清的戴家湾水闸、二闸口船闸保存完好，成为运河文化遗存中极为珍贵的遗产。

这段运河对沟通两岸商贸互市、市民往来，保障漕运的繁荣发挥了历史性枢纽作用。为保护这一珍贵的历史文化遗产，临清市注重文化遗产的联续性和完整性，严格控制建设项目，对遗产区内的项目建设严格依法、逐级审批，杜绝工业项目进入遗产保护区，指导帮助居民改善房屋，旧城格局、肌理得到完整保存，古井、树木、古闸得到有效保护。

会通河阳谷段 位于阳谷县境内东部，北起阿城下闸以北 1 千米处，南至金堤闸，全长 19 千米，2013 年 5 月被国务院公布为全国重点文物保护单位。

隋唐以来，中国经济重心南移，南方盛产粮食。元代定都北京，"去江南极远，百司庶府之繁，卫士编民之众，无不仰给江南"。综合陆路、海路运输的困难和风险，重开南北运河已经势在必行。元至元二十三年（1286），寿张县尹韩仲晖建议开挖安山至临清的运河。至元二十六年（1289），元世祖听取大臣们的建议，决定开凿会通河。会通河开通后，上接济宁的济州河，下通临清的卫河，自南由张秋镇入阳谷境，经阿城镇、七级镇，然后与聊城李海务贯通，全长 29.75 千米。会通河

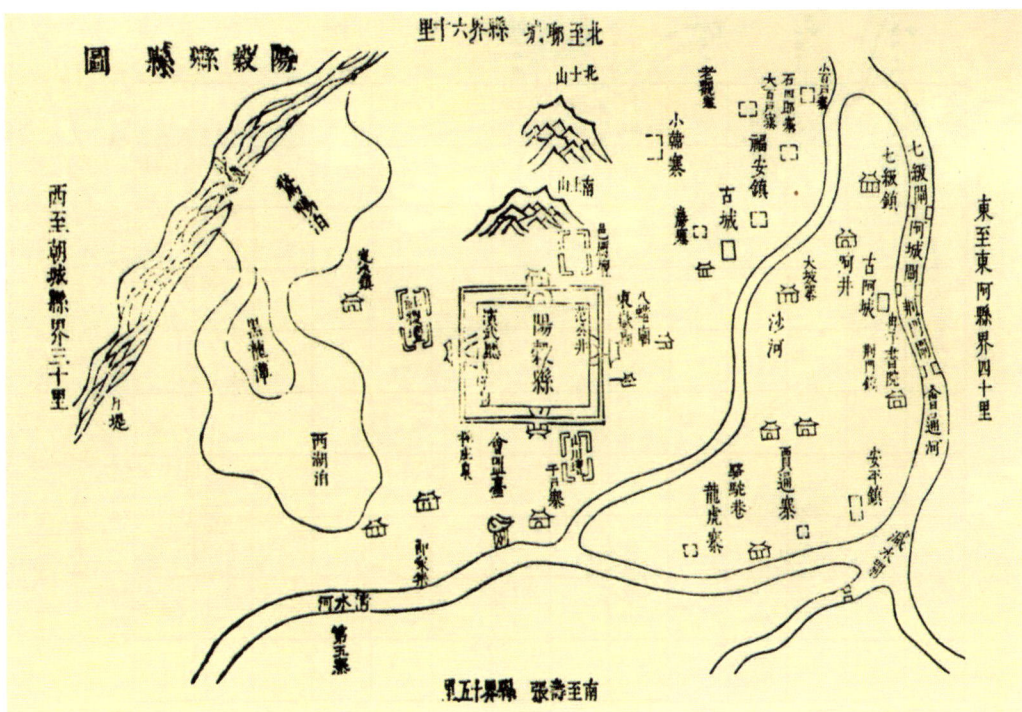

■ 阳谷县图　辑自康熙二十五年（1686）《兖州府志》

的开通使京杭运河至此全部贯通，成为沟通海河、黄河、淮河、长江、钱塘江五大水系，纵贯南北的黄金通道。

　　会通河因地势高低悬殊，整段河道全靠设闸控制水量，因此会通河又称"闸河"。仅在自临清至安山的聊城段运河上，元代就设置了 12 座跨河闸，明代更是增加到 17 座跨河闸，鉴于地理位置的优越性，元至元三十年（1293），元朝在阳谷张秋镇设置"都水分监"。明成化二年（1466），明朝在张秋设"都水分司"。明弘治年间，又在张秋分设"捕务管河厅"和"工部分司"。

　　会通河阳谷段全长 19 千米，在张秋、阿城、七级三个码头分别建有荆门、阿城、七级的上下闸，以节制水源，调节水位，保证漕船畅通和停泊。元至元三十一年（1294），开工修建张秋闸；元元贞二年（1296），开工修建七级上闸（南闸）；次年开工修建七级下闸（北闸）；元大德二年（1298），开工修建阿城上闸（南闸），次年开工修建阿城下闸（北闸）和荆门下闸（北闸）；元大德六年（1302），开工修建荆门上闸（南闸）。各闸的兴建有统一的标准，尺寸、结构基本一致。

　　阳谷段运河通航功能的强盛时期始于明永乐九年（1411），当时运河宽三丈三

■ 会通河阳谷段

尺，深一丈三尺。咸丰五年（1855），黄河于河南兰考决口改道北流，于张秋南汇流穿运河，夺大清河道入海。黄河改道的冲击，造成运河堤岸损坏，河道淤塞，运河漕运开始衰败。后经长年泥沙淤积，黄河河道逐渐抬高，运河在张秋终被斩断，清光绪二十七年（1901）政府诏令运河停运。会通河的开通，增加了船舶往来，为元明清阳谷的辉煌繁荣做出了巨大贡献，也为张秋、阿城、七级等市镇带来了长达数百年经济和文化的繁荣昌盛，至今聊城运河沿岸还保留着十余处水利工程设施及其他重要文化遗存。

漕运结束后，会通河阳谷段失去航运功能，改为排洪灌溉河道。为了保证运河畅通和水源节制，不同时期对河道和涵闸都不断地进行了疏浚维修。从 20 世纪 30 年代到 21 世纪初，对运河进行了十几次疏浚。1967 年将张秋金堤闸到徒骇河段改为排水河道，全长 53 公里，流域面积 348 平方公里。1970 年对运河汊进行清淤，建成小运河红星节制闸，闸背面有毛泽东题词"水利是农业的命脉"。1980 年，阳谷县水利部门对小运河进行了疏浚。2006 年 5 月，京杭大运河阳谷段被公布为全国重点文物保护单位。2013 年，阳谷县成立了京杭大运河保护与申遗领导委员会，对申遗工作实行统一领导管理，并依照国际、国内法律法规和地方保护规定，制订了《大运河阳谷段金堤闸至阿城下闸保护与展示工程方案》。为有效配合大运河申报世界文化遗产工作，保护大运河阳谷段金堤闸至阿城下闸的运河河道及周边的景观环境，免受自然力及人为破坏带来的消极影响，2013年2月—7月，按照修旧如旧的原则，不改变文物原状，保持文物及其人文环境的真实性、完整性、延续性，对荆门上下闸、阿城上下闸进行了原貌修复，当时，很多石头都是在河滩里捞出来的。同期，对河道及两岸环境进行了集中整治。

现河道保存较好，河床宽30米—50米，堤岸主要为土壤植被护坡，保持了自元代以来历史沿用状态。

小东关街迎春桥　位于东昌府区柳园街道后菜市街，明清时期运河的"十二连桥"之一，2012年被东昌府区人民政府公布为县级文物保护单位。

元代开通大运河后，流经今聊城市区，聊城段运河在明清时期是京杭大运河中的重要区段。因此段地势高、借黄河水泥沙大，河道需要经常维护，于是在主河道附近开挖月河，以保障运河的正常通行。月河修建后，河上修建了许多座桥，小东关街迎春桥就是其中一座，始建于明代，一直沿用到清代。清末，随着漕粮改折，运河逐渐废弃。现在迎春桥月河原址上已填埋修建为小巷，仅存部分栏板及桥面，建筑面积60平方米。

作为当时运河上的附属设施建筑，迎春桥见证了运河的兴衰，具有较高的历史价值和科学价值，对京杭大运河申遗具有辅助作用。

■ 小东关街迎春桥

水门桥 位于阳谷县张秋镇运河西岸，始建于明代的运河引水桥，2014 年 10 月被聊城市人民政府公布为市级文物保护单位。

水门桥始建于明代，民国年间重修，石材均为附近当年所拆古寺庙碑刻。桥东西宽 8.5 米，南北长 10 米，二函洞、拱形。栏板共由 6 块碑刻组成，清晰可辨者有同治八年（1869）的三官碑、道光二十年（1840）的募捐碑、明万历二年（1574）募捐碑等，栏板长 1.8 米，宽 5.1 米，厚 0.3 米。在中间栏板下有一石质匾额，嵌于桥内，上书"水门桥"三字。

■ 水门桥

该桥是古运河上重要的水利设施，也是研究张秋历史的重要实物资料，具有较高的研究价值。

月径桥 位于临清市先锋街道桃园街西首元代运河故道上，建于清顺治年间的古桥，2006 年 5 月被国务院公布为全国重点文物保护单位。

据《临清县志》记载，清顺治九年（1642），商人邵以枢捐资修建了该桥。民间传因河道呈弯月状，故此桥被命名为"月径桥"。

月径桥为东西走向，砖石结构，桥洞为半圆形单孔，直径 4.6 米，孔高 2.3 米，桥身长 5.8 米，通高 6 米。桥身宽 3.1 米，桥栏砖砌高 1.3 米，东雁翅栏墙高 1 米—1.8 米，长 19.6 米，最宽处 5.8 米，西雁翅长 12.3 米，最宽处为 11.4 米，桥身及雁

■ 月径桥

翅保存完好。月径桥恰在问津桥与会通桥之间，与问津桥、会通桥共同被称为"玉带三桥"。桥头西边是白布巷，桥头东边为牌坊街，周边是古民居。因月径桥附近曾是禽鸟贸易市场，民间又称此桥为"鸽子桥"，临清民间的禽鸟集会俗称"赶桥"，直到20世纪60年代禽鸟市场还存在。

月径桥是古代劳动人民开凿运河、治理运河的成功典范，具有较高历史价值、科学价值和文物价值。

会通闸　又名会通头闸、会通桥，位于临清市先锋街道桃园街，京杭运河上的元代船闸，明代改建为桥，2006年5月被国务院公布为全国重点文物保护单位。

临清会通河段开凿于元至元二十六年（1289），至元三十年（1293）、元贞二年（1296）分别修建了会通闸和临清闸，这两处船闸与隘船闸（建于元延佑元年（1314））一同称作运环闸，是元朝会通河上的重要水利工程。明朝永乐年修造南支运河后，其漕运地位被南支运河取代，作为"月河"继续使用。

会通闸是会通河入卫河的第一闸，东至临清闸1里余。始建于元至元三十年（1293），正月初一开工修建，十月二十九建成，历时300天。闸座长100尺，宽80尺，两直身各长40尺，两雁翅各斜长30尺，高20尺，孔宽20尺。会通闸是砖闸，由临清砖垒砌而成，由于历代不断维护，古闸保留了元明清各个朝代的临清

■ 会通闸

■ 会通闸（维修前）

砖，其中挖掘出一块"大工砖"是永乐年间为修建故宫所造。会通闸雁翅南北各长
50多米，形成巨大的漏斗状，能提高进水、出水的速度。如此宽广的古闸，可以推
断出当年会通河河面宽度在70米至80米左右，与史籍中记载的"帆樯如林"形成
互证。

明永乐九年（1411），宋礼治理运河时对该闸进行重修。永乐十五年（1417），
临清运河的南支开通，作为北支的元代运河逐渐被替代，成为一条月河、排水河。
明正德年间在此起拱建桥，名为会通桥。该桥长8.2米，跨径3.2米，现保存良好。

会通闸（会通桥）是保存较好的大型元代古闸，规模之大全国少见，是古代劳
动人民开凿运河、治理运河的成功典范，是研究古代政治、经济、文化、漕运的珍
贵实物资料，具有较高的历史价值和文物价值。

临清闸　又名会通中闸、问津桥，位于临清市先锋街道白布巷街，京杭运河上
的元代船闸，明代改建为桥，2006年5月被国务院公布为全国重点文物保护单位。

临清闸始建于元元贞二年（1296），位于当时临清城内的元代运河上，西至会

350

■ 临清闸

■ 临清闸（维修前）

通闸 1 里余。该闸座长 100 尺，宽 80 尺，两直身各长 40 尺，两雁翅各斜长 30 尺，高 20 尺，孔宽 20 尺。

　　明永乐十五年（1417），临清城内的运河南支开通，作为北支的元代运河逐渐被弃用，成为一条月河、排水河。明永乐、弘治年间由宋礼、白昂相继重修临清闸。明万历年间，临清州人秦大藩又重修，在原址上起拱建桥，明崇祯年间重修时，题刻为"问津桥"。

　　问津桥呈西南东北走向，砖石砌成，全长 7 米，半券式单孔，孔径 2.6 米，孔高 1.3 米，东西雁翅各长 4 米，桥面铺设石板，中间高、两头低，保存较好。

　　临清闸（问津桥）有着深厚的文化内涵，是古代劳动人民开凿运河、治理运河的成功典范，是研究古代政治、经济、文化、漕运的珍贵实物资料，具有较高的历史价值和文物价值。

　　七级下闸　又名七级北大桥，位于阳谷县七级镇北，京杭运河上的元代船闸，2006 年 5 月被国务院公布为全国重点文物保护单位。

■ 七级下闸镇水兽

■ 七级下闸

元代开通会通河后，因高低落差大、水量小、泥沙多，修建了大量船闸，会通河又被称为"闸河"。七级下闸始建于元大德元年（1297），农历五月初一开工，十月初六完工。七级下闸南距七级上闸 3 里，北距周家店闸 12 里。

《元史·河渠志》载："闸长 100 尺，宽 80 尺，两直身各长 40 尺，两雁翅各斜长 30 尺，高 20 尺，孔宽 20 尺，旁有月河。"闸现宽 16 米，深 5 米，雁翅长 7.5 米。此外，在雁翅上还保留有一座镇水兽，形态可掬，栩栩如生。

清代末年漕运停止后，当地百姓便改闸为桥，利用原有闸座，上面铺木板作桥面，现桥面改木板为水泥混凝土材质。

阿城上闸　又名阿城南闸，位于阳谷县阿城镇阿西村，京杭运河上的元代船闸，2006 年 5 月被国务院公布为全国重点文物保护单位。

阿城上闸始建于元大德二年（1298），正月二十五开工建设，十月初一完工，用工 446 名。阿城上闸南距荆门北闸 10 里，北距阿城下闸 3 里，闸长 100 尺，阔 80 尺，两身各长 40 尺，两雁翅各长 30 尺，闸孔阔 20 尺，高 20 尺，定时起闭，节制水流。

明永乐九年（1411）二月，朝廷采纳了济宁州同知潘叔正的建议，命尚书宋

■ 阿城上闸

■ 阿城上闸（维修前）

礼、侍郎金纯、都督周长疏浚会通河，他们为保证水源、控制水流，对阿城上闸进行了重修。

阿城上闸由青石垒砌而成，原来的闸板、闸面早已无存，雁翅部分损坏。起初，后人用木料搭建成闸面，以供通行。2014 年，作为京杭大运河的申遗点，已经修缮一新，桥面已经改为不可拆卸的水泥板桥面。另外，阿城上闸附近还有一座面目斑驳的镇水兽，体型较该地区其他镇水兽较小。该闸为研究元代的水利设施设置提供了重要的实物资料。

阿城下闸　又名阿城北闸，位于阳谷县阿城镇刘楼村，京杭运河上的元代船闸，2006 年 5 月被国务院公布为全国重点文物保护单位。

阿城下闸始建于元大德三年（1299），农历三月初五开工建设，七月二十八完工，用工 441 名。阿城下闸南距阿城上闸 3 里，闸长 100 尺，阔 80 尺，两身各长 40 尺，两雁翅各长 30 尺，闸孔阔 20 尺，高 20 尺，定时起闭，节制水流。

■ 阿城下闸

■ 阿城下闸（维修前）

明永乐九年（1411）二月，尚书宋礼、侍郎金纯、都督周长疏浚会通河，对阿城下闸进行了重修。

如今，雁翅部分损坏，闸板早已无存。该闸对研究元代的水利设施设置提供了重要的实物资料。

张秋下闸　又名荆门北闸、荆门下闸，位于阳谷县张秋镇下闸村，京杭运河上的元代船闸，2006年5月被国务院公布为全国重点文物保护单位。

张秋下闸始建于元大德三年（1299），农历六月初一开工，十月二十五完工，用工310人。张秋下闸南距张秋上闸2.5里，北距阿城上闸10里。明永乐九年（1411）曾进行重修。

闸函南北长12米，东西宽8米，闸板槽宽25厘米。闸头原有石狮4尊，现仅存1尊，狮高1.2米，底座0.8×0.6×0.3米，保存基本完好。据下闸村民讲，闸头曾有碑刻多通，当年连同闸头石狮坠入运河内。

■ 张秋下闸

■ 张秋下闸（维修前）

周家店船闸　又名周店船闸，位于江北水城旅游度假区凤凰街道周店村，京杭运河上的元代船闸，2006 年 5 月被国务院公布为全国重点文物保护单位。

周家店闸始建于元大德四年（1300），民国二十五年（1936）加固维修。周家店闸包括南闸、北闸和越（月）河涵洞，南北两闸结构形式大体相同，相距66.2 米。

北闸顺河南北长 12 米，跨河东西宽 38 米，闸高二丈二尺，闸口宽二丈二尺。闸口两边均为条石砌筑，向外伸出 13 米左右。闸口内原有两扇闸门，门关闭时呈"八"字形，以利于挡水。闸门上设有两扇方形小门，为蝴蝶门，小门用绳索加以控制。闸门内侧设有石砌凹槽，凹槽上有铸铁搅磨，搅磨下部装有铁齿轮，铁齿轮与凹槽底部方杠相连，使用时即可推动搅磨而带动齿轮，再以齿轮拨动木杠，或外推、或内拉，以达到闸门启闭之目的。另外还设有闸板装置，闸板即长条木板，闸门出现故障时，即使用闸板，自下而上依次将闸板两端卡入两壁的凹槽中。南闸与北闸形制大体一致，只是闸门的开启方向相反。南北两闸之间的河道东岸，曾设有 3 个码头，码头台阶均是方石砌成，当年运河通航时，多在此装卸货物。

因河床淤积，水位下降，船闸已失去水闸功能，南闸现已被改建为桥，闸板犹存，闸体条石有部分残损。北闸西南仍能看到青砖砌起的护坡，北部为村中硬化柏油路。

南北两闸向西约 60 米处，即是越（月）河。由于船闸阻碍水流，洪水来临的时候会产生危险，越（月）河的主要功能是泄流。越（月）河自南闸流出，然后向西、再向北转东，形成一个圆弧状，最后在北闸北部并入运河主道。越（月）河上跨河建有桥梁式涵洞，涵洞下设水孔，各孔设门，可开可闭，以控制水流。民国二十五年（1936）加固维修时，当时的山东省水利厅长张鸿烈题字"周家店船闸"和"月河涵洞"，石刻保存较好。周家店船闸还有记事碑刻 3 通——清乾隆四十七年的通济桥碑记和重修周家店闸悬桥碑记，另一通内容无法考证。

周家店船闸是运河上重要水利设施，设计合理，施工精细，是当年漕运兴盛的见证，它保存基本完好，也是聊城段运河上保存最好的水闸，对研究运河漕运历史及水利工程发展具有较高的史料和学术价值。

■ 周家店船闸

■ 周家店船闸匾额

张秋上闸　又名荆门南闸、荆门上闸，位于阳谷县张秋镇上闸村，京杭运河上的元代船闸，2006 年 5 月被国务院公布为全国重点文物保护单位。

张秋上闸始建于元大德六年（1302），农历正月二十三日开工建设，六月二十九日完工，南距寿张闸 65 里，北距荆门下闸 2.5 里。明永乐九年（1411）曾进行重修，现在是上闸村和孟楼村之间的交通要道。

闸由青石垒砌而成，设有双闸板，闸涵南北长 10 米，东西宽 13 米，闸坝雁翅长 8 米，闸板槽宽 15 厘米。用大石块整齐垒砌的雁翼共有 13 层，底部石块用玲珑扣衔接，迎水面石块尽头的木桩浸泡在淤泥里，基本没有腐烂，依旧坚固如初。今闸板已不存在。闸栏尚有镇水兽石刻遗留，为圆浮雕，威武凶猛。

■ 张秋上闸

■ 张秋上闸（维修前）

戴湾闸　又名戴家湾闸、戴闸，位于临清市戴湾镇戴闸村，京杭运河会通河段上已知元明两代船闸中保存最为完整的闸之一，始建于元皇庆二年（1313），2006年5月被国务院公布为全国重点文物保护单位。

元朝开凿运河时在戴河以西建成戴湾闸，位在月河出入口，北至临清新开上闸（二闸）30里。戴湾闸与明永乐十五年（1417）所建的二闸相距104年，两闸的形制及规模大致相同，都由墩台、雁翅、石防墙（已毁）组成。闸门长6.7米，闸墩长13.4米、宽10米，闸高5.6米，闸墩上下游两侧筑雁翅长13米—17米，闸墩与雁翅分别砌成锐角，左右向上下游展开，使闸孔与正河之间从收缩到扩展形成过渡，使水流流线不致紊乱，尽量减少水流对闸墩的破坏力，保障舟船航行安全，符合流体力学原理。雁翅结构独特，闸体由1.3米×0.4米青石砌筑而成，条石与条石相接处凿以燕尾槽，槽内由铁汁浇灌相牵，浑然一体，坚固持久。燕尾槽上有"戴家湾"字样。闸槽由8块厚0.25米的杉木板提落调节水位，以节蓄泄，保障运河漕运。现河床水面下20厘米，尚有闸板存在。戴湾闸在历史上曾有4座镇水兽，坐落在桥的两端，由于年代久远，仅保留下1座。

现闸已改桥，桥洞宽约10余米，桥基是用百块巨石砌成，缝隙严密，工艺高超。戴湾闸小桥东侧立一石碑，记录了戴闸村的由来，明万历八年（1581），李姓由肖寨乡李营子村迁来，在水闸附近以捕鱼为生，形成村落后以闸命村名曰"戴闸"。戴闸北侧居住着戴闸村的村民，闸北首村委会院内，至今还埋有1通重修戴

■ 戴湾闸

湾闸的碑刻，闸南头曾建有大王庙1处。

戴湾闸是会通河上保存最完整的一座水闸，跨越历史久远，闸建保存完整，有着深厚的文化内涵，是古代劳动人民开凿运河、治理运河的成功典范，是研究古代经济、文化、漕运、治水等问题的重要实物资料，具有较高的历史价值、科学价值、文物价值。

辛闸 位于经济技术开发区北城街道辛闸村，京杭运河上的明代船闸，2006年5月被国务院公布为全国重点文物保护单位。

辛闸始建于明永乐九年（1411），闸跨南北向河道，南北长约40米，东西宽约20米。辛闸主要由两侧石砌燕翅及闸口构成，现仅存闸根、燕翅和一对镇水兽。镇水兽一只在东北燕翅上，雕刻精美，风化、残损严重，另一只在东南燕翅上所建的平房里。闸根及燕翅上局部有残损，但主结构尚存。燕翅系长方形青石砌成，砌石外侧为筑土，现存十余层高，两翼向外延伸，上部砌石保存较好，两侧路面上仍可见砌石基体，向西延伸约32米。闸口由两侧的燕翅围拢而成，为水流、船只通道，长约5米、宽约7.5米，中部原为闸门所在，两侧还有宽约30厘米、深约6厘米的

■ 辛闸残存木板

闸门槽。清朝末年，因漕运功能丧失，水位下降失去水闸功能，现已被改建为桥。闸面现架筑石桥，供群众通行。

1951 年重新治理张秋镇至临清河段张秋泄水闸，同时维修了周家店船闸、辛闸、梁乡闸、土闸等 6 座桥梁。1954 年—1957 年，利用运河发展灌溉事业，辛闸南、周店、梁水镇 8 处形成自流灌区。1983 年冬季疏浚了四河头至辛闸段，改名为"运河分干"。

辛闸是明清时期运河上的重要水利设施，设计精巧，施工精细，是当年漕运兴盛的见证，是研究运河漕运历史及水利工程发展的重要实物资料。

梁乡闸 又名梁家乡闸、梁水镇闸、梁闸，位于东昌府区梁水镇镇梁闸村，京杭运河上的明代船闸，2006 年 5 月被国务院公布为全国重点文物保护单位。

明永乐九年（1411），工部尚书宋礼征集民夫 16 万人，开挖南自济宁、北至临清元代运河故道，同年兴建了永通闸（辛闸）、梁乡闸、土闸。梁家乡闸南距永通闸 20 里，北距土桥闸 15 里。闸附近还设有泄水闸和浅铺、涵洞，现仅存闸根，后来人们在闸基上建桥。

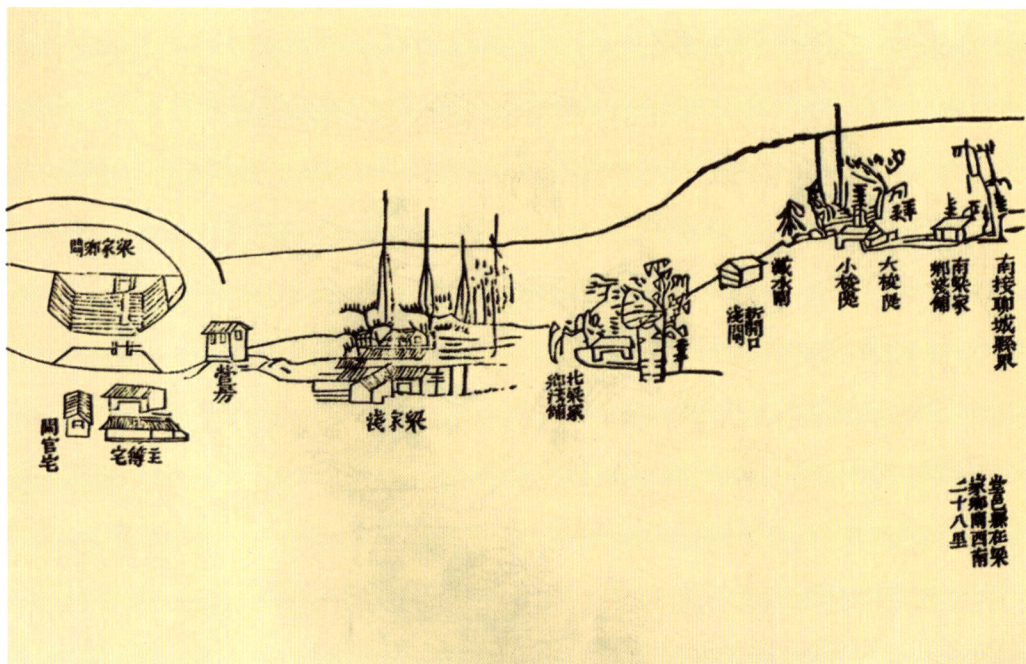

■ 梁乡闸　辑自康熙五十年（1711）《堂邑县志》

■ 梁乡闸

■ 梁乡闸上的镇水兽

土桥闸遗址　又名土闸，位于东昌府区梁水镇镇土闸村，京杭运河上的明代船闸遗址，2013 年 5 月被国务院公布为全国重点文物保护单位。

土桥闸始建于明永乐九年（1411），清乾隆二十三年（1758）扩宽闸口，至 1840 年一直由运河管理机构（河道总督）管理，是当时运河上的重要水利设施。南距梁家乡闸 15 里，北距戴湾闸 48 里。

土桥闸遗址由土桥闸、闸东大王庙基址、月河，上游进水闸基，下游减水闸基组成。土桥闸主要由墩台、闸口、折冲、燕翅、裹头、流水、燕尾组成。闸基用直径 8 厘米—20 厘米的松、柏木柱打桩作为基础，燕尾外有石砌护坡及木柱护坡。墩台由砌石、砌砖、三合土和夯土组成。闸体石壁由起加固作用的铁扣砖和铜杆相连。2010 年，山东省文物考古研究所对其进行调查发掘，现出土元代、清代镇水兽 3 个，残件 2 个。明、清、民国瓷器残片约 5000 片，主要为青花瓷、青瓷和白瓷，另有陶器、紫砂器。此外有石碑、铁扣砖、铜钱、耳勺、船上用器（盆、绳、篙、钉、鱼钓、网坠等）、建筑构件、烟袋、石锤、兽骨等。土桥闸遗址规模较大，设计合理，保存较好。

■ 土桥闸遗址

■ 土桥闸出土的石刻

土闸遗址是目前运河上进行系统考古发掘的、保存条件较好的古代运河水利工程，其设计坚固合理，施工精细，为了解同类型水利设施的研究提供了范例，其发现与发掘为中国古代水利技术史、大运河历史的研究提供了重要的基础资料。

临清砖闸 又名二闸、新开上闸，位于临清市青年街道前关街，京杭运河上的明代船闸，2006 年 5 月被国务院公布为全国重点文物保护单位。

明永乐十五年（1417），临清城区内的元代运河淤积严重，明政府又重新开挖南支运河，派平江伯陈瑄主持修建了二闸。明正统二年建为砖闸，后改为石闸。

临清砖闸由墩台、雁翅、石防墙（已毁）组成。南北相距 50 米，东西相距 100米（现残存雁翅相距 20 米），高 4.5 米，占地 5000 平方米。如今，闸墩已改铺桥板，成为行人桥。桥宽 3 米，长 5 米，至今保存完好。

■ 临清砖闸发掘现场图

阿城陶城铺闸　位于阳谷县阿城镇陶城铺村，京杭运河上的清代船闸，2013 年 5 月被国务院公布为全国重点文物保护单位。

阿城陶城铺闸始建于清咸丰五年（1855），现存闸函长 12 米，宽 6 米，雁翅长 15 米，闸槽宽 12 厘米，平铺错缝，青石垒砌而成。因河道废弃，闸已失去原有作

■ 阿城陶城铺闸

用，原闸板、闸面早已无存，部分雁翅边沿稍有损坏。20 世纪 60 年代修建水泥桥面时，在闸的中间加有两道横墙，成为现今的三孔桥，其他构造未改变。

李海务村船闸遗址　位于江北水城旅游度假区凤凰街道李海务村，明代船闸遗址，2012 年被东昌府区人民政府公布为县级文物保护单位。

■ 李海务村船闸遗址

李海务闸始建于明永乐年间，在周家店闸北 12 里，闸务归并周家店闸。船闸口宽 6.66 米，长 7.70 米，高 4.35 米，占地面积 51 平方米。船闸上原有活动式木桥一座，由于运河废弃，船闸及木桥被埋在地下 1 米处。船闸遗址现为村中道路。

西梭堤村进水闸遗址　位于东昌府区梁水镇镇西梭堤村，明代船闸遗址，2012年被东昌府区人民政府公布为县级文物保护单位。

该水闸始建于明代，1920 年从闸南 200 米左右移到现址，闸总长 15.6 米，燕翅宽 4.7 米，面积约 73 平方米，现在已经成为村内的石板桥。闸现暴露高度 1.4米，以下为淤土，闸上有石板五块，石板长 3.45 米，宽 2.42 米，闸外侧宽 2.5 米，折翅 1.44 米，上刻有"惠民"二字，燕翅宽 4.7 米，闸板槽宽 14.5 厘米，深 14 厘米。闸往北 28 米为民居，西面、南面为耕地，东面为老运河河道。

■ 西梭堤村进水闸遗址

张秋码头 位于阳谷县张秋镇南街古运河西岸，京杭运河沿岸的历时元明清三代的古码头，2014 年 10 月被聊城市人民政府公布为市级文物保护单位。

张秋码头始建于元代，南北长约 100 米，宽 50 米，呈长方形。运河停止航运

■ 张秋码头遗址

后，码头废弃，大部分已淤埋于河床下面。每到河水干涸时就会显现出部分石基，石基完好，错缝平铺，用料硕大。码头当年的主要作用是停泊船只、装卸货物、上下行人。该码头为研究明清时期张秋运河沿岸的经济文化及交通状况提供了重要的实物资料，具有较高文物价值。

七级码头　位于阳谷县七级镇西街村运河东岸，京杭运河沿岸的历时元明清三代的古码头，2013 年 10 月被山东省人民政府公布为省级文物保护单位。

七级镇在阳谷县城东北，古称毛镇。元代，开凿会通河穿镇而过，小镇随之崛起，成为东昌府三座典型运河市镇之一。为了南北物资交流、装卸货物、上下行人之便，镇上就修建了古渡口，有七级石质台阶，遂改镇名为"七级"。七级镇是粮食转运重镇，素有"金七级"之称。该码头就是七级码头，也是著名的粮食转运码头。七级码头于明清两代曾进行过维修，据记载，清乾隆十年（1745）的一次重修由民间集资完成。清末以来，运河缺少监管，码头被建房的居民填埋。

2011 年春，山东省文物考古研究所、聊城市文物局、阳谷县文物管理所对七级码头遗址进行了全面发掘，通过发掘发现，码头现存用条石错缝平铺垒砌而成的 17 级台阶保存完好。七级码头对于研究七级镇当时的政治、经济、文化及商业贸易，提供了重要的参考资料。七级码头也是运河山东段迄今发掘的唯一一座保存完整的古码头，成功入选"2011 年度全国十大考古新发现"。

■ 七级码头

三元阁码头　位于临清市青年街道西夹道街，京杭运河沿岸的明代码头，2013年10月被山东省人民政府公布为省级文物保护单位。

　　临清卫运河两大码头，一是三元阁码头，一是浮桥口码头（俗称水簸箕）。三元阁码头当时被称为运河之上的第一商业码头。该码头始建于明嘉靖二十一年（1542），倚卫运河东岸而建，坐东朝西，长、宽各15米，台高4米，占地230平方米，条石砌筑。有阁建于台上，前后两进，是临清著名的道教观阁，具有典型的道教建筑风格，大殿供奉有武财神关帝、大士观音、妈祖海神娘娘等神灵。京杭大运河沿途除了北京、杭州外，唯有临清三元阁供奉有妈祖海神娘娘之神位，显示了临清宗教风俗的包容性。当年南来北往的漕运商贾纷纷到三元阁烧香祈愿。清末，漕运逐渐停航，三元阁香火日稀，民国时期，三元阁彻底失去了它的宗教用途，成为民国临清水上警察所。目前三元阁码头已基本消失。

■ 三元阁码头局部

■ 三元阁码头标志牌

崇武驿大码头　位于东昌府区古楼街道东关闸口南 800 米处古运河西岸，明代运河码头，2006 年 5 月被聊城市人民政府公布为市级文物保护单位。

在东昌府区东关运河西岸有一座著名的官驿——崇武驿。明洪武二年（1369），在京杭大运河建成一处码头，因临近崇武驿，而被命名为崇武驿大码头（为区别附近另一小码头）。崇武驿大码头是运河沿岸的重要口岸之一，距码头街南约 5 米，南距基督教堂 120 米。码头长 17.5 米，宽 5.8 米，呈"巨"字形，共设跺踏两处，左右各设上下台阶 16 级。

■　崇武驿大码头

大码头为官用码头，一些富商官宦的私船也多停泊于此。明清两代运河畅通时，大码头一带漕船络绎不绝，停泊待卸的商舶绵延数里。从大码头南望，舳舻相连，帆墙如林，宛如一幅宏丽壮阔的图画，故有"崇武连墙"之称，被列为聊城八景之一。大码头附近曾有 1 通御碑，是清康熙皇帝为减免东昌税收而立。

崇武驿大码头是研究运河漕运历史及水利工程辅助设施发展的重要实物资料。

崇武驿小码头　位于东昌府区古楼街道东关闸口古运河西岸，明代运河码头，2006 年 5 月被聊城市人民政府公布为市级文物保护单位。

崇武驿小码头原为商贾所建的私用码头，因紧临崇武驿而得名。码头以青石垒砌，东西长 14 米，南北宽 3.75 米，为南北轴线对称布局。平面呈凹字形，凹槽用以停泊船只，装卸货物。凹槽东西宽 7 米，南北深 1.5 米。凹槽东西两端各有 6 蹬踏跺接河槽。踏跺长 1.25 米，宽 0.27 米，高 0.16 米。凹槽左右各有石砌台阶，台阶最上层青石上有圆形穿孔，为系舟船缆绳之用。凹槽以北原为 2.5 米的青石条路。部分码头石条经风雨剥蚀，斑驳不平，主体结构没有改变。小码头现保存完整。

■ 崇武驿小码头

第二节 沿河遗存

■ 全漕运道图（鲁西北部分）辑自道光十年（1830） 藏于美国国会图书馆

张秋运河古镇 位于阳谷县张秋镇，明清时期因运河而崛起的古镇，2004 年 7 月被聊城市人民政府公布为市级文物保护单位。

张秋镇，位于阳谷县东南部，是一条"西南——东北"走向的凹槽地带。每逢秋季河水高涨，这里就成为一片沼泽，"涨湫"之名由此而来。人们深受水患之苦，民间忌讳"水"字而去掉偏旁"氵"，即是"张秋"。早在五代之前，张秋仅仅是齐鲁大地上一个名不见经传的普通村镇。宋真宗景德年间，赐张秋名为"景德镇"，元代沿用，明弘治年间又改名为"安平镇"。而民间始终称之为"张秋"，清代便又改回"张秋镇"，沿用至今。元明清时期，京杭运河穿镇而过，"漕渠出于齐鲁之郊，旋之若带，张秋其襜结"，张秋因其得天独厚的地理优势迅速崛起，以一个小镇的身份跻身京杭运河九大商埠，又列为山东三镇之一（顾炎武《天下郡国利病书》将张秋镇与颜神镇、景芝镇，并称山东三镇）。清朝末年，运河中断，张秋丧失了地理、政治优势，经济地位也渐次衰落，成为鲁西平原上的一个普通乡镇。

京杭运河沿岸有数百城镇，这些城镇的发展多与漕运有关，张秋之兴最具典型性。张秋镇，位居南北两京之中、济宁和临清两大运河城市之中，且船闸密布，是运河沿岸名副其实的"闸河重镇"。据《张秋志》卷三《河渠志一》中记载：张秋

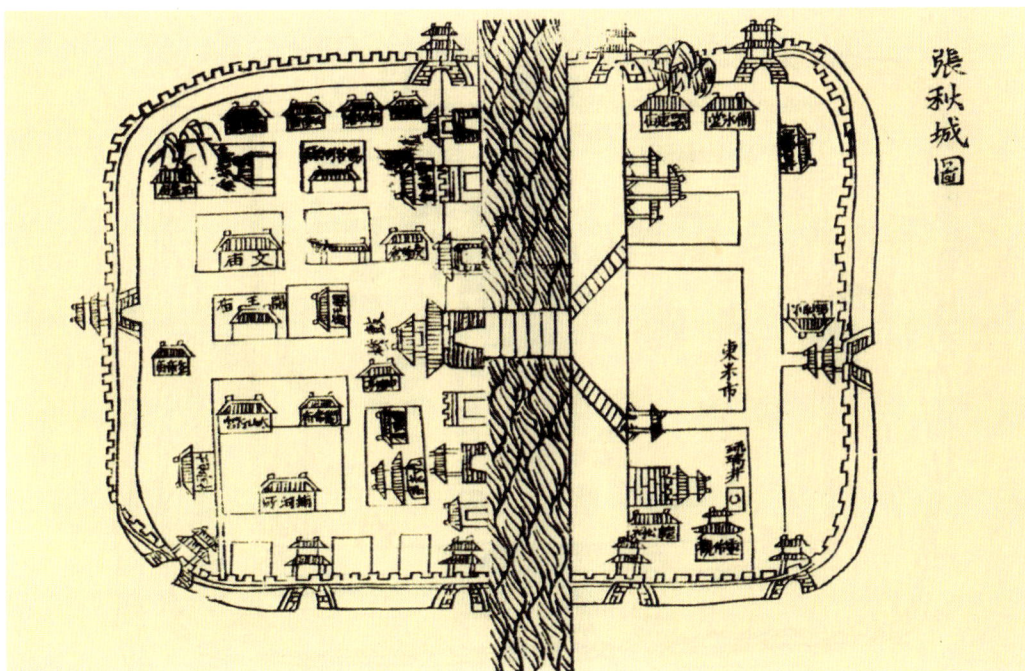

■ 张秋城图　辑自道光九年（1829）《东阿县志》

段运河上有正闸 7 座（荆门上闸、荆门下闸、阿城上闸、阿城下闸、七级上闸、七级下闸、戴家庙闸）、小闸 3 座（通源闸、积水闸、减水石闸）、坝 3 个（减水石坝、师家坝、李家坝）。这些船闸之间的距离近则 2.5 里，远则 10 里，船闸的启闭遵循严格的管理制度，有一定的时限。运河上的来往船只为等船闸开启必须在张秋停顿或留宿，从而为张秋留住了大量的人气，促进了张秋的勃兴，这是张秋在明清能够兴盛的根本原因。

张秋地势低洼，是河患严重、堤防薄弱之所，备受历代朝廷重视，是名副其实的具有政治意义的河道要害。元代开通会通河后不久，就在张秋设置了都水分监，专管北河地区的水道治理与漕船航运。明清之际，一般的水利事务均归地方，朝廷仅在"诸水要会，遣京朝官专理以督有司"，而张秋设有多处管河机构。《张秋志》介绍了明清之际驻所在张秋镇的中央、府、县各级管河机构，如工部分司、捕务管河厅、管河主簿厅、布政司、税课局、巡检司、都察院、新察院等等。其中工部分司（工部北河分司）管辖天津到山东的运河，占全河总长度的 1/2，统管辖区内的河工、驿站、治安、夫役等事务。《张秋志》中记载了中央、府、县管河官员 387人，其中，中央工部分司职官表（含工部北河分司官员）98 人、兖州府管河通判表 76 人。中央工部分司的长官为郎中，是正五品，上联总理河道、漕运都御使、巡河御史，下通兵备河道、管河通判、工部主事等官，在国家河工和漕运中地位极其重要。这些机构的设置、高级官员的分派远远超出了城镇的配置，充分显示出张秋镇具有重要的政治意义。

明清时期，各州县为存储征收的漕粮，都要修建临时粮仓（水次仓），以便"岁额转漕京师"。张秋附近的州县为便于漕粮运输，直接在张秋建立了水次仓。据《张秋志》记载：张秋一带有 14 个水次仓，其中 9 个在张秋，即曹州、曹县、定陶、郓城、寿张、范县、濮州、朝城水次仓。每个水次仓中，存储漕粮少则一千石，多则四五千石。再加上张秋居运河之中，南通江南、北达京师，便成为农民起义军抢夺粮草、向北冲击朝廷的首选路线。

明嘉靖年间，张秋已有"九门九关厢、七十二条街、八十二胡同"，城池规模远超东阿、阳谷、寿张三县城，甚至超过了当时的泰安府城。明礼部尚书于慎行在《安平镇新城记》中写道："安平在东阿界中，枕阳谷、寿张之境，三邑之民夹河而室者以数千计，四方工贾骈至而滞鬻其中"，"齐之鱼盐，鲁之枣栗，吴越之织文纂组，闽广之果布珠琲、奇珍异巧之物，秦之罽毲、晋之皮革，皆荟萃其间。"民国年间《增修阳谷县志》称张秋镇"旧为贡道之通渠，实扼南北之咽喉……在昔繁盛之时，航桅林拥，商贾云集，非三县（指东阿、阳谷、寿张）城市所能及也"。又说张秋各街市"皆有百货云屯，如花团锦簇。市肆皆楼房栉比，无不金碧辉煌。肩摩毂击，丰盈富利，有小苏州之称"。当时仅在镇上经商的山西商人即有上百家，建有规模较大的山西会馆。至清末民初，因受运河停运及战乱、匪祸之影响，张秋镇渐失昔日之繁荣，但仍有商号 70 余家（其中晋商 20 余家），其中较为著名的有经营糖、茶、果的"聚"字号（如成聚、福聚、工聚、新聚等）、经营粮食的"德"字号（如石盛德、崇信

■ 张秋运河古镇

德、恒德等），经营药品药材兼坐堂行医的"堂"字号（如保圆堂、义圆堂、玉升堂、德华堂等），以及经营南北杂货及典当业的王太恒、泰盛隆、常兴全、常兴和等。上述商号多于日伪时期倒闭。

同时，大运河的畅通也刺激了张秋镇手工业的发展。明清时期，张秋镇铁木业、酿造业、糕点业、酱菜业、草苇编织业、纺织业、印染业、金银首饰加工业、印刷业均十分兴盛。其经营方式多为前店后作坊，自产自销。至清朝中后期，又逐步出现了一批具有相当规模的、带有资本主义萌芽性质的手工工场，其中比较著名的有"天增帽店""源茂永画店""刘振升画店""鲁兴聚画店""天增染坊""天宝楼饰品坊"等。

随着商业的发展，张秋出现了大量买卖中间人——牙人。据《张秋志》记载，当时张秋的牙人共有 280 多人，分作二三十个行业，牙人都有市籍，必须持政府颁发的牙帖才能够经营，政府按照货物的"轻重多寡"征收牙税。政府每年征收的牙税计 200 余两，全部留充本镇经费。

历代达官贵人、四方商贾乘船到达张秋，等待过闸的期间，不免在镇中吃喝游览，张秋还有许多古迹胜境。元代时，张秋城东就有一株柏树，旁有石刻"季子挂

剑徐君墓树",后又有"季子祠""挂剑台"。明弘治年间,通政使韩鼎筑戊己山,后成为张秋胜景,明清文人墨客在这些古迹处留下了大量诗词歌赋。

七级运河古街　位于阳谷县七级镇西街,2013 年 10 月被山东省人民政府公布为省级文物保护单位。

七级镇在阳谷县城东北,古称毛镇。元代,开凿会通河穿镇而过,镇上修建了古渡口,有七级石质台阶,遂改镇名为"七级"。明清时期,在东昌府以南、张秋镇以北崛起了 3 座典型的运河市镇,有"金七级、银阿城、铁打的周店"之称,主要是因为七级、阿城、周店分别有重要的粮食转运、食盐转运和船舶维修码头。

■ 七级运河古街

■ 狄家药铺

■ "一碑担两间"茶馆

七级镇城有六门、四关、十四街，街分六纵六横。大运河穿镇而过，镇市始分为东西两部分，中间吊桥名为古渡。在河东岸的南北街为东顺河街，中部纯为商肆，两端是商农杂处，北有运河闸署；在河西岸的南北街为西顺河街，商肆较少，农舍居多，北有莘县仓廒；东岸义和街（也称前街）有冯安人寿坊，东阿仓廒建在这里；西岸最南的东西街是太和街，县别署及仓廒在这里。后来运河西渐，东顺河街南的商民为水运便利，移商肆到西面街，遂东西相错。东关为本镇与东阿运输大道，西南关达安乐镇，南北二关，便利阿城、聊城之交通。自元以来，江南诸省漕粮由此入贡，镇上设东阿、阳谷、平阴、肥城、莘县 5 个水次仓。清末民初运河漕运废弛，七级逐渐消失了往日的繁荣。

七级运河古街始建于明代，与七级码头相连。从古码头拾级而上，沿着一条铺满青石的小路向东走就到了七级运河古街区，该街区街面为石板路，东西街长 220 米，南北长 300 米，宽 4 米—6 米，"一碑担两间"茶店、狄家药铺、翟家祠堂等众多古迹星罗棋布。街上房屋多为砖木结构，青砖灰瓦，出檐宽 0.5 米，店铺都有典型的明清时期的"板大门"，这种店门由一条条木板拼接而成，依次卸开每块木板，才能打开店门对外营业，店铺为穿堂式，通向后面正房，外廊用檐柱斜出"J"型支撑檐檩，据说此种建筑形制在山东地区多有分布，但保留如此完整的却不多见。

街巷内现保存有清末、民国及文革时期建筑 22 处。"一碑担两间"茶馆位于七级古城隅首西北角。这个茶馆地处街衢，生意很红火。南来北往的商人、旅客在码头停船靠岸，到此休息品茶，畅谈聊天。茶馆只有两间，中间大梁正下埋着一座石碑，石碑正好处于中间，因此，有"一碑担两间"的说法。其实，"一碑担两间"的谐音是"一百单两间"，意思就是茶馆虽小，但是很敞亮。

狄家药铺即春和堂，是聊城近代名医狄大光的故宅。狄大光原籍莘县，青年时期迁来七级坐堂行医。狄大光对《伤寒论》颇有研究，医术高明，就医者日以百数，河南、河北以及周边地区的病人经常慕名前来诊病，素有"南毛北狄"之称。抗日战争期间，抗日军民前来就诊，他总是冒着风险，悉心诊治。凡来求诊者，不论其贫富贵贱，均一视同仁，精心治疗，贫困者就医，则免收药费。原铺面悬有当时的府台、县台所赐匾额。门前竖立龟驮碑两座，今两石龟犹在。目前，狄家药铺保存较完整，屋内还留存有药柜。

翟家祠堂又叫翟家庙，位于七级运河中桥东约 40 米路南，建于明朝万历年间，坐南朝北，正堂三间，东西配房各三间。占地 600 多平方米，抱柱飞檐，雕花窗帘，古朴典雅。

该古街现为七级镇西街商业居民区，对于研究明、清两代建筑艺术、运河经济、文化及商业贸易有重要的参考价值。

竹竿巷 位于临清市老城区先锋街道竹竿巷街，漳卫运河东岸，元代会通河南岸，明清之际因运河而兴起的典型的运河城市商业古街区，2004 年 7 月被聊城市人民政府公布为市级文物保护单位。

元明清之际，为运输漕粮，大运河全线开通，促进了沿岸商业的发展，兴起了一大批具有商业功能的城市，临清就是其中比较典型的一个。临清商业发达，城内兴起多处专业性的商业街道，竹竿巷就是一条专门加工、出售各种竹器的街道。竹竿巷原名果子巷，清代因巷内竹器店较多，改为竹竿巷。

临清作为重要漕运码头，在明清时期是全国性的物流中心，流动人口极多，往来客商、官绅及各色人等，多从临清购买油、醋、酱菜及各种土宜，对竹制容器需求量很大。江南盛产竹木，价格低廉，因而大多数漕船都载有竹木沿运北上，沿途发卖，这就为山东运河沿岸的各城镇提供了足够的竹器加工原料。临清百姓从江南人那里学会了各种竹编工艺，编制出油篓、竹筐、竹耙之类，供应四方客商及当地民用，销路颇佳，于是临清的竹器加工业日趋兴旺，从业人员不断增多。

■ 竹竿巷现状

在明后期，临清的竹器业已有一定的规模，竹器经营户形成了两个专门的街巷，一为竹竿巷，一为油篓巷。这两条街巷都在卫河与运河之间的中洲。竹竿巷内有两大竹商"亨通"和"太和"，他们从江浙一带贩来竹料，出售给临清当地的手工业者，同时也自己雇佣工匠进行生产。竹木加工，不需要太多的本钱，只要吃苦耐劳、心灵手巧就可以养家糊口，当地民谣曰："一把篾刀一弓锯，两把竹篾做生意。"所以临清经营竹器的小手工业者很多，仅竹竿巷内就有70多家。竹竿巷的产品有百十种，农器类主要有竹耙、扫帚、鞭条、筛子等；生活用品主要有竹帘、竹篮、竹筐、竹篓、竹几、竹椅、竹担、竹杠、竹笼屉、竹筷、竹牌等；另外还有竹鸟花、竹呼哨等装饰品和儿童玩具，满足了人们从生产到生活各个方面的需要。

明清两代，临清城内居民以竹木业为生者不下百余户，竹木加工在相当长的时段内，成为临清城内十分重要的手工行业，养活的城市人口约有千人之多。

如今的竹竿巷东西长1000米，巷宽3米，老街于20世纪60年代翻建过，如今的竹竿巷还保留着17处前店后坊古建筑，街巷整体格局保存完整。

箍桶巷 位于临清市老城区先锋街道箍桶巷街，漳卫河东岸，元代会通河南岸，明清之际因运河而兴起的典型的运河城市商业古街区，2004年7月被聊城市人民政府公布为市级文物保护单位。

明清之际，为漕粮运输，大运河全线开通，促进了沿岸商业的发展，兴起了一大批具有商业功能的城市，临清就是其中比较典型的一个。临清商业发达，城内兴起多处专业性的商业街道。箍桶巷是明清时期商业官驿繁华区，是手工业木桶、马桶等生活器具作坊、店铺专业性街巷。

临清箍桶巷形成于明代，形成原因有两个：一因婚俗。大运河南北畅通，临清成为"四方之民杂居"的运河城市，风俗中融汇了不少江南习俗，比如女孩出嫁陪送马桶即成为当地普遍的婚姻习俗，这在北方城镇婚俗中极其少见。临清流行一句结婚俗语"子孙马子、长命灯"，"子孙马子"即是一套"马桶"。临清现在还流行女方出嫁时陪送尿盆或痰盂，这就是由陪送马桶逐渐演变来的。二因运河。临清位于汶、卫交汇中州之地，四面环水，古有玉带城之称。漕船及水上人家的生活必需品木桶、木筲的消耗量相应增加。另外，临清城区运河穿城，街巷临河，木桶、木盆成为家家户户必备家什。为适应市场，临清木工分成三大类：牙活木匠、圆活木匠、方活木匠，后来，圆活作坊有了较大发展空间。

■ 箍桶巷

　　明宣德年间，形成专门加工制作箍桶圆活的作坊街巷，这条街巷被人们称为箍桶巷。民国年间箍桶巷有 60 余家圆活木匠作坊商铺，其中圆活做得最好的有徐家、赵家、侯家、王家、杨家。另外，临清有名的李家"耀兴漆店"坐落在箍桶巷，其私家园林"漆山"为临清当时一景，远近闻名。

　　如今的箍桶巷东西长 500 米，宽 3 米。箍桶巷内有多处古宅民居，整体街巷格局保存完好，成为临清特色街巷，见证了临清明清时期手工业的繁荣景象。

　　临清运河钞关　位于临清市青年街道青年路，明清政府派驻临清督理漕运税收的直属机构所在地，2001 年 6 月被国务院公布为全国重点文物保护单位。

　　临清运河钞关，始建于明宣德四年（1429），是明清两代中央政府设于运河上督理漕运税收的直属机构。明清时期，基于临清是漕运咽喉、商业都会以及诸王练兵、漕粮储积、贡砖烧制、商市税征之处，永乐二十一年（1423）山东巡抚陈济上疏请求在临清设钞关。宣德四年（1429），临清钞关设立。宣德十年（1435），朝廷在临清又增设户部権税分司，以督理关税。至明代万历年间，临清钞关年征收船料和商税银 83000 多两，居全国八大钞关之首，占全国课税额的 1/4。明万历年间，山东省一年的税课银只有 8800 余两，仅及临清钞关所收 1/10 稍强，临清钞关的显赫地位可见一斑。

■ 临清运河钞关

　　万历二十七年（1599），在临清钞关演绎了一场震惊朝野的大事件，这就是王朝佐反监税斗争。明朝中后期，大量的商税收入刺激了封建统治者的贪欲。万历时，百税杂出，征税中官遍布天下，临清更是重灾区。中官马堂征税临清，网罗党羽数百人，强取豪夺。临清商民为之罢市，州民万余纵火焚烧了马堂署，毙其党羽37人。织筐夫王朝佐慨然承担责任，以免众人之难。王朝佐英勇就义，后人为之建祠立碑，在钞关内供人瞻仰。此事件及碑刻拓片陈列在中国历史博物馆，王朝佐成为中国资本主义萌芽初期抗税斗争中的英雄。临清民变事件揭开了中国历史上民众自发组织抗税的新篇章。

　　清光绪二十七年（1901），运河漕运停止，钞关署治废止。后为临清民国政府驻地，解放后为临清县人民政府驻地。1949年10月中华人民共和国成立至60年代初，运河钞关一直为临清县人民政府所在地。

　　临清钞关为一组建筑群，自运河而西依次为河口正关、阅货厅、"国计民生"坊、关堞、仪门、正堂等。钞关南北三进院落，置设穿厅、船料房、鼓铸坊等，厅堂坊舍室400余间。现存两进院落，主要有仪门、南、北穿厅、公堂、巡拦房、科房、船料房、官属舍房等80余间古建筑，面积6000余平方米。前院为公署办公区，后院为仓储区。此外尚有原钞关官员住宅保存较好，建筑大多为硬山建筑，青色灰瓦屋面。钞关内收藏了记载钞关税收与王朝佐起义的明清碑刻。现公署办公区及北侧仓储区由临清博物馆管理使用，南侧钞关官员住宅变为临清水利局家属院。

临清运河钞关作为古代八大钞关之一，是中国古代运河税收机构典型遗存、运河文化重要载体，也是全国仅存的一处运河钞关，是研究中国明清两代经济生活、运河城市的形成与发展及中国税务发展的宝贵实证资料。2005 年，临清市制定规划，以运河钞关为依托，建设中国税务博物馆与运河文化陈列馆，使之成为一处弘扬祖国优秀文化、进行爱国主义教育的场所。

阿城盐运司 位于阳谷县阿城镇海会寺村，聊城段运河沿线仅存的古代盐业管理机构遗存，2006 年 5 月被国务院公布为全国重点文物保护单位。

明清两代，常在沿海和各重要产盐省份设盐运使，全称为都转运使司盐运使，简称运司（或运使、都转）。据史料记载，阿城旧有 13 家盐园子，有管理运盐的组织并设有盐巡，镇上还有运盐的专用石道，现在的阿城老街向下挖两尺多就是石

■ 阿城盐运司

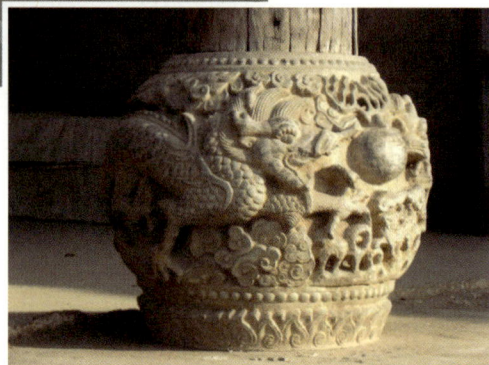

■ 盐运司精美的柱础石刻

头，即是运盐的盐道。从东海边运来海盐，在阿城装船朝南方转运，因此阿城有"银阿城"之称。

阿城盐运司始建于明代，清乾隆年间由阿城的山西盐商与阿城盐运司联合扩建维修，当地俗称山西会馆，又称南会馆，既是会馆，亦为盐运分司官署。盐运司位于海会寺西侧，两进院落，独成一体，占地面积2623平方米，现存建筑有山门、前殿、后殿、配殿等，大殿内供奉关公，东西两配殿供奉关平和周昌。盐运司建筑技法精湛，大殿柱础雕刻精妙传神，木构件制作精巧，彩绘流畅生动，体现出当年能工巧匠们的才能和智慧。

阿城盐运司作为古运河两岸的重要文物建筑，具有较高的历史与艺术价值，也是明清时期聊城运河经济繁荣的见证。

鳌头矶 位于临清市先锋街道吉士口街35号，明代古建筑群，2001年6月被国务院公布为全国重点文物保护单位。

临清城区内的古运河有两条，一条为元代运河，一条为明代运河，两河在鳌头矶处分流，一南一北，形成纵贯市区的巨大"人"字形格局。鳌头矶始建于明代嘉靖年间（1522—1566），此处原为元代运河与明代运河交汇处的一座石坝，其状如鳌头，两条运河上的四处河闸象鳌的四只足，广济桥在鳌头矶后，像鳌的尾，当时

■ 鳌头矶

知州马伦题名曰"鳌头矶"。明代书法家、临清人方元焕为鳌头矶题写了"独占"二字，寓"独占鳌头"之意。

鳌头矶是一组结构精巧、古朴典雅的楼阁式建筑，是运河岸边的标志性建筑和明清两代文人墨客登临揽胜之所，现在被作为临清市博物馆和古砖陈列馆。鳌头矶主要由鳌矶坊、正门、吕祖堂、李公祠、望河楼、观音阁组成。整组建筑中，东楼名"观音阁"，西殿称"吕祖堂"，北庑名"甘棠祠"，门外原有木桥，枋楣"鳌头矶"三字是明人方元焕所写。

观音阁建在砖砌基座上，基座高 5 米、占地 9 平方米，下辟门洞，面阔三间，进深两间，歇山卷棚顶，三、五、七架梁和抹角梁木构架，上覆筒瓦，陶质脊兽装饰，四角飞挑，木隔落地。

南楼望河楼现存三间，卷棚顶，前后隔扇，建于台基之上。楼内东西山墙分别悬挂着两块匾额，一块是清乾隆五十五年（1790）临清直隶州知州张度书写的"汶卫津梁"，正楷体，端庄洒脱，颇具功力；一块是清康熙年间临清知州、书法家王毂书写的"沙丘古渡"，行书体，苍劲雄浑，神韵丰满，为书法艺术的佳作。古砖陈列室展示了明代成化年间至清代康熙年间临清烧制的青砖。临清砖是营建北京皇城、明十三陵、清东西陵的重要建筑材料，以"击之有声，断之无孔，不碱不蚀"而著称于世。从望河楼登上观音阁，可以远眺旷远的街市。观音阁与望河楼相映成趣，浑然一体，为临清景观"鳌矶凝秀"之所在。西殿吕祖堂现存三间。

鳌头矶内的碑刻位于院内门洞的两侧：南侧一块是杜公去思碑，此碑记述了咸丰年间义和团在临清的活动；北侧一块是清代州民为知州李询伯所立，碑上刻"经正民兴"四个楷体大字。另外，碑墙上还嵌有数块明代墓志。观音阁对面是画坊、曲廊、石桥、流水、花坛、喷泉交织的登瀛文化广场。

鳌头矶还是一处重要的革命纪念地，这里曾是党的领导机关所在地和重要活动场所，1938 年，中共临清县工委机关报《力报》便在此创刊。1939 年 1 月，八路军陈赓将军在此召开重要军事会议。近年来，许多学者、诗人、书画家如季羡林、臧克家等先后为鳌头矶题赠墨宝佳作，国画大师李苦禅 81 岁时为鳌头矶题写匾额，使古老的建筑增添了新的文化内涵。

鳌头矶作为与京杭大运河关系密切的古建筑，保存较为完整，是研究明、清两代南北经济文化交流、社会风俗、道教文化、运河文化、民间信仰诸多领域的实物资料。

清真寺　位于临清市先锋街道桃园街，始建于明代，2001 年 6 月被国务院公布为全国重点文物保护单位。

明代弘治年间是临清最兴旺的时期，临清由县治升为州治，临清清真寺即始建于明弘治十七年（1504），于明嘉靖四十三年（1564）重修。

临清清真寺坐西朝东，建筑规模宏大，占地面积约 2 万余平方米，所有建筑为砖木结构，中轴线自东向西依次为山门、望月楼、正殿、后殿、后门；左右两侧对称排列角亭、经堂、沐浴房、供殿、楼、堂 86 间。

正殿前半部为四阿庑殿顶，正脊装有鸱尾，后部为重檐，结顶呈山字形。中为八角攒尖顶，后出抱厦，两侧各掩一四角攒尖顶，坡度比较大，森然耸峙，错落有致。望月楼为歇山重檐牌楼式建筑，结构精巧，玲珑别致。门楣正面镶毛泽东手书"清真寺"匾额。望月楼后面悬挂两块匾额，一块书"正意诚心"，一块书"彝伦攸叙"，系清代乾隆、嘉庆年间名人书写。山门、东讲堂雕梁，挂落上平雕、圆雕、透雕颇具徽派风格；建筑构件吻、走兽、仙人、套兽脊块、瓦当等又尊伊斯兰教无偶像崇拜全部嬗变为花卉纹饰。壁画、圆光、匾额、瓦联等既有《古兰经》《圣经》箴言，又融合汉文化《论语》《中庸》《易经》精髓，书体既有汉文化的楷体、行书，又有穆斯林库法体、波斯体，质朴相融，相得益彰。

临清清真寺绵地壁画与中国传统建筑中麻刀灰抹墙不同，是采用羊毛闷灰抹

■ 清真寺

墙，然后在其上创作壁画，这在全国是绝无仅有的。壁画与其他寺庙单线平涂技法明显不同，具有宣纸洇润的艺术效果。几百年色彩不褪，墨分五色，栩栩如生，在中国绘画史上有着特殊贡献，极具研究价值。

整个清真寺布局精巧，结构紧严，舒展大方，既具有伊斯兰宗教建筑特点，又体现了中国传统的木结构建筑风貌，是不可多得的建筑艺术佳构。院内古柏参天，幽深静雅，名人佳句、先贤哲语跃然匾额楹联之上。

临清清真寺在鲁西北地区可称寺庙之冠，规格高，建筑宏阔，影响深远，充分体现了伊斯兰民族在临清迁徙、安居、繁衍、融合、发展的历史轨迹，体现出临清的文化多元性、包容性、亲和性，有着深刻的社会价值和研究价值。

清真东寺　位于临清市先锋街道桃园街东侧，始建于明成化元年（1465），2001年6月被国务院公布为全国重点文物保护单位。

临清清真东寺始建于明成化元年（1465），分别在万历十一年（1583）、清顺治六年（1649）进行了翻修。

临清清真东寺坐北朝南，四进院落，占地面积5500平方米，建筑面积1625平方米。建筑布局平面呈十字形，南北中轴线上自南向北依次为山门，垂花二门、穿厅、讲经堂；在三进院落中央南北轴线上，又有一条与之相垂直的东西中轴线，东

■ 清真东寺

西中轴线上自东向西依次为对厅、正殿、后殿、后门。

主体建筑礼拜大殿，宽 18.5 米，长 28.5 米，廊厦木隔高敞，斗拱疏朗，彩绘精巧。大殿金柱轩昂，梁架巧构，殿厅三间三进，广阔明亮。殿顶呈"凸"字形，四角飞檐，门为落地格扇。殿内松木地板，悬阿文经字匾 6 块，水彩各形阿文通天木柱 8 根。殿堂内雕梁画栋富丽堂皇。对厅面阔 2 间，进深 2 间，落地隔扇，六门相连，八角两窗，前有门楼彩绘精雕，造型别致。上悬古匾 3 方，匾额题字"万化朝真""一本万殊""道有统宗"。

伊斯兰教传入中国 1500 余年，宗教建筑由城堡式嬗变为中国传统的殿堂式，建筑中轴线均为东西向。但临清清真东寺是东西、南北两条中轴线垂直交叉，这种建筑格局在全国伊斯兰教建筑中是唯一的个例。这种独特的建筑个性，是汉文化南北向为尊与伊斯兰文化东西向为尊的融合，体现了临清几百年间回汉民族两种文化碰撞融合的丰富文化内涵，在中国民族发展史上极具个性，有较高的研究价值。

舍利宝塔　位于临清市先锋街道小庄村西北，明代佛塔，2001 年 6 月被国务院公布为全国重点文物保护单位。

临清舍利宝塔，俗称临清砖塔，为临清的标志性建筑，有"运河四大名塔之一"美誉。宝塔下原有明代古建筑群永寿寺，规模巨大，殿宇恢宏，现永寿寺已不

■ 舍利宝塔

复存在。临清舍利宝塔并非为"舍利"而建，而是缘于风水。明万历年间，临清文人缙绅聚议，认为临清风水不利，决定将临清土城北方的观音大士像移至此处，并建造一座宝塔，此处是临清汶、卫两河汇流北去的"天关"，可"扼塞两河水口，弘开万里天关"。众人推举在家赋闲的临清籍人工部尚书柳佐主管其事，并将宝塔定名"舍利宝塔"。万历三十九年（1611）开始策划，万历四十五年（1617）建成第五层，次年由临清布商王道济独资捐建第六层，历时三年后，九层宝塔全部建成。当地民间传说为：曾有名叫大青、二青的两个鱼精在卫河中兴风作浪，专食婴孩，后有神仙下凡，移来古塔，将大青、二青锁在深井之中，镇压于宝塔之下，此塔即为临清舍利塔。

舍利宝塔九级八面八角，楼阁式，通体近垂直，上部稍内收，砖木结构，塔顶呈将军盔形，为省内罕见。基座八面，每面长 4.9 米，底面积 186 平方米，空间面积 7000 平方米，外檐砖木结构，檐下为陶质仿木出挑斗拱，转角斗拱下垂莲花垂柱，斗拱下部镶嵌陶质"阿弥陀佛"四字，门楣上镌刻"舍利宝塔"四字。塔室内各层辟有转角形石质梯道，梯道迂回至顶层。各层为穹隆顶，顶上施龙骨架，地面平托金丝楠木楼板，平面铺青砖，每层辟八门，四明四暗。各层塔心室内都有刻石，画像镶嵌壁上，宝塔中心部位原有金丝楠木通天柱，上至塔刹，下至落地宫，以承托每层平面负荷，此特点属宋代遗风。

临清舍利塔应"灵收八表"的意象，塔的各层平面均是正八边形，第一、二、三、四、五、七、八层塔心室为正方形，六层和九层为八角形。塔的平面构成结合竖向设计而统筹布置。就全塔而言，登临凭眺，八面风光皆可撷取；就各层言，层层相错，收入景物各有不同，形成统一中的变化，丰富了"灵收八表"的戏剧性空间变幻效果。自明朝以来，不少文人墨客赋诗咏怀，"孤塔临河岸，峥嵘插碧天，帆影望中没，钟声暮后圆"等不少佳句至今被人们所吟诵。

从第二层到第九层的大砖上都有确切年号，自下而上记有万历三十六年、三十八年、三十九年、四十年、四十五年、四十六年造，并镌刻有烧砖窑户和作头。各层壁内嵌刻石，记录建塔经过、筹资情况和捐资人姓名、住址等。第三层内壁有《修建观世音菩萨疏》石刻，落款年代为万历三十九年（1611）岁次辛亥仲冬望日；第 6 层是各层建筑中最精致的地方，它的内壁匾额上镌刻有"秀聚中天"，下面落款为汪道济题，东西两窗楣额上书"东兴岱岳""西引太行"的题字，壁内嵌有《舍利塔第六层纪造》，记载了当时安徽籍布商汪道济捐资建造第六层宝塔的事迹。

塔原通高 61 米，塔刹毁于清代康熙年间地震，现高为 53.44 米。塔内中心原竖有 60 米金丝楠木塔心柱，俗称通天柱，毁于 20 世纪 20 年代雷火。1991 年，临清市人民政府决定对宝塔进行维修。同年，宝塔维修工程由国家文物局立项，由山东省文物局承修，历时六年，终于使舍利宝塔复现了昔日风采。

整个建筑巍峨壮观，风格浑厚大方，是临清繁荣的见证。它与北京通州燃灯塔、江苏镇江文峰塔、浙江杭州六和塔并称"运河四塔"。

河隈张庄明清砖窑遗址　位于临清市戴湾镇河隈张庄村，京杭运河沿岸保存至今最为完整的一处烧造贡砖的明代官窑遗址，2006 年 5 月被国务院公布为全国重点文物保护单位。

临清烧造贡砖始于明初，最盛时有砖窑 380 余座。自明永乐年间起，每年向京城输送皇家建筑用砖百万块左右，成为明清两代营建皇家宫殿、园林、陵寝、军事工程、水利工程的主要贡砖烧造基地。临清砖窑明初为官办，明代后期为官督民办，清代始终坚持官督民办。明清中央政府在临清曾专设工部营缮分司督理烧砖业，清代顺治十八年（1661）裁撤工部营缮分司，由山东巡抚领之，东昌府监办、临清州承办。清代末年，临清烧砖官窑停烧。

■ 河隈张庄明清砖窑遗址现状及款铭

明清两代建都北京之后之所以要在临清烧造贡砖，其原因有三：一是临清当地的运河淤积土质好，俗称"莲花土"，细腻无杂质，沙粘适宜，适合烧造贡砖；二是临清的烧造工艺技术娴熟、独特，烧出的砖品种齐全、色泽纯正、形状规整；三是临清傍临运河，贡砖烧成检验后可直接装船解运京师。并且当时临清是卫所重镇，屯兵拥众，又是国家储粮基地，还是商业都会，方便派出徭役。临清烧造贡砖历时 500 余年，时间之长、数量之大是中国任何地方都无法比肩的。

临清官窑集中分布在运河沿岸，西起河隈张庄村西，东至陈官营村西北，东西绵延约 1500 米。距河道最近者仅五、六十米，远者约 700 余米。绝大多数窑址已被夷为平地，个别尚存高出周围约 2 米—3 米的土堆。窑址构筑建造方式大体相同，都是在原地面上挖相应部位形制的浅坑，周壁用青砖砌成，以砖铺底。内部结构基本一致，均由长梯形斜坡式操作间、火门、长方形火塘、马蹄形或长方形窑室及方形烟囱构成。

河隈张庄明清砖窑遗址占地面积约 30 万平方米，均呈马蹄形或圆形。遗址中发现明代窑址 2 座，清代窑址 16 座。

明代窑址 2 座，两窑并列。操作间朝东，长方形斜坡式坑，两侧单砖砌墙，局部仅存底部墙基，宽约 2.28 米—2.6 米、长约 5 米—6 米。火塘呈横长方形深坑，东与操作间相连，内径横宽约 2.5 米、纵深 0.8 米，深约 0.9 米。火门位于火塘和操作间之间，遭破坏。窑室平面近"马蹄形"，内径横宽 5.6 米—6.5 米、纵深 1.9 米—2.6 米，单砖砌墙，局部尚存 4 层—5 层砖，砖的一侧多数戳印款铭，可辨者有"天启五年上厂窑户王匐作头张义造"，底部以小砖铺底，平行摆成多排，每排略弧。窑室后部等距分布 3 个方形烟囱，其中两侧的对称外伸。烟囱和窑室间立两块砖，隔出 3 个烟道。

清代窑址 16 座。窑室形制有近方形和圆角扁长方形两种。方形窑室 5 座南北并列成排，操作间朝西北，窑室近方形，纵深长方形火塘伸入窑室内，窑室后部砖砌两个方形大烟囱。窑室规模相当，内径横宽约 4.2 米—4.9 米、纵深约 4.6 米—5.2 米。圆角扁长方形窑室类的窑址主要分布于发掘区东西两侧，东侧的一排工作间大多朝西北，个别向东南，西侧的一排工作间均朝东南。窑室的后部等距分布砖砌的 3 个方形烟囱，烟囱与窑室间立两块砖隔出 3 个烟道。

遗物主要为大量青灰砖，其中完整且戳印款铭的约 100 余块，有款铭的残块数百块。款铭格式、内容一致，长方形单线框内单行楷书，内容有纪年、窑户及作头姓名，但不同时代款铭的位置、内容有变化。明代款铭皆戳印于砖的长侧面，阳文楷书，有"万历"纪年的残块，其余为"天启元年、三年或五年"，窑户为"王甸"，完整款铭如"天启五年上长窑户王甸作头张义造"。清代砖款铭均戳印于端面，绝大部分为阳文楷书，少量为阴文楷书，纪年跨顺治、康熙、雍正、乾隆、道光五代，完整款铭如"康熙十五年临清窑户孟守科作头岩守才造"等。

河隈张庄明清砖窑遗址是研究中国古代建筑材料生产、临清贡砖烧造历史的重要实物资料，对于研究运河漕运、运河城市发展、明清临清手工业发展提供了重要佐证。

魏湾钞关遗址　位于临清市魏湾镇魏湾东村，明代临清钞关的分关，2010 年 7 月被临清市人民政府公布为县级文物保护单位。

魏湾镇是一个具有悠久历史的古镇，镇上原有 72 座古庙，本地有"金魏湾、银临清"之说。魏湾钞关是临清钞关的分支机构，位于运河之上，负责检验、稽查、收纳过往船只货物和税银。

■ 魏湾钞关遗址及古井

魏湾钞关始建于明代，据《中国运河文化史》一书记载，明朝洪武年间，在魏家湾建一钞关，位于大运河拐弯处。《临清县志》记载，明宣德四年（1429）在魏家湾设关，民国二十年（1931）撤关，魏家湾钞关共存在 502 年。魏家湾钞关开始以御史、郡佐兼职，明正统、成化年间直接罢免，景泰、弘治年间又复兴。嘉靖二十九年（1550），东昌府设一人为总管，官名为监收官，在关前运河里设一道铁索，两岸有绞盘控制，过往船只交税后放行。据《清平县志》记载，魏湾钞关所收税额很大，约等于清平县税收的 1/3。

钞关坐北朝南，占地 410 平方米，原有公堂、衙皂房、阅货厅等建筑，现仅存古井 1 眼、古槐 1 株。钞关是研究明代政治、税收、运河管理的重要实物资料。

山陕会馆　位于聊城市东关闸口南运河西岸，清代山陕商人所建会馆，1988 年 1 月被国务院公布为全国重点文物保护单位。

山陕会馆亦称关帝庙，由旅居山东的山西、陕西客商创建，是清代山西、陕西两省商贾集会联谊、祭祀神灵的场所。会馆南北阔 43 米，纵深 77 米，是一处占地 3311 平方米的庞大古建筑群，经多次维修扩建形成了目前的形制。

会通河的开凿，使运河沿岸的城市——聊城进入了历史上最辉煌的时期。聊城地处南北要冲，交通便利，各地商贾云集。清乾隆八年（1743），山西、陕西籍的商人为"礼神明而联桑梓"，按照"布施""抽厘"的方式，集资合建了这所会馆。会馆共耗银 6 万余两，至嘉庆十四年（1809）方建成。道光二十一年（1841）会馆遭大火，主殿以前皆成灰烬，山陕商人又集资 1.4 万余两，用 5 年的时间重修复原。保留至今的有：山门、过楼、戏楼、左右夹楼、钟鼓两楼、南北看楼、南北碑亭、南中北三大殿及春秋楼、望楼、游廊等殿堂楼阁 160 多间。

会馆山门 3 间，牌坊式门楼，门上正中书有"山陕会馆"4 个大字。正门的上方悬挂着一块匾额，上书"协天大帝"四个大字，证明这是一座关帝庙。门内前部为戏楼，三层三间重檐歇山建筑，正面石刻匾额题"岑楼凝霞"四个字，取意为戏楼虽小，但绚丽可比彩霞。戏楼向东北、东南各伸出两个挑角，向西北、西南各伸出三个挑角，似众鸟争飞，顶部建筑形制为国内罕见。两旁有钟鼓楼，重檐十字脊建筑。会馆戏楼建筑结构之复杂，施工雕刻之精细，装潢彩绘之华丽，堪比故宫内廷的戏台漱芳斋、颐和园内著名的德和园大戏台，在全国可谓首屈一指。

戏楼前的天井内巨碑矗立，古树参天，左右两棵古槐树有数百年历史，虽然历经沧桑但依然苍翠欲滴、生机盎然。

■ 山陕会馆

与戏楼遥遥相对的是山陕会馆的中心建筑，大殿坐西向东，主殿为关帝大殿，三座并列，前为九间献殿，后为正殿和南北配殿。殿前有方形石柱 4 根，石柱正面刻有歌颂关羽的楹联，内柱为行楷阳文："伟烈壮古今，浩气丹心，汉代一时真君子；至诚参天地，英文雄武，晋国千秋大丈夫。"外联为行楷阴文："非必杀身成仁，问我辈谁全节义；漫说通经致用，笑书生空读春秋。"檐廊正中悬有木质阳文匾额"大义参天" 4 字。过廊后面是复殿，殿中偏后部有一暖阁，阁前供有关圣帝君、关平和周仓 3 尊雕像。关圣帝君神像高 3 米，身穿刺绣衮龙袍，鎏金冠旒，威丽端正。正殿南面有文昌火神殿，是当年商人们祭祀文昌火神的地方。殿后建春秋阁和左右两配房，阁旁夹筑望楼，前后两部簇拥搭配，楼阁相望。大殿额枋均为透雕或高浮雕，雕刻极为精细，龙凤花草，三老八仙，形象逼真，栩栩如生。

会馆现保存有历代重修碑刻 16 幢，石雕方形檐柱 26 根，浮雕、透雕的精密木质额枋 21 方，作为柱础的石雕狮子、象、麒麟等 16 座，2.8 米高的石狮子两座，照壁、人物、花鸟、山水等石刻 13 幅。三座大殿主要建筑金柱的石础 128 个，都刻制了各种人物、花鸟、兽类等装饰，另外有在木柱上刻的楹联 2 副，石柱上刻的楹联 8 副。戏楼与夹楼内壁记有到此演出的许多剧团及 120 多个传统剧。它的石雕、木雕、砖雕和绘画工艺更是中国建筑艺术界的精品，对于研究中国古代建筑史、商贸史、戏剧史、运河文化史、书法史、绘画史、雕刻艺术史以及清代资本主

391

义萌芽因素的产生具有重要的史料价值。

1977 年，山陕会馆被列为山东省重点文物保护单位，开始进行维修。本着修旧如旧、保持原貌的原则加固了梁柱和墙壁，更换了残破瓦顶，重新进行了油漆彩绘，共历时五年，耗资 40 多万元。近年来，政府再次投资对山陕会馆的山门、戏楼、南北夹楼、钟鼓二楼、南北看楼等景点进行了维修与复原。

聊城山陕会馆是历史上聊城商业发达、经济繁荣的见证。它集中国传统文化之大成，融中国传统儒、道、佛三家思想于一体。整个建筑布局紧凑，错落有致，连接得体，装饰华丽，堪称中国古代建筑的杰作。

张秋山陕会馆　位于阳谷县张秋镇南街，清康熙年间由山东、陕西的商人合资兴建的会馆建筑，2013 年 10 月被山东省人民政府公布为省级文物保护单位。

张秋山陕会馆始建于清康熙三十二年（1693），东距古运河约 50 米。会馆建筑形式为四合院，坐北朝南，南北长 32 米，东西宽 40 米，占地总面积约 1280 平方

■ 张秋山陕会馆

■ 张秋山陕会馆旧照

米。现存建筑主要有正殿、配殿、戏楼、山门等。正殿三间，东西厢房各两间。会馆正殿原为关帝殿，前为献殿，后为复殿，并供有关帝塑像，三开间，东西宽 10.3 米，进深 10.5 米。配殿位于正殿两侧，均为三间，东西宽 7.35 米，进深 5.5 米。整体建筑均为歇山式建筑，施斗拱，青砖砌体，灰瓦覆顶。

山门为三开间，后与戏楼连为一体。在山门门洞上嵌有一石质匾额，长 2.0 米，宽 0.6 米，边饰线雕飞龙花卉，中书"乾坤正气"四个大字，落款为"康熙癸酉（1693）孟秋穀旦，山东陕西商人同创建"。大门与戏台为上下两层。戏楼亦为三开间，坐南面北，右有砖砌楼梯可拾级而上。戏楼东西长 9.8 米，进深 8 米，由前台和后台组成。台高 1.9 米，下有甬道与山门相通直达院内。甬道宽 2.45 米，高 1.8 米。此外，尚有几通石碑卧于配殿东侧。

附 录

聊城市全国重点文物保护单位名单

序号	名 称		时代	地理位置	公布时间
1	山陕会馆		清	聊城市东关闸口南运河西岸	1988 年 1 月
2	光岳楼		明	聊城市古城中心	1988 年 1 月
3	曹植墓		三国	东阿县鱼山镇鱼山西麓	1996 年 11 月
4	景阳冈龙山文化遗址		龙山	阳谷县张秋镇景阳冈村	2001 年 6 月
5	临清运河钞关	临清运河钞关	明	临清市青年街道青年路	2001 年 6 月
		鳌头矶	明	临清市先锋街道吉士口街 35 号	2001 年 6 月
		清真寺	明	临清市先锋街道桃园街北首	2001 年 6 月
		清真东寺	明	临清市先锋街道桃园街东	2001 年 6 月
		舍利宝塔	明	临清市先锋街道小庄村北卫运河东岸	2001 年 6 月
6	京杭大运河聊城段	张秋上闸	元	阳谷县张秋镇上闸村	2006 年 5 月
		张秋下闸	元	阳谷县张秋镇下闸村	2006 年 5 月
		阿城上闸	明	阳谷县阿城镇阿西村	2006 年 5 月
		阿城下闸	明	阳谷县阿城镇刘楼村	2006 年 5 月
		阿城盐运司	清	阳谷县阿城镇海会寺村	2006 年 5 月
		七级下闸	元	阳谷县七级镇北	2006 年 5 月
		阿城陶城铺闸	清	阳谷县阿城镇陶城铺村	2013 年 5 月
		周家店船闸	元	江北水城旅游度假区凤凰街道周店村	2006 年 5 月
		辛闸	明	经济技术开发区北城街道辛闸村	2006 年 5 月
		梁乡闸	明	东昌府区梁水镇镇梁闸村	2006 年 5 月
		戴湾闸	明	临清市戴湾镇戴闸村	2006 年 5 月

序号	名　称		时代	地理位置	公布时间
6	京杭大运河聊城段	临清砖闸	明	临清市青年街道前关街南首运河之上	2006 年 5 月
		临清闸	元	临清市先锋街道白布巷街西首运河之上	2006 年 5 月
		月径桥	清	临清市先锋街道桃园街西首运河之上	2006 年 5 月
		会通闸	元	临清市先锋街道福德街北首运河之上	2006 年 5 月
		河隈张庄明清砖窑遗址	明	临清市戴湾镇河隈张庄村	2006 年 5 月
		会通河阳谷段	元	阳谷县境东部	2013 年 5 月
		会通河临清段	元、明	临清市内	2013 年 5 月
7	隆兴寺铁塔		宋、元	东昌府区东关运河西岸	2006 年 5 月
8	教场铺遗址		龙山	茌平县乐平铺镇教场铺村	2006 年 5 月
9	韩氏家族墓地		唐	莘县董杜庄镇梁丕营村北	2006 年 5 月
10	萧城遗址		宋、辽	冠县北馆陶镇萧城村	2013 年 5 月
11	尚庄遗址		新石器时代、商、周、汉	茌平县振兴街道尚庄村、西关村	2013 年 5 月
12	兴国寺塔		宋	高唐县梁村镇梁村街东	2013 年 5 月
13	土桥闸遗址		明	东昌府区梁水镇镇土闸村	2013 年 5 月

聊城市省级文物保护单位名单

序号	名称		时代	地理位置	公布时间
1	权寺遗址		龙山、汉	江北水城旅游度假区凤凰街道权寺村西	1992 年 6 月
2	堠堌汉墓		汉	东昌府区斗虎屯镇堠堌村西	2006 年 12 月
3	堂邑文庙		明	东昌府区堂邑镇北街	2006 年 12 月
4	傅氏祠堂		清	东昌府区闸口西东关街路北	2006 年 12 月
5	海源阁		清	聊城市光岳楼南万寿观街路北	2006 年 12 月
6	临清民居	冀家大院	明清	临清市青年街道前关街 82 号、78 号、86 号、98 号	2006 年 12 月
		汪家大院	清	临清市青年街道后关街 86 号、88 号	2006 年 12 月
		孙家大院	清	临清市先锋街道竹竿巷街 105 号	2006 年 12 月
		赵家大院	明清	临清市先锋街道竹竿巷街 56 号	2006 年 12 月
		朱家大院	明清	临清市先锋街道福德街 124、127 号	2006 年 12 月
7	红堌堆遗址		大汶口、龙山	阳谷县张秋镇刘楼村	1992 年 6 月
8	皇姑冢（蚩尤冢遗址）		大汶口、龙山	阳谷县十五里元镇叶街村	1992 年 6 月
9	阿城故城（含古阿井）		东周	阳谷县阿城镇王庄村	1992 年 6 月
10	阳谷文庙		明	阳谷县紫石街景阳冈酒厂居民区内	2006 年 12 月
11	博济桥		明	阳谷县城中心广场东南角	2006 年 12 月
12	海会寺		清	阳谷县阿城镇南街	2006 年 12 月
13	坡里教堂		清	阳谷县定水镇坡里村	2006 年 12 月
14	台子高遗址		龙山、商	茌平县杜郎口镇台子高村	1977 年 12 月
15	张家楼抗日遗址		现代	经济技术开发区广平乡张家楼村	1977 年 12 月
16	南陈遗址		新石器	茌平县杜郎口镇南陈村	2006 年 12 月
17	前赵遗址		新石器	东阿县鲁西化工厂东北侧	2006 年 12 月
18	邓庙汉画像石墓		汉	东阿县姜楼镇邓庙村	2006 年 12 月

序号	名称	时代	地理位置	公布时间
19	净觉寺	清	东阿县刘集镇皋上村	2006 年 12 月
20	魏庄石牌坊（含节孝坊、孝子坊）	清	东阿县姜楼乡魏庄村	2006 年 12 月
21	孟洼遗址（含汉墓群）	汉	莘县朝城镇孟庄村	2006 年 12 月
22	相庄遗址	唐	莘县东鲁街道相庄村	2006 年 12 月
23	莘县文庙	清	莘县燕塔街道商业街 68 号	2006 年 12 月
24	武训墓及祠堂	清	冠县柳林镇南街村	2006 年 12 月
25	南街民居（张梦庚故居）	清	冠县清泉街道南街村红旗路西	2006 年 12 月
26	固河墓群	汉	高唐县固河镇固河村	2006 年 12 月
27	高唐文庙	清	高唐县北湖路南首西侧	2006 年 12 月
28	北馆陶故城	明	冠县北馆陶镇政府驻地	2013 年 10 月
29	陈公堤遗址	宋	临清市先锋街道郭堤村	2013 年 10 月
30	迟桥遗址	新石器时代至汉	高新技术产业开发区韩集乡迟桥村	2013 年 10 月
31	堌均店遗址	新石器时代至东周	聊城市经济技术开发区蒋官屯街道堌均店村	2013 年 10 月
32	李孝堂遗址	新石器时代至汉	茌平县振兴街道李孝堂村	2013 年 10 月
33	聊古庙遗址	新石器时代至周	东昌府区闫寺街道申李庄	2013 年 10 月
34	王菜瓜遗址	东周、汉	茌平县肖庄镇王菜瓜村	2013 年 10 月
35	王集遗址	新石器时代至汉	东阿县新城街道王集村	2013 年 10 月
36	王宗汤遗址	新石器时代至汉	东阿县铜城街道王宗汤村南	2013 年 10 月
37	辛庄遗址	新石器时代至东周	冠县斜店乡辛庄村	2013 年 10 月
38	陈镛墓	明	冠县辛集镇洼陈村	2013 年 10 月

序号	名称	时代	地理位置	公布时间
39	傅氏家族墓	清	江北水城旅游度假区湖西街道傅家坟村	2013 年 10 月
40	陶城铺魏氏家族墓	清	阳谷县阿城镇后铺村	2013 年 10 月
41	汪广洋家族墓	明、清	临清市八岔路镇杨二庄村	2013 年 10 月
42	王旦墓	宋	莘县东鲁街道群贤堡村	2013 年 10 月
43	吴楼墓群	汉	阳谷县定水镇吴楼村	2013 年 10 月
44	张本家族墓	明	东阿县铜城街道张大人集村	2013 年 10 月
45	张庄古墓	东周	莘县十八里铺镇太子张庄村	2013 年 10 月
46	朱昌祚家族墓	清	高唐县梁村镇朱楼村	2013 年 10 月
47	朝城清真寺	明清	莘县朝城镇北街	2013 年 10 月
48	大宁寺大雄宝殿	明清	临清市先锋街道商场街 32 号	2013 年 10 月
49	箍桶巷张氏民居	清、民国	临清市先锋街道箍桶巷街 156 号	2013 年 10 月
50	临清县衙南门阁楼	明	临清市青年街道考棚街	2013 年 10 月
51	七级运河古街	明至民国	阳谷县七级镇西街	2013 年 10 月
52	清平文庙	明清	高唐县清平镇政府驻地	2013 年 10 月
53	清平迎旭门	清	高唐县清平镇东关大街	2013 年 10 月
54	西街清真寺	明清	冠县清泉街道红旗南路路西	2013 年 10 月
55	仰山书院	清、民国	茌平县博平镇原西街小学内	2013 年 10 月
56	张秋陈氏民居	清	阳谷县张秋镇北街	2013 年 10 月
57	张秋山陕会馆	清	阳谷县张秋镇南街	2013 年 10 月
58	邓庙石造像	宋至元	东阿县姜楼镇邓庙村	2013 年 10 月
59	朝城天主教堂	民国	莘县朝城镇南街村	2013 年 10 月
60	朝城耶稣教堂	清	莘县朝城镇北街	2013 年 10 月
61	道署西街聊城粮库	1950 年	东昌府区古楼街道道署西街	2013 年 10 月
62	古楼街天主教堂	1934 年	临清市新华街道古楼街 4 号	2013 年 10 月

序号	名称	时代	地理位置	公布时间
63	华美医院诊疗楼	清	临清市先锋街道健康街 306 号、更道街 198 号	2013 年 10 月
64	梁水镇范公祠	1941 年	东昌府区梁水镇镇政府驻地	2013 年 10 月
65	临清先锋大桥	1958 年	临清市先锋街道桃园街北首	2013 年 10 月
66	沙河崖刘邓大军渡黄河指挥部旧址	1947 年	阳谷县寿张镇沙河崖村	2013 年 10 月
67	运东地委旧址	1939 年	高新技术产业开发区韩集乡迟桥村	2013 年 10 月
68	七级码头	元明清	阳谷县七级镇西街村	2013 年 10 月
69	三元阁码头	明	临清市青年街道西夹道街	2013 年 10 月
70	北杨集革命烈士纪念亭	1947 年	经济技术开发区北城街道北杨集村	2015 年 6 月
71	后田庄六十二烈士墓	1946 年	冠县东古城镇后田庄村	2015 年 6 月
72	琉璃寺烈士陵园	1946 年	高唐县琉璃寺镇徐庙村	2015 年 6 月
73	徐河口三英烈士墓	近代	茌平县胡屯镇徐河口村	2015 年 6 月

聊城市市级文物保护单位名单

序号	名称	时代	地理位置	公布时间
1	聊城东昌湖	宋、元、明、清	东昌府区古城外	1999 年 4 月
2	聊城古城墙遗址	宋、明	东昌府区古城内	1999 年 4 月
3	王汝训墓	明	东昌府区沙镇镇郭庄村	1999 年 4 月
4	穆孔晖墓	明	东昌府区堂邑镇北张庄村西	1999 年 4 月
5	朱延禧墓	明	东昌府区沙镇镇朱楼村	1999 年 4 月
6	礼拜寺	明	东昌府区礼拜寺街路西	1999 年 4 月
7	崇武驿大码头	明	东昌府区鼓楼街道东关闸口南	2006 年 5 月
8	崇武驿小码头	明	东昌府区鼓楼街道东关闸口	2006 年 5 月
9	聊城小礼拜寺	清	东昌府区东关街路北	2003 年 1 月
10	聊城天主教堂（含神父楼及其他建筑基址）	清	东昌府区山陕会馆北 100 米处	1999 年 4 月
11	赵以政墓	1928 年	东昌府区花园南路人民公园内	1999 年 4 月
12	孔繁森同志纪念馆（含五里墩故居）	1995 年	东昌府区东昌西路东昌湖西	1999 年 4 月
13	宋占一烈士墓	现代	东昌府区张炉集镇张庄村	2003 年 1 月
14	堂邑古城墙遗址	宋	东昌府区堂邑镇堂邑中学内	2014 年 10 月
15	傅光宅家族墓（含石刻）	明	东昌府区闫寺街道傅家胡同	2014 年 10 月
16	任克溥二次迁移墓（含任克溥墓志铭）	清	东昌府区道口铺街道仙庄村（墓志铭在东昌府区侯营镇任楼村）	2014 年 10 月
17	郭大庄汉墓群	汉	东昌府区张炉集镇郭大庄村	2014 年 10 月
18	王汝训家庙	明	东昌府区沙镇镇王楼村	2014 年 10 月
19	许家祠堂	清	东昌府区堂邑镇西街 201 号	2014 年 10 月
20	玄帝都(杨氏家庙)	明、清	东昌府区斗虎屯镇北杨庙村	2014 年 10 月
21	西关古井	明	东昌府区古楼街道西关大桥西首路北	2014 年 10 月
22	凤凰集烈士墓	现代	东昌府区闫寺街道凤凰集村	2014 年 10 月

序号	名称	时代	地理位置	公布时间
23	乐平铺遗址	大汶口－战国	茌平县乐平铺镇北街村	1999 年 4 月
24	韩王遗址	大汶口、龙山	茌平县振兴街道韩王村	1999 年 4 月
25	腰庄遗址	龙山	茌平县杜郎口镇腰庄村	2003 年 1 月
26	东一甲遗址	龙山、商、汉	茌平县振兴街道东一甲村	1999 年 4 月
27	马家坊遗址	新石器、商周、汉	茌平县振兴街道马家坊村	1999 年 4 月
28	土城遗址	北魏	茌平县乐平铺镇土城村	2003 年 1 月
29	冯玉祥题字碑	1936 年	茌平县博平镇杨庄村	1999 年 4 月
30	西路庄遗址	龙山文化	茌平县乐平镇西路庄村	2014 年 10 月
31	禅州寺遗址	商周	茌平县冯屯镇小杨屯村	2014 年 10 月
32	大刘遗址	龙山文化	茌平县杜郎口镇大刘村	2014 年 10 月
33	袁楼党支部纪念地	现代	茌平县博平镇袁楼村	2014 年 10 月
34	"六·二七"惨案碑亭	1944 年	高新技术产业开发区韩集乡张会所村	1999 年 4 月
35	大碾李遗址	龙山	高新技术产业开发区韩集乡大碾李村	2003 年 1 月
36	梁庄遗址	龙山、商周、汉	经济技术开发区广平乡梁庄村	2014 年 10 月
37	香山遗址	大汶口	东阿县铜城街道香山村南	1999 年 4 月
38	大窑遗址	龙山	东阿县姚寨镇大窑村	2003 年 1 月
39	曹庙(泰山行宫)	清	东阿县鱼山镇曹庙村	2003 年 1 月
40	孙秀珍烈士墓	1947 年	东阿县鱼山镇鱼山村	1999 年 4 月
41	鱼山龙山文化夯土台址	龙山文化－汉	东阿县鱼山镇鱼山西麓	2014 年 10 月
42	赵德和墓	明	东阿县姜楼镇广粮门村西北	2014 年 10 月
43	陈宗妫家族墓	清	东阿县鱼山镇青苔铺村西北	2014 年 10 月

序号	名称	时代	地理位置	公布时间
44	陈宗妫故居	清	东阿县鱼山镇青苔铺村	2014 年 10 月
45	张氏家祠	明	东阿县铜城街道张大人集村内	2014 年 10 月
46	程氏家庙	清	东阿县刘集镇程葛村	2014 年 10 月
47	三官庙	清	东阿县刘集镇西苫山村	2014 年 10 月
48	张怀芝家族墓	清－民国	东阿县刘集镇皋上村	2014 年 10 月
49	李子光烈士墓	现代	东阿县铜城街道王庄村	2014 年 10 月
50	黑堌堆遗址	龙山	阳谷县张秋镇刘楼村	1999 年 4 月
51	黑土坑遗址	龙山	阳谷县阿城镇常楼村	1999 年 4 月
52	马湾遗址	春秋战国	阳谷县阿城镇马湾村	1999 年 4 月
53	殷云霄墓	明	阳谷县寿张镇沙河崖村	1999 年 4 月
54	吴铠墓	明	阳谷县狮子楼街道棋盘街	1999 年 4 月
55	刘琰墓	清	阳谷县侨润街道八里营村	1999 年 4 月
56	张令璜墓	清	阳谷县张秋镇王营村西	2003 年 1 月
57	城隍庙大殿	清	阳谷县张秋镇北街	2003 年 1 月
58	五体十三碑	明清	阳谷县张秋镇东街村	1999 年 4 月
59	孙膑碑	1938 年	阳谷县侨润街道迷魂阵村	1999 年 4 月
60	张秋运河古镇	明清	阳谷县张秋镇	2004 年 7 月
61	八里庙龙山文化遗址	龙山文化	阳谷县寿张镇八里庙村	2014 年 10 月
62	孟堤口龙山文化遗址	龙山文化	阳谷县十五里元镇孟堤口村	2014 年 10 月
63	任大仙墓	明	阳谷县张秋镇政府驻地	2014 年 10 月
64	阿城义井	清	阳谷县阿城镇东街	2014 年 10 月
65	水门桥	明	阳谷县张秋镇南街	2014 年 10 月
66	张秋码头	元	阳谷县张秋镇南街	2014 年 10 月
67	阳谷教堂	民国	阳谷县城中心大隅首东北角	2014 年 10 月

序号	名称	时代	地理位置	公布时间
68	发干古城	汉	莘县河店镇马桥村	1999 年 4 月
69	马陵道古战场遗址	战国	莘县大张家镇马陵村	2003 年 1 月
70	东武阳古城	汉	莘县莘州街道西段屯村	2003 年 1 月
71	王嘉祥家族墓群	明	莘县县城明天中学内	1999 年 4 月
72	莘亭伊尹耕处碑	清	莘县莘亭街道大里王村	2003 年 1 月
73	马本斋陵园	1945 年	莘县张鲁回族镇南街村	1999 年 4 月
74	丈八烈士墓 （鲁西北烈士陵园）	1945 年	莘县大王寨镇东丈八村	1999 年 4 月
75	韩氏家族墓（含碑刻）	明	莘县观城镇韩楼村	2014 年 10 月
76	宁氏家族墓	清	莘县樱桃园镇樱东村	2014 年 10 月
77	苏村战斗纪念地	近代	莘县张寨镇苏村	2014 年 10 月
78	莘县铁钟	金	莘县古城镇政府驻地	2014 年 10 月
79	血水井	1943 年	冠县桑阿镇前李赵庄村	1999 年 4 月
80	张梦庚烈士墓	现代	冠县梁堂镇张里村	2003 年 1 月
81	黄河故道遗址 （田马园段）	周—东汉	冠县东古城镇田马园村	2014 年 10 月
82	堂邑故城遗址	隋	冠县定远寨镇千户营村	2014 年 10 月
83	冉子祠遗址	明、清	冠县万善乡高王段村	2014 年 10 月
84	凤凰台遗址	春秋－汉	冠县东古城镇张查村	2014 年 10 月
85	草镇寺遗址	宋	冠县辛集镇草镇村	2014 年 10 月
86	斜店村古驿站遗址	宋	冠县斜店乡斜店村	2014 年 10 月
87	东马固村齐王庙遗址	宋	冠县万善乡东马固村	2014 年 10 月
88	段辛庄马固庄子遗址	宋	冠县万善乡段辛庄村	2014 年 10 月
89	段氏家族墓	清	冠县万善乡段辛庄村	2014 年 10 月
90	冯氏家族墓	明	冠县桑阿镇镇务头村	2014 年 10 月
91	张氏家族墓	明	冠县崇文街道吉固村	2014 年 10 月

序号	名称	时代	地理位置	公布时间
92	东古城古井	明、清	冠县东古城镇古城村	2014 年 10 月
93	沙庄清真寺	明	冠县清泉街道沙庄村	2014 年 10 月
94	山东省引卫灌溉进水闸	1958 年	冠县斜店乡班庄村西	2014 年 10 月
95	秤钩湾会议遗址	1939 年	冠县东古城镇秤钩湾村	2014 年 10 月
96	常兴花园小区人防工程	1970 年	冠县常兴花园小区内	2014 年 10 月
97	胡家湾瓷窑遗址	宋元	临清市青年街道胡家湾村西北 500 米	1999 年 4 月
98	考棚黉门	明、清	临清市青年街道考棚街 41 号	1999 年 4 月
99	竹竿巷	明、清	临清市先锋街道竹竿巷街	2004 年 7 月
100	箍桶巷	明、清	临清市先锋街道箍桶巷街	2004 年 7 月
101	更道街基督教公寓楼	清	临清市先锋街道更道街 198 号	2014 年 10 月
102	陈家大院	清	临清市先锋街道桃园街 98 号	2014 年 10 月
103	苗家店铺	清	临清市青年街道会通街 33 号	2014 年 10 月
104	王家宅	明、清	临清市先锋街道大寺街 62 号	2014 年 10 月
105	单家大院	明、清	临清市先锋街道福德街 74 号	2014 年 10 月
106	武训纪念堂	民国	临清市先锋街道大众公园内	2014 年 10 月
107	王懋德墓	元	高唐县清平镇石门村	1999 年 4 月
108	高唐北关清真寺	清	高唐县官道街	2003 年 1 月
109	金谷兰墓	1938 年	高唐县汇鑫街道谷官屯村北	1999 年 4 月
110	华歆墓	三国	高唐县固河镇大华庄村	1999 年 4 月
111	邢家佛寺遗址	唐	高唐县尹集镇邢家佛堂村	2014 年 10 月
112	报恩寺遗址	元	高唐县赵寨子镇解庄村	2014 年 10 月
113	减水回龙庙遗址	元	高唐县尹集镇四新村	2014 年 10 月
114	杨通墓	金、元	高唐县固河镇石羊庄村	2014 年 10 月
115	吕才墓	唐	高唐县清平镇吕庄村	2014 年 10 月

序号	名称	时代	地理位置	公布时间
116	庄氏族茔	清	高唐县三十里铺镇庄庄村	2014 年 10 月
117	秦氏族茔	清、民国	高唐县琉璃寺镇秦庄村	2014 年 10 月
118	南关村清真寺	清	高唐县开发区时风路	2014 年 10 月
119	李玉带烈女碑	清	高唐县固河镇李集村	2014 年 10 月
120	清平中学大门	民国	高唐县清平镇清平村	2014 年 10 月
121	状元厅遗址	清末	江北水城旅游度假区朱老庄镇四甲李村	2014 年 10 月
122	白庄遗址	龙山文化	江北水城旅游度假区凤凰街道白庄村	2014 年 10 月
123	王庙文庙	明	江北水城旅游度假区于集镇供销社王庙中心点院内	2014 年 10 月
124	谭氏家庙（含谭家林）	清	江北水城旅游度假区凤凰街道谭庄村	2014 年 10 月
125	孙堂小学革命遗址	近代	江北水城旅游度假区于集镇孙堂村	2014 年 10 月
126	韩氏家庙	清	高新技术产业开发区许营镇韩庄村	2014 年 10 月

聊城市县级文物保护单位名单

序号	名　称	时代	地 理 位 置	公布日期
1	元代石狮	元	东昌府区老城区公园内	2008 年
2	肖渊家庭墓地（含石刻）	明	东昌府区堂邑镇前肖	2008 年
3	重修护城堤碑记	清	东昌府区古运河西岸山陕会馆内	2008 年
4	观音堂庙碑记	清	江北水城旅游度假区朱老庄镇观堂村	2008 年
5	重修弥陀寺碑记	五代	东昌府区沙镇镇内	2008 年
6	朱氏家族墓地（含石刻）	清	东昌府区梁水镇八刘村	2008 年
7	张氏家族墓地（含石刻）	明	东昌府区张炉集镇张炉集村	2008 年
8	依绿园石刻	清	江北水城旅游度假区湖西街道姜堤乐园内	2008 年
9	小东关街迎春桥	明、清	东昌府区柳园街道后菜市街	2012 年
10	程庄村程家祠堂	清末	东昌府区梁水镇镇程庄村	2012 年
11	梁浅村任家祠堂	清末	东昌府区梁水镇镇梁浅村	2012 年
12	西舒村舒希奎民居	清末	东昌府区闫寺街道西舒村	2012 年
13	梁浅相有度墓地及石刻	清	东昌府区梁水镇镇梁浅村	2012 年
14	肖集肖氏家族墓地及石刻	明	东昌府区梁水镇镇肖集村	2012 年
15	堠东村兴隆寺遗址	唐	东昌府区斗虎屯镇堠东村	2012 年
16	杭海村白马寺遗址	明	江北水城旅游度假区朱老庄镇杭海村东	2012 年
17	三觉寺遗址	明	江北水城旅游度假区朱老庄镇刘集村	2012 年
18	于楼村耿家窑古窑址	清	东昌府区斗虎屯镇于楼村	2012 年
19	李海务村船闸遗址	明	江北水城旅游度假区凤凰街道李海务村	2012 年
20	西梭堤村进水闸遗址	明	东昌府区梁水镇镇西梭堤村	2012 年
21	西梭堤村宋元古村落遗址	宋元	东昌府区梁水镇镇西梭堤村南	2012 年

序号	名　称	时　代	地　理　位　置	公布日期
22	沙西村近代建筑群	近代	东昌府区沙镇镇沙西村	2012 年
23	塔下刘村刘之广民居	近代	东昌府区堂邑镇塔下刘村	2012 年
24	罗屯村重修玄帝庙记	明	东昌府区堂邑镇罗屯村	2012 年
25	康营村重修观音堂碑记	明	东昌府区侯营镇康营村	2012 年
26	中杜村何公墓碑	清	江北水城旅游度假区于集镇中西杜村	2012 年
27	冢子龙山文化遗址	新石器、汉	东阿县姚寨镇东侯村东	1995 年 7 月
28	柳合束孟子庙	清	东阿县刘集镇柳合束村	1995 年 7 月
29	爵堤遗址	汉	高唐县三十里铺镇、梁村镇	2008 年 5 月
30	高唐古城墙遗址	北魏至明清	高唐县城内(北湖东岸)	2008 年 5 月
31	大觉寺遗址	唐	高唐县城东南	2008 年 5 月
32	清平县城遗址	宋至1940 年	高唐县清平镇政府驻地	2008 年 5 月
33	东方朔祠遗址	金	高唐县人和街道相庄村	2008 年 5 月
34	阎咏墓	金	高唐县汇鑫街道闫寺村	2008 年 5 月
35	郭氏祖茔	明	高唐县三十里铺镇郭庄村	2008 年 5 月
36	杜彦明墓	清	高唐县三十里铺镇三十里铺村	2008 年 5 月
37	于氏祖茔	明	高唐县清平镇于楼村	2008 年 5 月
38	后杨村杨氏祖茔	明	高唐县杨屯镇后杨村	2008 年 5 月
39	李路墓	明	高唐县杨屯镇小李六村	2008 年 5 月
40	孙庄孙氏祖茔	明	高唐县琉璃寺镇宋庄村	2008 年 5 月
41	宋庄宋氏祖茔	明	高唐县固河镇宋庄村	2008 年 5 月
42	杜屯村杜氏祖茔	清	高唐县梁村镇杜屯村	2008 年 5 月
43	大马庄村杨氏祖茔	清	高唐县三十里铺镇大马庄村	2008 年 5 月
44	前杨村杨献亭墓	清	高唐县琉璃寺镇前杨村	2008 年 5 月
45	叶官屯村陈玉滨墓	清	高唐县人和街道叶官屯村	2008 年 5 月

序号	名 称	时 代	地 理 位 置	公布日期
46	朱楼朱氏祖茔	清	高唐县梁村镇朱楼村	2008 年 5 月
47	小王庄李氏祖茔	清	高唐县杨屯镇小王庄村	2008 年 5 月
48	尹孺人墓	民国	高唐县固河镇后坡村	2008 年 5 月
49	祝孺人墓	民国	高唐县鱼丘湖街道张八里村	2008 年 5 月
50	于氏家祠	明	高唐清平镇于楼村	2008 年 5 月
51	古民居	明清	高唐县琉璃寺镇琉璃寺村	2008 年 5 月
52	望楼	明	高唐县琉璃寺镇许楼村	2008 年 5 月
53	吴氏家祠	清	高唐县琉璃寺镇大吴村	2008 年 5 月
54	罗氏家祠	清	高唐县清平镇小马厂村	2008 年 5 月
55	姜氏家祠	清	高唐县琉璃寺镇南姜村	2008 年 5 月
56	许楼村墓表族谱碑群（38 通）	清、民国	高唐县琉璃寺镇许楼村	2008 年 5 月
57	秦庄村墓表族谱碑群（16 通）	清、民国	高唐县琉璃寺镇秦庄村	2008 年 5 月
58	小朱寨村墓表碑群	清、民国	高唐县赵寨子镇小朱寨村	2008 年 5 月
59	会馆井	清	高唐县鱼丘湖街道金城广场内	2008 年 5 月
60	北城墙井	清	高唐县武装部南 20 米	2008 年 5 月
61	义和拳安坛会拳处	清	高唐县琉璃寺镇琉璃寺村	2008 年 5 月
62	于清水练拳处	清	高唐县琉璃寺镇郝庄村	2008 年 5 月
63	王立言墓	清	高唐县琉璃寺镇王莫庄村	2008 年 5 月
64	王汝言墓	清	高唐县琉璃寺镇王屯村	2008 年 5 月
65	天主教堂	清	高唐县琉璃寺镇张庄村	2008 年 5 月
66	鲁北特委旧址	1928 年	高唐县汇鑫街道谷官屯村	2008 年 5 月
67	金谷兰故居遗址	1928 年	高唐县汇鑫街道谷官屯村	2008 年 5 月
68	赵伊坪烈士殉难处	1938 年	高唐县琉璃寺镇徐庙村	2008 年 5 月

序号	名　称	时　代	地 理 位 置	公布日期
69	李恩庆墓	1942 年	高唐县三十里铺镇董集村	2008 年 5 月
70	李华庆墓	1945 年	高唐县三十里铺镇董集村	2008 年 5 月
71	馆陶故城	春秋至明	冠县东古城镇政府驻地	1999 年
72	清渊故城	汉、唐	冠县清水镇北街	1999 年
73	黄城故址	春秋、战国	冠县梁堂镇北黄城村	1999 年
74	白佛寺遗址（含烈士墓）	元	冠县桑阿镇镇白佛头村	1999 年 11 月
75	晓春亭遗址	汉、清	冠县烟庄街道张平村	1999 年
76	泰山歇马庙	明、清	冠县崇文街道李芦村	1999 年
77	郭敦墓	明	冠县定远寨镇郭关庙村	1999 年
78	太子申墓	战国	冠县清泉街道谷子头村	1999 年
79	赵光远墓	明	冠县清泉街道耿儿庄社区	1999 年
80	武训故居	清	冠县柳林镇武庄村	1999 年
81	夏碧波烈士墓	近代	冠县柳林镇崔庄	1999 年
82	绿色丰碑	现代	冠县崇文街道吉固村	1999 年
83	中共冠县第一个基层党组织——王村支部遗址	1935.6	冠县烟庄街道王村	2003 年 10 月
84	陈贯庄战斗遗址	1939.10	冠县桑阿镇陈贯庄村	2003 年 10 月
85	刘邓大军后方医院遗址	1946	冠县烟庄街道张平村	2003 年
86	王登铭烈士墓	1939.8	冠县贾镇镇王辛村	2003 年
87	孙立民烈士墓	1942.9	冠县崇文街道唐寺村	2003 年
88	耿锡华烈士墓	1945.7	冠县清水镇锡华村	2003 年
89	南台汉墓群	汉	阳谷县寿张镇南台村	1983 年 3 月
90	周天爵墓	清	阳谷县张秋镇孟海村	2000 年 7 月
91	新添庙	清	阳谷县七级镇蒋庄村	2000 年 7 月

序号	名　称	时　代	地 理 位 置	公布日期
92	朱庙石刻	明	阳谷县大布乡朱庙村	1983 年 3 月
93	孔子宿处碑	清	阳谷县安乐镇后屯村	1983 年 3 月
122	望鲁店遗址	新石器	茌平县冯屯镇望鲁店村北 500 米	1991 年 5 月
123	鲁仲连纪念祠	现代	茌平县冯屯镇望鲁店村	1994 年 4 月
124	贝丘故城	汉	临清市大辛庄街道近古村西南 550 米	1986 年 10 月
125	龙山	明、清	临清市青年街道车营街南侧	1986 年 10 月
126	皇殿岗遗址	后唐、宋	临清市戴湾镇水城屯南村西南 800 米	1986 年 10 月
127	临清解放纪念碑	1946 年	临清市先锋街道大众公园内	1986 年 10 月
128	临清革命烈士陵园	1979 年	临清市新华街道东兴街 385 号	1986 年 10 月

参 考 文 献

1. 杨士骧、孙葆田:《山东通志》,商务印书馆。

2. 《聊城地区志》,齐鲁书社,1997年6月。

3. 《东昌府区志》,方志出版社,2012年10月。

4. 《临清市志》,山东美术出版社,2010年。

5. 《莘县志》,齐鲁书社,1997年8月。

6. 《续补冠县志》,方志出版社,2014年5月。

7. 《莘县志》,方志出版社,2013年12月。

8. 《阳谷县志》,中华书局,2012年12月。

9. 《东阿县志》,齐鲁书社,2009年7月。

10. 《茌平县志》,中华书店,2008年8月。

11. 《高唐县志》,中国民主法制出版社,2012年2月。

12. 《聊城经济开发区志》,2010年9月。

13. 宋士功:《聊城旧县志点注》,吉林人民出版社,2006年。

14. 《张秋镇志》,华文出版社,2012年1月。

15. 山东省历史地图集编纂委员会:《山东省历史地图集·古地图》,2010年。

16. 程玉海:《聊城通史》(全三册),中华书局,2006年8月。

17. 姚汉源:《京杭运河史》,中国水利水电出版社,1998年12月。

18. 安作璋:《中国运河文化史》,山东教育出版社,2001年。

19. 陈璧显:《中国大运河史》,中华书局,2001年。

20. 陈清义:《聊城运河文化研究》,山东画报出版社,2013年12月。

21. 李泉、王云:《山东运河文化研究》,齐鲁书社,2006年。

22. 于德普:《山东运河文化文集》,山东科学技术出版社。

23. 王云:《明清山东运河区域社会变迁》,人民出版社。

24. 全国政协文史委等:《运河名城临清》,中国文史出版社,2010年12月。

25. 聊城运河文化促进会:《运河文化——阳谷专辑》第四期。

26. 陈永金等：《京杭大运河与聊城经济文化影响的地理分析》，《商业研究》，2011年1期。

27. 宫磊：《运河明珠：明清时期的临清》，《走向世界》，2011年22期。

28. 葛凤：《京杭大运河与聊城经济》，《城市建设理论研究》，2011年28期。

29. 齐保柱：《聊城风物》，山东友谊书社，1989年1月。

30. 中共聊城市委宣传部：《聊城名胜》，山东友谊书社，1990年3月。

31. 聊城市文物事业管理局：《历史的印记——聊城文物概览》，2015年1月。

32. 中共聊城市委党史研究室：《聊城市革命遗址通览》，中央文献出版社，2012年12月。

33. 陈昆麟等：《聊城、茌平古文化遗址调查简报》，《考古与文学》，1998年1期。

34. 宫磊：《清康熙〈张秋志〉解读》，《中国地方志》，2016年4月。

35. 莘县政协学习宣传文史委员会：《莘县碑文大观》，山东省新闻出版局，2004年。

36. 阳谷县地名委员会办公室：《山东省阳谷县地名志》，山东省地图出版社，2000年。

37. 陈春普：《阳谷名胜古迹》，阳谷县文化馆，1984年3月。

38. 杜梦华：《追寻历史文化名城——阳谷》，聊城新闻出版局，2006年1月。

39. 东阿县史志办：《东阿人物》（上、中、下），中国文化出版社，2010年10月。

40. 仇长义：《话说茌平》，吉林文史出版社，2007年3月。

41. 中共高唐县委党史研究室：《中共高唐画史》，中央文献出版社，2013年1月。

42. 高唐县史志办：《高唐风物志》，中国文化出版社，2012年9月。

43. 政协高唐县委员会：《考古与遗存》，2012年12月。

44. 宫磊：《如圭如璋 令闻令望——记元代中书左丞王懋德》，《聊城宣传》，2014年3期。

45. 《大运河遗产山东聊城段保护规划》，中国文化遗产规划研究院，2010年7月。

46. 《聊城市城市总体规划（2001—2020）》，山东省城乡规划设计研究院、聊城市勘察规划设计院。

47. 《东昌湖风景区规划》，2006。

48. 《聊城古城区保护与整治规划》，同济规划设计研究院，2007。

49. 《聊城历史文化名城保护规划》，中国城市发展研究院、聊城市规划局。

后　记

　　聊城是中华文明较早的发祥地之一，史前黄河文化和明清运河文化特点突出，地域文化特色鲜明。悠久的历史，古老的文化，为聊城留下了众多的文物名胜，尚存的文化遗址、古墓葬群、楼馆寺观、祠堂民居、石刻碑记、运河桥闸、码头会馆等约有500余处，其中县级以上文物保护单位有330余处。聊城市史志工作者依托丰富的历史遗产，深入挖掘遗产文化内涵，整理而成《聊城市历史文化遗存概览》一书。

　　本书的编纂工作开始于2013年，四年来在各县（市、区）、各乡（镇、街道）、市直有关部门的大力支持下，经过资料征集、条目编辑、合稿通编等多个阶段，终于正式出版发行。本书的出版首先得益于宋士功、刘延勇两届主任的协调重视，在史志办经费少、任务重的情况下，本着对历史负责、对事实负责的态度，多次安排编辑人员分赴各县（市、区）考察调研、实地拍照，确保了文字和图片的质量；还得益于全市史志系统的密切配合，市、县两级史志工作者积极主动联系相关部门，获得了大量珍贵的原始材料，又遍查古籍志书和当代著述，保证了条目内容的真实准确、全面深刻；更得益于市政协文史委、全市文物系统、全市档案系统、全市规划系统、中国运河文化博物馆的配合协助，在此一并致谢！

　　本书组稿和初步编辑工作以县为单位责任到人，具体分工为李光辉（高唐县、茌平县）、张静（临清市）、张建广（东昌府区、开发区、高新区、度假区）、宫磊（高唐县、莘县）、葛凤（东昌府区、开发区、高新区、度假区、茌平县）、孙善英（冠县、东阿县）、闫冬（阳谷县）。本书条目通编、合稿校对等工作由宫磊、葛凤、孙善英完成。本书篇目设计、彩页编排、前言后记、参考文献及附录等工作由宫磊完成。

　　受编者学术水平之限，本书缺漏错误在所难免，祈请读者批评、指正。

编　者

2016年1月